La storia. Temi
108

Tamar Herzig

Storia di un ebreo convertito

Arte, criminalità e religione nell'Italia del Rinascimento

traduzione di
Stefano U. Baldassarri e Donatella Downey

viella

Prima edizione: maggio 2023
ISBN 979-12-5469-232-5

Edizione originale: *A Convert's Tale*: *Art, Crime, and Jewish Apostasy in Renaissance Italy*, Cambridge, MA, Harvard University Press, 2019

HERZIG, Tamar
Storia di un ebreo convertito : arte, criminalità e religione nell'Italia del Rinascimento / Tamar Herzig ; traduzione di Stefano U. Baldassarri e Donatella Downey. - Roma : Viella, 2023. - 317 p. ; 23 cm. (La storia. Temi ; 108)
Indice dei nomi e dei luoghi: p. [303]-317
ISBN 979-12-5469-232-5
1. Ercole : dei Fedeli 2. Ebrei - Conversione al cattolicesimo - Italia - Sec. 15.16. I. Baldassarri, Stefano U. II. Downey, Donatella
248.246602092 (DDC 23.ed) Scheda bibliografica: Biblioteca Fondazione Bruno Kessler

viella
libreria editrice
via delle Alpi, 32
I-00198 ROMA
tel. 06 84 17 758
fax 06 85 35 39 60
www.viella.it

Indice

A Niv

Introduzione. La storia del convertito

> Ieri ad ora XXI *[corrispondenti alle attuali ore 15.00]* furono baptizati tre ebrei: Salamone et il fiollo et una ebrea che se' sia inamorata di uno cristiano. Salamone [lo] ha tenuto a bapteximo la illustrissima madama et ha nome Ercule. Lo fiolo lo ha tenuto lo Signore Don Alfonso et ha nome Alfonso. Le ebrea la ha tenuta la illustrissima signora Anna et ha nome Anna. Batpizati tucti in suxo uno tribunallo alto in lo episcopato per mano delo episcopo dinanti del crucifixo. Poi montò in suxo uno pergolo là facto quel novo cristiano Ercole, et lì predicò cum lo libro dela bibia in mano in ebraico et dichiarò quale caxone lo haveva inducto a farsi cristiano, dechiarò multi testi de Isaia, de Ieronimo, de Daniel, et altri profeti assai et de Sancto Jovanni Evangelista, digando et dischiarando lo errore deli Judei in aspectare lo messia, mostrando lui che loro non pono negare per lo dicto deli profeti che lo vero messia è venuto qualle fu Yhesu XPO benedicto, et poi etiam in sua excusatione narò quale fussi la caxone del suo essere stato carcerato dali ebrei, digando che lo odio li era venuto dali zudei de Mantoa, per quello miraculo della gloriosa nostra dona [sic] in quello puto che morì al tempo passato.[1]

Questo resoconto di una cerimonia battesimale tenutasi a Ferrara il 9 ottobre 1491 compare in una lettera che il giorno seguente Francesco da Bagnacavallo inviò a Isabella d'Este, marchesa di Mantova. L'evento fu considerato abbastanza degno di nota da essere descritto in altre tre missive inviate da Ferrara nonché in una cronaca ferrarese.[2] Queste e altre fonti rivelano come i genitori di Isabella – Eleonora d'Aragona ed Ercole d'Este, rispettivamente duchessa e duca di Ferrara – partecipassero al tentativo di far battezzare alcuni ebrei del luogo. Tali sforzi finalizzati alla conversione erano già ampiamente avviati un anno prima che la duchessa Eleonora e il duca Ercole accogliessero nel ducato gli ebrei esi-

1. Lettera di Francesco da Bagnacavallo a Isabella d'Este, datata 10 ottobre 1491, Archivio di Stato di Mantova (ASMn), Archivio Gonzaga (AG), b. 1232, c. 93r.

2. Cfr. le seguenti lettere: Bernardino de' Prosperi e Girolamo Magnanino a Isabella d'Este, entrambe datate 10 ottobre 1491 (ASMn, AG, b. 1232, cc. 40r e 167r); Eleonora d'Aragona a Ercole d'Este, datata 11 ottobre 1491 nell'Archivio di Stato di Modena (ASMo), Archivio Segreto Estense (ASE), Casa e Stato, b. 132, nonché Bernardino Zambotti, *Diario ferrarese dall'anno 1476 sino al 1504*, a cura di Giuseppe Pardi, in *Rerum Italicarum Scriptores*, a cura di L.A. Muratori, s. II, vol. 24/7:2, Bologna, Zanichelli, 1934, p. 223.

liati dalla Spagna per aver rifiutato di convertirsi, il che rende più complessa la prospettiva storiografica tesa a enfatizzare la benevola politica degli estensi nei confronti degli ebrei.[3]

Inoltre la missiva del Bagnacavallo sul battesimo dell'ebreo Salomone (sempre scritto nella forma "Salamone") – il quale assume il nome di "Ercole" in onore dell'omonimo duca – accenna alle dubbie circostanze che indussero il convertito a farsi battezzare con una cerimonia orchestrata dalla duchessa Eleonora. Oltre ad associare la propria conversione al cristianesimo a un evento miracoloso, Salomone/Ercole lo connette anche all'incarcerazione da lui subìta per colpa – a suo dire – di nemici ebrei. Come indicato da questa affermazione, gli ebrei mantovani che lo avevano accusato di un grave crimine innescarono – per ironia della sorte – una serie di eventi che finì col portare all'apostasia non soltanto il loro malavitoso correligionario ma anche la sua famiglia.

I capitoli che seguono narrano la storia di Salomone da Sessa, meglio noto come Ercole de' Fedeli (la cui data di nascita si colloca fra il 1452 e il 1457, mentre la morte è successiva al 1521), un orafo particolarmente abile nella creazione di pregevoli pezzi di gioielleria e spade riccamente cesellate per i membri delle famiglie che governavano l'Italia nel Rinascimento. Già prima del suo battesimo nel 1491, Salomone/Ercole era stato lodato da Isabella d'Este, tra i fini intenditori dell'epoca, come orafo «nel mestere suo molto virtuoso et gentile».[4] Oggigiorno è ricordato soprattutto per la "Regina delle spade" da lui realizzata – dopo la conversione – per Cesare Borgia, figlio di papa Alessandro VI ed esperto uomo d'armi.[5]

3. Per questo tipo di interpretazione cfr. Maria Giuseppina Muzzarelli, *Ferrara, ovvero un porto placido e sicuro tra XV e XVI secolo*, in *Vita e cultura ebraica nello stato estense*, Atti del I Convegno internazionale di studi (Nonantola, 15-16-17 maggio 1992), a cura di Euride Fregni e Mauro Perani, Nonantola, Fattoadarte, 1993, pp. 235-257; Andrea Balletti, *Gli ebrei e gli estensi*, Modena, Società Tipografica Modenese, 1913, pp. 52-53 e 62-64; Edmund G. Gardner, *Dukes and Poets in Ferrara: A Study in the Poetry, Religion and Politics of the Fifteenth and Early Sixteenth Centuries*, London, Constable, 1904, pp. 152-153; Aron di Leone Leoni, *Gli ebrei sefarditi a Ferrara da Ercole I a Ercole II: nuove ricerche e interpretazioni*, in «La rassegna mensile di Israel», 52, 1 (1986), pp. 407-455, in particolare pp. 408-412.

4. Lettera di Isabella a Ludovico Sforza datata 15 maggio 1491 (ASMn, AG, b. 2904, lib. 136, c. 94r).

5. Come accadeva anche ad altri orafi specializzati nella produzione di oggetti dai materiali particolarmente preziosi, la maggior parte dei pezzi da lui realizzata veniva – prima o poi – fusa. Sulle sue spade cfr. Sergio Masini e Gianrodolfo Rotasso, *Le armi nella storia*, in *Le armi degli Estensi: la collezione Konopiště*, Bologna, Cappelli, 1986, pp. XXI-XXIX, in particolare p. XXVIII; Mina Gregori, *In the Light of Apollo: The Italian Renaissance and Greece, 22 December 2003 - 31 March 2004*, Athens, Hellenic Culture Organization, 2003, pp. 401-402; Daniele Diotallevi, *Arte e armi per Cesare*, in *Cesare Borgia di Francia: Gonfaloniere di Santa Romana Chiesa, 1498-1593. Conquiste effimere e progettualità statale*, Atti del Convegno di Studi (Urbino, 2003), a cura di Marinella Bonvini e Monica Miretti, Ostia Vetere, Tecnostampa, 2005, pp. 427-445; Maria Carbonelli Buades, *Cèsar Borja i l'art. Tres episodis*, in «Revista Borja», 2 (2009), pp. 325-357, in particolare p. 331.

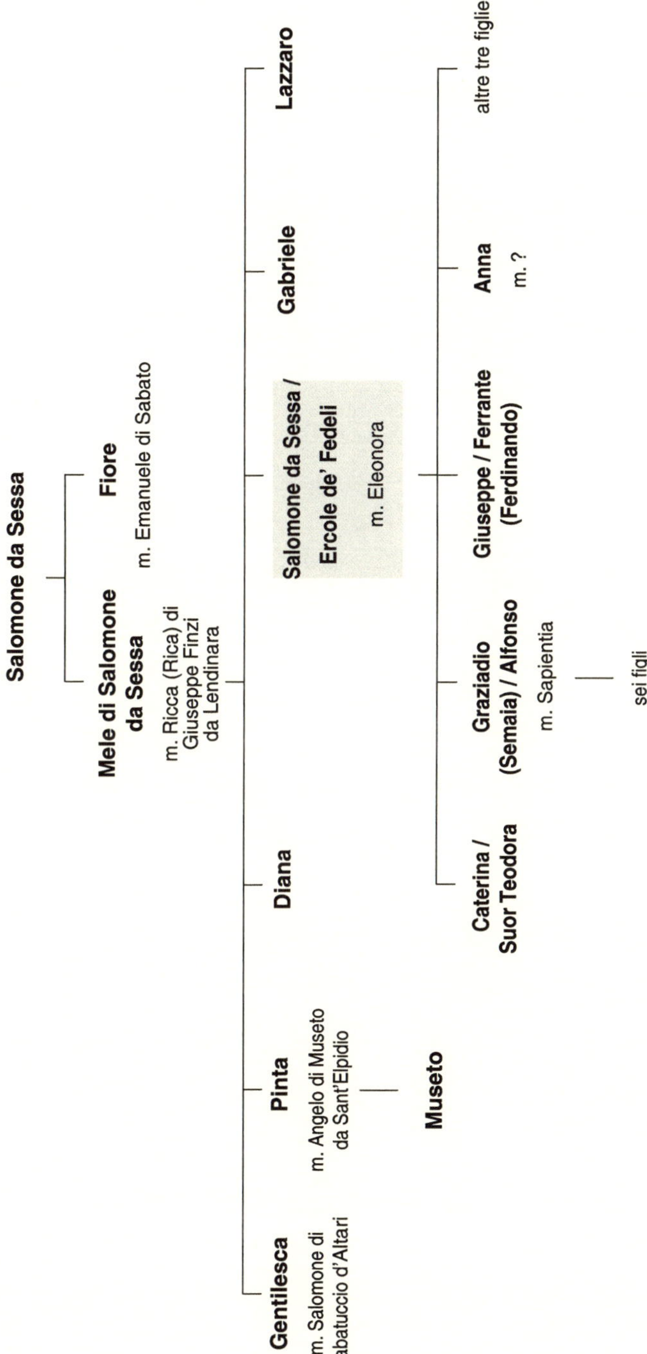

Fig. 1. Famiglia paterna e discendenti di Salomone da Sessa / Ercole de' Fedeli.

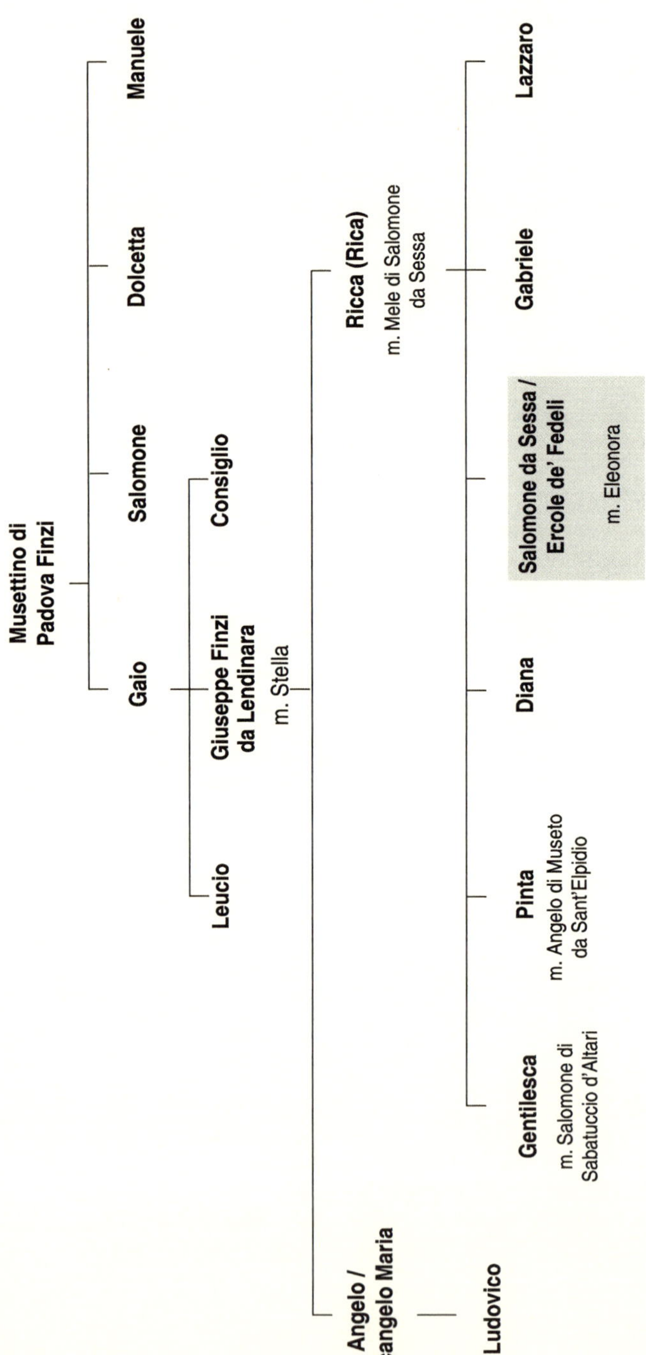

Fig. 2. Famiglia materna di Salomone da Sessa / Ercole de' Fedeli.

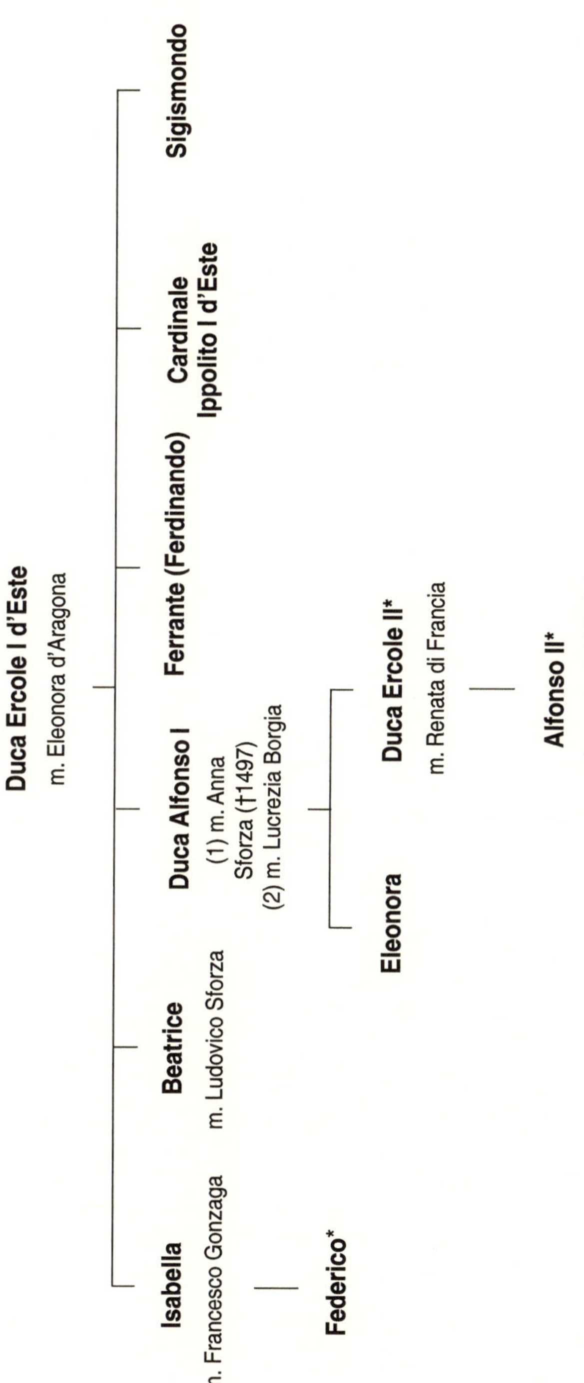

Fig. 3. Casa d'Este, duchi di Ferrara.

Mentre gli studi precedenti si sono occupati dei successi artistici di Ercole/Salomone, finora non si è indagato come egli, all'apice del successo, sia giunto a ripudiare la religione ebraica.[6] Nel presente volume ci serviremo delle complesse vicende che hanno portato al battesimo di questo orafo artisticamente "virtuoso" per meglio comprendere l'integrazione sociale e culturale degli ebrei e le dinamiche connesse alla conversione religiosa nei principati dell'Italia settentrionale. Ricostruiremo poi le alterne fortune di Salomone/Ercole e della sua famiglia dopo il battesimo per chiarire i controversi significati che la conversione assumeva per i neofiti e per i loro correligionari – sia i nuovi sia i vecchi – vari decenni prima che le autorità ecclesiastiche la facessero diventare una fra le maggiori priorità della Chiesa Militante.

All'inizio degli anni Quaranta del Cinquecento – in Italia – gli sforzi per convertire gli ebrei si andarono sempre più istituzionalizzando, man mano che le autorità cattoliche presero ad adottare varie misure tese a incrementare il numero di ebrei battezzati.[7] Fra queste figurava la fondazione delle Case dei Catecumeni, prima a Roma (nel 1543) e poi in altre città italiane. Dal 1542 in poi, l'Inquisizione romana cominciò a perseguire anche gli ebrei sospettati di ostacolare le conversioni e i convertiti accusati di aver riabbracciato la religione ebraica. Grazie al molto materiale che si conserva negli archivi delle Case dei Catecumeni e dei tribunali dell'Inquisizione, finora i documenti di queste istituzioni hanno costituito il filtro principale attraverso cui studiare il fenomeno del passaggio dall'ebraismo al cristianesimo nell'Italia della prima età moderna.[8]

Il successo della campagna missionaria per convertire gli ebrei italiani dalla metà del XVI fino al termine del XVIII secolo fu senza dubbio straordina-

6. Il più recente resoconto bibliografico su Salomone/Ercole risale al 1993 ed è la voce *Ercole dei Fedeli* curata da Roberta Bianco per il *Dizionario Biografico degli Italiani*, vol. XLIII, Roma, Istituto della Enciclopedia Italiana, 1993, pp. 131-132, che ripropone inesattezze circa eventi importanti della sua vita già divulgate da Angelo Angelucci, *Catalogo della armeria reale*, Torino, Candeletti, 1890, p. 307 e Costantino G. Bulgari, *Argentieri, gemmari e orafi d'Italia*, parte IV, *Emilia*, Roma, Palombi, 1958-1974, p. 350.

7. Si veda in particolare Kenneth R. Stow, *Catholic Thought and Papal Jewry Policy, 1555-1593*, New York, Jewish Theological Seminary of America, 1977, pp. 171-224; Id., *Taxation, Community, and State: The Jews and the Fiscal Foundations of the Early Modern Papal State*, Stuttgart, Anton Hieremann, 1982, pp. 53-70.

8. Cfr. Adriano Prosperi, *L'inquisizione Romana e gli ebrei*, in *L'inquisizione e gli ebrei in Italia*, a cura di Michele Luzzati, Roma, Laterza, 1994, pp. 67-120; Brian Pullan, *The Jews of Europe and the Inquisition in Venice: 1550-1620*, Totowa (NJ), Barnes and Noble, 1983; Marina Caffiero, *Battesimi forzati: storia di ebrei, cristiani e convertiti nella Roma dei papi*, Roma, Viella, 2004; Pietro Ioly Zorattini, *I nomi degli altri: conversioni a Venezia e nel Friuli Veneto in età moderna*, Firenze, Olschki, 2008; Natalie E. Rothman, *Brokering Empire: Trans-imperial Subjects between Venice and Istanbul*, Ithaca (NY), Cornell University Press, 2011, pp. 87-162; Matteo Al Kalak, Ilaria Pavan, *Un'altra fede: le Case dei Catecumeni nei territori estensi (1583-1938)*, Firenze, Olschki, 2013; Samuela Marconcini, *Per amor del cielo: farsi cristiani a Firenze tra Seicento e Settecento*, Firenze, Firenze University Press, 2016. Si vedano anche i saggi raccolti in *"Dall'infamia dell'errore al grembo di Santa Chiesa": conversioni e strategie della conversione a Roma nell'età moderna*, num. monogr. di «Ricerche per la storia religiosa di Roma», 10 (1998).

rio.[9] Tuttavia, le sue radici affondano nell'epoca precedente alla Riforma. Studi incentrati su aree specifiche hanno dimostrato che la tendenza a un notevole aumento dei convertiti era un fenomeno già ben avviato all'inizio del XV secolo e che gli ultimi decenni di quel secolo videro un incremento del numero di ebrei battezzati. In tale periodo si registrarono conversioni di ebrei – da soli o con altri familiari – a Venezia, Brescia, Lendinara (nella zona del Polesine), Mantova e Lucca.[10] In alcune zone i battesimi di ebrei si ripeterono più di una volta – anche se di solito non più di cinque – nel corso della seconda metà del Quattrocento, come nei casi documentati per i ducati di Milano e Ferrara, per le città di Bologna, Firenze e Roma e per diversi centri urbani dell'Umbria.[11] Sebbene non si possano inserire queste conversioni in un movimento su larga

9. Cfr. Stow, *Catholic Thought*, pp. 200-203; Id., *Taxation, Community, and State*, pp. 66-70; Adriano Prosperi, *La Chiesa e gli ebrei nell'Italia del '500*, in *Ebraismo e antiebraismo: immagine e pregiudizio*, a cura di Cesare Luporini, Firenze, Giuntina, 1989, pp. 171-183. Si veda inoltre Renata Segre, *Neophytes during the Italian Counter-Reformation: Identities and Biographies*, in «Proceedings of the Sixth World Congress of Jewish Studies», 2 (1973), pp. 131-142, in particolare p. 132.

10. Cfr. Guido Ruggiero, *The Boundaries of Eros: Sex Crime and Sexuality in Renaissance Venice*, New York, Oxford University Press, 1985, p. 88; Stephen Bowd, *The Conversion of Margarita: A Wedding Oration in Fifteenth-Century Brescia*, in *Ebraismo e cristianesimo in Italia tra '400 e '600: confronti e convergenze*, a cura di Luca Baraldi, Tamar Herzig e Gabriella Zarri, num. monogr. di «Archivio italiano per la storia della pietà», 25 (2012), pp. 140-166, in particolare p. 147; Elisabetta Traniello, *Gli ebrei e le piccole città: economia e società nel Polesine del Quattrocento*, Rovigo, Minelliana, 2004, pp. 172-176; David S. Chambers, Trevor Dean, *Clean Hands and Rough Justice: An Investigating Magistrate in Renaissance Italy*, Ann Arbor, University of Michigan Press, 1997, pp. 243-244; Michele Luzzati, *"Satis est quod tecum dormivit". Vero, verosimile e falso nelle incriminazioni degli ebrei: un caso di presunta sodomia (Lucca, 1471-1472)*, in *Una manna buona per Mantova/Man Tov le-man Tovah: Studi in onore di Vittore Colorni*, a cura di Mauro Perani, Firenze, Olschki, 2004, pp. 261-280, in particolare pp. 262-263.

11. Cfr. Shlomo Simonsohn, *The Jews in the Duchy of Milan*, Jerusalem, Israel Academy of Sciences and Humanities, 1982, vol. I, pp. 391-392 e 553-554; Marina Gazzini, *Storie di vita e di malavita: criminali, poveri e altri miserabili nelle carceri di Milano alla fine del medioevo*, Firenze, Firenze University Press, 2017, pp. 93-94; David B. Ruderman, *The World of a Renaissance Jew: The Life and Thought of Abraham ben Mordecai Farissol*, Cincinnati, Hebrew Union College Press, 1981, pp. 21-22 e 43-47; Tamar Herzig, *The Prosecution of Jews and the Repression of Sodomy in Fifteenth-Century Italy*, in *L'inquisizione romana, i giudici e gli eretici: Studi in onore di John Tedeschi*, a cura di Anne Jacobson Schutte e Andrea Del Col, Roma, Viella, 2017, pp. 59-74; Maria Giuseppina Muzzarelli, *I banchieri ebrei e la città*, in *Banchi ebraici a Bologna nel XV secolo*, a cura di Ead., Bologna, il Mulino, 1994, pp. 89-157, in particolare pp. 123-124; Rossella Rinaldi, *Topografia documentaria per la storia della comunità ebraica bolognese*, in *Banchi ebraici a Bologna nel XV secolo*, pp. 29-87, in particolare p. 65; Luca Landucci, *Diario fiorentino dal 1450 al 1516 continuato da un anonimo fino al 1542*, a cura di Iodoco Del Badia, Firenze, Sansoni, 1883, p. 132; Pietro Delcorno, *Corruzione e conversione in una sacra rappresentazione fiorentina: "La rappresentazione di dua hebrei che si convertirono" (c. 1495)*, in «Cheiron», 57-58 (2012), pp. 273-310, in particolare pp. 281-282; Donald Weinstein, *Savonarola: The Rise and Fall of a Renaissance Prophet*, New Haven, Yale University Press, 2011, pp. 83-85; Anna Esposito, *Un'altra Roma: minoranze nazionali e comunità ebraiche tra Medioevo e Rinascimento*, Roma, Il Calamo, 1995, pp. 154-157.

scala,[12] è tuttavia degno di nota che andarono di pari passo con la crescente attenzione che autori di vari generi letterari, drammatici e musicali, dedicavano al tema della conversione degli ebrei proprio in quegli stessi anni.[13]

La mancanza di documenti ufficiali ha reso particolarmente difficile per gli studiosi comprendere appieno cosa significasse abbandonare il giudaismo e cosa questo comportasse prima del Concilio di Trento (1545-1563). Di conseguenza, esistono finora pochi contributi relativi alle motivazioni che potevano indurre un ebreo a farsi cristiano e le prospettive che si schiudevano per quanti entrassero nell'alveo della Chiesa cattolica nell'Italia anteriore alla Controriforma.[14] La nostra ricerca sulla vita di Salomone/Ercole intende appunto fare luce su alcuni aspetti sinora rimasti in ombra relativi al fenomeno delle conversioni religiose.

Ritenuta una parte cruciale del piano divino per la salvezza del genere umano, la conversione degli ebrei tradizionalmente assumeva un significato particolare per le autorità cristiane, assai maggiore rispetto alla conversione di altri non cristiani.[15] Non a caso, diversamente dalla conversione di ebrei iberici e di ebrei residenti nelle regioni del sud Italia governate dagli spagnoli, a nord e al centro della penisola italiana l'apostasia dell'ebraismo non costituì mai un fenomeno di massa.[16] Gli ebrei italiani si convertivano da soli, sebbene il battesimo di singoli individui comportasse la conversione forzata dei figli dei neofiti e spesso indu-

12. Ariel Toaff, *Il vino e la carne: una comunità ebraica nel Medioevo*, Bologna, il Mulino, 1989, p. 181 intitola la sezione sui casi di ebrei battezzati in Umbria *Il movimento delle conversioni* ma non fornisce dati statistici utili a giustificare né tale formula né la sua affermazione (p. 184) secondo cui le conversioni furono il motivo che rese più piccole le comunità ebraiche in Umbria negli ultimi decenni del XV secolo. Per singoli casi di conversioni a Perugia, Assisi, Foligno, Spoleto e Spello in quello stesso periodo, cfr. Toaff, *Il vino e la carne*, pp. 189-199.

13. In proposito si vedano Don Harrán, *"Adonai con voi" (1659), a Simple Popular Song with a Complicated Semantic about (What Seems to Be) Circumcision*, in *The Jewish Body: Corporeality, Society, and Identity in the Renaissance and Early Modern Period*, a cura di Maria Diemling e Giuseppe Veltri, Leiden, Brill, 2009, pp. 427-463, in particolare pp. 428-429 e relativa nota 6; Bowd, *The Conversion of Margarita*, pp. 140-166 e Delcorno, *Corruzione e conversione*, pp. 273-310.

14. Peter A. Mazur, *Conversion to Catholicism in Early Modern Italy*, New York, Routledge, 2016, pp. 18-42 e 66-82 offre uno sguardo d'insieme relativo alle conversioni di ebrei negli Stati italiani all'incirca dal 1545 in poi. Non esiste invece nessun contributo del genere per quanto concerne il XV secolo e l'inizio di quello successivo. Sulle tendenze oggi prevalenti fra gli studi sulla storia delle conversioni di ebrei nella penisola italiana cfr. *Strategie e normative per la conversione degli ebrei dal Medioevo all'età contemporanea*, Atti del Convegno internazionale (Ravenna, 30 settembre - 2 ottobre 2013), a cura di Mauro Perani, num. monogr. di «Materia giudaica», 19, 1-2 (2014).

15. Cfr. Robert Bonfil, *An Infant's Missionary Sermon Addressed to the Jews of Rome in 1553*, in *New Perspectives on Jewish-Christian Relations in Honor of David Berger*, a cura di Elisheva Carlebach e Jacob J. Schacter, Leiden, Brill, 2012, pp. 141-171, in particolare p. 155; Kenneth R. Stow, *Conversion, Christian Hebraism, and Hebrew Prayer in the Sixteenth Century*, in «Hebrew Union College Annual», 47 (1976), pp. 217-236 e Caffiero, *Battesimi forzati*, p. 22.

16. Cfr. Kenneth R. Stow, *The Papacy and the Jews: Catholic Reformation and Beyond*, in «Jewish History», 6, 1-2 (1992), pp. 257-279.

cesse anche i coniugi all'apostasia.[17] Questa caratteristica rende l'investigazione microstorica delle dinamiche che portavano al battesimo di un singolo ebreo (così come dell'impatto che esso aveva sui suoi familiari) una prassi metodologica particolarmente adatta a chiarire le difficoltà connesse alla conversione degli ebrei nell'Italia settentrionale.[18]

Diversamente dalla maggior parte degli ebrei italiani convertitisi al cristianesimo nel corso del XV secolo, Salomone/Ercole ha lasciato dietro di sé una cospicua documentazione cartacea; ciò è dovuto al suo ruolo professionale di artista impegnato nella produzione di quella cultura incentrata sullo splendore degli oggetti che divenne un segno distintivo delle corti rinascimentali.[19] Artista rinomato, il protagonista della nostra storia rientra in quella categoria che lo storico Edoardo Grendi ha definito «l'eccezionale normale».[20] In altre parole, egli era uno di quei personaggi straordinari le cui vicende biografiche, tuttavia, possono aiutarci a gettare luce sulla realtà quotidiana di vasti gruppi sociali; nel caso dell'orafo, ci riferiamo agli ebrei italiani e ai convertiti di prima generazione. Come cercherò di dimostrare in questo mio studio, sebbene la sua abilità artistica lo distinguesse dalla maggior parte degli ebrei prima del suo battesimo e dagli altri neofiti dopo, sotto molti aspetti le esperienze da lui vissute furono influenzate dalla sua

17. Le esperienze dei convertiti italiani risultano pertanto assai diverse da quelle dei *conversos*, i quali diventavano cristiani insieme a molti altri ebrei battezzati e poi formavano nuove comunità con un'identità religiosa al contempo particolare eppure condivisa. La storia degli ebrei nel meridione della penisola italiana soggetto alla corona spagnola è differente rispetto a quella dei loro correligionari nel centro o nel nord Italia (fatta eccezione per il ducato di Milano, retto dagli spagnoli, dal quale gli ebrei vennero espulsi nel 1597); la versione siciliana dell'editto spagnolo di espulsione fu promulgata già nel 1492 e nel 1541 gli ebrei furono espulsi anche dal regno di Napoli. Sui cosiddetti "nuovi cristiani" provenienti dalla penisola iberica e la comunità che essi formarono a Napoli cfr. Peter A. Mazur, *The New Christians of Spanish Naples, 1528-1671: A Fragile Elite*, Houndmills, Palgrave Macmillan, 2013. Sulla Sicilia cfr. Nadia Zeldes, *The Former Jews of This Kingdom: Sicilian Converts after the Expulsion, 1492-1516*, Leiden, Brill, 2003.

18. Sulla tendenza, da parte dei fautori della microstoria, a concentrarsi su singoli individui, eventi o comunità come un mezzo per «cogliere ciò che non è sempre visibile su una più vasta scala», cfr. le riflessioni svolte da Thomas Robisheaux in *Microhistory Today: A Roundtable Discussion*, a cura del medesimo studioso, in «Journal of Medieval and Early Modern Studies», 47, 1 (2017), pp. 7-52, in particolare p. 24, e Sigurður Gylfi Magnússon, István M. Szijártó, *What is Microhistory? Theory and Practice*, New York, Routledge, 2013, pp. 4-5.

19. Sull'importanza fondamentale assunta dalle pietre e dai metalli di pregio per la creazione di questo tipo di cultura materiale cfr. Ulinka Rublack, *Dressing Up: Cultural Identity in Renaissance Europe*, Oxford, Oxford University Press, 2010, pp. 20 e 67 e Timothy McCall, *Brilliant Bodies: Material Culture and the Adornment of Men in North Italy's Quattrocento Courts*, in «I Tatti Studies in the Italian Renaissance», 16, 1-2 (2013), pp. 445-490.

20. Cfr. Edoardo Grendi, *Microanalisi e storia sociale*, in «Quaderni storici», 12, 35 (1977), pp. 506-520. Si vedano anche Giovanni Levi, *On Microhistory*, in *New Perspectives on Historical Writing*, a cura di Peter Burke, University Park (PA), Penn State University, 1992, pp. 93-113, in particolare pp. 109-111; Matti Peltonen, *Clues, Margins, and Monads: The Micro-Macro Link in Historical Research*, in «History and Theory», 40, 3 (2001), pp. 347-359 e Jill Lepore, *Historians Who Love Too Much: Reflections on Microhistory and Biography*, in «Journal of American History», 88, 1 (2001), pp. 129-144, in particolare pp. 131-133.

identità religiosa, prima da ebreo e poi da convertito. Accenni ad altri casi noti forniranno un termine di confronto per meglio comprendere aspetti diversi della vicenda di questo orafo, in particolare la persecuzione di comportamenti sessuali giudicati illeciti e il modo in cui egli si pose rispetto alle divisioni interreligiose, cui si aggiungono i conflitti interni alle comunità ebraiche quali fattori favorevoli all'apostasia e l'esperienza della conversione religiosa come un processo lungo e complicato.

Malgrado la documentazione giunta sino a noi sia abbastanza ricca, le lacune che vi si riscontrano rendono ancora oggi difficile descrivere il dramma principale della vita di Salomone/Ercole; infatti i protocolli relativi alla procedura che condusse al suo battesimo sono andati perduti, così come la maggior parte dei documenti riguardanti i reati commessi a Ferrara nel XV secolo.[21] Fortunatamente, a compensare almeno in parte questa mancanza rimangono altre fonti che ci forniscono una cospicua quantità di informazioni biografiche su Salomone/Ercole, prima e dopo la sua apostasia.[22] Particolare rilievo in tal senso assume una serie di lettere, che include sei dispacci dell'orafo stesso e numerose altre missive scambiate fra i membri delle famiglie Este e Gonzaga nonché da entrambi coi loro emissari, tutte conservate presso l'Archivio Gonzaga (oggi all'Archivio di Stato di Modena).[23] In aggiunta, la mia ricostruzione delle vicende relative a Salomone/Ercole si avvale di moltissimi inventari e registri di pagamenti della corte ferrarese (conservati nell'Archivio di Stato di Modena) così come di testamenti e altri

21. La maggior parte dei documenti ferraresi di natura penale risalenti alla prima età moderna andò persa nel corso del tardo Settecento o venne distrutta da un incendio nel 1945. Cfr. Diane Yvonne Ghirardo, *The Topography of Prostitution in Renaissance Ferrara*, in «Journal of the Society of Architectural Historians», 60, 4 (2001), p. 402-431, in particolare pp. 408 e 425.

22. Alcuni fra i migliori esempi di microstoria concernenti l'Italia della prima età moderna si basano su atti processuali; mi riferisco, in particolare, a Carlo Ginzburg, *Il formaggio e i vermi. Il cosmo di un mugnaio del '500*, Milano, Adelphi, 2019[4]; Judith C. Brown, *Immodest Acts: The Life of a Lesbian Nun in Renaissance Italy*, Oxford, Oxford University Press, 1985 e Gene Brucker, *Giovanni and Lusanna: Love and Marriage in Renaissance Florence*, London, Weidenfeld and Nicholson, 1986. Sui vantaggi offerti da questo genere di fonti cfr. Filippo De Vivo, *Prospect of Refuge? Microhistory, History on the Large Scale: A Response*, in «Cultural and Social History», 7, 3 (2010), pp. 387-397, in particolare p. 391, e Thomas V. Cohen, *The Macrohistory of Microhistory*, in «Journal of Medieval and Early modern Studies», 47, 1 (2017), pp. 53-73. Sui relativi limiti, invece, cfr. Thomas Kuehn, *Reading Microhistory: The Example of Giovanni and Lusanna*, in «Journal of Modern History», 61, 3 (1989), pp. 512-534 e David A. Bell, *Total History and Microhistory: The French and Italian Paradigms*, in *A Companion to Western Historical Thought*, a cura di Lloyd Kramer e Sarah Maza, Oxford, Blackwell, 2002, pp. 262-276, in particolare pp. 270-274.

23. Le epistole sono servite da fonti (parziali o principali) per ricerche di microstoria quali Steven Ozment, *Magdalena and Balthasar: An Intimate Portrait of Life in Sixteenth-Century Europe Revealed in the Letters of a Nuremberg Husband and Wife*, New Haven, Yale University Press, 1989; Id., *The Bürgermeister's Daughter: Scandal in a Sixteenth-Century German Town*, New York, St. Martin's Press, 1996 e Jill Lepore, *The Name of War: King Philip's War and the Origins of American Identity*, New York, Vintage Books, 1998. Cfr. inoltre Magnússon, Szijártó, *What is Microhistory?*, pp. 79-100.

documenti notarili dagli Archivi di Stato di Firenze, Bologna e Ferrara.[24] Ulteriori indizi circa la vita di Salomone/Ercole derivano da fonti d'altro genere, ad esempio norme concernenti le corporazioni, un atto di donazione e una cronaca sinora inedita, consultabili – a Ferrara – presso l'Archivio Storico Comunale, l'Archivio Storico Diocesano e la Biblioteca Comunale Ariostea.

L'insieme di documenti disponibili su questo neofita spicca in contrasto con le scarne tracce rimaste che possono risultare utili a ricostruire il destino della moglie, costretta a sua volta a battezzarsi. Inoltre, sebbene il battesimo (frutto della conversione del padre al cristianesimo) abbia giocato un ruolo decisivo nel determinare la vita adulta delle figlie di Salomone/Ercole non meno che il destino dei suoi figli, su questi ultimi – i quali seguirono, nella loro professione, le orme paterne – le fonti giunte sino a noi permettono di saperne molto di più. Questo studio, dunque, affronta anche il problema dell'incidenza che il genere – maschile o femminile – dei convertiti ha avuto nel determinare la loro visibilità (sia loro sia dei relativi familiari) nelle fonti.

Concentrata sui contesti, sulle motivazioni e sulle conseguenze legate alla conversione di un ebreo al cattolicesimo nell'Italia anteriore al Concilio di Trento, la ricerca da me svolta si divide in quattro parti. Per cominciare, si affrontano i primi anni della vita di Salomone e si discute la sua formazione professionale come orafo ebreo, nonché i rapporti da lui intrattenuti con gli altri ebrei fino a quando venne estromesso dalla loro comunità nel 1491. La seconda parte si interroga sul significato dell'apostasia compiuta da Salomone, cominciando da un'analisi delle norme e delle aspettative che portarono all'accusa – nei suoi confronti – di aver commesso un grave reato sessuale. Si passa poi a considerare il dibattito relativo alle implicazioni di tipo teologico e giuridico connesse al battesimo (dibattito sorto a causa dei tentativi che vennero fatti per giungere al perdono di Salomone e del suo parente, Angelo di Vitale, qualora si fossero convertiti), proseguendo con il valore simbolico attribuito alla cerimonia pubblica attraverso cui degli ebrei passavano alla comunità cattolica. La terza parte illustra le conseguenze socio-economiche di breve durata legate all'abbandono della religione ebraica attraverso un'attenta disamina della vita di quest'orafo così come delle vicende cui andarono incontro le sue due figlie e gli altrettanti figli nei quindici anni successivi al loro battesimo. Infine, la quarta parte ricostruisce le vicende di Salomone/Ercole e della sua famiglia nel corso dei sedici anni successivi alla morte del loro benefattore di rango principesco, ossia Ercole I, deceduto nel 1505. Delineando il complesso rapporto che intercorreva fra artisti e mecenati in pieno Rinascimento, questa parte del libro studia anche l'impatto che le continue guerre e le ricorrenti epidemie avevano sulla vita di tutti i giorni e sulle relazioni sociali nel nord della penisola italiana durante i turbolenti anni delle Guerre d'Italia (1494-1530). Il resoconto di come Salomone/Ercole e la sua famiglia caddero in povertà (spingendo l'orafo a

24. Per l'uso di documenti notarili e fiscali di questo tipo come base per ricerche di microstoria cfr. Giovanni Levi, *L'eredità immateriale. Carriera di un esorcista nel Piemonte del Seicento*, Torino, Einaudi, 1985 e Brad S. Gregory, *Is Small Beautiful? Microhistory and the History of Everyday Life*, in «History and Theory», 38, 1 (1999), pp. 100-110, in part. pp. 101-107.

tentare vie illegali, poi denunciate dai suoi ex correligionari) dimostra sia quanto poco durassero i vantaggi materiali derivanti dalla conversione religiosa sia come fosse impossibile per i convertiti adulti cancellare del tutto il loro passato di ebrei.

Nelle sue vari fasi, la drammatica storia di Salomone/Ercole rivela le opportunità di cui potevano godere individui dal talento eccezionale nei secoli XV e XVI, un periodo che ancora oggi viene spesso associato alla "scoperta dell'individuo", sulla falsariga di quanto Jacob Burckhardt scrisse nel suo *La civiltà del Rinascimento in Italia* (1860).[25] Eppure, al tempo stesso, la storia di questa vita dimostra in quale misura continuasse a incidere sul destino degli artisti rinascimentali – anche quelli più acclamati – il rapporto (stretto o labile che fosse) coi loro familiari e concittadini. In aggiunta, essa rivela quanto diverse risultassero le condizioni in cui vivevano – da un lato – gli artisti che creavano quella splendida cultura materiale per cui le corti rinascimentali italiane divennero così famose e – dall'altro – le donne e gli uomini dell'aristocrazia che a loro si rivolgevano per commissionare oggetti di lusso.

La storia di questo convertito, inoltre, ci aiuta a gettare uno sguardo sulle abitudini sessuali proprie della cultura virile allora imperante e sugli aspetti politici, sociali e religiosi del loro controllo. Essa, poi, testimonia la natura palesemente arbitraria della giustizia per come veniva allora amministrata negli Stati italiani retti da raffinati principi locali che avevano ricevuto un'educazione umanistica. Ma, soprattutto, le alterne vicissitudini che caratterizzarono la vita di Salomone/Ercole fanno luce sulle complesse implicazioni legate all'apostasia dell'ebraismo nell'Italia precedente alla Riforma.

In un'epoca durante la quale vari governanti laici – ancor più dei prelati – si impegnavano a promuovere il battesimo degli ebrei, e manifestavano il loro zelo religioso sforzandosi di garantire un efficace inserimento di quegli ebrei battezzati nella società cattolica, pii benefattori aiutavano quanti si erano convertiti dall'ebraismo offrendo loro lavoro, proteggendoli dai nemici e fornendo aiuto ai loro figli. Queste misure, tuttavia, erano finalizzate a mettere in risalto la profonda religiosità dei singoli sovrani, mentre i loro successori non sempre ne condividevano lo spirito teso al proselitismo. Una volta cessato il sostegno dei prìncipi, i neofiti dovevano saper gestire da soli le ombre che il loro passato di ebrei continuava a far riemergere. Pertanto, le alterne fortune di Salomone/Ercole ricostruite nelle pagine che seguono pongono in evidenza l'abisso che separava l'ideologia religiosa dalle realtà sociali con cui si confrontavano gli ebrei italiani dopo aver scelto il battesimo, prima che la Chiesa – nel secondo quarto del XVI secolo – inaugurasse una serie di intensi programmi orientati alla conversione.

25. Sul dibattito relativo alla nozione burckhardtiana dell'individualismo rinascimentale, cfr. John Jeffries Martin, *Myths of Renaissance Individualism*, Hampshire, Palgrave, 2004.

I

L’ebreo virtuoso

1. Il figlio di un prestatore diventato orafo

Salomone, orafo, nacque a Firenze. Nel 1437 suo padre, «Mele di Salomone da Sessa»,[1] si trasferì a Firenze da Sessa Aurunca – in Campania – e in breve tempo divenne uno dei più importanti prestatori ebrei in città.[2] Nel 1448 una donna ebrea di nome Sara affermò di essere incinta del figlio di Mele, frutto di una relazione durata per un considerevole lasso di tempo.[3] Quando – presumibilmente – Mele aveva reso gravida Sara, egli era già fidanzato con Ricca (o Rica, la cui data di morte oscilla fra il 1485 e il 1489), figlia del facoltoso banchiere Giuseppe da Lendinara (deceduto verso il 1463), il cui padre era Gaio di Musettino Finzi.[4] La storia non registra le successive vicende di Sara e del suo bambino (maschio o femmina che fosse), ammesso che sia mai venuto al mondo. Sappiamo, invece, che la relazione avuta da Mele con questa ebrea fiorentina di umili origini non gli impedì di sposare la figlia del noto banchiere originario della cittadina di Lendinara nel nord Italia, più precisamente vicino a Rovigo, nella zona del Polesine.[5]

1. Per altri ebrei a Firenze cui veniva associato il toponimo identificativo "da Sessa", cfr. Umberto Cassuto, *Gli ebrei a Firenze nell'età del Rinascimento*, Firenze, Tipografia Galletti & Cocci, 1918, p. 259, nota 2.

2. Sulla carriera di Mele si vedano le notizie fornite da Elisabeth Borgolotto, *Mele di Salomone da Sessa: un banchiere campano nella Firenze della metà del Quattrocento*, in «Annali dell'Istituto Italiano per gli Studi Storici», 17 (2000), pp. 143-168. Si veda anche l'aggiornamento in Elisabeth Borgolotto Zetland, *Les juifs à Florence au temps de Cosme l'Ancien, 1437-1464. Une histoire économique et sociale du Judaïsme toscan* (tesi di dottorato, Université Paul Valéry-Montepellier III, 2009), pp. 27-30, 74-83, 215, 245-246, 266-273, 305-310 e 400-405.

3. L'ebrea indicata come «Sara del fu Simone de Alamani» – residente nel malfamato «popolo» (ossia rione) fiorentino di San Lorenzo, dove lo stesso Mele abitò fino al 1453 – fece certificare l'attribuzione della paternità a quest'ultimo dal notaio Ser Totto di Lazzaro Totti da Bacchereto in un documento notarile redatto il 14 dicembre 1448: Archivio di Stato di Firenze (ASFi), Notarile antecosimiano, 2044.

4. Cfr. Borgolotto, *Mele di Salomone da Sessa*, p. 152. Su Gaio di Musettino (o Museto) Finzi – banchiere ebreo di successo, attivo prima a Padova e poi a Rovigo – cfr. Traniello, *Gli ebrei e le piccole città*, pp. 103-111. Su Giuseppe (figlio di Gaio) e sua moglie Stella, cfr. ivi, pp. 160-172 e la nota 33 a p. 266.

5. Cfr. Michele Luzzati, *Lo scudo della giustizia dei "gentili": nascite illegittime e prostituzione nel mondo ebraico toscano del Quattrocento*, in «Quaderni storici», n.s., 39, 115 (2004), pp. 195-215, in particolare pp. 196-197, e Borgolotto Zetland, *Les juifs à Florence au temps de Cosme l'Ancien*, pp. 135-136.

Insieme alla moglie Stella, Giuseppe Finzi (padre, come detto, di Ricca) diresse per vari decenni il banco ebraico a Lendinara, località sotto il governo della casa d'Este fino al 1484. Giuseppe era coinvolto anche in varie altre imprese commerciali con prestatori ebrei in diversi centri urbani del ducato estense, inclusa Ferrara.[6] Dal momento che i prestatori ebrei a Ferrara e dintorni avevano forti legami – dovuti sia a commerci sia a parentele – coi loro correligionari a Firenze, la promessa di matrimonio fra Ricca e Mele venne probabilmente suggellata tramite queste comuni conoscenze.[7] Il testo notarile che certifica il loro fidanzamento fu redatto a Rovigo il 27 giugno 1447. Un altro atto notarile – questa volta vergato a Firenze – conferma che la dote di Ricca ammontava a 200 ducati d'oro.[8] Si tratta di una dote rispettabile, seppur non certo notevole, per la figlia di un banchiere ebreo italiano.[9] Com'era comune all'epoca, dopo la cerimonia di matrimonio Ricca seguì il marito, trasferendosi da Lendinara a Firenze.[10]

6. La presenza di Giuseppe a Ferrara e le sue iniziative commerciali insieme a banchieri ebrei attivi in quella città dagli anni Trenta del Quattrocento al 1458 (mentre era residente a Lendinara) sono dimostrate da documenti il cui contenuto viene riassunto nel saggio di Adriano Franceschini, *Presenza ebraica a Ferrara: testimonianze archivistiche fino al 1492*, a cura di Paolo Ravenna, Firenze, Olschki, 2007, pp. 157, 169, 175, 180, 227-228, 233-234, 239, 243, 245 (e i relativi documenti nn. 4219, 462, 478-479, 495, 551, 620, 629-630, 643, 649). Nel 1456, insieme ad altri banchieri di località limitrofe, Giuseppe raggiunse un accordo col legato pontificio il cui incarico era imporre una nuova tassa sugli ebrei in modo da finanziare una crociata contro i turchi. In proposito cfr. Aron Di Leone Leoni, *La nazione ebraica spagnola e portoghese di Ferrara (1492-1559). I suoi rapporti col governo ducale e la popolazione locale e i suoi legami con le nazioni portoghesi di Ancona, Pesaro e Venezia*, a cura di Laura Graziani Secchieri, Firenze, Olschki, 2011, vol. I, pp. 13-14.

7. Cfr. Elisabetta Traniello, *Famiglie e genealogie: uno strumento antico per chiavi di lettura nuove*, in *I paradigmi della mobilità e delle relazioni. Gli ebrei in Italia. In ricordo di Michele Luzzati*, a cura di Bice Migliau, Serena Di Nepi, Anna Esposito e Marina Caffiero, Firenze, Giuntina, 2017, pp. 35-45, in particolare p. 44.

8. Cfr. Elisabetta Traniello, *Tra appartenenza ed estraneità: gli ebrei e le città del Polesine di Rovigo nel Quattrocento*, in «Reti medievali», 2 (2005), pp. 163-175, in particolare p. 171 e relativa nota 10; Ead., *Gli ebrei e le piccole città*, p. 269 e Borgolotto, *Mele di Salomone da Sessa*, p. 147 e la nota 22 a p. 149.

9. In media, le doti di figlie di mercanti e banchieri ebrei nell'Italia del centro e del nord ammontavano fra i 100 e i 200 ducati o fiorini d'oro; a volte, tuttavia, risultavano di gran lunga superiori. In proposito, cfr. Michele Luzzati, *Matrimoni e apostasia di Clemenza di Vitale di Pisa*, nel suo volume *La casa dell'ebreo: saggi sugli ebrei a Pisa e in Toscana nel Medioevo e nel Rinascimento*, Pisa, Nistri-Lischi, 1985, pp. 61-106, in particolare pp. 67 e 74-75; Muzzarelli, *I banchieri ebrei e la città*, pp. 153-155; Alessandra Veronese, *Donne ebree italiane e ashkenazite in Italia centro–settentrionale: doti, testamenti, ruolo economico*, in *Vicino al focolare e oltre. Spazi pubblici e privati, fisici e virtuali della donna ebrea in Italia (secc. XV-XX)*, a cura di Laura Graziani Secchieri, Firenze, Giuntina, 2015, pp. 153-163, in particolare p. 162.

10. Cfr. Traniello, *Famiglie e genealogie*, p. 40. Un ritratto biografico di Ricca, basato sulle informazioni note fino al 2014 (ossia prima che io ne scoprissi il testamento), costituiva l'intento principale di una relazione dal titolo *Essere donna, ebrea, italiana nel Medioevo. Una storia per Ricca Finzi*, presentata da Elisabetta Traniello al convegno *Donna Sapiens. La figura femminile nell'ebraismo – Giornata europea della cultura ebraica, Ferrara 12*

Le prove documentarie relative sia al fidanzamento di Mele con la figlia di un banchiere di successo originario del nord Italia sia alla relazione – al tempo stesso – con un'ebrea fiorentina di umili origini suggeriscono che il comportamento sessuale degli ebrei ricchi non era forse poi così diverso da quello dei non-ebrei loro contemporanei. Di fatto, come ha dimostrato Michele Luzzati, accadeva talvolta che banchieri ebrei di alto livello non esitassero a intraprendere relazioni sessuali – contrariamente alle norme prescritte dal codice halakhico – con donne di bassa estrazione sociale, prostitute e persino uomini. Tuttavia, come i loro pari grado cristiani, essi si adoperavano per sposare ragazze adolescenti considerate vergini e le cui famiglie erano in grado di pagare cospicue doti.[11] Il fatto che il prestatore Giuseppe da Lendinara approvasse il matrimonio della propria figlia con Mele – un collega che all'epoca della sua unione con Ricca aveva già reso un'altra donna gravida pur senza sposarla – testimonia il suo prestigio sociale e la sua agiatezza economica. Ciò, inoltre, potrebbe indicare l'indulgenza con cui i correligionari ebrei erano – forse – disposti a giudicare il suo discostarsi dalle norme in ambito sessuale prescritte dalla legge ebraica; si tratta di un atteggiamento che ci aiuterà a meglio comprendere le vicissitudini di cui fu protagonista – alcuni decenni dopo – Salomone, figlio di Mele.

Mele e la moglie Ricca ebbero tre figlie e altrettanti figli, ma due di questi ultimi – Lazzaro e Gabriele – morirono negli anni Sessanta del Quattrocento.[12] Salomone, il loro unico figlio maschio a raggiungere l'età adulta, nacque fra il 1452 e il 1457 e prese nome dal nonno paterno.[13] Non si sa molto sui primi anni della sua fanciullezza, a parte il fatto che la famiglia – all'inizio residente nel quartiere fiorentino di Santo Spirito – nel 1453 si trasferì in quello di Santa Trinita e che nel 1457 (oppure l'anno dopo) si spostò nuovamente, questa volta andando ad abitare a San Miniato tra le Torri.[14]

L'ampia gamma di circostanze che coinvolgeva forme di violenza antiebraica e la minaccia di conversioni al cristianesimo sembra aver caratterizzato la vita di Salomone sin dai primi anni della sua fanciullezza a Firenze. Durante il periodo quaresimale del 1458, i sermoni di un predicatore francescano aizzarono la folla contro i prestatori ebrei nel capoluogo toscano. L'assalto culminò nel rapimento di una donna ebrea la cui liberazione venne infine ottenuta solo grazie all'intervento delle autorità locali, le quali bandirono il predicatore da Firenze.[15] Mosè ben Joab, che menziona questo episodio in uno dei suoi sermoni ebraici, si riferi-

settembre 2014. Ringrazio la Dott.ssa Traniello per avermi fornito il testo della sua relazione tuttora inedita.

11. Cfr. Luzzati, *Lo scudo della giustizia dei 'gentili'*.

12. Cfr. Borgolotto Zetland, *Les juifs à Florence au temps de Cosme l'Ancien*, pp. 164-166 e 215.

13. Nella sua voce su *Ercole dei Fedeli* per il *Dizionario Biografico degli Italiani*, Bianco data erroneamente la nascita intorno al 1465 e afferma che avvenne a Sesso, vicino a Reggio Emilia. Simili affermazioni sono confutate senza ombra di dubbio dai molti documenti sulla famiglia dell'orafo e i suoi spostamenti negli anni Cinquanta del XV secolo studiati da Borgolotto Zetland.

14. Cfr. Borgolotto, *Mele di Salomone da Sessa*, pp. 150-151.

15. Cfr. Cassuto, *Gli ebrei a Firenze nell'età del Rinascimento*, pp. 42-45 e 259.

sce alla donna rapita come «la moglie di Meir da Sessa».[16] È stato suggerito che quest'ultimo vada identificato con Mele da Sessa e che l'espressione poco chiara impiegata da Mosè alluda al rapimento della moglie di Mele, poi condotta a forza in una casa cristiana col fine di costringerla a convertirsi.[17]

Mele da Sessa morì nel gennaio del 1460, meno di due anni dopo questo infelice episodio. Al momento del decesso era un uomo benestante e, in sintonia con la tradizione ebraica, il suo testamento designò Ricca come la prima fra gli eredi. Le seconde nozze erano molto comuni tra gli ebrei italiani ma Ricca non si risposò mai.[18] Rispettando le ultime volontà del marito, continuò ad amministrare l'eredità da lui lasciatale per i loro giovani figli, compito in cui ricevette aiuto dal genero Angelo di Museto da Sant'Elpidio, marito della figlia Pinta, che agì da suo "procuratore", ossia rappresentante legale.[19]

Spesso, nell'Italia del Rinascimento, le vedove ebree svolgevano la professione di prestatrici di denaro. La stessa Ricca subentrò al defunto marito in questa attività.[20] A un certo punto, tuttavia, dopo il maggio 1461, decise di lasciare Firenze e trasferirsi a Bologna coi figli non ancora sposati.[21] Anche Pinta e suo marito si trasferirono in nord Italia, dove più tardi verrà registrata la presenza – come prestatori – sia di Angelo sia del figlio di questa coppia, Museto.[22]

Sembra che né i bolognesi né gli abitanti delle città vicine avessero mai sentito nominare il borgo meridionale di Sessa Aurunca. Dopo il trasferimento di

16. Il testo di Mosè ben Joab si legge in Cassuto, *Gli ebrei a Firenze nell'età del Rinascimento*, p. 371. Esso recita come segue:
בפיורינצי דבור כאשר היתה אשת הר' מאיר איש סיסה ביד המושל בסכנה...וע"כ עצתי שנתפלל לה' בלא שפתי מרמה על הצר הצורר אותנו ואת העניה הזאת ואולי יתעשת האלהים לנו ולא תאבד האשה ביד הצר הזה אשר נטה ידו עליה לשחתה.

17. Cfr. Borgolotto Zetland, *Les juifs à Florence au temps de Cosme l'Ancien*, pp. 360-361. Per quanto, in italiano, si possano confondere nomi quali "Meir" e "Mele" risulta invece difficile in ebraico leggere מאיר al posto di מילי oppure מלה (ossia "Mele" in quella lingua).

18. Sulle vedove ebree in Italia a quell'epoca, cfr. Kenneth Stow, *Theater of Acculturation: The Roman Ghetto in the Sixteenth Century*, Seattle, University of Washington Press, 2001, pp. 76-78, 173-174 e relative note 28-29. Su altre parti d'Europa cfr. Elisheva Baumgarten, *Gender and Daily Life in Jewish Communities*, in *The Oxford Handbook of Women and Gender in Medieval Europe*, a cura di Judith M. Bennett e Ruth Mazo Karras, Oxford, Oxford University Press, 2013, pp. 213-228, in particolare p. 219.

19. Sul ruolo del procuratore (che poteva rappresentare una donna in tribunale) rispetto al *mundualdus* nella Firenze del Quattrocento, cfr. Thomas E. Kuehn, *Law, Family, and Women: Toward a Legal Anthropology of Renaissance Italy*, Chicago, University of Chicago Press, 1991, pp. 214, 219-220 e 230-231.

20. Sulle donne ebree che esercitavano la professione di prestatrici di denaro a Firenze cfr. Borgolotto Zetland, *Les juifs à Florence au temps de Cosme l'Ancien*, pp. 78 e 96-100. Per altre città italiane cfr. Michele Luzzati, *Alle radici della 'Jüdische Mutter'. Note sul lavoro femminile nel mondo ebraico italiano fra Medioevo e Rinascimento*, in *La donna nell'economia dei secoli XIII-XVIII*, Atti della Ventunesima Settimana di Studi (10-15 aprile 1989), a cura di Simonetta Cavaciocchi, Firenze, Le Monnier, 1990, pp. 461-473, in particolare pp. 466-470; Anna Esposito, *Donne in casa, donne in piazza. Le donne ebree dell'area laziale tra '400 e '500*, in *Vicino al focolare e oltre*, pp. 165-173, in particolare pp. 171-173.

21. Cfr. Borgolotto, *Mele di Salomone da Sessa*, pp. 147 e 160.

22. Si veda *infra*, capitolo 3.

Ricca a Bologna, i documenti relativi al suo defunto marito lo indicano sempre come «Mele da Sesso», ritenendolo – quindi – originario della cittadina di Sesso in provincia di Reggio Emilia.[23] Nelle fonti dell'epoca il toponimo associato a Salomone – figlio di Mele e Ricca, il quale trascorse la maggior parte della sua vita in nord Italia – è anche indicato come «da Sesso» (o «da Sexo»). Pertanto, gli studiosi ignari dei documenti fiorentini relativi a suo padre – Mele da Sessa – hanno sinora ritenuto che la famiglia di Salomone fosse originaria di Reggio Emilia.[24]

Sebbene né Ricca né il suo defunto marito avessero parenti a Firenze, il cognato di Mele da Sessa (marito di sua sorella Fiore) viveva a Bologna sin dal 1458 e un documento notarile afferma che all'epoca egli abitava nella casa di Museto di Ventura (poi morto nel 1459),[25] uno fra i principali banchieri ebrei della città, col figlio del quale sia Ricca sia Salomone sarebbero entrati in contatto negli anni successivi.[26] La vicinanza alla famiglia della sorella del suo defunto marito può, in certa misura, aver indotto Ricca a trasferirsi a Bologna. Una volta giunta in quella città, ella trasse vantaggio dai rapporti che suo genero aveva con banchieri ebrei del luogo, tra cui David di Giuseppe, che – dopo la morte di Museto di Ventura – iniziò a gestire quello allora noto come il «Banco de Porta». Ricca stabilì relazioni anche con il figlio di Museto, a sua volta chiamato Ventura, il quale amministrava un altro banco a Bologna.[27]

Il padre di Ricca – Giuseppe Finzi – lasciò Lendinara intorno al 1462 e l'ultimo documento noto che lo riguardi ne indica la presenza a Monselice (a sud di Padova) nel 1463. Pare che sia morto poco dopo e non ne sia stata segnalata la presenza a Bologna.[28] Tuttavia, anni prima sia lui sia i suoi fratelli avevano collaborato con prestatori ebrei che appartenevano a rami diversi della vasta famiglia Finzi.[29] Ricca potrebbe quindi aver avuto altri parenti o persone di sua conoscenza in quella città. Qualunque fosse il motivo che la spinse a trasferirsi a Bologna, un documento no-

23. In proposito, si veda il testamento di Ricca, vedova di «Mele da Sesso [sic]», redatto il 15 settembre 1485 dal notaio bolognese Matteo Curialti da Tossignano, adesso in Archivio di Stato di Bologna (ASBo), Fondo notarile, serie Curialti Matteo di Bologna, filza 8, c. 61r.

24. Cfr. Angelucci, *Catalogo dell'armeria reale*, p. 307; Alessandro Luzio, Rodolfo Renier, *Il lusso di Isabella d'Este, marchesa di Mantova*, Roma, Forzani, 1896, p. 44; Gustave Gruyer, *L'art ferrarais à l'époque des princes d'Este*, Paris, Plon, 1897, vol. I, p. 573; Bulgari, *Argentieri, gemmari e orafi d'Italia*, parte IV, *Emilia*, p. 350; Masini e Rotasso, *Le armi nella storia*, pp. XXI-XXIX e la citata voce *Ercole dei Fedeli* curata dalla Bianco per il *Dizionario Biografico degli Italiani.*

25. Fratellastro di Ricca da parte materna, Mosè di Abramo viveva a Prato; è tuttavia chiaro che Mele – suo marito – non era in buoni rapporti con lui. In proposito cfr. Borgolotto, *Mele di Salomone di Sessa*, in particolare la nota 20 a p. 148.

26. Museto di Ventura, noto anche come Museto da Bologna o "de Porta", gestì il "Banco de Porta" nella "cappella San Marco" a Porta Ravegnana per molti anni; cfr, Muzzarelli, *I banchieri e la città*, pp. 115-116, 137, 142-145.

27. Entrambi questi banchieri ebrei sono citati nel testamento dettato da Ricca nel 1485, su cui si veda *infra*, capitolo 2.

28. Cfr. Traniello, *Gli ebrei e le piccole città*, pp. 169 e 266.

29. A riguardo cfr. Elisabetta Traniello, *I Finzi nel XV secolo: un nuovo tassello per la storia della famiglia*, in «Terra d'Este: Rivista di Storia e Cultura», 12, 23 (2000), pp. 109-120, in particolare p. 110, ed Ead., *Gli ebrei e le piccole città*, pp. 263-268, 275 e 281.

tarile del 12 maggio 1465 rivela che in quella data Ricca viveva già lì coi suoi figli ed era andata a Firenze per prelevare da vari banchi locali i risparmi di famiglia.[30] Ricca rimase a Bologna fino alla sua morte, avvenuta più di vent'anni dopo il trasferimento da Firenze. Fu appunto a Bologna – il 15 settembre 1485 – che dettò il suo testamento, nel quale viene indicata come figlia di Giuseppe da Lendinara, vedova del fu «Mele da Sesso» e residente nella «cappella» di San Bartolomeo di Porta Ravegnana.[31]

Bologna era allora divisa in quattro quartieri e novantanove distretti amministrativi, dette "cappelle". La "cappella" di San Bartolomeo di Porta Ravegnana era il centro delle attività mercantili e bancarie bolognesi.[32] Prima della metà del Cinquecento, la popolazione ebraica di Bologna poteva risiedere in qualsiasi zona urbana. Tuttavia, come altre categorie professionali, gli ebrei che – di mestiere – prestavano denaro abitavano perlopiù in aree specifiche, ossia (nel loro caso) dove si concentrava la vita economica cittadina.[33] La cappella di San Bartolomeo di Porta Ravegnana, posta nel quartiere di Porta Ravennate, aveva attratto prestatori ebrei e le rispettive famiglie sin dal XIV secolo. Nel 1387 dieci famiglie ebree vi risultavano residenti e da allora in poi essa diventò la zona urbana in cui perlopiù andavano ad abitare gli ebrei. Fu così che nel 1556 venne scelta come l'area deputata a ospitare quello che sarebbe stato, per breve tempo, il ghetto bolognese.[34]

Salomone, figlio di Ricca, era già sposato nel 1478[35] e continuò a risiedere a Bologna con la propria moglie fino all'estate del 1489.[36] La giovane ebrea da lui

30. Cfr. Borgolotto, *Mele di Salomone da Sessa*, p. 165. Su altre famiglie ebree che si trasferirono da Firenze a Bologna nel Quattrocento, cfr. Ermanno Loevinson, *Notizie e dati statistici sugli ebrei entrati a Bologna nel secolo XV*, in «Annuario di studi ebraici del Collegio rabbinico», 1938, pp. 125-173, in particolare p. 130. L'arrivo di Ricca e dei suoi figli a Bologna non risulta menzionato fra i documenti discussi da Loevinson, i quali riguardano solo il quartiere bolognese di Porta Procola.

31. Ho scoperto una copia – mai prima notata – del testamento di Ricca in ASBo, Fondo notarile, serie Curialti Matteo, filza 8.

32. Insieme al nome proprio e al patronimico, le *cappelle* rappresentavano le principali indicazioni identitarie nei documenti notarili; in proposito cfr. Shona Kelly Wray, *Communities and Crisis: Bologna during the Black Death*, Leiden, Brill, 2009, p. 198.

33. Cfr. l'introduzione di Ira Katznelson e Miri Rubin al volume da loro curato *Religious Conversion: History, Experience and Meaning*, Burlingon (VT), Ashgate, 2014, pp. 1-30, in particolare p. 21.

34. Cfr. Antonio Ivan Pini, *Famiglie, insediamenti e banchi ebraici a Bologna e nel Bolognese nella seconda metà del Trecento*, in «Quaderni storici», 18, 54 (1983), pp. 783-814, in particolare pp. 791-793 e la nota 39 a p. 809; Id., *Mura e porta di Bologna medievale: la piazza di Porta Ravegnana*, in *Fortifications, portes de villes, places publicques dans le monde méditerranen*, a cura di Jacques Heers, Paris, Presses de l'Université de Paris-Sorbonne, 1985, pp. 197-231, in particolare 222-224.

35. Lo si desume con certezza dal fatto che la primogenita di Salomone (ossia la ragazza che nell'agosto del 1501 sarebbe entrata nel convento di Santa Caterina da Siena) aveva ventidue anni al momento della cerimonia di vestizione, come riferito nella *Cronaca di Fra Benedetto da Mantova confessor del monastero*, in Archivio Storico Diocesano, Ferrara (ASDF), Fondo Santa Caterina da Siena (SCS), b. 3/122, c. 4v. Ciò significa che era nata nel 1479 ed è legittimo supporre che i genitori si fossero sposati nel 1478.

36. Salomone del fu Mele da Sessa è ancora indicato come residente a Bologna nel primo atto notarile (in data 21 agosto 1489) concernente la contestata eredità della madre: cfr. Archi-

sposata era forse figlia di Zinatan Finzi, che gestì il banco a Reggio Emilia dal 1445 sino a metà degli anni Ottanta del secolo,[37] poiché un documento mantovano del 1491 accenna a Davide – figlio di Zinatan – come cognato di Salomone.[38] Pur avendo vissuto con Salomone per più di quarant'anni, sua moglie non è mai menzionata nei molti documenti che lo riguardano sinora venuti alla luce, fatta eccezione per una supplica da lei inviata nel 1521 e grazie alla quale scopriamo che una volta battezzata, a seguito della conversione del marito nel 1491, le venne dato il nome cristiano di Eleonora.[39] Resta tuttavia sconosciuto il suo originale nome da ebrea.

La moglie diede a Salomone almeno sette figli, cinque femmine e due maschi. La prima, detta Caterina dopo il battesimo e poi divenuta Suor Teodora, nacque nel 1479 ma non si conoscono documenti che ne rivelino il nome ebraico.[40] Uno dei due maschi, Graziadio, nacque nel 1482; a differenza della sorella, egli viene menzionato nel testamento di sua nonna Ricca, risalente al 1485, così come in successivi atti notarili. Una seconda figlia – di cui le fonti giunte sino a noi non registrano il nome originario – nacque fra il 1484 e il 1491, anno (quest'ultimo) in cui fu battezzata e ricevette il nome cristiano di Anna.[41] Il figlio più giovane della coppia, Giuseppe (probabilmente così nominato in onore del nonno materno di Salomone, Giuseppe Finzi) nacque dopo che Ricca aveva dettato il suo testa-

vio di Stato di Ferrara (ASFe), Archivio Notarile Antico di Ferrara, Notaio Iacobo Vincenzi, matr. 177, pacco 10, prot. 1489.

37. Su Zinatan Finzi cfr. Marco Folin, *Rinascimento estense. Politica, cultura, istituzioni di un antico Stato italiano*, Roma, Laterza, 2004, nota 265 a p. 205. La madre di Salomone – Ricca – era una Finzi; nel Quattrocento i matrimoni fra appartenenti a rami diversi di questa stessa famiglia erano assai comuni. A riguardo si vedano Vittore Colorni, *Genealogia della famiglia Finzi: le prime generazioni*, in Id., *Judaica Minora: Saggi di storia dell'ebraismo italiano dall'antichità all'età moderna*, Milano, Giuffrè, 1983, pp. 329-342, in particolare p. 339: Traniello, *Gli ebrei e le piccole città*, p. 280; Elliott Horowitz, *Families and Their Fortunes: The Jews of Early Modern Italy*, in *Cultures of the Jews*, a cura di David Biale, New York, Schocken Books, 2002, pp. 573-636, in particolare p. 593.

38. In una lettera a Ludovico Sforza del 15 maggio 1491 Isabella accenna a «Davit di Finxi» da Fontanellato come cognato di Salomone da Sessa: cfr. ASMn, AG, b. 2904, lib. 136, c. 94r. Davide è detto essere figlio di Zinatan Finzi («quondam Zinatani de' Fincis») in un documento notarile del 22 giugno 1487 citato in Balletti, *Gli ebrei e gli estensi*, nota 1 a p. 21. Si veda anche Anna Antoniazzi Villa, *Un processo contro gli ebrei nella Milano del 1488: crescita e declino della comunità ebraica lombarda alla fine del Medioevo*, Bologna, Cappelli, 1985, nota 68 a p. 71.

39. Supplica indirizzata a Isabella d'Este il 2 marzo 1521 in ASMn, AG, b. 1247, fasc. XVII (*Ferrara. Diversi*), c. 395r.

40. Cfr. *Cronaca di Fra Benedetto da Mantova* (ASDF, SCS, b. 3/22, c. 4v).

41. Nel 1502 questa ragazza venne indicata come figlia dell'orafo Ercole ed ex ebrea nella lista di giovani ferraresi (tutte inferiori ai diciotto anni d'età) scelte per servire da damigelle di Lucrezia Borgia: cfr. ASMo, ASE, Casa e Stato, b. 400, sfasc. 20151-II (Cancelleria marchionale poi ducale estense: Documenti spettanti a principi estensi, Ramo ducale [Principi non regnanti, num. 39A], Documenti riguardanti Lucrezia Borgia posteriormente al matrimonio con Alfonso I, 1501-1509), fasc. 8, *1502. Lista della famiglia destinata dal Duca di Ferrara a Lucrezia Borgia.* Si veda anche Zambotti, *Diario ferrarese*, p. 337. Il nome di battesimo assunto dalla ragazza viene riferito da Bernardino de' Prosperi in una lettera a Isabella d'Este del 27 aprile 1506: cfr. ASMn, AG, b. 1241, c. 29r.

mento nel settembre 1485 e se ne trova la prima menzione – quando era ancora infante – in un atto notarile dell'agosto 1489.[42] Altre tre ragazze, i cui nomi restano sconosciuti, nacquero dopo che Salomone e sua moglie si erano trasferiti a Ferrara e la loro conversione al cristianesimo era già avvenuta.[43]

Nelle famiglie ebree la suddivisione dei compiti in base al sesso degli individui rispecchiava, essenzialmente, quanto avveniva anche fra i cattolici.[44] I moralisti del Quattrocento, cristiani o ebrei che fossero, inveivano contro l'affidamento di attività commerciali alle donne, a causa dei pericoli legati a un'indecorosa condotta e al contatto con soggetti di altre fedi religiose.[45] Sebbene vedove ebree come Ricca spesso subentrassero ai loro defunti mariti nel gestire il prestito di denaro a interesse, le donne ebree sposate erano invece sempre più costrette a lavorare solo in ambito domestico.[46] Nei primi anni dopo il matrimonio, la moglie di Salomone si occupò di mettere al mondo i figli e svezzarli, cucinare, fare il bucato e allevare sia la bambina sia i due fratellini maschi.[47] Inoltre, dovette senz'altro occuparsi degli affari del marito durante le sue prolungate assenze da Bologna, così come sappiamo che avvenne nel caso della nonna materna di Salomone – Stella Finzi – alcuni decenni prima. Tuttavia, queste attività della moglie di Salomone non hanno lasciato traccia in alcuna fonte scritta, il che rende penosamente difficile dire qualcosa su come doveva essere la sua vita, a parte il fatto che si trattava di una madre ebrea dedita alle faccende di casa.[48] Questo scarno profilo di una donna ebrea del Quattrocento – della quale restano avvolti

42. Il testamento redatto da Ricca nel settembre 1485 indica che a quell'epoca Graziadio era l'unico figlio di Salomone ma nell'atto notarile scritto a Ferrara il 21 agosto 1489 (riassunto in Franceschini, *Presenza ebraica a Ferrara*, p. 427, doc. 1238) Giuseppe – che vi è indicato come pupillo – viene detto essere un "infante". Secondo la testimonianza di vari individui presenti alla cerimonia battesimale che lo vide coinvolto nel 1491, in quella data Graziadio aveva nove anni; a riguardo si veda *infra*, capitolo 9.

43. Le tre figlie nubili della coppia sono menzionate nella supplica che la loro madre e la nuora di quest'ultima inviarono a Isabella in data 2 marzo 1521 (ASMn, AG, b. 1247, fasc. XVII, c. 395r).

44. Cfr. Baumgarten, *Gender and Daily Life in Jewish Communities*, pp. 215-216.

45. Cfr. Debra Kaplan, *"Because Our Wives Trade and Do Business with Our Goods": Gender, Work, and Jewish-Christian Relations*, in *New Perspectives on Jewish-Christian Relations in Honor of David Berger*, a cura di Elisheva Carlebach e Jacob J. Schacter, Leiden, Brill, 2012, pp. 241-261, in particolare pp. 242-243.

46. Nel XIV secolo le donne erano ancora ritenute «una componente essenziale delle compagnie a gestione familiare» amministrate da banchieri ebrei; cfr. Reinhold C. Mueller, *The Jewish Moneylenders of Late Trecento Venice: A Revisitation*, in *Intercultural Contacts in the Medieval Mediterranean: Studies in Honour of David Jacoby*, a cura di Benjamin Arbel, num. monogr. di «Mediterranean Historical Review», 10, 1-2 (1995), pp. 202-217, in particolare p. 209. Nel XV secolo, invece, le donne citate in documenti notarili per le loro attività commerciali erano perlopiù vedove che le avevano intraprese dopo la morte del marito; cfr. Esposito, *Donne in casa, donne in piazza*, p. 171; Borgolotto Zetland, *Les juifs à Florence au temps de Cosme l'Ancien*, pp. 78 e 96-100.

47. Cfr. Sarah Rees Jones, *Public and Private Space and Gender in Medieval Europe*, in *The Oxford Handbook of Women and Gender*, pp. 246-261, in particolare pp. 248-255.

48. Stella Finzi gestì il banco ebraico di Lendinara durante l'assenza del marito nel 1453; cfr. Traniello, *Gli ebrei e le piccole città*, nota 33 a p. 266. Sulla difficoltà di documentare il

nell'oscurità persino il nome e la famiglia d'origine – risulta in netto contrasto con l'immagine abbastanza ben documentata di suo marito Salomone. Le attività di quest'ultimo – al di fuori dell'ambito privato e lontano dalla città in cui la sua famiglia risiedeva – hanno lasciato tracce in moltissimi documenti d'archivio, permettendoci così di riscostruire la formazione della sua identità professionale, che si andò sviluppando durante i primi dieci anni successivi al matrimonio e alla nascita dei figli.

Il padre di Salomone immaginava che questi avrebbe seguito le sue orme, diventando un prestatore. Nell'ultimo testamento redatto da Mele poco prima di morire egli espresse persino il desiderio che il figlio mantenesse la società avviata coi suoi vecchi soci in affari – nonché amici – Emanuele di Bonaventura da Volterra (scomparso verso il 1466) ed Emanuele di Bonaiuto da Camerino.[49] Quando Salomone raggiunse l'età adulta intrattenne, effettivamente, rapporti di natura economica con Lazzaro, figlio di Emanuele di Bonaventura.[50] Entrò anche in affari con Angelo di Museto da Sant'Elpidio, marito di sua sorella Pinta.[51] Ma la sua vera vocazione era un'altra e nel 1487 si era già guadagnato la reputazione di valente orafo, in un'epoca in cui gli orafi più capaci erano ritenuti dei veri artisti.[52]

L'oreficeria era uno dei più importanti sbocchi professionali per gli ebrei artisticamente dotati come Salomone. Pittura e scultura – le due attività artistiche più strettamente connesse all'immagine tradizionale del Rinascimento italiano – costituivano arti figurative.[53] Gli ebrei che vi si specializzavano erano vincolati dalle norme della legge ebraica, tese a impedire che si trasgredisse il divieto

contributo che le ebree sposate davano alle ditte di famiglia si veda Esposito, *Donne in casa, donne in piazza*, pp. 171-173.

49. In quel documento Mele si riferiva a tutti i suoi figli, non solo a Salomone, ma quest'ultimo era l'unico ad aver raggiunto l'età adulta; cfr. Borgolotto, *Mele di Salomone da Sessa*, p. 160. Su Emanuele di Bonaventura da Volterra, suo figlio Lazzaro e vari loro parenti cfr. Alessandra Veronese, *Una famiglia di banchieri ebrei tra XIV e XVI secolo: I da Volterra. Reti di credito nell'Italia del Rinascimento*, Pisa, Edizioni ETS, 1998.

50. Come suggerito dal testamento materno in ASBo, Fondo notarile, serie Curialti Matteo di Bologna, filza 8, c. 61r.

51. Che Salomone fosse in affari con il cognato Angelo di Museto è confermato da un atto notarile del 17 dicembre 1489 (ASFe, Archivio Notarile Antico di Ferrara, Notaio Iacobo Vincenzi, matr. 177, pacco 10, prot. 1489). Su Angelo di Museto cfr. Borgolotto, *Mele di Salomone da Sessa*, p. 160.

52. In proposito si veda Susan Mosher Stuard, *Gilding the Market: Luxury Fashion in Fourteenth-Century Italy*, Philadelphia, University of Pennsylvania Press, 2006, pp. 176-178. Nella sua disamina della crescente importanza assunta dagli orafi nell'Italia del primo Rinascimento così afferma Stuard: «Ciò vale sia per gli artigiani sia per gli artisti; più di ogni altro, questo settore rivela quanto sia arduo distinguere nettamente fra artigiani e artisti in tale periodo» (ivi, p. 150).

53. Cfr. Mose A. Shulvass, *The Jews in the World of the Renaissance*, Leiden, Brill, 1973, p. 234. Si veda anche Cecil Roth, *The History of the Jews in Italy*, Philadelphia, Jewish Publication Society of America, 1946, pp. 198-199. Sull'approccio degli ebrei alle arti visive nell'Europa del tardo medioevo e del primo Rinascimento cfr. Kalman P. Bland, *The Artless Jew: Medieval and Modern Affirmations and Denials of the Visual*, Princeton (NJ), Princeton University Press, 2000, pp. 141-153.

biblico sulla produzione di immagini.[54] Se il divieto di raffigurare temi cristiani limitava notevolmente le opportunità lavorative degli artisti ebrei, l'oreficeria permetteva di concentrarsi su decorazioni ornamentali e ricevere comunque un numero sufficiente di commissioni. Infine, oltre a rappresentare un mestiere d'élite nell'Italia del Quattrocento, l'oreficeria era strettamente connessa al mondo dei prestatori ebrei.

I beni dati in pegno costituirono uno dei canali più importanti attraverso cui gli ebrei che vivevano in Europa durante il medioevo e il Rinascimento entrarono in contatto con i capolavori dell'arte cristiana.[55] Si poteva ottenere denaro dai prestatori ebrei in vari modi: dando in pegno gioielli o altri beni mobili; fornendo una promessa scritta che vincolava al pagamento del debito oppure nominando un soggetto che fungesse da garante. Sebbene molti fra i debitori fossero cristiani in condizioni di povertà, i quali davano in pegno i loro strumenti di lavoro o dei vestiti, gli ebrei prestavano talvolta ingenti somme ai ricchi. Siccome nella maggior parte delle città-Stato italiane era loro proibito acquistare terreni di vaste dimensioni, essi non potevano concedere prestiti ipotecari; pertanto, ricevevano gioielli o altri oggetti di valore dai loro clienti più facoltosi.[56] I prestatori ebrei, quindi, dovevano imparare a riconoscere i metalli preziosi e le gemme in modo da saperle valutare quando venivano date in garanzia per i prestiti oppure rivenderle se il cliente non pagava il proprio debito.[57] Infine, essi avevano dimestichezza con le opere degli orafi cristiani e diventavano abili nel valutarle.

54. Toaff, *Il vino e la carne*, p. 248 menziona i nomi ebrei fra quelli trasmessi dai registri della corporazione dei pittori nella Perugia rinascimentale. Si veda anche Franz Landsberger, *The Jewish Artist before the Time of Emancipation*, in «Hebrew Union College Annual», 16 (1941), pp. 321-413, in particolare pp. 365-372. Come notato da Toaff, ad ogni modo, nemmeno un ebreo fra quanti furono ammessi alla corporazione divenne un artista famoso. Sembra quindi più plausibile supporre che essi operassero come semplici decoratori di interni.

55. Cfr. Joseph Shatzmiller, *Cultural Exchange: Jews, Christians, and Art in the Medieval Marketplace*, Princeton (NJ), Princeton University Press, 2013, pp. 5-21. Sull'oreficeria come settore di lusso nell'Europa rinascimentale, cfr. Pamela H. Smith, *In a Sixteenth-Century Goldsmith's Workshop*, in *The Mindful Hand: Inquiry and Intention from the Late Renaissance to Early Industrialisation*, a cura di Lissa Roberts, Simon Schaffer e Peter Dear, Amsterdam, Royal Netherlands Academy of Arts and Sciences, 2007, pp. 33-57, in particolare p. 44; Stuard, *Gilding the Market*, pp. 153-154; R.A. Houston, *Towns and Urbanization*, in *The Oxford Handbook of Early Modern European History, 1350-1750*, vol. I, *Peoples and Place*, a cura di Hamish M. Scott, Oxford, Oxford University Press, 2015, pp. 479-508, in particolare p. 489.

56. Cfr. Maristella Botticini, *A Tale of "Benevolent" Governments: Private Credit Markets, Public Finance, and the Role of Jewish Lenders in Medieval and Renaissance Italy*, in «Journal of Economic History», 60, 1 (2000), pp. 164-189, in particolare pp. 167-168.

57. Per questo ambito in epoca medievale cfr. Shatzmiller, *Cultural Exchange*, pp. 22-44. Per l'Italia del Quattrocento cfr. Esposito, *Un'altra Roma*, p. 113; Franceschini, *Presenza ebraica a Ferrara*, p. 429 (doc. 1251); Shlomo Simonsohn, *History of the Jews in the Duchy of Mantua*, Jerusalem, Kiryat Sepher, 1977, p. 263; Rachele Scuro, *Accanto al banco: mestieri ebraici nella Terraferma veneta alla fine del Medioevo*, in *Gli ebrei nell'Italia centro settentrionale fra tardo Medioevo ed età moderna (secoli XV-XVIII)*, a cura di Marina Romani ed Elisabetta Traniello, Roma, Bulzoni, 2012, pp. 75-104, in particolare pp. 81 e 97-98.

Accadeva talvolta che gli ebrei vendessero agli orafi degli oggetti lasciati in pegno;[58] orafi che, a loro volta, commerciavano in metalli di valore e pietre preziose, in alcuni casi riutilizzando il materiale per opere di loro produzione.[59] Gli ebrei italiani si dedicavano anche al commercio di rubini, zaffiri, smeraldi, perle e diamanti, che nel Quattrocento raggiunse l'Europa dall'Asia e dall'Africa attraverso il Mediterraneo.[60] La loro compravendita di materiali preziosi causò talvolta dei conflitti con le locali corporazioni degli orafi.[61]

A Bologna gli ebrei non potevano entrare a far parte della corporazione degli orafi ma erano attivamente coinvolti nel commercio di metalli pregiati e gemme, per il quale la città – situata com'era all'incrocio delle strade che univano la Lombardia alla Toscana – costituiva un centro importante sin dal medioevo.[62] Il commercio di lusso era concentrato nella zona nota come "il Cambio", nel cuore del quartiere di Porta Ravennate, non lontano dalla casa in cui Salomone era cresciuto, nella "cappella" di San Bartolomeo di Porta Ravegnana.[63] Fu probabilmente in uno dei negozi gestiti da ebrei situati nel Cambio che egli iniziò ad acquisire alcune delle abilità necessarie per un orafo provetto, in particolare saper pesare e

58. Siccome il prestito di denaro era associato all'oreficeria, ogni qual volta le autorità civili manifestavano una maggior preoccupazione per le attività feneratizie degli ebrei ne conseguivano restrizioni imposte al loro commercio di pietre e metalli preziosi, nonché nella lavorazione dell'oro e dell'argento. In proposito si veda Valeria Chilese, *I mestieri e la città: le corporazioni veronesi tra XV e XVIII secolo*, Milano, FrancoAngeli, 2012, p. 103 e relativa nota 132.

59. Cfr. Raffaella Pini, *Oreficeria e potere a Bologna nei secoli XIV e XV*, Bologna, Clueb, 2007, p. 20.

60. Cfr. John Cherry, *Medieval Craftsmen: Goldsmiths*, Toronto, Toronto University Press, 1992, p. 22. Nel 1403, un gioielliere ebreo a Venezia compose un breve trattato in ebraico sulle gemme; nel 1453 questo suo scritto, con l'aggiunta di una lista di pietre preziose e i relativi prezzi, venne copiato da un altro ebreo a Genova. In proposito cfr. Colette Sirat, *Les pierres précieuses et leurs prix au XVe siècle en Italie. D'après un manusript hébreu*, in «Annales: Histoire, Sciences Sociales», 23, 5 (1968), pp. 1067-1086.

61. Cfr. Rachele Scuro, *La presenza ebraica a Vicenza e nel suo territorio nel Quattrocento*, in «Reti medievali», 2 (2005), pp. 103-121, in particolare pp. 113-155, e Simonsohn, *History of the Jews in the Duchy of Mantua*, p. 255.

62. Cfr. Paola Venturelli, *Gioielli e gioiellieri milanesi. Storia, arte, moda (1450-1630)*, Cinisello Balsamo, Silvana Editoriale, 1996, p. 69. Gli ori e gli argenti prodotti a Bologna erano destinati soprattutto al mercato ecclesiastico, sebbene già alla fine del Trecento gli orafi bolognesi avessero iniziato a produrre oggetti di lusso per un ambito secolare; cfr. Stuard, *Gilding the Market*, pp. 10 e 166-167.

63. Cfr. Pini, *Mura e porte di Bologna medievale*, p. 222. Si veda anche Kelly Wray, *Communities and Crisis*, p. 69. Solo pochi orafi abitavano nel quartiere di Porta Ravennate; perlopiù la produzione di oggetti in oro e argento avveniva in altre zone di Bologna. In proposito cfr. Pini, *Oreficeria e potere a Bologna*, pp. 41-46. Una sola famiglia di orafi risulta che abitasse, come Salomone, nella "cappella" di San Bartolomeo a Porta Ravennate negli anni Ottanta del XV secolo, ossia quella di Alessandro di Bartolomeo Caxaro e dei suoi figli; cfr. Pini, *Oreficeria e potere a Bologna*, p. 135. In precedenza, sempre nel Quattrocento, anche la bottega dei Pellacane – un'altra famiglia di orafi – si trovava nel quartiere di Porta Ravennate; cfr. Pini, *Oreficeria e potere a Bologna*, p. 85.

valutare i metalli preziosi.[64] Pare che avesse già acquisito questa competenza ben prima di raggiungere i trent'anni, poiché nel 1483 gli fu richiesto di stimare degli oggetti preziosi da dare in pegno come garanzia per un prestito a Ludovico Gonzaga (1460-1511), vescovo di Mantova e signore di Castel Goffredo insieme al fratello. Sul finire del 1483, Ludovico inviò Salomone a Castel Goffredo, insieme all'orafo padovano Ermes Flavio de Bonis (attivo soprattutto dal 1470 al 1503), per stilare un inventario dei suoi oggetti preziosi.[65]

Malgrado un contrasto sorto fra Salomone e uno dei funzionari del vescovo (contrasto che Ermes Flavio asserì di aver risolto lui stesso) l'inventario fu completato il 30 dicembre. La lettera di Ermes Flavio al vescovo accenna all'ostilità contro i prestatori ebrei manifestata dal commissario di Ludovico a Castel Goffredo.[66] Non v'è dubbio che si trattasse di un sentimento condiviso dal vescovo, il quale appena pochi mesi prima aveva appoggiato gli sforzi per creare – a Mantova – un Monte di Pietà, ossia un istituto di credito a favore dei poveri che sostituisse gli usurai ebrei, spesso (seppur non in questo caso) con la conseguente espulsione di tutti gli ebrei del luogo.[67]

Sembra, quindi, che sul finire del 1483 Salomone da Sessa fosse già attivo nell'area di Mantova e ritenuto abile a stimare oggetti preziosi quali la celebre collezione di medaglie posseduta dal vescovo locale. I servizi da lui prestati a Ludovico Gonzaga erano connessi al coinvolgimento – ormai di lunga data – della sua famiglia nel campo del prestito e non riguardavano la produzione artistica. Tuttavia, valutare oggetti di lusso rientrava fra i compiti spesso assegnati agli orafi;[68] è quindi lecito supporre che Salomone fosse stato scelto per tale incombenza appunto perché già avviato all'oreficeria prima del 1483. Risulta certo significativo che, pur essendo ancora agli inizi della sua carriera, egli conoscesse personalmente il celebre orafo cristiano Ermes Flavio, noto anche come Lisippo Il Giovane, autore di alcune fra le medaglie della collezione di Ludovico Gonzaga.[69]

64. Talvolta ai gioiellieri e agli orafi era chiesto di valutare oggetti di lusso per i membri (compresi quelli acquisiti) della famiglia Gonzaga; cfr. Isabella d'Este, *Selected Letters*, cura e traduzione inglese di Deanna Shemek, Tempe, Arizona Center for Medieval and Renaissance Studies, 2017, pp. 311 e 315-316.

65. Su Ludovico Gonzaga e il suo mecenatismo a sostegno di Ermes Flavio cfr. Luzio e Renier, *Il lusso di Isabella d'Este*, p. 51; Molly Bourne, *The Art of Diplomacy: Mantua and the Gonzaga, 1328-1630*, in *The Court Cities of Northern Italy: Milan, Parma, Piacenza, Mantua, Ferrara, Bologna, Urbino, Pesaro, and Rimini*, a cura di Charles M. Rosenberg, Cambridge, Cambridge University Press, 2010, pp. 138-195, in particolare p. 160.

66. Cfr. Umberto Rossi, *I medaglisti del Rinascimento alla corte di Mantova. I: Ermes Flavio de Bonis*, in «Rivista Italiana di Numismatica», 1 (1888), pp. 25-40, in particolare p. 26.

67. Cfr. Simonsohn, *History of the Jews in the Duchy of Mantua*, pp. 9-11 e relativa nota 36. Sulla fondazione del Monte di Pietà a Mantova cfr. Maria Giuseppina Muzzarelli, *Il denaro e la salvezza: l'invenzione del Monte di Pietà*, Bologna, il Mulino, 2011, pp. 49-51.

68. Cfr. Stuard, *Gilding the Market*, p. 153.

69. Cfr. la voce *Gonzaga, Ludovico* curata da Raffaele Tamalio per il *Dizionario Biografico degli Italiani*, vol. LVII, 2001, pp. 801-803. Alcuni anni fa due storici dell'arte (Ulrich Pfisterer e Markus Wesche) hanno identificato in Ermes Flavio de' Bonis il cosiddetto "Lisippo Il Giovane". In proposito cfr. Gregory Harwell, *Review of Pfisterer, "Lysippus und seine Freunde"*, in

Sebbene né la lettera di Ermes Flavio del 1483 né il testamento di Ricca del 1485 identifichino Salomone come orafo, nel 1487 egli figura già impiegato in tale veste al servizio di Francesco Gonzaga (1466-1519) marchese di Mantova.[70] Non vi sono documenti che rivelino dove abbia svolto l'apprendistato necessario per diventare orafo. Non era, per lui, necessario mettersi a servizio nella bottega di un mastro orafo per imparare a stimare o pesare i metalli preziosi – come invece avveniva per gli altri apprendisti – poiché aveva già acquisito tali competenze nelle imprese commerciali gestite dai suoi conoscenti ebrei a Bologna. Tuttavia, doveva aver ricevuto lezioni sulle basi del disegno, nel quale sarebbe poi diventato assai abile, e i rudimenti necessari a far funzionare una fornace, plasmare i metalli o lavorare coi tipi di bulino e di cesello allora usati per produrre precise incisioni.[71] Competenze simili si potevano acquisire solo grazie a un apprendistato presso un orafo esperto.

Nelle regioni meridionali della penisola italiana, da dove proveniva il padre di Salomone, la lavorazione del metallo era uno dei mestieri artigianali più comuni fra gli ebrei e nella zona settentrionale del Polesine – dove era nata sua madre Ricca – ad alcuni prestatori era stato permesso di lavorare come orafi.[72] Gli ebrei aprirono botteghe di oreficeria anche in altre città italiane grandi e piccole, soprattutto a Mantova, Ferrara e Verona.[73] Ma a Bologna, dove gli statuti delle corporazioni risentivano della precedente sottomissione della città al controllo pontificio, le cose erano un po' diverse.[74]

«Renaissance Quarterly», 63, 2 (2010), pp. 595-596 e Stephen J. Campbell, *Review of Pfisterer, "Lysippus und seine Freunde"*, in «Art Bulletin», 93, 1 (2011), pp. 105-108.

70. Cfr. Adriano Franceschini, *Artisti a Ferrara in età umanistica e rinascimentale: testimonianze archivistiche*, Parte II, Tomo I: *Dal 1472 al 1492*, Ferrara, Gabriele Corbo, 1993, pp. 404-405 (cod. 598).

71. Cfr. Evelyn Welch, *Art and Society in Italy 1350-1500*, Oxford, Oxford University Press, 1997, pp. 44-45.

72. Cfr. Elisabetta Traniello, *Ebrei in Polesine nel XV secolo: una presenza complessa*, in *Le discipline orientalistiche come scienze storiche*, Atti del 1° Incontro "Orientalisti" (Roma, 6-7 dicembre 2001), a cura di Giuseppe Regalzi, Roma, Università degli Studi "La Sapienza", 2003, pp. 117-144, in particolare pp. 119 e 131, e Shlomo Simonsohn, *Between Scylla and Charybdis: The Jews in Sicily*, Leiden, Brill, 2011, p. 427.

73. Cfr. Dora Liscia Bermporad, *Jewish Ceremonial Art in the Era of the City States and Ghettos*, in *Gardens and Ghettos: The Art of Jewish Life in Italy*, a cura di Vivian B. Mann, Berkeley, University of California Press, 1989, pp. 111-136, in particolare pp. 120-121; Gian Maria Varanini, *Società cristiana e minoranza ebraica a Verona nella seconda metà del Quattrocento: tra ideologia osservante e vita quotidiana*, in «Reti medievali», 2, 2005, pp. 141-162, in particolare pp. 153-154; Chilese, *I mestieri e le città*, pp. 103-104; Mirna Bonazza, *Gli ebrei e le Arti a Ferrara: Tessere di memoria nelle carte dell'Archivio Storico Comunale*, in *Ebrei a Ferrara (XII-XX sec.). Vita quotidiana, socialità, cultura*, a cura di Giovanna Caniatti e Laura Graziani Secchieri, Ferrara, Ministero per i Beni e le Attività Culturali, 2012, pp. 19-26, in particolare p. 20. Si veda anche *infra*, capitolo 3.

74. Bologna era soggetta al papato nel Trecento e all'inizio del secolo successivo; nella seconda metà del Quattrocento, invece, essa godette di una certa indipendenza sotto l'egemonia dei Bentivoglio. Nel 1507, il papato ne riprese il controllo e in seguito Bologna divenne la "seconda città" dello Stato della Chiesa. Sembra che nella Roma pontificia i primi ebrei a praticare l'oreficeria siano stati degli esuli spagnoli sul finire del Quattrocento; cfr. Anna Esposito, *Gli*

A Bologna non era concesso agli ebrei iscriversi a nessuna corporazione artigiana,[75] e anche quanti fra loro praticavano mestieri specializzati affermavano – ufficialmente – di essere «strazzaroli», ossia commercianti di panni usati.[76] Pertanto, né il nome di Salomone né di nessun altro orafo ebreo figura nella lista degli iscritti all'arte degli orafi nella Bologna rinascimentale.[77] Il fatto che gli oggetti di lusso prodotti in questa città prima del XV secolo fossero destinati perlopiù al mercato ecclesiastico deve aver scoraggiato gli ebrei del luogo dal dedicarsi alla lavorazione del metallo, persino in modo non professionale.[78] Prove che suggeriscono l'esistenza di ebrei che praticavano l'oreficeria a Bologna, pur non potendo diventare maestri in quest'arte, risalgono al secondo decennio del XVI secolo, quando Benvenuto Cellini (1500-1571) afferma di aver lavorato in una bottega di oreficeria a Bologna per un ebreo del luogo chiamato Graziadio.[79] È quindi probabile che, negli anni Settanta oppure Ottanta del Quattrocento, Salomone da Sessa abbia lasciato Bologna per svolgere altrove il suo apprendistato.

ebrei a Roma tra Quattro e Cinquecento, in «Quaderni storici», 18, 54 (1983), pp. 815-845, in particolare p. 824.

75. Come affermato da Robert Bonfil, *Jewish Life in Renaissance Italy*, trad. inglese di Anthony Oldcorn, Berkeley, University of California Press, 1994, p. 93 agli ebrei era impedito l'accesso alle corporazioni di artigiani e mercanti nell'intera penisola italiana. Tuttavia, alcuni studi su luoghi circoscritti indicano che tali divieti non venivano applicati ovunque. Di fatto, in qualche centro urbano agli ebrei era consentito iscriversi alle corporazioni locali; cfr. Scuro, *Accanto al banco*, pp. 81 e 98; Toaff, *Il vino e la carne*, pp. 247-248 e Landsberger, *The Jewish Artist*, p. 371.

76. Cfr. Loevinson, *Notizie e dati statistici sugli ebrei entrati a Bologna*, p. 132. Sull'attività degli ebrei quali *strazzaroli*, cfr. Maria Giuseppina Muzzarelli, *Gli inganni delle apparenze: disciplina di vesti e ornamenti alla fine del Medioevo*, Torino, Scriptorium, 1996, pp. 83-84.

77. Si veda l'elenco pubblicato in appendice a Pini, *Oreficeria e potere a Bologna*, in particolare pp. 121-136.

78. Sulla predominanza di commissioni a carattere ecclesiastico cfr. Stuard, *Gilding the Market*, pp. 166-167. Nel 1484 un orafo ebreo di nome Isaac da Bologna andò a lavorare alla corte di Ferrante I d'Aragona, re di Napoli; cfr. Roth, *The History of the Jews of Italy*, pp. 114 e 198-199. Non vi è, tuttavia, alcuna indicazione che questo ebreo fosse vissuto a Bologna. Risulta più probabile che venisse chiamato "da Bologna" perché tale era il luogo di nascita dei suoi antenati, così come Salomone era detto "da Sessa" (o, erroneamente, "da Sesso") perché da lì proveniva suo padre.

79. Cfr. Benvenuto Cellini, *Vita di Benvenuto Cellini. Testo critico con introduzione e note storiche*, a cura di Orazio Bacci, Firenze, Sansoni, 1901, p. 19.

2. Il testamento della vedova ebrea

L'unico orafo di professione che Salomone risulta aver frequentato prima del 1487 è Ermes Flavio de Bonis. È quindi legittimo supporre che l'ebreo, a un certo punto, sia entrato a far parte della bottega di questo mastro orafo.[1] Ermes, che dalla metà degli anni Settanta del XV secolo risiedeva a Mantova, era un artista assai apprezzato, attivo al servizio non solo del vescovo Ludovico ma anche del marchese Francesco Gonzaga.[2] Se invece Salomone non avesse appreso l'arte orafa da Ermes, ciò potrebbe essere avvenuto in qualche altra bottega di Mantova o nelle vicinanze, dove agli ebrei era permesso diventare apprendisti di orafi di professione. Proprio in quegli anni il territorio del ducato di Mantova attirò orafi famosi, come lo stesso Ermes, i quali producevano non solo gioielli ma anche medaglie e altri oggetti in bronzo, tra cui lampade a olio, ispirate iscrizioni, monete e sculture funerarie del mondo antico.[3] Il fatto che le spade e i medaglioni d'oro, le medaglie e i manici da ventaglio successivamente prodotti da Salomone fossero a loro volta decorati con scene e motivi influenzati dall'arte antica e dai suoi monumenti funerari – oltre che dalla mitologia classica e dalla storia romana – sembra confermare l'ipotesi che egli sia stato a servizio come apprendista presso la bottega di un orafo nella zona di Mantova.[4]

Ad ogni modo, la lista dei testimoni che nel 1485 certificarono il testamento della madre di Salomone – Ricca – a sua volta ci fa pensare che egli avesse

1. Su Ermes Flavio/Lisippo "Il Giovane", cfr. G.F. Hill, *The Medallist Lysippus*, in «Burlington Magazine», 13, 65 (1908), pp. 274-286; Markus Wesche, *Lysippus Unveiled: A Renaissance Medallist in Rome and His Humanist Friends*, in «The Medal», 52 (2008), pp. 4-13; Ulrich Pfisterer, *Lysippus und seine Freunde: Liebesgaben und Gedächtnis im Rom der Renaissance oder: Das Erste Jahrhundert der Medaille*, Berlin, Akademie Verlag GmbH, 2008, in particolare pp. 206-209.

2. Cfr. David S. Chambers, *Postscript on the Worldly Affairs of Cardinal Francesco Gonzaga and Other Princely Cardinals*, in Id., *Renaissance Cardinals and Their Worldly Problems*, Aldershot, Ashgate, 1997, pp. 1-22, in particolare p. 3; Andrea Canova, *Prime ricerche su Ludovico Gonzaga vescovo eletto di Mantova, con un documento inedito riguardante Andrea Mantegna*, in «Annali di storia moderna e contemporanea dell'Università Cattolica del Sacro Cuore», 2 (1996), pp. 215-240.

3. Cfr. Luke Syson, Dora Thornton, *Objects of Virtue: Art in Renaissance Italy*, London, British Museum Press, 2001, pp. 105-110 e 118-119.

4. In proposito si veda *infra*, capitolo 18.

maturato una certa esperienza nella lavorazione dei metalli già quando abitava a Bologna. Le leggi bolognesi imponevano che – a parte il notaio – un prete e sette individui legalmente idonei (non soggetti all'autorità del testatore) fungessero da testimoni al momento in cui una donna dettava le sue ultime volontà.[5] Il testamento di Ricca cita un prete e altri otto testimoni, tutti cattolici.[6] È interessante notare come tre di questi testimoni siano definiti «fabri seu magnani», vale a dire fabbri specializzati nella manifattura di piccoli oggetti in ottone e rame (ad esempio, chiavi).[7] Si trattava di Giovanni, figlio di Stefano da Milano; Bartolomeo, figlio del fu Ambrogio da Milano, e di Ambrogio, figlio del fu Pietro da Milano, tutti residenti nella parrocchia di San Donato nel quartiere di Porta Piera.[8] I loro patronimici rivelano che non erano fratelli (tutt'al più fratellastri) e che non erano nemmeno padri o figli gli uni degli altri, sebbene la formula toponomastica "da Milano" suggerisca la possibilità che intercorresse qualche altro tipo di relazione fra loro.[9] Nella seconda metà del XV secolo Milano era uno fra i principali centri per la lavorazione dei metalli e i fabbri che avevano svolto lì il loro apprendistato spesso cercavano poi lavoro a Bologna o in altre città italiane.[10]

Sebbene i fabbri non lavorassero oro, argento oppure gemme e non fossero membri di quella élite benestante a cui spesso appartenevano i mastri orafi, lavorando – comunque – entrambe il metallo queste due categorie professionali avevano molto in comune. Nell'Italia del nord era normale per gli orafi lavorare anche materie non pregiate e produrre utensili da cucina o altri piccoli oggetti utilizzando metalli impiegati, a loro volta, dai fabbri.[11] Inoltre, poteva accadere che essi figurassero all'interno delle stesse arti professionali dei fabbri.[12]

5. Cfr. Kelly Wray, *Communities and Crisis*, pp. 52-53; Shona Kelly Wray, Roisin Cossar, *Wills as Primary Sources*, in *Understanding Medieval Primary Sources: Using Historical Sources to Discover Medieval Europe*, a cura di Joel T. Rosenthal, London, Routledge, 2012, pp. 59-71, in particolare pp. 64-65.

6. Per altri casi in cui conoscenti di fede cristiana funsero da testimoni per disposizioni testamentarie di donne ebree in nord Italia cfr. Elisabetta Traniello, *Percorsi di donne ebree a Ferrara (XVI secolo)*, in *Margini di libertà: testamenti femminili nel medioevo*, Atti del Convegno internazionale (Verona, 23-25 ottobre 2008), a cura di Maria Clara Rossi, Verona, Cierre, 2010, pp. 457-474.

7. Sui «fabri seu magnani» nella Bologna tardomedievale, cfr. Maria Gioia Tavoni, *Gli statuti della Società dei fabbri dal 1252 al 1579*, Bologna, Deputazione di Storia Patria, 1974, p. 7 e relativa nota 10. Sugli oggetti di piccole dimensioni indicati come «magnani» negli statuti della corporazione dei fabbri nella Bologna tardomedievale si veda ivi, p. 52.

8. Si veda il testamento di Ricca datato 15 settembre 1485 (ASBo, Fondo notarile, serie Curialti Matteo di Bologna, filza 8, c. 61r).

9. Solitamente, nella Bologna tardomedievale, erano i parenti a fungere da testimoni per la stesura dei testamenti; Cfr. Kelly Wray, *Communities and Crisis*, p. 209.

10. Cfr. Venturelli, *Gioielli e gioiellieri milanesi*, pp. 29-32.

11. Cfr. Silvia Amici, *L'uso delle stoviglie metalliche nel Basso Medioevo: appunti per una ricerca*, in *Atti del I Congresso Nazionale di Archeologia Medievale* (Pisa, 29-31 maggio 1997), a cura di Sauro Gelichi, Firenze, Edizioni all'Insegna del Giglio, 1997, pp. 340-345. Si veda anche Cherry, *Medieval Craftsmen*, p. 7.

12. Cfr. Venturelli, *Gioielli e gioiellieri milanesi*, pp. 15-16 e le note 22 e 24 a p. 36. A Ferrara fu solo nel tardo Quattrocento che gli orafi si separarono dai fabbri per fondare

Già nel 1302 gli orafi bolognesi si erano separati dalla corporazione dei fabbri per crearne una loro. Ad ogni modo, tutti gli artigiani della città che lavoravano il metallo consideravano Sant'Eligio (in bolognese, Sant'Alò) il loro santo patrono.[13] Secondo la letteratura agiografica medievale, Sant'Eligio aveva iniziato a lavorare come fabbro, diventando poi un celebre orafo.[14] Il percorso dell'orafo ebreo Salomone da Sessa può esser stato simile a quello del santo. Sembra che Salomone abbia conosciuto personalmente almeno tre fabbri, tutti residenti nella parrocchia di San Donato, vicino alla sua residenza di famiglia a San Bartolomeo di Porta Ravegnana. Fu forse, quindi, in una delle loro botteghe (se non in più d'una) che ebbe per la prima volta esperienza diretta della lavorazione dei metalli.[15] Le botteghe degli artigiani che lavoravano i metalli davano sulla strada e i passanti potevano vederli impegnati nello svolgimento delle loro mansioni, che talvolta suscitava l'affascinata ammirazione dei ragazzi.[16]

Nell'Italia del Quattrocento, un quartiere urbano dedito alla produzione artigianale rappresentava il contesto migliore in cui potesse crescere un artista. Diversi artisti del Rinascimento crebbero in un ambiente artigianale e, in molti casi, quanti fra loro entrarono presto (già da bambini o ragazzi) in contatto con arti come la lavorazione del metallo finirono poi per diventare maestri nel modellare materiali simili – ad esempio, l'argento – e nel produrre oggetti in oro.[17] Passando regolarmente davanti a botteghe di fabbri nei pressi della sua abitazione, è probabile che Salomone abbia avuto la sua prima esperienza diretta con l'arte di lavorare i metalli nelle fornaci di uno dei suoi vicini che abitavano nella parrocchia bolognese di San Donato, prima di divenire – formalmente – un apprendista nella bottega di Ermes Flavio o di un altro mastro orafo nel mantovano.

una propria corporazione; cfr. Luigi Napoleone Cittadella, *Notizie relative a Ferrara, per la maggior parte inedite, ricavate da documenti ed illustrate*, Ferrara, Tipografia Taddei, 1864, pp. 682-683.

13. Il fatto di istituire una corporazione a se stante da parte degli orafi rifletteva la crescente richiesta di oggetti di lusso nella Bologna tardomedievale. A riguardo si vedano Pini, *Oreficeria e potere a Bologna*, pp. 13-18; Sarah Rubin Blanshei, *Politics and Justice in Late Medieval Bologna*, Leiden, Brill, 2010, pp. 16-17 e Muzzarelli, *Gli inganni delle apparenze*, p. 70.

14. Cfr. Massimo Giansante, *Petronio e gli altri: culti civici e culti corporativi a Bologna in età comunale*, in *L'eredità culturale di Gina Fasoli*, Atti del convegno di studi per il centenario della nascita (1905-2005) (Bologna-Bassano del Grappa, 24-25-26 novembre 2005), a cura di Francesca Bocchi e Gian Maria Varanini, Roma, Istituto Italiano per il Medio Evo, 2008, pp. 357-377. Sul culto di Sant'Eligio comune a tutti gli artigiani che lavoravano i metalli nelle varie città – non solo a Bologna – cfr. Sidney J.A. Churchill, *The Goldsmiths of Rome under the Papal Authority: Their Statutes Hitherto Discovered and a Bilibliography*, in «Papers of the British School at Rome», 4, 2 (1907), pp. 163-226, in particolare p. 168. Sulla vasta diffusione del culto di questo santo cfr. Stuard, *Gilding the Market*, pp. 152-153.

15. Per l'esatta ubicazione di queste due parrocchie si veda la mappa in Kelly Wray, *Communities and Crisis*, pp. 266-267.

16. Cfr. Venturelli, *Gioielli e gioiellieri milanesi*, p. 16. A inizio Seicento il comasco Girolamo Borsieri (1558-1629) ricordava il fascino che esercitava su di lui da ragazzo osservare i fabbri al lavoro.

17. Cfr. Peter Burke, *The Italian Renaissance: Culture and Society in Italy*, Cambridge, Polity Press, 1995, pp. 45-47.

L'attenta lettura del testamento della madre di Salomone non rivela solo i contatti che la loro famiglia aveva stabilito con fabbri del luogo. Il testamento di Ricca fu dettato alla presenza di Bartolomeo – prete a cui era affidata la parrocchia della "cappella" di San Bartolomeo a Bologna – il quale confermò che il testatore era sano di mente e nel pieno possesso delle sua facoltà.[18] Gli altri due principali testimoni della lucidità mentale della vedova ebrea erano Ludovico (figlio del fu Ser Antonio), della parrocchia di San Michele dei Leprosetti, accanto a quella di Ricca, e Antonio (figlio del fu Raffaele), della parrocchia di San Sigismondo, a nord est di San Bartolomeo di Porta Ravegnana. Cinque degli altri sei testimoni risiedevano nella vicina parrocchia di San Donato. Si tratta di Jacopo, figlio di Battista; Giovanbattista, figlio del fu Bartolomeo, e dei tre fabbri Stefano, Ambrogio e Bartolomeo da Milano. Un nono testimone (Antonio, figlio del fu Cristoforo) è detto essere residente nella più distante parrocchia di Sant'Andrea degli Ansaldi. Il vicinato di un testatore bolognese era solitamente composto da un massimo di tre parrocchie contigue alla sua. Il fatto che sette dei nove testimoni presenti alla stesura del testamento di Ricca vivessero nel suo vicinato conferma i rapporti che la sua famiglia intratteneva coi vicini di religione cristiana.[19]

Anche se non conosciamo l'anno di nascita di Ricca, il suo fidanzamento con Mele da Sessa nel 1447 suggerisce che sia nata intorno al 1430, poiché le ragazze ebree di buona famiglia si sposavano solitamente fra i quindici e i diciannove anni.[20] Pertanto, Ricca doveva aver superato la cinquantina quando fece redigere le sue ultime volontà. I testimoni principali affermano che nel settembre del 1485 era in buone condizioni di salute ma sappiamo che entro quattro anni morì, poiché già nell'agosto 1489 suo figlio e suo genero se ne contendevano l'eredità. Ricca potrebbe essersi resa conto, sin dal 1485, che la sua salute andava peggiorando oppure che si stava avvicinando alla fine, come sappiamo essere avvenuto ad altri testatori – seppur ancora in salute – nel resto d'Europa.[21]

La persona assunta da Ricca per redigere il suo testamento era Ser Matteo, figlio di Astorgio Curialti da Tossignano. Esperto notaio che aveva ricoperto inca-

18. La presenza di un membro del clero, preferibilmente dalla parrocchia del testatore, risultava necessaria nella Bologna tardomedievale per confermare l'identità e la salute mentale di una donna che si accingeva a fare testamento; cfr. Kelly Wray, *Communities and Crisis*, p. 53; Shona Kelly Wray, *Four Bolognese Wills (1337)*, in *Medieval Italy: Texts in Translation*, a cura di Katherine L. Jansen, Joanna Drell e Frances Andrews, Philadelphia, University of Pennsylvania Press, 2009, pp. 517-520, in particolare p. 517.

19. Si veda il testamento di Ricca datato 15 settembre 1485 (ASBo, Fondo notarile, serie Curialti Matteo di Bologna, filza 8, c. 61r). Circa il ruolo dei testimoni principali, necessario a garantire che i testatori bolognesi fossero nelle loro piene facoltà mentali, cfr. Kelly Wray, *Communities and Crisis*, p. 99. Si veda ivi, pp. 218-219 in merito alla tendenza, da parte di chi si accingeva a fare testamento, a scegliere testimoni residenti nel suo stesso vicinato.

20. Toaff, *Il vino e la carne*, p. 33 sostiene che in Umbria le ragazze ebree di più umili origini si sposavano solitamente poco dopo i vent'anni mentre i matrimoni di quelle nate in famiglie più abbienti avvenivano prima del loro ventesimo compleanno. In proposito si veda anche Roni Weinstein, *Marriage Rituals Italian Style: A Historical Anthropological Perspective on Early Modern Italian Jews*, Leiden, Brill, 2004, pp. 57-67.

21. Cfr. Kelly Wray e Cossar, *Wills as Primary Sources*, p. 70.

richi importanti all'interno della corporazione notarile bolognese, Matteo Curialti era solito lavorare per ebrei del luogo.[22] Fu lui a recarsi a casa di Ricca, come spesso accadeva quando delle donne ebree volevano far redigere il proprio testamento, ma anche quando a desiderarlo era un testatore ebreo in età avanzata, femmina o maschio che fosse.[23]

Fra le vedove ebree nel XV secolo era prassi comune mettere da parte delle somme destinate a scopi caritatevoli; Ricca, tuttavia, non lo fece.[24] Inoltre, mentre il marito (Mele) nel suo testamento del 1459 aveva incluso un lascito generoso per aiutare gli ebrei caduti in disgrazia e fornire una dote alle orfane ebree,[25] nel 1485 Ricca non diede nemmeno una piccola parte dei suoi averi ai poveri. Il testamento di Ricca indica, dunque, un declino economico della famiglia nei decenni successivi alla scomparsa di Mele, il che avrebbe impedito alla vedova di destinare, com'era consueto, una somma a opere di carità. E se, effettivamente, la condizione economica della famiglia andò peggiorando nel corso di quegli anni, la causa – almeno in parte – potrebbe essere attribuita ai cospicui debiti contratti da Salomone e poi pagati da sua madre. Il testamento di Ricca ricorda i debiti del figlio, tra i quali figura la restituzione di prestiti a interesse ricevuti dai principali banchieri bolognesi di fine Quattrocento, ossia Ventura (figlio di Museto «de Porta») e David (figlio del fu Giuseppe di Ventura).[26]

Ventura – il cui padre, Museto di Ventura, aveva offerto ospitalità al cognato di Ricca nel 1458 – possedeva un banco nel quartiere bolognese di Porta Nuova, mentre David (figlio di Giuseppe e nipote del suddetto Ventura) era a capo di un importante banco noto come "Banco de' Porta", un tempo proprietà di suo nonno.[27] Il testamento di Ricca menziona anche le somme che Salomone doveva a un certo Manuele detto "il Greco", che faceva affari con l'ebreo Lazzaro (deceduto verso il 1496), figlio di Emanuele di Bonaventura.[28] Emanuele era stato amico e

22. Su Curialti si veda Giorgio Tamba, *La società dei notai di Bologna*, Roma, Istituto Poligrafico e Zecca dello Stato, 1988, pp. 231, 235-236 e 238. Curialti aveva ormai praticato la professione notarile a Bologna per oltre vent'anni quando Ricca si rivolse a lui per questo incarico. Alcuni degli atti notarili da lui vergati fra il 1465 e il 1485 si leggono in *Chartularium studii bononiensis: Documenti per la storia dell'università di Bologna dalle origini fino al secolo XV*, Bologna, Istituto per la Storia dell'Università di Bologna, 1909, pp. 344-345, 356-357, 359-361, 363-367, 369-374, 376-383. Non vi compaiono, tuttavia, i documenti da lui redatti per i clienti ebrei; alcuni si conservano in ASBo, Fondo notarile, serie Curialti Matteo di Bologna, Filza 12A (1476-1493), cc. 78, 87, 127, 138, 140 e 157.

23. Si era infatti comportato allo stesso modo il marito di Ricca quando decise di fare testamento: cfr. Borgolotto, *Mele di Salomone da Sessa*, nota 25 a p. 151.

24. Su questa prassi diffusa cfr. Scuro, *Accanto al banco*, pp. 102-103.

25. Cfr. Borgolotto, *Mele di Salomone da Sessa*, nota 12 a p. 146.

26. Così si legge nel testamento di Ricca datato 15 settembre 1485 (ASBo, Fondo notarile, serie Curialti Matteo di Bologna, filza 8, c. 61r).

27. Su David, figlio di Giuseppe, cfr. Muzzarelli, *I banchieri ebrei e la città*, soprattutto pp. 144-148; su Ventura, figlio di Museto, cfr. ivi pp. 147 e 150-151 e Rinaldi, *Topografia documentaria*, p. 60. Infine, su «David del fu Ioseph Ventura da Bologna» si veda Di Leone Leoni, *La nazione ebraica spagnola e portoghese di Ferrara*, vol. II, p. 629 (doc. 49).

28. Ricca sosteneva di aver già pagato dieci ducati d'oro per saldare un debito che Salomone aveva con un certo «Manuele Greco»; il debito era stato pagato direttamente a Lazzaro

socio del padre di Salomone (Mele) e dopo la morte di quest'ultimo aveva assunto il ruolo di *mundualdus* (ossia, garante) di Ricca a Firenze.[29]

Insieme agli interessi da pagare per i vari prestiti contratti da Salomone, la somma complessiva già pagata da sua madre ammontava a oltre 273 ducati, ossia più del valore originario della dote che Ricca aveva portato con sé o che Mele aveva messo insieme per la loro figlia Pinta. Nel suo testamento Ricca cancellò gli obblighi che Salomone aveva contratto con lei per la restituzione dei prestiti (pagati dalla madre al posto suo). Inoltre, lo sollevò dall'obbligo di ripagare ai suoi eredi qualsiasi ulteriore debito; Ricca stessa, infatti, avrebbe provveduto a saldarlo. Ella aggiunse, tuttavia, che – avendo Salomone già impiegato oltre 273 ducati del patrimonio materno – non poteva più vantare alcun diritto sul resto della sua eredità.[30]

I debiti non si creano dal nulla. Nel caso di Salomone, potevano forse aver avuto origine in circostanze discutibili. Le sue continue difficoltà a restituire il denaro preso in prestito e i relativi interessi – su cui ci soffermeremo più avanti – potrebbero indicare un debole per i piaceri illeciti offerti in taverne e locande dove gli uomini del Rinascimento bevevano, giocavano e cercavano rapporti sessuali con persone del medesimo o dell'altro sesso.[31] Benché la legge ebraica permettesse il gioco d'azzardo solo in determinate circostanze (soprattutto durante le feste di Hanukkah e Purim), gli ebrei nell'Italia del centro e del nord scommettevano denaro anche in altre occasioni, talvolta subendo notevoli perdite.[32] Che gli ebrei bolognesi non si astenessero dal giocare d'azzardo è testimoniato da una lettera,

da Volterra, al quale Manuele doveva dei soldi (ASBo, Fondo notarile, serie Curialti Matteo di Bologna, filza 8, c. 61).

29. Spesso gli uomini che servivano da *mundualdus* per le vedove nella Firenze quattrocentesca avevano in precedenza frequentato i loro mariti; cfr. Kuehn, *Law, Family, and Women*, p. 226. Su Emanuele di Bonaventura da Volterra e i suoi rapporti con Mele e Ricca, cfr. Borgolotto, *Mele di Salomone da Sessa*, pp. 150, 157, 160 e 163. Nel 1494, tre anni dopo che Salomone si era convertito al cristianesimo, questi era in rapporti con Lazzaro, figlio di Emanuele; cfr. ivi, p. 167.

30. Così legge il testamento di Ricca del 15 settembre 1485 (ASBo, Fondo notarile, serie Curialti Matteo di Bologna, filza 8, c. 61): «Iubens et mandans ipsa Testatrix ipsum Salamonem fore et esse tacitum et contentum relictis predictis pro omni legiptima et pro omni et toto quod sibi deberetur in bonis et hereditate de testatrici ad iure». Ringrazio il Prof. Benjamin Arbel per gli utili consigli da lui fornitimi circa la trascrizione del testamento.

31. Sulle taverne nel Rinascimento cfr. Guido Ruggiero, *Machiavelli in Love: Sex, Self, and Society in the Italian Renaissance*, Baltimore, Johns Hopkins University Press, 2007, pp. 95-96. Notizie su un ebreo perugino che gestiva una taverna in cui scommettitori sia cristiani sia ebrei praticavano il gioco contravvenendo alle leggi sono fornite da Toaff, *Il vino e la carne*, pp. 144-145. Nel 1519, a Mantova, venne aperta una sala per scommesse in cui potevano giocare ebrei e cristiani insieme: cfr. Simonsohn, *History of the Jews in the Duchy of Mantua*, p. 258.

32. Cfr. Isabella d'Este, *Selected Letters*, pp. 181-182; Cecil Roth, *I giocatori pentiti di Ferrara*, in «La rassegna mensile di Israel», 28, 3-4 (1962), pp. 248-251; Esposito, *Un'altra Roma*, pp. 158-159; Toaff, *Il vino e la carne*, pp. 143-146; Natalie Zemon Davis, *Leon Modena's Life as an Early Modern Autobiography*, in «History and Theory», 27, 4 (1988), pp. 103-118, in particolare p. 109; Elliott Horowitz, *The Eve of Circumcision: A Chapter in the History of Jewish Nightlife*, in «Journal of Social History», 23, 1 (1989), pp. 45-69, in particolare pp. 49-50.

non datata, scritta da Isacco Todesco nel tardo Quattrocento, in cui racconta come ha perso 51 scudi – a Bologna – scommettendo con un correligionario.[33]

Un altro ebreo contemporaneo di Salomone – Abramo Tusolo di Mandolino da Ferrara – raggiunse una tale celebrità per la sua pratica del gioco d'azzardo che venne sopranominato "Abramo il giocatore", riuscendo poi a ottenere il permesso di gestire una casa da gioco a Mantova aperta sia ad ebrei sia a cristiani.[34] Dopo il suo trasferimento a Ferrara, Salomone frequentò Abramo e – stando a un dispaccio spedito da quest'ultimo al marchese di Mantova nel 1493 – subì anche un interrogatorio per un qualche reato in cui "il giocatore" risultava coinvolto.[35] I comprovati rapporti di Salomone col più celebre giocatore d'azzardo ebreo attivo a Ferrara nel Quattrocento possono rivelare una sua passione per quel tipo di gioco. Una simile propensione da parte sua spiegherebbe, forse, non solo i debiti da Salomone contratti già quando abitava a Bologna ma anche la riluttanza di Ricca a nominarlo erede del proprio denaro.

Qualunque fosse il motivo degli ingenti debiti da cui era gravato, Salomone contava sull'aiuto di sua madre per salvare la pelle. Tuttavia, essendo lui – orafo di professione – ormai un uomo sposato e padre di due figli, Ricca era in ansia per il suo comportamento irresponsabile. Pertanto, in deroga alla prassi consueta a Bologna e altrove, secondo cui il figlio di un testatore (padre o madre che fosse) veniva nominato suo erede principale,[36] Ricca non nominò Salomone erede universale, ossia il soggetto a cui è delegata l'amministrazione dell'eredità ma che potrebbe anche essere costretto a dividerla. Ella decise invece che il figlio Graziadio – il quale nel 1485 aveva solo tre anni – sarebbe stato il suo successore "universale" insieme agli eventuali figli (maschi) legittimi che Salomone avrebbe avuto. In modo simile, nello stesso periodo altri genitori ebrei insofferenti della condotta dei figli evitarono di nominarli eredi universali oppure ricorsero ad altri stratagemmi per salvaguardare i propri beni.[37]

Ricca precisò che la sua eredità doveva essere divisa in parti uguali fra tutti i legittimi figli maschi di Salomone; nel caso in cui uno o più dei figli di quest'ultimo fosse morto in tenera età, la quota corrispondente sarebbe stata suddivisa fra gli altri figli e nipoti maschi di Salomone.[38] In nessun caso, inoltre, la sua quota sarebbe passata alla famiglia di Pinta, figlia di Ricca; Mele le aveva già fornito

33. La lettera era indirizzata al duca di Ferrara (ASMo, ASE, Archivi per materie: Ebrei, b. 6, cc. 14-15).

34. Cfr. Franceschini, *Presenza ebraica a Ferrara*, p. 453 e *ad indicem*; Zambotti, *Diario ferrarese*, p. 45 e Simonsohn, *History of the Jews in the Duchy of Mantua*, p. 258.

35. In proposito si veda *infra*, capitolo 10.

36. Cfr. Kelly Wray, *Communities and Crisis*, pp. 241-247; Ead., Cossar, *Wills as Primary Sources*, pp. 66-67.

37. Cfr. Vito Rovigo, *"Publicum instrumentum scriptum in lingua et littera ebraicha". La documentazione di una minoranza tra autonomia documentaria e vocazioni maggioritarie*, in *Margini di libertà*, pp. 407-433, in particolare pp. 412-413, e Traniello, *Percorsi di donne ebree a Ferrara*, p. 461.

38. Su tale prassi cfr. Miriam Davide, *I testamenti delle donne nelle comunità ebraiche askenazite e in quelle di origine italiana dell'Italia settentrionale (XIV-XVI secolo)*, in *Margini di libertà*, pp. 435-456, in particolare p. 444.

una dote e Ricca seguì la prassi allora comune di escludere le figlie dal patrimonio di famiglia dopo che avevano ricevuto la dote.

Le leggi testamentarie bolognesi insistevano sul passaggio dell'eredità da un genitore ai figli maschi (e ai figli maschi di questi ultimi). Tuttavia, indotti da specifiche circostanze familiari o affettive, alcuni testatori redassero le loro ultime volontà in modo da favorire i parenti di sesso femminile. Benché di rado, avveniva talvolta – sia nella Bologna del XV secolo sia, più in generale, fra gli ebrei in nord Italia – che si optasse per la nomina di eredi di sesso femminile.[39] Ad ogni modo, Ricca – malgrado i suoi dubbi sull'unico figlio rimastole – decise che l'eredità dovesse andare solo ai discendenti di sesso maschile.

Né la sorella di Salomone (Pinta) né il suo primo nato (una bambina che nel 1485 aveva sei anni e sarebbe poi diventata suora domenicana col nome di Teodora) vengono menzionati nel testamento di Ricca. Quest'ultimo – unico documento a noi noto scritto su richiesta di una donna appartenuta alla famiglia di Salomone prima che lui si convertisse al cristianesimo – rivela aspetti interessanti circa le condizioni economiche in cui versava l'orafo; tuttavia, esso non getta alcuna luce sulla figlia, la sorella e tutti gli altri parenti di Salomone di sesso femminile. Ciò che rappresenta un silenzio frustrante per lo storico riflette la totale accettazione, da parte di molte donne benestanti del XV secolo, dell'ideologia patrilineare su cui lo *ius commune* e la legge ebraica si trovavano d'accordo.[40] Come rivelano le sue ultime volontà, Ricca – figlia di agiati genitori andata in sposa a un prestatore di successo – seguiva in tutto e per tutto le norme patriarcali prevalenti nel Quattrocento fra i membri delle classi elevate, ebrei o cristiani che fossero, mirando innanzitutto a privilegiare il ramo paterno della famiglia.

Poco dopo la stesura del testamento materno, Salomone andò in cerca di nuove opportunità a Mantova, lasciando sua moglie e i figli a Bologna.[41] Mentre nella sua città natale quasi tutti gli orafi erano cristiani originari del luogo, il governo dei Gonzaga a Mantova era ben disposto verso gli orafi provenienti da altre zone e favoriva questa attività anche da parte degli ebrei.[42] Fra gli ebrei mantovani l'oreficeria fu il terzo settore economico a svilupparsi dopo il prestito in denaro e il commercio di panni usati; insieme ai mercanti di seta e ai banchieri, gli orafi figuravano fra gli ebrei più ricchi della città. Le loro botteghe erano situate nella stessa strada in cui lavoravano i colleghi cristiani. Malgrado l'ostilità degli orafi cattolici (manifestatasi apertamente per la prima volta nel 1438) gli ebrei mantovani continuarono a primeggiare nell'oreficeria fino al XVIII secolo.[43]

39. Traniello, *Percorsi di donne ebree a Ferrara*, p. 461; Kelly Wray, *Communities and Crisis*, pp. 238-247, ed Ead., Cossar, *Wills as Primary Sources*, pp. 66-67.

40. Cfr. Stow, *Catholic Thought*, pp. 104-105 e relativa nota 17.

41. Già nel 1487 «l'orafo ebreo Salomone» lavorava per Francesco Gonzaga, marchese di Mantova, come si legge in ASMo, Camera Ducale (CD), *Libri camerali diversi*, num. 159, c. lxi. La sua famiglia continuò a risiedere a Bologna fino all'estate del 1489, come indica il documento notarile del 21 agosto 1489 in ASFe, Notaio Iacobo Vincenzi, matr. 177, pacco 10, prot. 1489.

42. In merito alla scena bolognese cfr. Stuard, *Gilding the Market*, pp. 166-167.

43. Cfr. Simonsohn, *History of the Jews in the Duchy of Mantua*, pp. 255, 259-260, 271, 307 e 515.

Gli orafi ebrei venivano regolarmente impiegati alla corte dei Gonzaga, dove erano apprezzati per la produzione di gioielli piuttosto che di utensili in oro o argento. Fra tutti gli orafi ebrei che è noto abbiano lavorato al servizio dei Gonzaga, Salomone da Sessa risulta essere il più famoso.[44] Il suo talento eccezionale attirò l'attenzione del marchese Francesco Gonzaga, che già nel 1487 lo volle al suo servizio.[45] Tuttavia, l'abile artista ebreo non lavorò soltanto per il marchese; si recò anche a Ferrara, suscitando l'ammirazione dei membri della corte ducale. Nel novembre di quell'anno «Salamone da Saso, ebreo orevexe» creava oggetti anche per Eleonora d'Aragona (1450-1493), duchessa di Ferrara.[46]

Il 4 dicembre 1487 gli ufficiali del duca di Ferrara pagarono il conto per il soggiorno dell'orafo nell'osteria gestita da un tal Leone ebreo. I registri della Camera Ducale (cui spettava il compito di pagare le spese quotidiane del duca e della sua corte)[47] segnalano la somma di otto «lire marchesane» e altrettanti soldi pagati a «Leone hebreo hosto» per aver fornito vitto e alloggio a «Salamone hebreo orevexe de lo Illustrissimo Marchexe de Mantoa».[48] Leone, il quale gestiva la locanda posta subito dietro via del Paradiso, ricevette tre soldi per ognuno dei quarantotto pasti lì consumati da Salomone, oltre a due lire e quattro soldi per aver alloggiato l'orafo.[49]

La locanda dove soggiornò Salomone era situata in via San Giacomo (oggi via Carbone), alle spalle di via del Paradiso, una delle strade principali del quar-

44. Cfr. Luzio e Renier, *Il lusso di Isabella d'Este*, p. 45; Valerie Taylor, *Silver and Gold: A Case Study of Material Culture in Renaissance Mantua*, in «Comitatus», 39 (2008), pp. 155-197, in particolare pp. 167-171. Taylor afferma che anche il fratello di Salomone era orafo ma siccome nessuno dei suoi due fratelli raggiunse l'età adulta ciò risulta scorretto; probabilmente l'errore è dovuto all'aver confuso Salomone/Ercole con suo figlio Graziadio/Alfonso, il cui fratello Giuseppe/Ferrante divenne, effettivamente, un orafo di successo. In proposito si veda *infra*, capitolo 15.

45. Cfr. Franceschini, *Artisti a Ferrara in età umanistica e rinascimentale*, Parte II, Tomo I, pp. 404-405 (doc. 598).

46. In ASMo, CD, Amministrazione dei principi (AP), num. 633, c. 99r si legge: «Salamone da Saso ebreo orevexe». Sulla duchessa Eleonora cfr. Luciano Chiappini, *Eleonora d'Aragona, prima duchessa di Ferrara*, in «Atti e Memorie della Deputazione Ferrarese di Storia Patria», 6 (1956), pp. 1-156; Werner L. Gundersheimer, *Women, Learning, and Power: Eleonora of Aragon and the Court of Ferrara*, in *Beyond Their Sex: Learned Women of the European Past*, a cura di Patricia H. Labalme, New York, New York University Press,1980, pp. 43-56.

47. Sulla Camera Ducale degli Este, cfr. Folin, *Rinascimento estense*, pp. 134-139; Guido Guerzoni, *La Camera Ducale Estense tra Quattro e Cinquecento: la struttura organizzativa e i meccanismi operativi*, in *Storia di Ferrara*, vol. VI, *Il Rinascimento: Situazioni e personaggi*, a cura di Adriano Prosperi, Ferrara, Corbo, 2000, pp. 160-183.

48. Il testo completo in ASMo, CD, *Libri camerali diversi*, num. 159, c. lxi legge come segue: «A Leone hebreo hosto de drio dal Paradizo, adì iiii de dexembre lire octo, soldi octo de marchesani, per sua mercede de haver facto le spexe pasti quaranta octo in raxone de soldi 3 el pasto a Salamone hebreo orevexe de lo Illustrissimo Marchexe de Mantoa, alozato in soa hostaria a spexe de la Camera, como al Memoriale L. VIII. VIII».

49. La lira marchesana ferrarese era un tipo di valuta artificiale suddivisibile in venti soldi, a loro volta equivalenti a dodici denari. Nel tardo XV secolo, un ducato d'oro (che era una moneta reale) veniva scambiato per l'equivalente di 63 soldi; cfr. Thomas Tuohy, *Herculean Ferrara: Ercole d'Este, 1471-1505, and the Invention of a Ducal Capital*, Cambridge, Cambridge University Press, 1996, p. xxii.

tiere ebraico nella Ferrara del Quattrocento.[50] Solitamente nota come "osteria degli ebrei", era gestita da Leone, figlio del fu David (figlio di Leone), originario di Argenta. Leone successe a suo padre, che nel 1476 aveva affittato un'abitazione con l'idea di adibirla a osteria e casa da gioco per gli ebrei a Ferrara.[51] Sebbene la presenza di osterie per ebrei nelle città italiane permettesse loro di mangiare cibo kosher quando erano lontani da casa, esse fungevano spesso anche come case da gioco. Al pari delle taverne gestite dai cristiani, diventavano molte volte teatro di attività illecite.[52] I quarantotto pasti consumati da Salomone all'osteria di Leone durante il suo soggiorno ferrarese dimostrano l'importanza che l'orafo attribuiva al rispetto delle norme alimentari ebraiche. La possibilità di mangiare carne preparata secondo le prescrizioni della legge ebraica era un aspetto che gli ebrei dovevano necessariamente considerare prima di trasferirsi nelle città del centro e nord Italia; nel XV secolo il rispetto delle basilari norme della Halakhah in fatto di alimentazione costituivano uno dei fondamenti dell'identità ebraica.[53] La sua prolungata presenza all'«osteria degli ebrei» permise a Salomone di interagire con dei correligionari, ma a differenza degli altri ebrei forestieri che alloggiavano allora da Leone egli aveva tutte le relative spese pagate dalla Camera Ducale, a riprova della stima in cui era tenuto presso la corte del duca in virtù del suo talento artistico.[54]

Il registro in cui sono annotate le spese per i pasti di Salomone suggerisce che, nel Quattrocento, un ebreo dotato di particolari abilità poteva dedicarsi a una fortunata carriera artistica senza dover compromettere le proprie convinzioni religiose.[55] Sorge, tuttavia, il dubbio che la nostra prospettiva sia in-

50. In proposito si veda Laura Graziani Secchieri, *Ebrei italiani, askenaziti e sefarditi a Ferrara: Un'analisi topografica dell'insediamento e delle sue trasformazioni (secoli XII-XVI)*, in *Gli ebrei nello Stato della Chiesa: Insediamenti e mobilità (secoli XIV-XVIII)*, a cura di Marina Caffiero e Anna Esposito, Padova, Esedra, 2012, pp. 163-190, in particolare pp. 179-180 e la nota 4 a p. 164.

51. Cfr. Franceschini, *Presenza ebraica a Ferrara*, pp. 336, 424-425, 427 (documenti numerati 910, 1226, 1231 e 1242).

52. Cfr. Scuro, *Accanto al banco*, pp. 92-93 e Toaff, *Il vino e la carne*, p. 99. Sui viaggiatori ebrei che alloggiavano in osterie ebraiche nell'Italia del Quattrocento si veda anche l'articolo (in ebraico) di Isaiah Sonne pubblicato in «Hebrew Union College Annual», 16 (1941), pp. 35-98 il cui titolo in traduzione italiana corrisponde a *Per la storia della comunità ebraica a Bologna all'inizio del XVI secolo*. Si vedano in particolare le pp. 51-52. Sulle strutture di accoglienza ferraresi cfr. Franceschini, *Presenza ebraica a Ferrara*, p. 310 (doc. 819).

53. Cfr. Flora Cassen, *The Sausage in the Jews' Pantry: Food and Jewish-Christian Relations in Renaissance Italy*, in *Global Jewish Foodways: A History*, a cura di Hasia R. Diner e Simone Cinotto, Lincoln (NE), University of Nebraska Press, 2018, pp. 27-49. Si veda anche Toaff, *Il vino e la carne*, pp. 81-108. La legge ebraica proibiva il consumo di cibi preparati dai cristiani. Poiché i cristiani ritenevano tale proibizione offensiva (implicando la loro inferiorità rispetto agli ebrei), il diritto canonico a sua volta proibiva ai cristiani di mangiare alla stessa mensa degli ebrei. In proposito si veda Stow, *Catholic Thought*, pp. 95-96 e 296.

54. I pagamenti che Leone richiedeva agli altri clienti ebrei alloggiati presso la sua osteria sono riportati in Franceschini, *Presenza ebraica a Ferrara*, pp. 424-425 (docc. 1226 e 1231).

55. In sintonia con la visione idealizzata che della vita in epoca rinascimentale ha offerto Jacob Burckhardt, nel corso del XX secolo vari eminenti studiosi hanno dato ampio risalto ai

completa.[56] Le avverse vicissitudini patite da Salomone solo alcuni anni dopo – come illustreremo nei prossimi capitoli – non possono che complicare questo ritratto idealizzato dei rapporti fra cristiani ed ebrei nei principati italiani del Rinascimento.

fruttuosi rapporti fra ebrei e cristiani negli stati principeschi dell'Italia del Quattrocento; si vedano, ad esempio, Roth, *The History of the Jews of Italy*, p. 115; Shulvass, *The Jews in the World of the Renaissance*; Landsberger, *The Jewish Artist*, pp. 371-375. Per una visione più sfumata della convivenza fra ebrei e cristiani in quei contesti, cfr. David B. Ruderman, *At the Intersection of Cultures: The Historical Legacy of Italian Jewry*, in *Gardens and Ghettos*, pp. 1-23, in particolare pp. 8-10, e Liscia Bemporad, *Jewish Cerimonial Art*, p. 121.

56. Sugli aspetti fondamentali relativi al dibattito sul coinvolgimento degli ebrei nella cultura rinascimentale, cfr. il saggio introduttivo di David B. Ruderman al volume da lui stesso curato *Essential Papers on Jewish Culture in Renaissance and Baroque Italy*, New York, New York University Press, 1992, pp. 1-39 e Joshua Teplitsky, *Jews*, in *Oxford Bibliographies in Renaissance and Reformation,* a cura di Margaret L. King, New York, Oxford University Press, 2015, disponibile online al seguente indirizzo: www.oxfordbibliographies.com/view/document/obo-9780195399301/obo-9780195399301-0079.xml;jsessionid=1BBB53218353803A3CB1C80367EBABF5.

3. L'orafo di corte di Eleonora d'Aragona

Gli inizi della carriera di Salomone nell'ambito dell'oreficeria lasciavano senza dubbio ben sperare. Egli arrivò a Ferrara tre anni dopo la scomparsa di Amadio Riva da Milano (attivo dal 1437 al 1484 circa), il quale vi era giunto nei primi anni Quaranta, lavorando poi per oltre quattro decenni come orefice di corte per i signori estensi. Introdotti i suoi figli all'arte orafa, Amadio diede vita a un'invidiabile dinastia artistica.[1] Al pari di questo acclamato orefice cristiano, Salomone da Sessa sarebbe rimasto a Ferrara per alcuni decenni, costituendovi una dinastia artistica e lavorando per vari membri della famiglia ducale, che rappresentarono i suoi principali committenti per oltre trent'anni.

Fra i suoi mecenati estensi, il più importante – dal 1487 alla sua morte, avvenuta nel 1493 – fu la duchessa Eleonora d'Aragona, che era solita chiamarlo "il nostro orefice".[2] Pur non essendo l'unico orafo al servizio di Eleonora, Salomone Ebreo presto si impose come il suo preferito.[3] La corte ferrarese di Eleonora era caratterizzata da un notevole cosmopolitismo[4] e non sembra che lei provasse alcuna riluttanza a richiedere i servizi di un abile artista ebreo proveniente da una zona al di fuori del territorio ferrarese.[5] Un buon numero di artisti del Rinasci-

1. Cfr. Marcello Toffanello, *Le arti a Ferrara nel Quattrocento: gli artisti e la corte*, Ferrara, Edisai, 2010, pp. 113-116 e 380-387.

2. Scrivendo a Francesco Gonzaga il 20 agosto 1491 (ASMn, AG, b. 1185, c. 177) Eleonora d'Aragona chiede al marchese di concedere un favore a «Salamone hebreo nostro Aurifice». In una lettera a Isabella d'Este datata 10 settembre 1491 (ASMn, AG, b. 1185, c. 194) Eleonora accenna all'incarcerazione di «Salamon hebreo nostro orevese».

3. In una lettera a Ludovico Sforza del 15 maggio 1491 (ASMn, AG, b. 2904, lib. 136, c. 94r) Isabella d'Este si riferisce a lui chiamandolo «Salomone da Sesso hebreo et aurifice dilectissimo de la Illustrissima nostra madre».

4. Cfr. Guido Guerzoni, *Strangers at Home: The Courts of Este Princesses between the XVth and XVIIth Centuries*, in *Moving Elites: Women and Cultural Transfers in the European Court System. Proceedings of an International Workshop (Florence, 12-13 December 2008)*, a cura di Giulia Calvi e Isabelle Chabot, San Domenico di Fiesole, European University Institute, 2010, pp. 141-156, in particolare p. 152, e Guido Guerzoni, *Apollo and Vulcan: The Art Market in Italy, 1400-1700*, East Lansing, Michigan State University Press, 2011, p. 7.

5. Appena tre anni prima, nel 1484, il padre di Eleonora – Ferrante I d'Aragona (1431-1494) re di Napoli – aveva commissionato dei lavori a un altro orafo ebreo; cfr. Roth, *The History of the Jews in Italy*, pp. 198-199.

mento erano figli d'arte. Tuttavia, al pari di altri grandi innovatori nelle arti visive, Salomone fu il primo della sua famiglia a intraprendere quella carriera. Nessuno dei suoi antenati si era dedicato all'oreficeria. Salomone, straniero che non aveva granché motivo di assimilarsi alle locali tradizioni in fatto di stile, diede un notevole contributo allo sviluppo di nuove tendenze artistiche.[6]

Come altri artisti impiegati dagli Este, gli orafi di corte godevano di svariati privilegi, soprattutto il pagamento di un salario regolare che non dipendeva da specifiche commissioni da parte dei loro illustri mecenati.[7] A cominciare dal 21 novembre 1487 questo tipo di impiego – particolarmente fortunato per un orafo agli inizi della sua carriera – procurò a Salomone un introito fisso.[8] Pertanto, l'orafo decise in seguito di trasferirsi a Ferrara con la moglie e i figli. Mentre un atto notarile del 21 agosto 1489 lo indica ancora come un residente bolognese che si trovava solo provvisoriamente a Ferrara, in un successivo documento di quello stesso anno (datato 17 dicembre) Salomone viene definito un ebreo che risiedeva a Ferrara. Ciò indica che la sua famiglia si era trasferita in quest'ultima città durante il periodo intercorso fra le due date.[9]

I ripetuti spostamenti di Salomone – figlio di un banchiere originario del sud Italia e di una donna proveniente dalla cittadina settentrionale di Lendinara, nato a Firenze, cresciuto a Bologna, attivo a Castel Goffredo e Mantova prima di prendere casa a Ferrara – sono tipici degli ebrei presenti nell'Italia quattrocentesca.[10] La decisione dell'orafo di stabilirsi a Ferrara è indice della tradizionale strategia

6. Per questo tipo di contributo all'innovazione artistica cfr. Burke, *The Italian Renaissance*, pp. 50-51.

7. A corte gli stipendi degli orafi erano più bassi rispetto a quelli dei pittori. Sugli artisti alla corte ferrarese nel Rinascimento cfr. Guido Guerzoni, *The Italian Renaissance Courts' Demand for the Arts: The Case of d'Este of Ferrara (1471-1560)*, in *Art Markets in Europe, 1400-1800*, a cura di Michael North e David Ormrod, Aldershot, Ashgate, 1998, pp. 61-80, in particolare pp. 64-65, e Toffanello, *Le arti a Ferrara nel Quattrocento*, pp. 15-30. In generale, sulle condizioni di impiego dei salariati presso la corte estense cfr. Guerzoni, *Apollo and Vulcan*, pp. 46-47; Marco Folin, *Note sugli officiali negli Stati estensi (secoli XV-XVI)*, in «Annali della Scuola Normale Superiore di Pisa: Quaderni della Classe di Lettere e Filosofia», ser. IV, 1, 1997, pp. 99-155, in particolare pp. 103-105.

8. In ASMo, CD, AP, num. 633, c. 99r si legge: «E a dì dicto Lire Sei de marchesana per sua signoria a Salamone da Saso ebreo orevexe [...] per conto de soi salarii». Si veda anche Angelucci, *Catalogo della armeria reale*, p. 307.

9. In ASFe, Archivio Notarile Antico di Ferrara, Notaio Iacobo Vincenzi, matr. 177, pacco 10, prot. 1489, documento notarile redatto il 21 agosto 1489 si legge: «habitans Bononie nunc moram trahens Ferrarie». Inoltre, nel documento notarile del 17 dicembre 1489 ora in ASFe, Archivio Notarile Antico di Ferrara, Notaio Iacobo Vincenzi, matr. 177, pacco 10, prot. 1489 si legge: «habitator de presenti Ferrarie». La formula «habitator de presenti» era comunemente usata per indicare ebrei non ferraresi (cfr. Graziani Secchieri, *Ebrei italiani, askenaziti e sefarditi a Ferrara*, pp. 174-179) e serviva a specificare che l'orafo era un forestiero. Tuttavia, il fatto che non venisse più citato come residente a Bologna rivela che il 17 dicembre si era ormai trasferito a Ferrara.

10. A riguardo si vedano Michele Luzzati, *Northern and Central Italy: Assessment of Research and Further Prospects*, in *The Jews of Europe in the Middle Ages (Tenth to Fifteenth Centuries)*, Proceedings of the International Symposium (Speyer, 20-25 October 2002), a cura di Christoph Cluse, Turnhout, Brepols, 2004, pp. 191-199 e Id., *Again on the Mobility*

adottata dal governo estense, favorevole agli ebrei residenti in quella città, dove il nonno materno di Salomone aveva svolto i suoi affari già verso gli anni Cinquanta del XV secolo.[11] La scelta fu inoltre dettata anche dalla reputazione di Ferrara come uno fra i maggiori centri culturali del Rinascimento.

Dopo l'ascesa al trono ducale da parte di Ercole d'Este (1431-1505) nel 1471, Ferrara cominciò a distinguersi per le sue innovative attività in ambito artistico. La vibrante scena culturale ferrarese era dominata da artisti, architetti, poeti e musicisti originari di altre zone, i quali lavoravano per la corte ducale insieme ai colleghi originari del luogo. Un ulteriore contributo veniva dalla cultura ebraica e araba propria degli ebrei che Ercole era felice di attirare nella capitale del suo ducato.[12] Nel 1473, egli sostenne le famiglie ebree di Ferrara che si opponevano alle richieste del pontefice, e nel 1481 autorizzò la creazione della prima sinagoga stabile nella città. Quando Salomone arrivò a Ferrara nel 1487, la locale comunità ebraica – di medie dimensioni – intratteneva rapporti eccezionalmente positivi col duca e la sua famiglia.[13]

Come i loro correligionari mantovani, gli ebrei a Ferrara avevano il permesso di praticare la professione orafa. Alcuni di loro si specializzarono nella produzione di oggetti artistici per le cerimonie ebraiche. Poco dopo l'arrivo di Salomone in città, fu prodotto un segnalibro d'argento per la Torah, recante incisa la data, ossia il 1488.[14] Si ritiene che anche un cofanetto nuziale ora all'Israel Museum di Gerusalemme sia stato prodotto a Ferrara – durante gli anni della

of Italian Jews between the Middle Ages and the Renaissance, in *The Italia Judaica Jubilee Conference*, a cura di Shlomo Simonsohn e Giuseppe Joseph, Leiden, Brill, 2013, pp. 97-106.

11. Cfr. Franceschini, *Presenza ebraica a Ferrara*, pp. 157, 169, 175, 180, 227-228, 233-234, 239, 243, 245 (docc. 429, 462, 478-479, 495, 551, 620, 629-630, 643 e 649); Di Leone Leoni, *La nazione ebraica spagnola e portoghese di Ferrara*, vol. I, pp. 13-14; Elisabetta Traniello, *Di Ferrara ma non a Ferrara: I rapporti tra i nuclei ebraici del Polesine di Rovigo e gli ebrei di Ferrara in età estense*, in *Ebrei a Ferrara, ebrei di Ferrara. Aspetti culturali, economici e sociali della presenza ebraica a Ferrara (secc. XIII-XX)*, a cura di Laura Graziani Secchieri, Firenze, Giuntina, 2014, pp. 39-59. Ivi, nella nota 12 a p. 42, si afferma che anche la madre di Salomone si sarebbe trasferita a Ferrara verso la fine della sua vita, forse per avvicinarsi alla zona e al contesto familiare da cui proveniva. Non ho però trovato alcuna prova che confermi la presenza di Ricca a Ferrara. La stesura del suo ultimo testamento a Bologna nel settembre 1485 e la lite sulla sua eredità fra il figlio e il genero già nell'agosto 1489 indicano che ella morì nel corso di quei quattro anni; ciò tuttavia non elimina del tutto la possibilità che si sia trasferita a Ferrara nel 1487, quando Salomone iniziò a lavorarvi.

12. Cfr. Deanna Shemek, *"Ci ci" and "pa pa": Script, Mimicry, and Mediation in Isabella d'Este's Letters*, in «Rinascimento», s. II, 43 (2005), pp. 75-91, in particolare p. 76, e Guerzoni, *Apollo and Vulcan*, pp. 64-66.

13. Cfr. Abramo Pesaro, *Memorie storiche sulla comunità israelitica ferrarese*, Ferrara, Tipografia Sociale, 1878-1880 (ristampa anastatica Bologna, Forni, 1967), pp. 15-18; Balletti, *Gli ebrei e gli estensi*, pp. 52-53, 62-63, 73-74, 80 e Werner L. Gundersheimer, *Ferrara: The Style of a Renaissance Despotism*, Princeton (NJ), Princeton University Press, 1973, pp. 206-207. Sulla fondazione della prima sinagoga stabile a Ferrara cfr. Ruderman, *The World of a Renaissance Jew*, p. 25.

14. Cfr. Liscia Bemporad, *Jewish Ceremonial Art*, p. 111.

signoria di Ercole d'Este – dall'orafo Jeshurun Tovar (o Tober).[15] Commissionato per una sposa ebrea, il pannello frontale del cofanetto – lavorato a niello – ricorda i tre comandamenti fondamentali per tutte le donne ebree: l'immersione nel bagno rituale, la separazione della pasta mentre si prepara il pane Challah e l'accensione delle candele per lo Shabbat.[16]

Mentre gli artisti che crearono il segnalibro della Torah e il cofanetto lavoravano per committenti ebrei, Salomone da Sessa era invece impiegato esclusivamente da membri dell'élite cristiana. La sua specialità era la creazione di gioielli e altri prodotti di gran lusso alla moda.[17] Gli oggetti stravaganti come quelli da lui creati – ad esempio, bottoni d'oro, pomandri dorati, fibbie per cappelli, ventagli coi manici in oro, sciabole tempestate di gemme, braccialetti e catene d'oro, spade decorate con incisioni – assumevano, nelle corti europee dell'epoca, un'importanza mai vista prima, e venivano usati come simboli connessi a valori sociali, politici e culturali.[18] Richiesti e indossati da chi era ricco e potente, oggetti del genere si possono ancora oggi ammirare nei musei, oltre che vedere riprodotti in ritratti e dipinti d'altro tipo.[19] Eppure, mentre contribuiva alla creazione di quella meravigliosa cultura materiale delle corti italiane che continua ad affascinare i visitatori dei musei e gli studiosi, Salomone faticava a sbarcare il lunario.

Una volta iniziata la professione a Ferrara Salomone, che già nel 1485 aveva contratto onerosi debiti, si trovò costretto a reperire il cospicuo capitale necessario per l'affitto di una bottega e l'acquisto sia degli strumenti sia delle costose materie prime necessarie alla sua attività.[20] Ciò lo indusse a cercare ulteriori prestiti rivolgendosi ai suoi parenti ebrei. Siccome sia la madre sia la sorella Pinta erano ormai morte nel 1489,[21] il 31 marzo di quell'anno egli chiese aiuto al figlio di Pin-

15. Cfr. Mordechai Narkiss, *An Italian Niello Casket of the Fifteenth Century*, in «Journal of the Warburg and Courtauld Institute», 21, 3-4 (1958), pp. 288-295, in particolare p. 294.

16. Per una descrizione del cofanetto cfr. *Catalogue of the Exhibition*, in *Gardens and Ghettos*, pp. 309-310 e David Biale, *Preface: Towards a Cultural History of the Jews*, in *Cultures of the Jews*, pp. xvii-xxxiii, soprattutto pp. xvii-xviii.

17. Sulla produzione di oggetti di lusso come attività particolarmente remunerativa per gli orafi cfr. Stuard, *Gilding the Market*, pp. 145-150 e Ronald W. Lightbown, *Secular Goldsmiths' Work in Medieval France: A History*, London, Society of Antiquaries of London, 1978, p. 85.

18. Cfr. Evelyn Welch, *Art on the Edge: Hair and Hands in Renaissance Italy*, in «Renaissance Studies», 23, 3 (2008), pp. 241-268, in particolare pp. 241-243, ed Ead., *Scented Buttons and Perfumed Gloves: Smelling Things in Renaissance Italy*, in *Ornamentalism: The Art of Renaissance Accessories*, a cura di Bella Mirabella, Ann Arbor, University of Michigan Press, 2011, pp. 13-39.

19. Circa il fascino esercitato sul mondo accademico dalla cultura materiale delle classi abbienti del Rinascimento italiano cfr. Samuel Cohn, *Renaissance Attachment to Things: Material Culture in Last Wills and Testaments*, in «Economic History Review», 65, 3 (2012), pp. 984-1004.

20. Cfr. Patricia L. Reilly, *Artists' Workshops*, in *The Cambridge Companion to the Italian Renaissance*, a cura di Michael Wyatt, Cambridge, Cambridge University Press, 2014, pp. 84-99, in particolare p. 96.

21. Cfr. Traniello, *Essere donna, ebrea, italiana*. In un atto notarile del 17 dicembre 1489 (ASFe, Archivio Notarile Antico di Ferrara, Notaio Iacobo Vincenzi, matr. 177, pacco 10, prot. 1489) il cognato di Salomone – Angelo di Museto da Sant'Elpidio – già menziona

ta – Museto – che prestava denaro a interesse nella vicina località di San Felice, sempre all'interno del territorio estense.[22] Museto acconsentì a prestare 23 ducati – senza interesse, per «puro spirito di amicizia» – allo zio, e questi promise che avrebbe restituito il denaro quando richiesto dal nipote.[23]

Le buone relazioni di Salomone con la famiglia della sorella si incrinarono, tuttavia, nel corso di quello stesso anno, quando egli cercò di mettere le mani sul patrimonio della madre da poco defunta, affermando di agire in nome dei suoi figli – Graziadio e l'ancora infante Giuseppe – nominati da Ricca eredi universali in quel testamento del 1485. Il cognato di Salomone (Angelo di Museto da Sant'Elpidio), che aveva svolto il ruolo di procuratore di Ricca dopo la scomparsa di Mele e che – evidentemente – continuò a gestirne gli interessi economici dopo il suo trasferimento a Bologna, si rifiutò di consegnare le parti di Graziadio e Giuseppe al loro padre.[24] Alla luce dei debiti già accumulati da Salomone – come sottolinea anche il testamento di Ricca – Angelo deve aver temuto che il cognato avrebbe presto sperperato anche quel denaro.

Angelo e Salomone non si trovarono d'accordo nemmeno sui guadagni a loro spettanti da una non meglio specificata attività commerciale che essi avevano un tempo condotto insieme. Com'era consueto nelle liti fra parenti, si rivolsero a degli arbitratori per dirimere la controversia ed evitare uno scandalo.[25] Il 21 agosto 1489 Salomone da Sessa e Angelo di Museto da Sant'Elpidio decisero di accettare il giudizio che avrebbero espresso tre arbitratori, ossia: Graziadio, figlio di Angelo da Monselice, che allora abitava a Brescello; Liucio (o Leucio), figlio di Museto da Revere; Manuele, figlio di Manuele di Salomone Norsa.[26] Manuele Norsa, all'epoca il più potente banchiere ebreo di Ferrara, era pronipote di Sa-

una donna di nome Rosa come propria moglie; ciò significa che Pinta era morta da almeno un anno.

22. Per le relazioni economiche fra il borgo di San Felice e la vicina Ferrara cfr. Folin, *Rinascimento estense*, pp. 104-105, 172 e 184. Sulla comunità ebraica di San Felice, cfr. Luca Baraldi, *Sguardi dall'interno: La predicazione di Mordekhay Dato tra "bona raccolta" e "mala compania"*, in *Ebrei a Ferrara, ebrei di Ferrara*, pp. 193-211, in particolare pp. 195-196 e 209.

23. Cfr. il documento notarile datato 31 marzo 1489 (ASFe, Archivio Notarile Antico di Ferrara, Notaio Iacobo Vincenzi, matr. 177, pacco 10, prot. 1489) menzionato in Franceschini, *Presenza ebraica a Ferrara*, p. 424 (doc. 1225). Si veda ivi, pp. 423-424 e 442 (docc. 1214-1215, 1218, 1223 e 1315) per l'indicazione di altri prestiti fatti senza interesse da ebrei ferraresi ai loro correligionari. Sempre Franceschini, *Presenza ebraica a Ferrara*, p. 429, menziona un atto notarile del 17 dicembre 1489 (doc. 1247) in cui Angelo – padre di Museto – è detto essere residente a San Felice.

24. Sebbene la maggior parte dei testamenti bolognesi non subisse sostanziali modifiche dopo la scomparsa del testatore, l'acquisizione di un'eredità era un processo dinamico; pertanto, poteva accadere che le ultime volontà di una persona venissero contestate dopo la sua morte. In proposito si veda Kelly Wray, *Communities and Crisis*, pp. 32-36. Più comuni erano le contestazioni di testamenti nella Firenze del Quattrocento; cfr. Kuehn, *Law, Family, and Women*, pp. 15 e 246-253.

25. Per questa prassi assai diffusa, cfr. ivi, pp. 19-74.

26. Cfr. Franceschini, *Presenza ebraica a Ferrara*, p. 427 (doc. 1238). Su Museto – padre di Liucio, la cui famiglia si era stabilita a Rovere anni prima (nel XV secolo) e aveva legami di parentela acquisita, tramite matrimonio, coi Finzi che abitavano nella zona del Polesine –

lomone di Manuele da Norsa, il quale – verso la metà del Quattrocento – aveva gestito un banco dei pegni a Padova insieme a Giuseppe Finzi, nonno materno di Salomone da Sessa. Nel 1454 Salomone di Manuele da Norsa entrò in affari con il padre di quest'ultimo (Mele) e i suoi soci, gestendo – a Firenze – il banco noto come Banco della Vacca.[27]

Il 21 agosto 1489 Manuele Norsa e gli altri due arbitratori ritennero congruo un pagamento di cento fiorini a favore di Salomone da parte di suo cognato, ma il loro tentativo di risolvere la disputa fra i due contendenti non ebbe successo.[28] Il 17 dicembre 1489 l'orafo e il marito della sua ormai defunta sorella comparvero di fronte ai giudici del comune di Ferrara, i quali stabilirono che Angelo doveva pagare 350 ducati a Salomone. Si trattava di una cifra notevole; basti considerare che la casa del famoso pittore Andrea Mantegna (1431 circa - 1506) nella vicina Mantova era all'epoca valutata intorno ai 340 ducati.[29]

Dei 350 ducati, su richiesta di Salomone (affinché ne facessero uso, un giorno, i suoi figli) 300 furono pagati dopo il 15 marzo 1490. Risulta significativo, tuttavia, che il denaro non venne consegnato all'orafo ma a un individuo di fiducia, il quale avrebbe fatto in modo che la somma passasse a Graziadio e Giuseppe una volta raggiunta la maggiore età. Un successivo atto notarile rivela che l'ebreo incaricato di conservare il denaro altri non era che Manuele Norsa.[30] Il resto della somma – ossia 50 ducati – doveva essere consegnato il 14 marzo 1489 e messo da parte per la dote della prima figlia di Salomone.[31]

Il notaio ferrarese Giacobo Vincenzi non ha trascritto come si chiamasse la figlia primogenita di Salomone, che avrebbe poi ricevuto – convertendosi, col battesimo, alla fede cristiana – il nome di Caterina e, da ultimo, di Suor Teodora. Nata nel 1479, quando Vincenzi redasse questo atto notarile aveva dieci anni d'età.[32] I padri ebrei iniziavano presto ad accumulare la somma necessaria per far sposare le loro figlie, già poco dopo che queste erano nate; non stupisce, quindi, che anche

cfr. Traniello, *Gli ebrei e le piccole città*, pp. 281-282. Su Manuele da Norsa (o Norcia) cfr. Ruderman, *The World of a Renaissance Jew*, pp. 14-15.

27. Cfr. Borgolotto, *Mele di Salomone*, nota 48 a p. 158; Franceschini, *Presenza ebraica a Ferrara*, pp. 205-209 (doc. 551). Giuseppe – figlio di Zinatan Finzi, forse fratello della moglie di Salomone da Sessa – era socio di Manuele da Norsa, col quale gestiva una banca a Reggio Emilia; cfr. ivi, p. 428 (doc. 1243 bis).

28. Cfr. il documento notarile del 21 agosto 1489 in ASFe, Archivio Notarile Antico di Ferrara, Notaio Iacobo Vincenzi, matr. 177, pacco 10, prot. 1489.

29. Cfr. Stephen Campbell, *The Cabinet of Eros: Renaissance Mythological Painting and the "Studiolo" of Isabella d'Este*, New Haven, Yale University Press, 2004, pp. 55-56.

30. Un atto notarile del 20 marzo 1497 (ASFe, Archivio Notarile Antico di Ferrara, Notaio Bartolomeo Codegori, matr. 283, pacco 4, prot. 1497, cc. 76v-77r) attesta che Manuele Norsa versò 110 fiorini – indicati come il rimanente della somma da lui custodita per l'orafo – in base a quanto si legge in un altro documento notarile vergato da Giacobo Vincenzi: «Et hoc pro resto florenorum […] in quibus ipsi Manueli tenebatur dicto Herculi ex instrumento rogato per ser Iacobum de Vincentiis notarium».

31. Si veda il documento notarile del 17 dicembre 1489 in ASFe, Archivio Notarile Antico di Ferrara, Notaio Iacobo Vincenzi, matr. 177, pacco 10, prot. 1489.

32. Cfr. *Cronaca di Fra Benedetto da Mantova* (ASDF, SCS, b. 3 / 22, c. 4v).

Salomone volesse assicurarsi una cifra – seppur piccola – per la dote della figlia.[33] La somma di 50 ducati – molto limitata rispetto alla dote di 200 ducati o altrettanti fiorini che la madre e la sorella Pinta avevano ricevuto in precedenza, nel corso di quello stesso XV secolo[34] – risultava inferiore alla cifra che, in media, ci si aspettava come dote per la figlia di un rispettabile artigiano ebreo. Anzi, la somma corrispondeva a quella minima che le confraternite cristiane addette al reperimento delle doti per le ragazze povere mettevano da parte a tal fine.[35]

Mentre contestava le decisioni testamentarie della madre e si impegnava ad assicurare una dote alla figlia, Salomone non smise mai di produrre oggetti di lusso per la duchessa di Ferrara. Nel 1490 l'orafo preparò per lei «uno cordo d'oro facto a gropi de Santo Francesco».[36] Questo tipo di cinture – fatte di fili d'oro e abbellite da complicati intrecci di nodi simili a quelli del cordone francescano – divennero di moda sul finire del Quattrocento.[37]

Nei registri ducali l'oro dato a «Salomone zudio» appare accanto a quello consegnato a «Maestro Jacomino», il quale doveva realizzare una collana per la duchessa.[38] Mastro Giacomino – meglio noto come Giacomino da Cremona (attivo soprattutto dal 1486 al 1496) – fu uno dei più richiesti orafi a Ferrara verso la fine del XV secolo. Al pari di Salomone da Sessa, egli venne assunto come orafo di corte e realizzò molti lavori commissionatigli da Eleonora d'Aragona.[39] La duchessa spese cifre simili per le commissioni da lei assegnate a Salomone e Giacomino ma – significativamente – quest'ultimo è indicato come mastro orafo nei registri ducali mentre il primo vi risulta sempre secondo la semplice formula «Salomone zudio».

33. Cfr. Horowitz, *Families and Their Fortunes*, p. 598.

34. Per le doti di Ricca e di sua figlia Pinta cfr. Traniello, *Gli ebrei e le piccole città*, p. 269 e Borgolotto, *Mele di Salomone da Sessa*, pp. 147 e 149. Sul valore relativo del fiorino e del ducato (le due principali monete d'oro in uso nell'Italia del XV secolo) cfr. Peter Spufford, *Money and Its Use in Medieval Europe*, Cambridge, Cambridge University Press, 1988, pp. 319-338.

35. Cfr. Esposito, *Gli ebrei a Roma*, pp. 825-827; Toaff, *Il vino e la carne*, pp. 27-33; Pierre Savy, *Patrimonie, conflits, conversions: Les dots juives en Lombardie (XVe-milieu XVIe siècle)*, in *La fabrique des sociétés médiévales méditerranéennes. Les Moyen Âge de François Menant*, a cura di Diane Chamboduc de Saint Pulgent e Marie Dejoux, Paris, Éditions de la Sorbonne, 2018, pp. 59-70, in particolare pp. 59-66.

36. Cito da ASMo, CD, AP. Num. 632, c. 2v.

37. In proposito si vedano Carole Collier Frick, *Dressing Renaissance Florence: Families, Fortunes, and Fine Clothing*, Baltimore, Johns Hopkins University Press, 2002, pp. 46, 234, 306; Chiara Zaffanella, *Isabella d'Este e la moda del suo tempo*, in *Isabella d'Este. La primadonna del Rinascimento*, a cura di Daniele Bini, Modena, Il Bulino, 2006², pp. 209-223, in particolare p. 220.

38. In ASMo, CD, AP, num. 632, c. 2v si legge: «Maestro Jacomino orevexe cento e Salomone zudio cento. Maestro Jacomino fece una catena e dicto Salomone per compiere uno cordo d'oro».

39. Su di lui si vedano Adolfo Venturi, *Giacomino da Cremona, orafo del XV secolo*, in «L'Arte: Rivista di storia dell'arte medievale e moderna», 1 (1898), pp. 490-493; Id., *Le arti minori a Ferrara nella fine del secolo XV: L'oreficeria*, in «L'Arte: Rivista di storia dell'arte medievale e moderna», 12 (1909), pp. 447-455, in particolare p. 450.

Il suo essere un ebreo impedì a Salomone di ricevere l'onorifico titolo di "maestro", il quale designava il raggiungimento di un certo livello di perizia tecnica e il possesso di qualità intellettuali da parte di un orafo, oltre che una desiderabile condizione sociale. A parte indicare che un orafo era esperto nel suo mestiere, l'appellativo "maestro" confermava – nel caso di Giacomino e dei suoi colleghi cristiani – la prestigiosa reputazione professionale da essi raggiunta.[40] La presenza degli ebrei nelle nazioni cristiane era tollerata solo a patto che la loro condizione di inferiorità venisse ribadita. Per tale motivo, essi si vedevano negati titoli come quello di "maestro", poiché questo avrebbe implicitamente comportato un'ammissione di superiorità rispetto ai loro clienti cristiani.[41] I registri ducali che documentano i lavori commissionati da Eleonora agli orafi di corte rivelano, dunque, che – fino a quando rimase legato alla religione ebraica – la diversità della fede professata da Salomone fu l'aspetto percepito come caratteristico della sua persona, nonostante la fama di talentuoso artista che si era meritato.

40. Cfr. Smith, *In a Sixteenth-Century Goldsmith's Workshop*, nota 19 a p. 39. Sull'uso di questo appellativo per gli artigiani specializzati si veda il saggio introduttivo di Deanna Shemek a Isabella d'Este, *Selected Letters*, pp. 1-19, in particolare la nota 41 a p. 19.

41. È degno di nota che nella bolla pontificia del 1555 *Cum nimis absurdum* il divieto di rivolgersi a ebrei con titoli onorifici quali "Maestro" venne ripetuto insieme ad altre misure contro di loro, il cui fine era indurli a convertirsi; in proposito si veda Stow, *Catholic Thought*, pp. 3-8 e 296.

4. L'omicidio di una bambina

Dopo il matrimonio di Isabella d'Este (1474-1539) – figlia della duchessa Eleonora e del duca Ercole – col marchese Francesco Gonzaga nel febbraio 1490, Salomone e alcuni altri che, come lui, erano al servizio della corte ferrarese furono incaricati di accompagnare la giovane marchesa a Mantova. Isabella aveva imparato presto, ancora in giovane età, l'arte epistolare; una volta giunta a Mantova iniziò a tenere una corrispondenza – sia ufficiale sia privata – che si protrasse incessantemente fino alla sua morte più di quarant'anni dopo.[1] È appunto tramite le lettere da lei spedite e ricevute che possiamo raccogliere gran parte delle informazioni disponibili sulle drammatiche vicissitudini che caratterizzarono la vita di Salomone.[2] Sappiamo, così, che il 12 marzo 1490 Eleonora scrisse a Isabella per chiederle di rimandare da lei a Ferrara «lo hebreo orefice» il più presto possibile, affinché ricominciasse a fornirle i servizi di cui aveva urgente bisogno.[3]

In quanto orafo di corte, Salomone lavorava secondo un programma dettato dalle richieste di Eleonora, che risultavano prioritarie rispetto ai suoi obblighi nei confronti di altri committenti, inclusa la figlia della duchessa.[4] Siccome, otto giorni dopo la lettera, Salomone non aveva ancora ripreso a lavorare per la duchessa, questa si rivolse nuovamente alla figlia per chiederle dove lui si trovasse. Isabella rispose il 24 marzo, affermando che – avendo Salomone lasciato

1. Cfr. Deanna Shemek, *Isabella d'Este and the Properties of Persuasion*, in *Women's Letters across Europe, 1400-1700: Form and Persuasion*, a cura di Jane Couchman e Ann Crabb, Aldershot, Ashgate, 2005, pp. 123-140, in particolare pp. 125-127, e Shemek, *"Ci ci" and "pa pa"*, p. 77.

2. Sui cinquantatré volumi del copialettere di Isabella cfr. Deanna Shemek, *In Continuous Expectation: Isabella d'Este's Epistolary Desire*, in *Phaethon's Children: The Este Court and Its Culture in Early Modern Ferrara*, a cura di Dennis Looney e Deanna Shemek, Tempe (AZ), Arizona Center for Medieval and Renaissance Studies, 2005, pp. 269-300, in particolare p. 277, e Sarah D.P. Cockram, *Isabella d'Este and Francesco Gonzaga: Power Sharing at the Italian Renaissance Court*, Burlington (VT), Ashgate, 2014, nota 4 a p. 28.

3. Cito dalla lettera di Eleonora d'Aragona a Isabella d'Este del 12 marzo 1490 (ASMn, AG, b. 1184), che così recita: «Lì rimase cum voi lo hebreo orefice, e perché ne habiamo bisogno per certe nostre facende però lo potereti adviare qua prestissimo a noi se ne potiamo servire».

4. Sugli obblighi che gli orafi di corte avevano nei confronti dei loro principali committenti, cfr. Taylor, *Silver and Gold*, pp. 172.

Mantova ormai più di venti giorni prima – lei pensava fosse già rientrato alla corte di Eleonora.[5]

Salomone doveva assolutamente tornare a Ferrara per metà marzo, così da assicurarsi che Angelo di Museto da Sant'Elpidio consegnasse i 50 ducati per la dote della figlia e desse a Manuele Norsa i 300 ducati spettanti ai suoi figli ancora in minore età.[6] Lasciata Mantova nella prima settimana di marzo, sembra plausibile che Salomone si sia in quei giorni impegnato a risolvere i problemi economici che aveva col cognato prima di riprendere i suoi lavori per la duchessa di Ferrara. Il 25 marzo, Eleonora informò la figlia che l'ebreo era effettivamente tornato a Ferrara da alcuni giorni e non c'era quindi più da preoccuparsi per lui.[7] Salomone riprese a dedicarsi ai lavori commissionatigli dalla duchessa, ma all'inizio del 1491 si trovava di nuovo a Mantova, dove fece delle opere per il suo vecchio committente, il marchese Francesco Gonzaga.

Nel marzo 1491 – mentre era lontano da Mantova – quest'ultimo diede ordine al "massaro generale" (l'amministratore dei suoi beni) di informare Isabella che Salomone e tre dei "garzoni" (gli assistenti) che lavoravano con l'orafo andavano esonerati dal coprifuoco che la marchesa stava per imporre a tutti gli ebrei durante la Settimana Santa.[8] Era normale, per gli orafi di successo, assumere "garzoni" – in aggiunta agli apprendisti – che stavano ancora imparando il mestiere. I garzoni dovevano assolvere compiti di secondaria importanza, come versare il liquido nelle forme, trasferirlo da una all'altra e alimentare la fornace azionando i mantici.[9]

Il 22 marzo Isabella assicurò il marito che aveva «facto renovare la crida de li hebrei per la septimana sancta secundo el consueto», esentandone – come richiesto dal marchese – Salomone e i suoi tre assistenti ebrei.[10] I prìncipi che governavano nel centro e nord Italia erano soliti imporre il coprifuoco ai loro sudditi ebrei. Il coprifuoco iniziava subito prima di Pasqua e valeva per tutto il periodo

5. Mi riferisco alla lettera di Isabella d'Este a Eleonora d'Aragona del 24 marzo 1490 (ASMn, AG, b. 2904, lib. 136, c. 14v).

6. Come stipulato nel documento notarile del 17 dicembre 1489 in ASFe, Archivio Notarile Antico di Ferrara, Notaio Iacobo Vincenzi, matr. 177, pacco 10, prot. 1184.

7. Si veda la lettera di Eleonora d'Aragona a Isabella d'Este datata 25 marzo 1491 in ASMn, AG, b. 1184.

8. Nel 1491 il massaro generale a Mantova era Cristoforo Gori da Lonigo: cfr. Matteo Basora, *Tra le carte della marchesa: Inventario delle lettere di Isabella d'Este, con un'analisi testuale e sintattica*, tesi di dottorato, Università degli Studi di Macerata, 2017, pp. 13 e 16-18 e Carlo D'Arco, *Delle arti figurative e degli artefici di Mantova: Notizie raccolte ed illustrate con disegni e con documenti*, Mantova, Benvenuti, 1859, nota 1 a p. 26.

9. Cfr. Burke, *The Italian Renaissance*, pp. 62-63 e Taylor, *Silver and Gold*, pp. 159-161.

10. Si veda la lettera di Isabella d'Este a Francesco Gonzaga del 22 marzo 1491 (ASMn, AG, b. 2904, lib. 136, c. 82v) in cui lei scrive quanto segue: «Questa mattina ho facto renovare la crida de li hebrei per la septimana sancta secundo el consueto, exceptuando Salomone da Sesso [sic] cum tri suoi garzoni, quali impune possino andare per la terra, sendo me ha facto dire el Massaro generale havere commissione da Vostra Signoria». Nella redazione originale di questa lettera (conservata in ASMn, AG, b. 2107, fasc. II, c. 103r) il testo risulta identico ma è datato 26 marzo 1491; alla luce della risposta che Francesco spedì – appunto il 26 marzo – a questa missiva, deve trattarsi di un errore. La trascrizione parziale della lettera in Cockram, *Isabella d'Este and Francesco Gonzaga*, nota 6 a p. 88, omette la parte relativa a Salomone.

festivo, quando zelanti predicatori – insistendo, nei sermoni, sul ruolo avuto dagli ebrei nella passione e crocifissione di Cristo – spesso incitavano alla violenza nei loro confronti. Solo un anno prima, nel 1490, gli ebrei vennero fisicamente aggrediti durante disordini di questo tipo, verificatisi a Mantova nel periodo pasquale.[11] Sebbene – da un lato – costringere gli ebrei nelle rispettive abitazioni per l'intera settimana di Pasqua aiutasse, in certa misura, a prevenire l'acuirsi di forme di violenza contro di loro,[12] ne interrompeva – d'altro canto – le attività lavorative, causando serie conseguenze economiche.

Appena pochi giorni dopo che Isabella d'Este aveva concesso a Salomone di non dover sottostare alla norma in base alla quale gli ebrei di Mantova erano costretti a rimanere nelle rispettive abitazioni, quelli di Ferrara avanzarono una protesta a Ercole – padre di Isabella – affermando che l'imminente coprifuoco avrebbe messo a serio rischio il loro reddito.[13] Spiegarono, infatti, che la forzata relegazione domestica avrebbe recato danno non solo ai piccoli commercianti ebrei ma anche ai più ricchi prestatori di denaro, poiché i cristiani rispettabili – vergognandosi di essere visti andare alle loro case per ricevere prestiti – si sarebbero trattenuti dal farlo.[14] Gli ebrei si lamentavano che la decisione del duca Ercole di costringerli così a lungo nelle loro case assecondava le provocazioni del predicatore agostiniano Mariano da Genazzano (†1498),[15] il quale – noto per la sua avversione al prestito di denaro praticato dagli ebrei – aveva tenuto i sermoni quaresimali nel duomo ferrarese.[16]

11. Queste violenze indussero Francesco Gonzaga a emanare un altro proclama, subito dopo la domenica di Pasqua, rendendo più severe le punizioni da comminarsi a quanti avessero fisicamente aggredito gli ebrei durante la Settimana Santa; cfr. Simonsohn, *History of the Jews in the Duchy of Mantua*, pp. 11-12 e Dana E. Katz, *The Jew in the Art of the Italian Renaissance*, Philadelphia, University of Pennsylvania Press, 2008, p. 45.

12. Cfr. Daniel Jütte, *"They Shall Not Keep Their Doors or Windows Open": Urban Space and the Dynamics of Conflict and Contact in Premodern Jewish-Christian Relations*, in «European History Quarterly», 46, 2 (2016), pp. 209-236, in particolare pp. 211-212.

13. Nel 1475 gli ebrei di Mantova avevano inviato una richiesta simile al marchese di quella città; cfr. Simonsohn, *History of the Jews in the Duchy of Mantua*, nota 46 a p. 13.

14. Si veda la protesta inviata al duca Ercole d'Este a nome dei banchieri ebrei a Ferrara il 2 aprile 1491 che si legge in ASMo, ASE, Archivi per materie: Ebrei, b. 23/B. I banchi di chi prestava denaro si trovavano solitamente nel centro città e il loro aspetto esteriore era studiato apposta per proteggere i clienti dalla vergogna di dover ricorrere a quel genere di servizi. In proposito cfr. Bonfil, *Jewish Life in Renaissance Italy*, pp. 90-93.

15. Nella lettera non si trova esplicita menzione del predicatore ma fu appunto Fra Mariano a recitare i sermoni del ciclo quaresimale nel duomo di Ferrara sia nel 1490 sia nel 1491, attirando grandi folle e suscitando l'ammirazione del duca Ercole. A riguardo cfr. Ugo Caleffini, *Croniche, 1471-1494*, in «Deputazione provinciale ferrarese di storia patria. Serie Monumenti», 18 (2006), pp. 787-790; David Gutiérrez, *Testi e note su Mariano da Genazzano (†1498)*, in «Analecta Augustiniana», 32 (1969), pp. 117-204, in particolare pp. 122-123 e 138-139; Marco Folin, *Finte stigmate, monache e ossa di morti. Sul "buon uso della religione" in alcune lettere di Ercole I d'Este e Felino Sandei*, in «Archivio italiano per la storia della pietà», 11 (1998), pp. 181-244, in particolare p. 225 e relativa nota 120.

16. Fra Mariano invitò caldamente il duca Ercole a permettere che si fondasse un'istituzione caritatevole (detta "Scuola dei poveri vergognosi") il cui compito fosse – appunto – raccogliere elemosine da elargire poi ai ferraresi indigenti che si vergognavano del proprio stato, onde

Conscia o meno che fosse delle intenzioni del padre (ossia, inasprire il coprifuoco imposto agli ebrei di Ferrara) quando emanò l'ordinanza per la comunità ebraica a Mantova relativa alla Settimana Santa, Isabella d'Este rivela – nella lettera spedita al marito il 22 marzo – come ella avesse allora ben altri problemi di cui occuparsi. La marchesa riferì infatti a Francesco Gonzaga che quella mattina stessa era stato scoperto – vicino alla porta di casa di Pier Francesco Benaduso – il corpo, ricoperto di sangue e mutilato, di una bambina che doveva essere stata uccisa poco prima.[17] Definendo il crimine abominevole, Isabella aggiunse che i sudditi mantovani ne erano rimasti sconvolti e chiese a Francesco di ordinare una pubblica indagine in proposito.[18]

Isabella omise di menzionare coloro che venivano accusati dell'orrendo crimine, ma – come ha notato Ronnie Po-chia Hsia – per molti cristiani del tardo Quattrocento «il ritrovamento di bambini uccisi costituiva la prova materiale necessaria a condannare gli ebrei».[19] Ciò era particolarmente vero in nord Italia nei decenni successivi alla condanna inflitta agli ebrei di Trento, accusati dell'omicidio del piccolo Simon Unferborben (o Viendorpen, il cosiddetto Simonino da Trento) nel 1475. Questo precedente acuì il sospetto che gli ebrei fossero coinvolti in tutti gli episodi simili, ogni qualvolta si scopriva il corpo di un bambino assassinato.[20] Il ritrovamento del corpo della bambina mantovana durante la Quaresima – poco prima della Pasqua ebraica, quando si credeva che gli ebrei usassero il sangue di bambini cristiani da loro uccisi per preparare il pane azimo – contribuì ad alimentare simili sospetti.

La lettera di Isabella del 22 marzo si apre con la notizia del ritrovamento del cadavere e termina menzionando l'ordine di restare chiusi in casa impartito a tutti gli ebrei di Mantova, eccetto Salomone e i suoi assistenti.[21] Questo duplice accen-

evitare che si rivolgessero ai prestatori ebrei. In proposito si vedano Zambotti, *Diario ferrarese*, p. 221 e Gutiérrez, *Testi e note su Mariano da Gennazzano*, pp. 117-128. Come si evince dalla petizione degli ebrei di Ferrara, una simile iniziativa risultava particolarmente efficace quando unita all'obbligo – per gli ebrei – di restare nelle proprie case durante la Settimana Santa, giacché costringeva i clienti bisognosi a recarsi presso le loro abitazioni invece di incontrarli in un ambiente discreto per chiedere un prestito. A riguardo si veda Franceschini, *La presenza ebraica a Ferrara*, p. 437 (doc. 1295).

17. La scoperta del corpicino è riportata in Chambers e Dean, *Clean Hands and Rough Justice*, p. 237.

18. Si veda la lettera di Isabella a Francesco Gonzaga del 22 marzo 1491 in ASMn, AG, b. 2904, lib. 136, c. 82v.

19. Cito da Ronnie Po-chia Hsia, *The Myth of Ritual Murder: Jews and Magic in Reformation Germany*, New Haven, Yale University Press, 1988, p. 5.

20. Cfr. David Malkiel, *Infanticide in Passover Iconography*, in «Journal of the Warburg and Courtauld Institutes», 56 (1993), pp. 85-99, in particolare pp. 97-98.

21. Ecco il testo della lettera che Isabella d'Este inviò a Francesco Gonzaga il 22 marzo 1491 (ASMn, AG, b. 2904, lib. 1236, c. 82v): «Illustrissimo Signore mio, essendo questa mattina è sta ritrovato una puttina che può essere de quatro zorni morta al'incontro de la casa de Maestro Petro Francisco Benaduso apreso una feriata ne la quale se vediva volso essere posta per forza, perché è tutta schizata, amachata, et sanguinata che era una compassione a vederla. M'è parso darne aviso a La Vostra Excellentia, per essere caso molto abhominevole et da farne a publico terrore qualche publica indagatione, aciò che la Excellentia Vostra possi farli quella

no potrebbe indicare che, all'inizio, si sospettò un coinvolgimento degli ebrei di Mantova nell'omicidio della bambina. Sebbene le cosiddette "accuse del sangue" tendessero a diffondersi dopo la scoperta di vittime impuberi, fanciulli di ogni età e di entrambi i sessi erano ritenuti possibili vittime delle uccisioni rituali imputate agli ebrei. Il ritrovamento dei corpi di bambine cristiane assassinate scatenò una serie di calunnie del sangue in varie circostanze; le più notevoli si ebbero a Boppard nel 1179 e a Pforzheim (Baden-Württemberg) nel 1267.[22] A Lienz (in Tirolo) nel 1442 gli ebrei furono accusati di aver ammazzato la bambina Ursula Pöck, di appena tre anni, il cui culto venne strettamente connesso a quello di Simonino da Trento dopo la scoperta del suo cadavere nel 1475.[23]

La notizia del presunto omicidio di Simonino si diffuse immediatamente fino a Mantova; nel 1478 – inoltre – una coppia affermò che gli ebrei avevano rapito il loro bambino per scopi religiosi.[24] Alla fine il bambino venne ritrovato sano e salvo, ma il timore che si potesse ripetere il crimine che si credeva fosse avvenuto a Trento rimase per lungo tempo a Mantova, dove il culto di san Simonino fiorì per tutti gli anni Ottanta del XV secolo.[25] Francesco Gonzaga, che nel 1487 andò fino a Trento in pellegrinaggio presso il santuario di Simonino, era ben conscio di quali reazioni potesse scatenare il ritrovamento del cadave-

provisione gli parerà, et in sua bona gratia me raccomando. Questa matina ho facto renovare la crida de li hebrei per la septimana sancta secundo el consueto, exceptuando Salomone da Sesso cum tri suoi garzoni, quali impune possino andare per la terra, sendo me ha facto dire el Massaro generale havere commissione da Vostra Signoria».

22. Sulla violenza antiebraica scatenata dal ritrovamento dei cadaveri di queste giovani cfr. Alfred Haverkamp, *Baptised Jews in German Lands during the Twelfth Century*, in *Jews and Christians in Twelfth-Century Europe*, a cura di Michael A. Signer e John Van Engen, Notre Dame (IN), University of Notre Dame Press, 2001, pp. 255-310, in particolare pp. 261-262; Norman Roth, *Blood Libel*, in *Medieval Jewish Civilization: An Encyclopedia*, a cura di Norman Roth, New York, Routledge, 2003, pp. 119-121, in particolare p. 120; Mathew Kuefler, *Anderl of Rinn, the Accusation of Jewish Ritual Murder, and the Historical Memory of Childhood*, in «Journal of the History of Childhood and Youth», 2, 1 (2009), pp. 9-36, in particolare p. 31 e relativa nota 20. A loro volta le successive accuse di omicidio mosse contro gli ebrei nella cittadina boema di Litomischel (Litomĕricĕ) nel 1574 furono avanzate dopo il ritrovamento del cadavere di una bambina uccisa; cfr. Po-chia Hsia, *The Myth of Ritual Murder*, pp. 203-204.

23. In proposito si vedano M.A. Katritzky, *Healing, Performance and Ceremony in the Writings of Three Early Modern Physicians: Hyppolytus Guarinonius and the Brothers Felix and Thomas Platter*, Aldershot, Ashgate, 2012, p. 91 e Caffiero, *Battesimi forzati*, pp. 51-52.

24. Un racconto del presunto omicidio di Simonino venne pubblicato a Mantova poche settimane dopo la sua morte: cfr. Stephen Bowd, *Tales from Trent: The Construction of 'Saint' Simon in Manuscript and Print*, in *The Saint between Manuscript and Print: Italy, 1400-1600*, a cura di Alison K. Frazier, Toronto, Centre for Reformation and Renaissance Studies, 2015, pp. 183-218, in particolare pp. 206-207 e 213-214.

25. Cfr. Simonsohn, *History of the Jews in the Duchy of Mantua*, p. 11; Dana E. Katz, *Painting and the Politics of Persecution: Representing the Jew in Fifteenth-Century Mantua*, in «Art History», 23, 4 (2000), pp. 475-495, in particolare pp. 482-486; Malkiel, *Infanticide in Passover Iconography*, p. 97 e *"On Everyone's Lips": Humanists, Jews, and the Tale of Simon of Trent*, a cura di Stephen Bowd e J. Donald Cullington, Tempe (AZ), Arizona Center for Medieval and Renaissance Studies, 2012, pp. 216 e 231.

re di una bambina poco prima di Pasqua, quando – di solito – il risentimento contro gli ebrei raggiungeva il culmine.[26] Il 26 marzo egli scrisse alla consorte, affermando che l'autore di quell'atroce crimine a Mantova andava individuato e punito, autorizzando Isabella a ordinare attente indagini. Terminò, quindi, la sua lettera lodando la marchesa per aver predisposto quelle misure relative agli ebrei mantovani durante la Settimana Santa.[27]

Sino ad oggi non sono emersi altri documenti relativi a questa bambina, le circostanze della sua morte o l'inchiesta che la marchesa intendeva far svolgere.[28] Risulta interessante, tuttavia, che una delle lettere spedite a Isabella da Ferrara il 10 ottobre 1491 – in cui si descrive il battesimo di Salomone da Sessa – accenna a un miracolo avvenuto a Mantova, concernente una bambina. In questa missiva Bernardino de' Prosperi (†1528) – fidato corrispondente di Isabella – informa la marchesa che Salomone aveva tenuto un discorso nel duomo di Ferrara per spiegare i motivi che lo avevano indotto a convertirsi, «narrando poi ultimamente il miracolo accaduto a Mantua, di quella puta hebraica».[29] Notevole è il fatto che un altro accenno a questo discorso in pubblico – spedito a Isabella lo stesso giorno da Francesco da Bagnacavallo (attivo soprattutto dal 1489 al 1497) – riferisca a sua volta come Salomone vi avesse menzionato un miracolo e un bambino spiegando la scelta di convertirsi. Secondo il Bagnacavallo, tuttavia, il bambino era di sesso maschile e non dice che fosse ebreo.[30] Egli fornisce più dettagli sulla cerimonia di conversione rispetto a Prosperi e aggiunge che – a detta di Salomone – «lo odio li era venuto dali zudei de Mantoa, per quello miraculo della gloriosa nostra dona [sic] in quello puto che morì al tempo passato como Vostra Signoria è informatissima».[31]

26. Sulla devozione di Francesco Gonzaga per il culto di Simone da Trento cfr. David S. Chambers, *Mantua and Trent in the Later Fifteenth Century*, in Id., *Individuals and Institutions in Renaissance Italy*, Aldershot, Ashgate, 1998, pp. 80-82.

27. Si veda la lettera di Francesco Gonzaga a Isabella d'Este del 26 marzo 1491, in ASMn, AG, b. 2107, fasc. I.1, c. 5r, trascritta poi in ASMn, AG, b. 2904, lib. 137, c. 12r.

28. La discussione di questo caso in Cockram, *Isabella d'Este and Francesco Gonzaga*, pp. 88-89 termina con la decisione da parte di Francesco di autorizzare le indagini. Dal canto loro, Chambers e Dean, *Clean Hands and Rough Justice*, p. 237 sottolineano la preoccupazione suscitata in Isabella dalla morte della ragazzina e la sua ferma intenzione di scoprirne il responsabile.

29. Cito dalla lettera di Bernardino de' Prosperi a Isabella d'Este datata 10 ottobre 1491 (ASMn, AG, b. 1232, c. 40).

30. Francesco da Bagnacavallo svolse il ruolo di segretario e guardarobiere di Anna Sforza, prima moglie di Alfonso d'Este, la quale lo annoverava fra i suoi principali confidenti. In proposito si vedano Roberta Iotti, *Dame, madame e madonne. Le ricchezze e le eleganze di corte negli inventari di alcune tra le più celebri principesse italiane del Rinascimento*, in *Commentario al codice Stivini. Inventario della collezione di Isabella d'Este nello Studiolo e nella Grotta di Corte Vecchia in Palazzo Ducale a Mantova,* a cura di Roberta Iotti, Daniela Ferrari, Claudia Cieri Via, Leandro Ventura e Clifford M. Brown, Modena, Il Bulino, 1995, pp. 7-11, in particolare p. 9, e Roberta Iotti, *Rinascimento spezzato. Vita e morte di Anna Sforza d'Este (1476-1497)*, Modena, Terra e Identità, 2006, pp. 148-149.

31. Cito dalla lettera di Francesco da Bagnacavallo a Isabella d'Este il 10 ottobre 1491 in ASMn, AG, b. 1232, c. 93.

Altre due lettere, a loro volta risalenti all'ottobre 1491, riferiscono il contenuto del discorso di Salomone, ma non parlano di un suo accenno né al miracolo né al bambino. Abbiamo, quindi, due fonti contrastanti circa i motivi che indussero Salomone a convertirsi: una che menziona un miracolo presumibilmente avvenuto a Mantova relativo a una bambina ebrea e l'altra che fa cenno a un miracolo mariano connesso alla morte di un ragazzino. Poiché sia Bernardino de' Prosperi sia Francesco da Bagnacavallo affermano di aver ascoltato il discorso tenuto da Salomone quando venne battezzato nel duomo di Ferrara, è ovvio che uno dei due capì male le parole dell'orafo, confondendo *puta* (femminile) e *puto* (maschile).[32] Pur stando così le cose, entrambi gli autori di queste lettere compresero che un miracolo relativo a un bambino e accaduto a Mantova – motivo per cui Isabella doveva esserne a conoscenza – era in qualche modo connesso alla scelta di Salomone di convertirsi al cristianesimo, come da lui stesso asserito in pubblico nel discorso tenuto quando fu battezzato.

Bagnacavallo definisce "mariano" il miracolo concernente il bambino morto che Salomone menzionò nel suo discorso battesimale. Nei racconti relativi alle conversioni degli ebrei i miracolosi poteri della Vergine sono spesso associati alla risolutiva comprensione degli "errori" che a lungo hanno irretito i protagonisti, fino a che questi decidono di abbracciare il cristianesimo.[33] Inoltre, la figura di Maria – la madre in lacrime per la morte del proprio figlio – era tradizionalmente connessa a storie incentrate su ebrei che intendono uccidere bambini innocenti.[34] Racconti come quello del bambino ebreo di Bourges (salvato dalla Vergine Maria dopo che suo padre lo aveva buttato in un forno perché aveva ricevuto l'eucarestia) circolavano per tutta Europa. Lo stesso valeva per storie come quella del bambino cristiano che non smetteva di intonare un inno a Maria mentre un ebreo gli tagliava la gola; era il miracoloso intervento della Vergine a permettere che il suo canto si udisse lo stesso. Racconti di questo tipo mettevano in risalto il ruolo della madre di Cristo nel portare alla luce le aggressioni degli ebrei ai danni di innocenti fanciulli, che fossero di origine ebraica (ma poi votatisi al cristianesimo) oppure cristiani i quali – ancora in giovanissima età – manifestavano una particolare devozione per la Vergine. Tali narrazioni si riscontrano nelle prediche tardo medioevali e nei libri di preghiera, così come nelle *Cantigas de Santa Maria* e nei *Canterbury Tales* di Geoffrey Chaucer.[35] Nella penisola italiana esse trovarono espressione anche negli affreschi; ne co-

32. La stessa confusione si riscontra in Gundersheimer, *Ferrara*, p. 203, secondo il quale l'attacco al banco gestito da ebrei a Ferrara nel 1481 era dovuto alle voci circa il rapimento di una ragazzina da parte di loro correligionari, i quali volevano crocifiggerla. Tuttavia, la cronaca su cui si fonda questa interpretazione accenna a voci relative alla morte di un ragazzino cristiano (ossia, di un maschio): cfr. Zambotti, *Diario ferrarese*, p. 892, in cui si parla di «uno putino».

33. Cfr. Miri Rubin, *The Passion of Mary: The Virgin and the Jews in Medieval Culture*, in *The Passion Story: From Visual Representation to Social Drama*, a cura di Marcia Kupfer, University Park (PA), Penn State University Press, 2008, pp. 53-66, in particolare pp. 60-63.

34. Cfr. Po-chia, Hsia, *The Myth of Ritual Murde*r, pp. 58-59.

35. Cfr. Kenneth Stow, *Jewish Dogs: An Image and Its Interpreters. Continuity in the Catholic-Jewish Encounter*, Stanford (CA), Stanford University Press, 2006, p. 27 e Miri Rubin, *Mother of God: A History of the Virgin Mary*, New Haven, Yale University Press, 2009, pp. 226-236. Si vedano anche Denise L. Despres, *Immaculate Flesh and the Social Body: Mary*

stituisce un notevole esempio quello di Ugolino di Prete Ilario (m. 1404) all'interno del duomo di Orvieto.[36]

Non stupisce, dunque, che Salomone abbia fatto cenno alla Vergine Maria nel discorso da lui tenuto – come riferisce il Bagnacavallo – quando si convertì al cristianesimo. Tuttavia, il fatto che Prosperi menzioni – a sua volta – una bambina riferendo lo stesso episodio e l'ambientazione mantovana del miracolo cui accenna l'orafo (secondo entrambe le fonti appena citate) inducono a ritenere che l'evento miracoloso fosse collegato alla recente scoperta del cadavere di una bambina assassinata in quella città lombarda. Questa parte del discorso dell'orafo viene omessa nella lettera al suo consorte in cui Eleonora d'Aragona descrive la cerimonia con la quale Salomone si convertì; ciò è probabilmente indice di come il neofita si fosse preso delle libertà rispetto alle istruzioni da lui ricevute in vista del battesimo. Egli avrebbe, in altre parole, deciso di aggiungere questa parte al discorso che doveva recitare.[37]

Sebbene Francesco da Bagnacavallo fungesse, in alcune circostanze, da agente di Isabella d'Este a Ferrara, ben più stretto era il rapporto che Bernardino de' Prosperi – uno dei cancellieri di Ercole d'Este – intratteneva con lei.[38] Appena pochi giorni prima Isabella lo aveva elogiato per le informazioni che le aveva fornito da Ferrara, raccomandandosi che continuasse a mandarle precisi resoconti su quanto si veniva a sapere nella sua città natale.[39] Prosperi probabilmente era conscio che Isabella aveva dato il via alle indagini sull'uccisione della bambina

and the Jews, in «Jewish History», 12, 1 (1998), pp. 47-69 e Francisco Prado-Vilar, *Life, Law, and Identity in the 'State of Exception' Called 'Marian Miracle'*, in *Judaism and Christian Art: Aesthetic Anxieties from the Catacombs to Colonialism*, a cura di Herbert L. Kessler e David Nirenberg, Philadelphia, University of Pennsylvania Press, 2011, pp. 115-142.

36. Cfr. Miri Rubin, *Gentile Tales: The Narrative Assault on Late Medieval Jews*, New Haven, Yale University Press, 1999, pp. 18 e 155-156 e Dana E. Katz, *The Contours of Tolerance: Jews and the Corpus Domini Altarpiece in Urbino*, in «Art Bulletin», 85, 4 (2003), pp. 646-661, in particolare pp. 653-655.

37. Si veda la lettera di Eleonora d'Aragona a Ercole d'Este, datata 11 ottobre 1491, in ASMo, ASE, Casa e Stato, b. 132.

38. Cfr. Carolyn James, *An Insatiable Appetite for News: Isabella d'Este and a Bolognese Correspondent*, in *Rituals, Images, and Words: The Varieties of Cultural Expression in Late Medieval and Early Modern Europe*, a cura di Francis W. Kent e Charles Zika, Turnhout, Brepols, 2005, pp. 375-388, in particolare p. 388. Nell'estate del 1491, anche Bernardino de' Prosperi scambiò lettere con Eleonora d'Aragona; si vedano i documenti in ASMo, ASE, Cancelleria marchionale poi ducale Estense, Carteggio di referendari, consiglieri, cancellieri e segretari, b. 4. I cancellieri ducali rivestivano un ruolo influente presso la corte degli Este, il che comportava notevoli vantaggi economici; in proposito cfr. Folin, *Rinascimento estense*, pp. 156-160. Su Bagnacavallo (che riuscì a procurarsi gioielli per Isabella nella sua città natale), cfr. Luzio e Renier, *Il lusso di Isabella d'Este*, pp. 42-43. Per i suoi amichevoli rapporti con la marchesa si veda anche Isabella d'Este, *Selected Letters*, pp. 62-63.

39. Si veda la lettera di Isabella d'Este a Bernardino de' Prosperi datata 27 settembre 1491 in ASMn, AG, b. 2991, lib. 1. Anche nel febbraio 1493 Isabella espresse la propria soddisfazione per quanto riferitole da Bernardino su quel che accadeva a Ferrara; lo stesso sentimento è poi da lei ancora una volta manifestato nel marzo 1498; cfr. Isabella d'Este, *Selected Letters*, pp. 52 e 121. Accade spesso che le molte lettere di Prosperi alla marchesa siano citate come fonti per questo periodo; in proposito cfr. ivi, nota 91 a p. 52.

a fine marzo, mentre Bagnacavallo forse non sapeva della scoperta del cadavere della piccola vittima. Siccome i casi in cui gli ebrei venivano accusati di aver ucciso dei bambini riguardavano perlopiù maschi invece che femmine, Bagnacavallo può aver plausibilmente pensato che Salomone intendesse riferirsi a un bambino morto (*puto*), sebbene la parola da lui pronunciata suonasse più come *puta*, ossia la forma al femminile.

Una volta messe a confronto con il dispaccio di Isabella del 22 marzo, le missive inviate da Prosperi e Bagnacavallo il 10 ottobre 1491 inducono a ritenere che il ritrovamento del cadavere di una bambina a Mantova sia da porsi all'origine di quella serie di eventi che condusse poi al battesimo di Salomone. La lettera di Prosperi suggerisce che le indagini sull'assassinio della ragazzina abbiano portato alla scoperta che si trattasse in realtà di un'ebrea; d'altro canto, l'accenno a un miracolo connesso alla sua persona implica che l'anima della piccola venne salvata, ossia che doveva aver ricevuto il battesimo.[40] Fin dal tardo XI secolo, quando i racconti di ebrei che uccidevano i loro bambini per impedirne il battesimo iniziarono a circolare in Europa, i teologi cristiani erano soliti sostenere che tali giovanissime vittime fossero "battezzate nel sangue", un concetto che risaliva alla Strage degli Innocenti attribuito a Erode.[41] Pertanto, ogni qualvolta veniva scoperto il cadavere di un bambino ebreo i suoi genitori erano sospettati di averlo ucciso, onde impedire che si convertisse. Più in generale, il ritrovamento del corpo di una giovanissima vittima (cristiana oppure ebrea, se quest'ultima aveva mai dato l'impressione di volersi convertire) alimentava il sospetto che gli autori del delitto fossero ebrei.[42]

Il resoconto di Bagnacavallo – in cui il miracolo relativo alla morte di un bambino viene associato all'odio, nei confronti di Salomone, da parte degli ebrei mantovani – suggerisce che questi ultimi potrebbero aver ritenuto l'orafo un informatore (*mosser* o *malshin*), il quale aveva mosso ad alcuni membri della loro comunità l'accusa di essere responsabili della morte della bambina il cui cadavere era stato scoperto a marzo. Le conseguenze di una delazione come questa sarebbero state gravi; l'accusa di aver ucciso una bambina avrebbe infatti gettato un'ombra di sospetto sui correligionari dell'orafo, rendendo difficili i rapporti fra ebrei e cristiani a Mantova. Si sarebbe, inoltre, verificata una forte reazione contro

40. Si veda la lettera di Bernardino de' Prosperi a Isabella d'Este datata 10 ottobre 1491 in ASMn, AG, b. 1232, c. 40.

41. Cfr. Kenneth Stow, *The Cruel Jewish Father: From Miracle to Murder*, in *Studies in Medieval Jewish Intellectual and Social History: Festschrift in Honor of Robert Chazan*, a cura di David Engel, Lawrence H. Schiffman e Elliot R. Wolfson, Leiden, Brill, 2012, pp. 245-278, in particolare pp. 246-248 e 257.

42. Prima del caso – tristemente noto – di Simon Abeles nel 1694 non risultano processi a carico di genitori ebrei sospettati di aver ucciso i propri figli per aver espresso l'intenzione di battezzarsi. In merito a Simon Abeles (su cui si veda Elisheva Carlebach, *The Death of Simon Abeles: Jewish-Christian Tension in Seventeenth-Century Prague*, New York, Center for Jewish Studies, Queens College, CUNY, 2001) vale la pena ricordare che l'intera vicenda ebbe inizio con le rivelazioni fatte da un informatore ebreo e si concluse con la condanna a morte del padre del ragazzo. La circostanza, ad ogni modo, era già stata presa in considerazione e discussa in vari trattati prima della Riforma: cfr. Steven W. Rowan, *Ulrich Zasius and the Baptism of Jewish Children*, in «Sixteenth Century Journal», 6, 2 (1975), pp. 3-25, in particolare p. 15.

l'ebreo ritenuto responsabile di spargere insinuazioni sul coinvolgimento di altri ebrei in un crimine così odioso.

Vale la pena ricordare come durante il tardo medioevo e l'epoca rinascimentale non fosse inconsueto che degli ebrei si rivolgessero alle autorità cristiane affinché fungessero da arbitri nelle loro dispute con i correligionari. Nella penisola italiana gli ebrei non solo cercavano l'aiuto dei gentili per risolvere dispute in ambito civile ma denunciavano – talvolta – altri ebrei per le attività criminali che essi conducevano.[43] Tuttavia, furono pochissimi – nell'intero continente europeo – gli ebrei accusati di *malshinut* (delazione), ossia una delle peggiori colpe di cui un ebreo si potesse macchiare: venire accusati di aver messo a rischio la stessa esistenza della comunità ebraica per le denunce segretamente presentate a dei magistrati cristiani.[44] Come dimostrato da Elisheva Carlebach, l'immagine della spia ebrea che decide poi di convertirsi al cristianesimo appare nel racconto delle maggiori disgrazie abbattutesi sulle comunità ebraiche durante il medioevo; tale figura trovò la sua massima espressione nel celebre ritratto dell'informatore poi divenuto apostata fornito da Josel da Rosheim (†1554).[45] Josel – il cui padre era sopravvissuto alle violenze nei confronti della comunità ebraica di Endingen nel 1470 – si impegnò a confutare il mito degli omicidi rituali di cui erano accusati gli ebrei.[46] Nel suo *Sefer ha-miknah* egli si scagliò contro il ruolo cruciale degli informatori che diffamavano i loro correligionari ebrei accusandoli ingiustamente di aver ucciso dei bambini; in tal modo egli presentò questi aspiranti alla conversione come la causa principale delle cosiddette "calunnie del sangue" verificatesi sino ad allora.[47]

Quello delle delazioni che mettono a repentaglio la sicurezza di intere comunità ebraiche è un fenomeno attestato anche nell'Italia del Rinascimento. Fonti ebraiche rivelano come gli ebrei fiorentini avessero rischiato di essere espulsi dalla città nel 1472 a causa di false accuse che un *malshin* aveva mosso

43. Cfr. Luzzati, *Lo scudo della giustizia dei 'gentili'*, pp. 204-206; Kenneth R. Stow, *Delitto e castigo nello Stato della Chiesa: Gli ebrei nelle carceri romane dal 1572 al 1659*, in *Italia judaica: Gli ebrei in Italia tra Rinascimento ed Età barocca*, Atti del II Convegno internazionale (Genova, 10-15 giugno 1984), Roma, Ufficio centrale per i beni archivistici, 1986, pp. 173-192, in particolare pp. 186-191.Varie lettere spedite da ebrei residenti nel ducato di Ferrara durante il XV secolo, in cui si accusano altri ebrei di aver commesso reati o vengono richieste per loro severe punizioni, si conservano in ASMo, ASE, Archivi per materie: Ebrei, b. 6, c. 10 e ASMo, ASE, Archivi per materie: Ebrei, b. 23/b (non numerata).

44. Si vedano Eleana Lourie, *Mafiosi and Malsines: Violence, Fear, and Faction in the Jewish Alhamas of Valencia in the Fourteenth Century*, nel suo volume *Crusade and Colonisation: Muslims, Christians, and Jews in Medieval Aragon*, Aldershot, Ashgate, 1990, pp. 69-102, in particolare pp. 69-72 e Mark D. Meyerson, *The Murder of Pau de Sant Martì: Jews, "Conversos", and the Feud in Fifteenth-Century Valencia*, in *"A Great Effusion of Blood"? Interpreting Medieval Violence*, a cura di Mark D. Meyerson, Daniel Thiery e Oren Falk, Toronto, University of Toronto Press, 2004, pp. 57-78, in particolare p. 76 e relativa nota 46.

45. Cfr. Elisheva Carlebach, *Divided Souls: Converts from Judaism in Germany, 1500-1750*, New Haven, Yale University Press, 2001, pp. 13 e 22-24.

46. Cfr. Po-chia Hsia, *The Myth of Ritual Murder*, pp. 41 e 160-161.

47. Cfr. Josel da Rosheim, *Sefer Ha-miknah*, a cura di Hava Fraenkel-Goldschmidt, Gerusalemme, Mekize Nirdamim, 1970 (in ebraico), pp. 1-29.

nei loro confronti.[48] L'invocazione «non abbiano speranza alcuna i delatori» (ולמלשינים בל תהי תקווה) – rivolta, appunto, a quanti mettevano a rischio le loro comunità ricorrendo all'aiuto dei gentili – faceva parte della liturgia adottata dagli ebrei italiani nel Quattrocento.[49] Non v'è dubbio che gli ebrei di Mantova condividessero la diffusa opinione secondo cui era giusto espellere dalla società ebraica un soggetto malvagio; infatti, tradendo la fiducia in lui riposta dalla comunità, egli metteva a rischio la vita dei suoi correligionari.[50] La ritorsione degli altri ebrei contro il delatore – facendo ricorso alla violenza oppure denunciandolo alle autorità competenti per dei crimini che avrebbero portato a punizioni severe – era quindi vista come legittima.

Sebbene Josel da Rosheim considerasse la condotta del *malshinut* una prova della sua innata malvagità (facendo da questo derivare l'apostasia della religione ebraica cui poi giungeva il delatore), in pratica il semplice essere giudicato un individuo abietto – macchiatosi di imperdonabili colpe – portava alla sua estromissione dalla società ebraica.[51] Abbandonato dagli altri ebrei, a un soggetto disdicevole ritenuto *malshin* o *mosser* non restava – di fatto – altra soluzione se non passare dalla parte dei cristiani. Che gli ebrei di Mantova ritenessero Salomone responsabile di aver messo a repentaglio la sicurezza della loro comunità prima del suo battesimo nell'ottobre del 1491 è attestato da una lettera di Francesco Gonzaga a Eleonora d'Aragona datata 7 settembre.[52] In quella missiva Francesco segnala la forte reazione suscitata dalla condotta dell'orafo fra gli ebrei di Mantova, secondo i quali egli aveva «comisso alcuni errori molto enormi ne la cità nostra, et in specie in mettere sottosopra tuti li zudei che lì sono».[53] Il marchese non specifica i motivi per cui gli ebrei avevano trasformato Salomone in un bersaglio della loro ira. Tuttavia, il fatto che usi la formula "mettere sottosopra" quando

48. Cfr. Nurit Pasternak, *Marchion in Hebrew Manuscripts: State Censorship in Florence, 1472*, in *The Hebrew Book in Early Modern Italy*, a cura di Joseph R. Hacker e Adam Shear, Philadelphia, University of Pennsylvania Press, 2011, pp. 26-55, in particolare pp. 35-36.

49. Cfr. ivi, pp. 39, 41 e 45-50. Nella comunità ebraica di Mantova gli "italiani" erano sempre in maggioranza, sebbene molti banchieri ebrei di origine askenazita si fossero trasferiti in quella città nel corso del Quattrocento; cfr. Vittore Colorni, *Prestito ebraico e comunità ebraiche nell'Italia centrale e settentrionale con particolare riguardo alla comunità di Mantova*, in Colorni, *Judaica Minora*, pp. 205-255, in particolare p. 254. Per le maledizioni scagliate contro le spie nelle preghiere quotidiane degli ebrei askenaziti cfr. Carlebach, *Divided Souls*, pp. 26-27.

50. In proposito cfr. David Kaufmann, *Jewish Informers in the Middle Ages*, in «Jewish Quarterly Review», 8, 2 (1896), pp. 217-238 e Renzo Toaff, *La nazione ebrea a Livorno e a Pisa (1591-1700)*, Firenze, Olschki, 1990, pp. 95 e 96 con relativa nota 20.

51. Cfr. Carlebach, *Divided Souls*, p. 31.

52. In un caso successivo – e ben documentato – due ebrei romani furono similmente denunciati presso le autorità dai loro correligionari perché ritenuti responsabili di un comportamento criminale che avrebbe messo a repentaglio la sicurezza dell'intera comunità ebraica. A differenza di Salomone da Sessa, questi ebrei condannati per furto si opposero ai tentativi di convertirli e furono pubblicamente giustiziati nel 1736; cfr. Anna Foa, *The Jews of Europe after the Black Death*, trad. inglese di Andrea Grover, Berkeley, University of California Press, 2000, p. 151.

53. Cito dalla lettera di Francesco Gonzaga a Eleonora d'Aragona del 7 settembre 1491 (ASMn, AG, b. 2904, lib. 139, c. 52v).

accenna alle ripercussioni che le colpe dell'orafo avevano avuto per gli ebrei di Mantova allude al ruolo da lui avuto nel turbare la pacifica coesistenza fra ebrei e cristiani in quella città.[54]

Era opinione diffusa che i delatori fossero perlopiù mossi dal desiderio di ottenere vantaggi materiali, vendicarsi di avversari all'interno di una determinata comunità oppure ingraziarsi i potenti del luogo.[55] Nel caso di Salomone tutti e tre questi motivi potrebbero averlo indotto a denunciare gli ebrei di Mantova. L'orafo era solito prendere in prestito da altri ebrei considerevoli somme di denaro; è quindi facile immaginare che gli ebrei suoi contemporanei abbiano pensato fosse sua intenzione sbarazzarsi di un creditore (o forse più di uno) accusandolo di aver ucciso la ragazzina il cui corpo era stato rinvenuto il 22 marzo. In tal modo egli si sarebbe anche procurato il favore di Isabella d'Este, desiderosa di portare a termine le indagini su quell'orrendo crimine.[56]

Malgrado il suo impiego presso la duchessa di Ferrara e le commissioni ricevute dai signori di Mantova, nel 1491 la situazione economica di Salomone risultava quanto mai problematica. Dopo che la morte della madre lo aveva privato del consueto accesso ai fondi, in alcuni casi egli fece ricorso a espedienti poco chiari per risolvere i suoi problemi di denaro, come indicano i documenti giunti sino a noi. Leggiamo, ad esempio, in una epistola di Francesco Gonzaga (datata 7 settembre 1491) che Salomone aveva provato a sottrargli una somma fra i diciotto e i venti ducati per una catena d'oro da lui commissionatagli.[57] Trent'anni dopo, l'orafo diede in pegno – pur non avendone il diritto – l'oro che aveva ricevuto da Isabella d'Este per fare alcuni lavori che quest'ultima gli aveva ordinato.[58]

Visto il consueto ricorso – da parte di Salomone – a vari sotterfugi per risolvere i suoi problemi economici, può apparire non priva di fondamento la tesi secondo cui egli avrebbe implicato uno o più dei suoi creditori ebrei a Mantova in un grave crimine, sperando così di liberarsi dei forti debiti che lo assillavano e ottenere il favore della marchesa. Dopo tutto, egli non era cresciuto a Mantova ma a Firenze e Bologna; inoltre, nel 1491 risiedeva a Ferrara insieme alla moglie e ai figli. Il fatto di non appartenere alla comunità ebraica di Mantova gli avrebbe

54. Da notare che nel 1638 gli ebrei di Roma decisero di flagellare un membro della loro comunità il cui comportamento sconsiderato li aveva esposti al rischio che i giovani cristiani li «mettevono sotto sopra» durante il periodo pasquale, come si legge in Simona Feci, *Tra il tribunale e il ghetto: le magistrature, la comunità e gli individui di fronte ai reati degli ebrei romani nel Seicento*, in «Quaderni storici», n.s., 99, 3 (1998), pp. 575-599, in particolare p. 590.

55. Cfr. Luzzati, *Lo scudo della giustizia dei 'gentili'*, pp. 205-206 e Carlebach, *Divided Souls*, p. 22.

56. Per altri casi in cui gli ebrei italiani cercarono di vendicarsi di loro correligionari o ricorrendo direttamente alla violenza (incluso l'omicidio) oppure calunniandoli cfr. Horowitz, *Families and Their Fortunes*, pp. 595-596; Katherine Aron-Beller, *Jews on Trial: The Papal Inquisition in Modena, 1598-1638*, Manchester, Manchester University Press, 2011, p. 164.

57. Mi riferisco alla lettera di Francesco Gonzaga a Eleonora d'Aragona del 7 settembre 1491 in ASMn, AG, b. 2904, lib. 139, c. 52v.

58. Come si legge nella supplica che la moglie e la nuora indirizzarono a Isabella d'Este il 2 marzo 1521 in ASMn, AG, b. 1247, fasc. XVII (*Ferrara. Diversi*), c. 395.

reso più semplice muovere accuse che mettevano a repentaglio la sicurezza degli ebrei locali.

Non sono finora emersi atti legali che attestino procedimenti contro ebrei mantovani sospettati di aver ucciso una bambina nel marzo 1491. Tuttavia, i documenti a nostra disposizione testimoniano come vi sia stata una crescente animosità nei confronti degli ebrei mantovani durante i mesi successivi alla scoperta del cadavere della piccola. Verso la fine di luglio, quattro mesi dopo il ritrovamento del corpo senza vita e mutilato, gli ebrei di Mantova si rivolsero al marchese Francesco, lamentandosi «de le extorsione, violentie et iniurie» da loro subite.[59] Mentre gli ebrei mantovani erano oggetto di continue manifestazioni di odio antiebraico da parte della popolazione locale, l'orafo Salomone lasciò la città lombarda e fece ritorno a Ferrara.

59. Isabella d'Este rivelò il contenuto della protesta degli ebrei nelle sue istruzioni a Ermolao Bardolini – podestà di Mantova – il 2 agosto 1491 (ASMn, AG, b. 2904, lib. 137, cc. 96v-97r), in cui si legge: «Li hebrei de Mantua & del Dominio nostro hanno scripto l'inclusa alo Illustrissimo Signore nostro Consorte, dolendose de le extorsione, violentie, & iniurie, che gli sono facte per forma che dicono non potere più durarli».

5. Amici e nemici

Non vi è dubbio che gli ebrei di Mantova considerassero Salomone da Sessa un uomo la cui condotta metteva a rischio la loro sicurezza. Tuttavia, non è sinora emersa alcuna prova certa di una effettiva denuncia da parte dell'orafo ebreo contro i suoi correligionari. Inoltre, mentre l'atteggiamento degli ebrei di Mantova nei suoi confronti suggerisce che – a loro avviso – la condotta di Salomone poteva considerarsi un tradimento della solidarietà fra ebrei, fonti d'archivio rivelano come – per tutta la primavera e l'estate del 1491 – egli si sia sempre sforzato di aiutare i suoi correligionari. A tal fine, l'orafo ebreo sfruttò la sua condizione di artista acclamato, la cui perizia era richiesta da membri delle corti di Ferrara e Mantova.

Il 4 maggio 1491 Salomone da Sessa incontrò Francesco Gonzaga, allora in visita a Ferrara, «in casa de Naraso» e consegnò una richiesta da parte del prestatore ebreo Deodato Norsa.[1] L'incontro fra Salomone e il marchese di Mantova sembra sia avvenuto – appunto – nell'abitazione di Manuele Norsa, ricco e lontano parente di Deodato, il quale aveva servito in qualità di arbitratore nella controversia fra Salomone e Angelo di Museto da Sant'Elpidio e a cui era stata affidata la somma da Angelo dovuta ai figli dell'orafo.[2] Avvenuto l'incontro, Francesco Gonzaga diede ordine al suo segretario Matteo Sacchetti (meglio noto come Antimaco) di soddisfare la richiesta avanzata da Deodato tramite Salomone, andando così incontro anche al desiderio di quest'ultimo.[3] Una settimana dopo aver incontrato l'orafo, il marchese emise una disposizione a favore di Deodato.[4]

1. Salomone da Sessa accenna al suo precedente incontro con Francesco Gonzaga nella lettera da lui inviata a Pietro Gentile da Camerino il 16 agosto 1491 (ASMn, AG, b. 1232, c. 233) in cui egli scrive «[...] como la Signoria del Marchese me promesse e dete la fede in casa de Naraso a Ferrara».

2. Prima di diventare socio del banco ebraico a Mantova, questo presta valuta – Deodato di Sabato di Salomone di Manuele da Norsa – aveva partecipato alla gestione dei banchi di Riva e Bondeno. Per documenti relativi agli stretti rapporti fra Deodato e il suo più ricco parente Manuele, figlio di Noè, cfr. Franceschini, *Presenza ebraica a Ferrara*, pp. 388-389 e 444-445 (docc. 1070, 1074, 1081 e 1322).

3. Le istruzioni fornite da Francesco Gonzaga a questo suo segretario in data 4 maggio 1491, scrivendo da Ferrara (ASMn, AG, b. 2904, lib. 137, c. 38v), così leggono: «Salomone da Sesso Aurifice hebreo ce ha facto porgere la inclusa supplicatione di Deodato hebreo et fenerator in Mantue [...] et ciò facemo ad complacentia di predetto Salomone».

4. Cfr. Enrico Castelli, *I banchi feneratizi ebraici nel Mantovano (1386-1808)*, in «Accademia Virgiliana di Mantova. Atti e memorie», n.s., 31 (1959), pp. 7-322, in particolare pp. 35-

Quando più tardi, nello stesso mese di maggio del 1491, Isabella d'Este andò a Ferrara, Salomone chiese anche a lei di intervenire a favore di un prestatore ebreo. Il 15 maggio la marchesa scrisse al proprio cognato Ludovico Sforza – detto "il Moro" (1452-1508), duca di Bari e signore di Milano – inoltrando la richiesta che «Salomone da Sesso hebreo et aurifice dilectissimo de la Illustrissima nostra madre» le aveva avanzato, ossia permettere al di lui cognato Davide Finzi di rimanere nella cittadina di Fontanellato (presso Parma) malgrado la recente espulsione degli ebrei dal territorio sforzesco.[5] Ludovico Sforza aveva in realtà bandito gli ebrei dal ducato di Milano nel 1488, dopo la condanna di una quarantina di loro ivi residenti, colpevoli – come un'inchiesta aveva appurato – di possedere libri in cui erano contenute affermazioni giudicate offensive per la religione cristiana.[6] Siccome, però, il ducato era costituito da zone diverse, tra cui le cosiddette "terre separate" (aree semiautonome che dipendevano da Milano per quel che concerneva la sfera economica e politica), il decreto di espulsione non era stato messo in atto efficacemente.[7] Nel dicembre 1490 Ludovico aveva dunque emanato di nuovo l'ordine di espulsione, puntualizzando come si dovessero bandire gli ebrei non solo dalla città di Milano ma anche dalle altre zone sottoposte al dominio sforzesco.

Il termine *cognato* poteva allora indicare il fratello della propria moglie, il marito della sorella della moglie o quello di una propria sorella. In questo caso, ad ogni modo, probabilmente esso indicava una delle prime due possibilità, dal momento che la sorella di Salomone – Pinta – aveva sposato Angelo di Museto da Sant'Elpidio e sua sorella Diana non raggiunse mai l'età adulta.[8] Non sapendo il nome né della moglie di Salomone (prima che lei si battezzasse) né di quella di Davide Finzi risulta impossibile per noi stabilire l'esatta relazione di parentela esistente fra questi due ebrei.

Quel che sappiamo con certezza è che David Finzi era figlio dell'agiato banchiere ebreo Zinatan di Museto, originario di Reggio Emilia.[9] Negli anni Settanta del Quattrocento lo stesso Davide aveva lavorato come prestatore a Fontanella

40. Sull'atteggiamento di Francesco Gonzaga verso i banchieri ebrei cfr. Simonsohn, *History of the Jews in the Duchy of Mantua*, pp. 207-215.

5. Si veda la lettera di Isabella d'Este a Ludovico Sforza del 15 maggio 1491 (ASMn, AG, b. 2904, lib. 136, c. 94r) che così recita: «Salomone da Sesso hebreo et aurifice dilectissimo de la Illustrissima nostra madre me ha facto intendere che per certo commandamento universale facto in quello Excellentissimo stato ali hebrei è ancora necessario che se levi da Fontanellato Davit di Finci suo cognato».

6. Cfr. Anna Antoniazzi Villa, *Gli ebrei dei domini Sforzeschi negli ultimi decenni del Quattrocento*, in *Milano nell'età di Ludovico il Moro*, Atti del Convegno internazionale (28 febbraio - 4 marzo 1983), Milano, Archivio Storico Civico e Biblioteca Trivulziana, 1983, vol. I, pp. 179-284 ed Ead., *Un duca di Milano contro gli ebrei: note in margine ad una ricerca*, in «La rassegna mensile di Israel», 52, 2/3 (1986), pp. 397-406.

7. Su questi territori cfr. Giorgio Chittolini, *Le terre separate nel ducato di Milano in età sforzesca*, in *Milano nell'età di Ludovico il Moro*, vol. I, pp. 115-128.

8. Cfr. Borgolotto, *Mele di Salomone da Sessa*, p. 49.

9. Cfr. Balletti, *Gli ebrei e gli estensi*, p. 40. I documenti giunti sino a noi riportano solo il nome (Fiore) di una figlia di Zinatan Finzi. Nel 1488 Fiore gestiva un banco dei pegni a Cremona; in proposito si veda Franceschini, *Presenza ebraica a Ferrara*, pp. 420-421 (doc. 1207). Non la si può quindi ritenere moglie di Salomone.

(presso Soncino), una delle cosiddette "terre separate". Sebbene egli non figurasse fra gli ebrei interrogati a Milano nel 1488, il suo nome compariva ancora nella lista dei soggetti costretti a contribuire al pagamento dell'enorme multa comminata a diversi ebrei nel 1490.[10] Essendosi trasferito a Fontanellato, Davide stava proseguendo le sue attività finanziare nel ducato milanese anche dopo l'espulsione ufficiale degli ebrei dal dominio sforzesco.[11]

In diversi casi, singoli individui o interi gruppi di abitanti – per i quali i servizi forniti dai prestatori ebrei erano considerati indispensabili – si rivolsero a Ludovico Sforza chiedendo il permesso di riaprire i banchi dei pegni nelle località da dove gli ebrei erano stati banditi per ordine del "Moro".[12] A sua volta, nel maggio 1491 Isabella d'Este chiese allo Sforza di permettere a Davide Finzi di restare a Fontanellato, nella speranza che acconsentisse a farle questo favore personale.[13] "Il Moro" – che quattro mesi prima aveva sposato Beatrice d'Este (1475-1497) – si scambiava spesso lettere con la sorella di lei (Isabella, appunto) e la loro corrispondenza contribuì a rafforzare le relazioni diplomatiche fra gli stati di Mantova e Milano.[14]

Ciò che risulta straordinario nell'intercessione di Isabella a favore di Davide è il suo elogio del talento artistico del cognato. La marchesa scrive: «Et perché io amo dicto Salomone per essere nel mestere suo molto virtuoso et gentile voluntieri lo vederia satisfacto del desiderio che l'ha ch'el cognato resti in quella terra, patria sua, per substentare la famiglia et vivere de industria».[15]

"Virtuoso" – un uomo dotato di virtù (*virtus*) – costituisce un concetto fondamentale nel discorso artistico del Rinascimento; indica una persona che possiede sia qualità naturali sia competenze artistiche acquisite.[16] Come spiega Leon Battista Alberti (1404-1472) nei *Libri della famiglia*, questa *virtù* è quella che Dio «[...] diede all'anima dell'uomo sopra tutti gli altri terreni animan-

10. Si vedano Antoniazzi Villa, *Un processo contro gli ebrei*, p. 19 nota 19, p. 22 nota 47, p. 71 nota 68 e p. 183; Balletti, *Gli ebrei e gli estensi*, p. 39, nota 1 e Simonsohn, *The Jews in the Duchy of Milan*, vol. I, pp. 535 e 666 (docc. 1267 e 1607).

11. Il che risulta vero anche di altri ebrei coinvolti nel processo; cfr. Antoniazzi Villa, *Un processo contro gli ebrei*, p. 183.

12. In proposito si veda Antoniazzi Villa, *Gli ebrei dei domini sforzeschi*, pp. 182-183. Per i tentativi fatti dal duca Ercole al fine di aiutare la sorella di Davide Finzi (Fiore) subito dopo il processo contro gli ebrei nel ducato di Milano cfr. Franceschini, *Presenza ebraica a Ferrara*, pp. 420-421 (doc. 1207).

13. Si veda la lettera di Isabella d'Este a Ludovico Sforza del 15 maggio 1491 (ASMn, AG, b. 2904, lib. 136, c. 94r) che così recita: «Me sun mossa a pregare la Signoria Vostra Illustrissima che per mio amor sia contenta concederli che 'l possi stare et habitare in quello loco liberamente como prima, che lo recognoscerò per singulare piacere».

14. Cfr. James, *An Insatiable Appetite for News*, p. 378 e Shemek, *Isabella d'Este and the Properties of Persuasion*, p. 133.

15. Cito dalla lettera di Isabella d'Este a Ludovico Sforza del 15 maggio 1491 (ASMn, AG, b. 2904, lib. 136, c. 94r).

16. Cfr. Fredrika H. Jacobs, *Defining the Renaissance "Virtuosa": Women Artists and the Language of Art History and Criticism*, Cambridge, Cambridge University Press, 1997, pp. 2-3. Sugli orafi nel Rinascimento cfr. J.F. Hayward, *Virtuoso Goldsmiths and the Triumph of Mannerism, 1540-1620*, London, Sotheby Parke Bernet, 1976.

ti grandissima et prestantissima».[17] Pertanto, quando Isabella loda Salomone come *molto virtuoso* nell'arte orafa, essa intende dire che non si tratta di un comune artigiano ma di un artista dotato d'ingegno, che concepiva innanzitutto un progetto nella mente e poi lo realizzava con cura grazie alla propria abilità manuale.

Isabella d'Este era un'amante delle opere d'arte e degli oggetti di lusso estremamente raffinata; le sue commissioni ebbero una notevole influenza sul mercato rinascimentale dei gioielli e degli accessori alla moda.[18] Molti degli artisti di cui si serviva non erano originari di Mantova e non vi abitavano neppure; sopra ogni cosa, apprezzava l'originalità tecnica e stilistica.[19] Avendo raggiunto la condizione di artista ammirato da una mecenate esigente quale Isabella per il suo essere *molto virtuoso*, Salomone cercò di sfruttare i privilegi connessi alla fama che il talento gli aveva procurato recando aiuto ai suoi conoscenti ebrei in difficoltà.

Il 21 maggio – appena pochi giorni dopo aver interceduto per Davide – «Salomone da Sexo ebreo» ricevette un pagamento di sedici lire marchesane da Eleonora d'Aragona.[20] Tale somma gli venne pagata per alcuni gioielli non meglio specificati da lui realizzati per una certa Cassandra, dama di compagnia di Eleonora.[21] Sappiamo, quindi, che nella primavera del 1491 i gioielli prodotti dalla bottega dell'orafo ebreo venivano indossati non solo dai membri delle famiglie che governavano Mantova e Ferrara ma anche dai loro cortigiani.

Salomone rimase a Ferrara e nell'agosto del 1491 provò ad aiutare un altro ebreo che lavorava al suo servizio. Si trattava di Angelo di Vitale, il quale era stato arrestato a Mantova su istigazione di alcuni ebrei del luogo, sebbene il marchese Francesco gli avesse in precedenza concesso un salvacondotto per

17. Leon Battista Alberti, *I libri della famiglia*, a cura di Cecil Grayson, Bari, Laterza, 1960, p. 133.

18. Cfr. Evelyn Welch, *Shopping in the Renaissance: Consumer Cultures in Italy, 1400-1600*, New Haven, Yale University Press, 2005, pp. 252-253 e Cockram, *Isabella d'Este and Francesco Gonzaga*, p. 5.

19. Si vedano Rose Marie San Juan, *The Court Lady's Dilemma: Isabella d'Este and Art Collecting in the Renaissance*, in «Oxford Art Journal», 14, 1 (1991), pp. 67-78; Francis Ames-Lewis, *Isabella and Leonardo: The Artistic Relationship between Isabella d'Este and Leonardo da Vinci, 1500-1506*, New Haven, Yale University Press, 2012, pp. 19-39 e Leandro Ventura, *Isabella d'Este: Committenza e collezionismo*, in *Isabella d'Este. La primadonna del Rinascimento*, pp. 85-107.

20. Si veda ASMo, CD, AP, no. 633, c. 223r, in cui si legge: «MCCCCLXXXXI. Illustrissima madama Leonora duchesa di Ferrara de dare [...] a dì 21 di mazo [...] Lire Sedexe de Marchexana [...] a Salamone da Sexo ebreo per conto de lavoreri fatti a suo servizio porto controscritto la Chasandra de Chrestovalla dai Chapeletti». La menzione di questo pagamento si riscontra anche in Angelucci, *Catalogo della armeria reale*, p. 306. Charles Yriarte, *Autour des Borgia*, Paris, Rothschild, 1891, p. 208 trascrive "Marzo" la lezione relativa al mese ma sono d'accordo con Angelucci che la forma trasmessa dal testo è "Mazo" (ossia "maggio"). Il 21 marzo 1491 Salomone si trovava ancora a Mantova.

21. Forse si tratta della Cassandra che in seguito divenne una delle favorite di Anna Sforza, sposa di Alfonso d'Este (figlio di Eleonora). Sullo stretto rapporto fra Anna e la «camarera» Cassandra si veda Roberta Iotti, *Ricchezze ed eleganze di corte negli inventari di celebri principesse Italiane*, in *Isabella d'Este. La primadonna del Rinascimento*, pp. 45-52, in particolare p. 48.

attraversare il territorio dei Gonzaga.[22] I salvacondotti erano privilegi rilasciati su richiesta di singoli viaggiatori per un preciso tragitto. Concessi dai governanti o da funzionari di alto livello nei territori da cui i viaggiatori partivano oppure in quelli che intendevano raggiungere, i salvacondotti servivano a garantire ai possessori che non venisse recato loro alcun danno mentre erano in transito o durante la permanenza in terre straniere. Il marchese aveva già rassicurato Salomone che il salvacondotto concesso ad Angelo ne avrebbe garantito l'incolumità a Mantova. Il 16 agosto, pertanto, Salomone inviò una lettera a Pietro Gentile da Camerino, che accompagnava Francesco Gonzaga nei suoi viaggi, chiedendogli di rammentare al marchese la sua promessa e lamentandosi del mancato rispetto del salvacondotto fornito ad Angelo.[23]

Questa è la prima di sei lettere dell'orafo sinora scoperte e la sola precedente alla sua conversione. Come la maggior parte dei suoi contemporanei, Salomone si rivolgeva a uno scrivano, al quale dettava le sue missive in volgare. Al pari di molte lettere di artisti quattrocenteschi, il dispaccio del 16 agosto 1491 chiedeva l'intervento di un mecenate dal rango principesco a vantaggio di un soggetto che – secondo l'autore della petizione – era stato trattato in modo ingiusto dai funzionari statali.[24]

Contrariamente alle lettere inviate da Isabella d'Este, Francesco Gonzaga ed Eleonora d'Aragona nel 1491 – nelle cui pagine l'orafo Salomone viene sempre indicato come "hebreo" – quest'ultimo non si definisce tale nella sua missiva a Pietro Gentile.[25] Egli si firma, invece, con la formula «Servitor Salamon Aurifex Illustrissime Domine Ducisse Ferrarie», rivelando così quanto egli si sentisse rassicurato dalla sua privilegiata condizione di orafo prediletto da Eleonora e dall'ammirazione che il suo talento suscitava alla corte ducale. Per quanto Salomone manifestasse legami con l'ebraismo (non solo seguiva le norme alimentari prescritte dalla legge ebraica ma spesso forniva aiuto ad altri ebrei) egli si identificava soprattutto con la sua condizione professionale, ossia l'essere orafo di corte della duchessa di Ferrara. Forse sperava che la sua fama di artista lo avrebbe reso diverso dagli ebrei ordinari, vale a dire i suoi avversari all'interno della comunità ebraica mantovana, inducendo così Francesco Gonzaga ad accogliere la richiesta da lui avanzata.

22. Si vedano le istruzioni fornite da Francesco Gonzaga il 20 agosto 1491 al podestà di Mantova – Ermolao Bardolini – conservate in ASMn, AG, b. 2904, lib. 139, c. 27r. Si vedano anche la lettera di Bardolini a Francesco Gonzaga del 30 agosto 1491 (ASMn, AG, b. 2440) e le istruzioni del marchese Francesco allo stesso Bardolini in data 8 settembre 1491 (ASMn, AG, b. 2904, lib. 139, c. 53v).

23. Che Pietro Gentile accompagnasse Francesco Gonzaga nei suoi viaggi è riferito da Isabella d'Este nella sua lettera ad Antimaco del 14 settembre 1491 (ASMn, AG, b. 2991, lib. 1, c. 41v). Si veda anche la lettera di Francesco Gonzaga alla propria moglie datata 15 aprile 1491 in ASMn, AG, b. 2107, fasc. II, c. 27.

24. Cfr. Welch, *Art and Society in Italy 1350-1500*, pp. 121-123.

25. Si vedano la lettera di Isabella d'Este a Ludovico Sforza del 15 maggio 1491 (ASMn, AG, b. 2904, lib. 136, c. 94r); quella di Francesco Gonzaga a Eleonora d'Aragona del 7 settembre 1491 (ASMn, AG, b. 2904, lib. 139, c. 52v) e, infine, la lettera di Eleonora d'Aragona a Isabella d'Este del 10 settembre 1491 (ASMn, AG, b. 1185, c. 194).

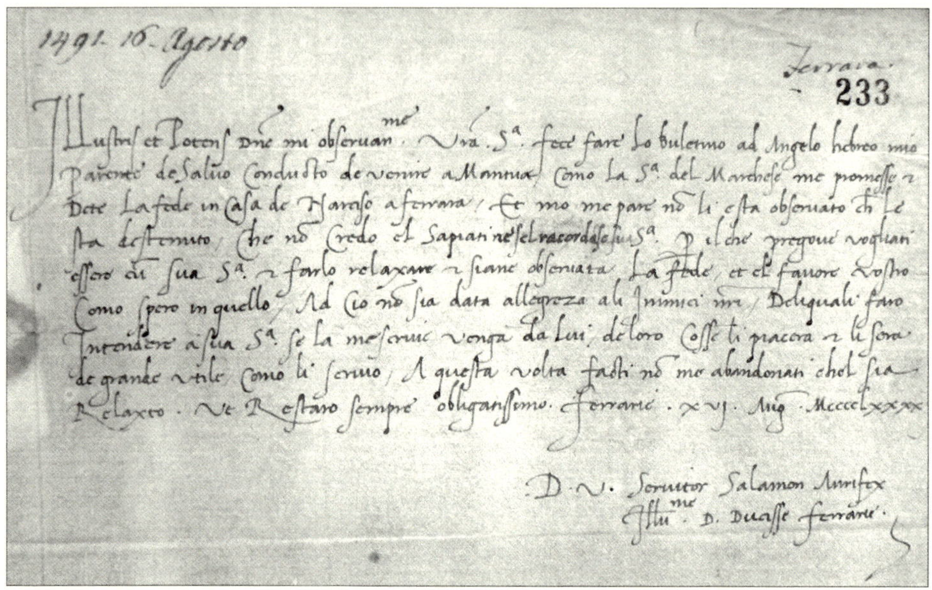
1491. 16. Agosto

Ferraria

233

Fig. 4. Lettera di Salomone da Sessa a Pietro Gentile da Camerino, 16 agosto 1491. Foto scattata dall'autrice (riproduzione autorizzata). ASMn, AG, b. 1232, c. 233. Si tratta della prima di sei lettere di Salomone/Ercole e la sola che preceda il suo battesimo.

Nel testo della lettera l'orafo allude ai suoi avversari e chiede che al marchese venga rammentato di aver concesso ad Angelo di Vitale un salvacondotto, affinché «non sia data allegreza ali inimici nostri». Salomone non specifica chi fossero questi nemici ma aggiunge che sarebbe lieto di parlarne al marchese Francesco qualora gli venisse concesso di discutere con lui la questione in privato.[26] Vale la pena ricordare che nel Rinascimento la corsa ad accaparrarsi incarichi e posizioni a corte spingeva talvolta a denunciare artisti di successo, la cui rovina era auspicata dai rivali. L'orafo cristiano Bartolomeo Melioli (1448-1514) finì nelle carceri mantovane, a suo dire, per le ingiuste accuse mossegli da

26. Si veda la lettera di Salomone da Sessa a Pietro Gentile da Camerino in data 16 agosto 1491 (ASMn, AG, b. 1232, c. 233), che così recita: «Vostra Signoria fece fare lo Buletino ad Angelo hebreo mio parente de Salvo Conducto de venire a Mantua como la Signoria del Marchese me promesse e dete la fede in casa de Naraso a Ferrara. Et mo me pare non li è sta observato che le sta destenuto, che non credo el sapiati ne s'el racordase sua Singoria per il che pregove vogliati essere cum sua Signoria, e farlo relaxare e siane observata la fede, et el favore vostro como spero in quello. Ad ciò non sia data allegreza ali inimici nostri. Deli quali farò intendere a sua Signoria se la me scrive venga da lui, de loro cosse li piacerà e li serà de grande utile, como li scrivo. A questa volta facti non mo abandonati ch'el sia relaxato. Ve restarò sempre obligatissimo. Ferrarie, XVI Aug. MCCCCLXXXXI. D.V. Servitor Salamon Aurifex Illustrissime Domine Ducisse Ferrarie».

avversari invidiosi; alcuni anni dopo, anche il celebre orafo e scultore Benvenuto Cellini avrebbe espresso un parere simile.[27] Non v'è dubbio che la fama ottenuta da Salomone con le sue opere di oreficeria abbia provocato il risentimento di vari suoi colleghi. È assai probabile che gli orafi ebrei stabilitisi a Mantova ben prima dell'arrivo di un correligionario nato altrove – il quale era lodato dalla marchesa Isabella come «molto virtuoso» – abbiano invidiato il suo successo. Tuttavia, fra i rivali che accusarono Angelo di Vitale di gravi crimini figuravano anche – come vedremo presto – altri ebrei mantovani, i quali fecero pressione sul marchese Francesco affinché agisse contro Salomone e il suo parente.

Trascurando il parere di Salomone, secondo cui l'arresto di Angelo era dovuto alle trame ordite dai suoi nemici, anche dopo aver ricevuto opportuni ragguagli circa quanto scritto dall'orafo in quella lettera Francesco Gonzaga non ne volle sapere di scarcerare il sospettato. Come ebbe a puntualizzare il marchese, il salvacondotto non era stato concesso ad Angelo per favorirne le attività criminali. Sebbene fosse normale concedere salvacondotti a degli ebrei per evitare che venissero poi angariati da funzionari statali, alcuni reati erano ritenuti così gravi da non rientrare nella protezione comunemente garantita da quel tipo di privilegi.[28] Angelo di Vitale era accusato di aver commesso appunto quel genere di reati; pertanto, Francesco ordinò ai suoi funzionari di prescindere dalle limitazioni che il salvacondotto imponeva, sottoporre Angelo a tortura e – se necessario – condannarlo.[29] Salomone ricorse anche all'aiuto della sua mecenate che tanto lo ammirava, ossia Eleonora d'Aragona; quest'ultima non esitò, il 20 agosto, a scrivere lei stessa al marchese di Mantova.[30] In quella lettera domandò al genero di rilasciare Angelo affinché «Salamone hebreo nostro Aurifice» (il quale aveva espresso l'intenzione di andare a Mantova nel tentativo di far scarcerare il proprio parente) non restasse lontano da Ferrara, dove i suoi servizi per la duchessa erano fortemente richiesti.[31]

27. Cfr. Paolo L. Rossi, *The Writer and the Man. Real Crimes and Mitigating Circumstances: "Il caso Cellini"*, in *Crime, Society and the Law in Renaissance Italy*, a cura di Trevor Dean e K.J.P. Lowe, Cambridge, Cambridge University Press, 1994, pp. 157-183, in particolare pp. 166 e 173. Si veda anche Taylor, *Silver and Gold*, pp. 175-176.

28. Cfr. David Nirenberg, *Communities of Violence: Persecution of Minorities in the Middle Ages*, Princeton (NJ), Princeton University Press, 1996, p. 132 nota 7. Più in generale, sull'uso dei salvacondotti in età moderna cfr. Miriam Eliav-Feldon, *Renaissance Impostors and Proofs of Identity*, Basingstoke, Palgrave Macmillan, 2012, pp. 199-204.

29. Si vedano le istruzioni fornite da Francesco Gonzaga a Ermolao Bardolini il 20 agosto 1491 in ASMn, AG, b. 2904, lib. 139, c. 27r.

30. Sulla corrispondenza di Eleonora d'Aragona con Francesco Gonzaga si veda Monica Ferrari, *Un'educazione sentimentale per lettera: il caso di Isabella d'Este (1490-1493)*, in «Reti medievali», 10 (2009), pp. 351-371, in particolare pp. 360-363.

31. Si veda la lettera di Eleonora d'Aragona a Francesco Gonzaga del 20 agosto 1491 (ASMn, AG, b. 1185, c. 177), che così recita: «Salamone hebreo nostro Aurifice ni mostra venir lì per certo suo parente hebreo, quale dice esser frastenuto. Et perché haveremo a caro che'l dicto suo parente sia relassato, e che Lui se ne ritrovi presto ali servitii nostri pregamo la Signoria Vostra che lo voglia haver racomandato per amore nostro, offerendoni de continuo ali beneplaciti de quella».

L'intervento di Eleonora, tuttavia, non sortì alcun effetto. Al contrario, una settimana dopo – il 27 agosto – il marchese Francesco diede istruzioni al podestà Ermolao Bardolini affinché sottoponesse Angelo nuovamente a tortura.[32] Il marchese precisò che Angelo aveva già subito – come previsto dagli ordinamenti – i tre tratti di corda (era stato, cioè, sollevato da terra con una corda e le braccia legate per i polsi dietro la schiena) senza però confessare nessuno dei crimini imputatigli. Ad ogni modo, il marchese voleva che Angelo venisse ancora una volta torturato, poiché aveva ricevuto informazioni che accusavano di alcuni reati non solo lui ma anche il figlio Simone. Pertanto, Francesco richiese che lo stesso Simone venisse arrestato e sottoposto a interrogatorio, persino «cum la tortura, se 'l bisogna».[33]

Nel corso della seconda serie di torture Angelo cedette. Il 30 agosto Bardolini informò il marchese che l'ebreo si era finalmente dichiarato colpevole, ammettendo di aver accettato e poi venduto alcuni (non meglio specificati) oggetti di valore trafugati da un ladro di nome Maffeo.[34] Nell'Italia della prima età moderna gli ebrei erano spesso accusati di riciclare merci rubate; si trattava di un reato strettamente connesso alla gestione dei banchi dei pegni.[35] Ad Angelo di Vitale, tuttavia, era più precisamente mossa l'accusa di aver accettato e poi rivenduto beni sottratti a un altro ebreo mantovano di nome Giacobo.

Secondo Bardolini, Angelo non solo aveva ammesso – sotto tortura – la sua colpevolezza in merito a tutti questi reati ma anche confessato che nel commetterli era stata sua complice «una certa femina Cristiana cum la quale esso Agnol Judeo usava carnalmente».[36] Costituendo una palese violazione delle norme religiose, i rapporti sessuali fra ebrei e cristiani erano visti come un'offesa non solo contro la società ma contro Dio stesso. Per secoli ritenuti illegali dal diritto canonico, la loro punizione veniva demandata alla discrezione delle autorità civili.[37] Nell'Italia del Quattrocento, l'accusa di rapporti con donne cristiane portava di norma ad azioni giudiziarie contro gli ebrei.[38] Costituisce ancora argomento di discussione fra gli studiosi se i molti atti giudiziari giunti sino a noi siano prova o meno di

32. Su Bardolini (podestà a Mantova nel 1490-1491), cfr. Chambers e Dean, *Clean Hands and Rough Justice*, pp. 240, 243 e 245-246.

33. Le istruzioni fornite da Francesco Gonzaga a Bardolini il 27 agosto 1491 (ASMn, AG, b. 2904, lib. 139, c. 36r) così leggono: «Ultra ciò fati mettere le mani adosso ad uno Simone figliolo de Angelo hebreo che habita lì in Mantua et lo examinarete in questo caso, et cum la tortura se 'l bisogna che intendimo è complice de li delicti comissi per epso Angelo sostenuto».

34. Si veda la lettera di Ermolao Bardolini a Francesco Gonzaga del 30 agosto 1491 (ASMn, AG, b. 2440), per la prima volta menzionata da Chambers e Dean, *Clean Hands and Rough Justice*, pp. 243-244.

35. Cfr. Feci, *Tra il tribunale e il ghetto*, pp. 590-591.

36. Nella sua lettera del 30 agosto 1491 a Francesco Gonzaga 1491 (ASMn, AG, b. 2440) così scrive Ermolao Bardolini: «una certa femina Cristiana cum la quale esso Agnol Judeo usava carnalmente».

37. Cfr. Stow, *Catholic Thought*, pp. 118-120.

38. Cfr. Léon Poliakov, *Jewish Bankers and the Holy See: From the Thirteenth to the Seventeenth Century*, New York, Routledge, 2012, p. 129; Esposito, *Gli ebrei a Roma*, pp. 827-832; Luzzati, *Lo scudo della giustizia dei 'gentili'*, pp. 195, 199 e 208-210 (con relative note 3, 4 e 9); Ruggiero, *The Boundaries of Eros*, pp. 71, 74, 86-89 e Trevor Dean, *Crime and Justice in Late Medieval Italy*, Cambridge, Cambridge University Press, 2007, pp. 146-149.

un'effettiva ampia diffusione dei rapporti sessuali fra ebrei e cattolici.[39] Ad ogni modo, le accuse mosse in tal senso agli ebrei durante il Rinascimento erano così comuni da indurre i governanti dell'epoca a concedere ai loro sudditi ebrei più ricchi una forma speciale di protezione. Pertanto, quando il cognato di Salomone (Davide Finzi) e il fratello di quest'ultimo (Giuseppe) vennero arrestati nel 1469 col sospetto di aver intrattenuto rapporti con donne cristiane, il loro padre – Zinatan, che aveva fatto fortuna prestando denaro – riuscì a ottenerne la scarcerazione senza alcuna conseguenza penale.[40] A sua volta, nel 1490 il duca Ercole d'Este fornì un privilegio al più ricco banchiere ferrarese – Manuele Norsa – promettendo l'impunità (a lui e alla sua famiglia) rispetto a vari crimini, tra cui l'intrattenere rapporti sessuali coi cattolici.[41]

Non meno propenso a concedere protezione agli ebrei più abbienti dall'accusa di rapporti con donne cristiane fu il genero del duca Ercole: Francesco Gonzaga. Nel gennaio 1491, Francesco concesse tale privilegio ai tre figli del banchiere ebreo Daniele da Carpi, e nel maggio dello stesso anno (appena tre mesi prima della condanna inflitta ad Angelo di Vitale) lo diede anche a Dedoato Norsa, conoscente di Salomone da Sessa. Il marchese di Mantova precisò che qualora si fosse mai dimostrata la colpevolezza di Dedoato rispetto all'accusa di aver intrattenuto rapporti sessuali con una cristiana, egli non avrebbe trascorso più di cinque giorni in carcere.[42]

Il nome della donna con cui si presumeva che Angelo di Vitale avesse avuto un'intima relazione nel 1491 non trapela dalla lettera di Bardolini a Francesco Gonzaga; ciò avalla il sospetto che l'accusa di reato sessuale mossa nei suoi confronti fosse infondata. In ogni caso, quanto appena detto riflette il livello di ostilità degli ebrei mantovani contro Angelo. Alcuni decenni dopo, degli ebrei nel territorio di Mantova tentarono – in modo simile – una ritorsione nei confronti di un loro correligionario accusando il figlio (seppur senza successo) di relazioni interraziali.[43] Nel caso di Angelo, tuttavia, il podestà di Francesco Gonzaga – contrariamente a quanto fatto da altri magistrati italiani in quegli anni – non archiviò

39. Alcuni studiosi sostengono che i rapporti carnali fra ebrei e cristiani fossero un fenomeno diffuso: si vedano Toaff, *Il vino e la carne*, pp. 18-22 e Thomas Cohen, *The Death of Abramo of Montecosaro*, in «Jewish History», 19 (2005), pp. 245-285, in particolare pp. 268-269 e 278-279 con relativa nota 61. Al contrario, Robert Bonfil ritiene che si trattasse di casi poco frequenti: si veda il suo saggio *Jews, Christians, and Sex in Renaissance Italy: A Historiographical Problem*, in «Jewish History», 26 (2012), pp. 101-111. Per il regno aragonese si veda anche Nirenberg, *Communities of Violence*, pp. 127-165.

40. Si veda la lettera di Zinatan Finzi al duca Borso d'Este del 22 dicembre 1469 in ASMo, ASE, Archivi per materie: Ebrei, b. 6, c. 2. Cfr. anche Balletti, *Gli ebrei e gli estensi*, p. 43 nota 1.

41. Si veda il decreto di Ercole d'Este datato 2 luglio 1490 («Assoluzione fatta a Manuele, Elia e Samuele Norsa e loro famiglie da ogni imputazione sì civile che criminale») in ASMo, ASE, Archivi per materie: Ebrei, b. 19B.

42. Cfr. Castelli, *I banchi feneratizi ebraici nel Mantovano*, p. 35; Simonsohn, *History of the Jews in the Duchy of Mantua*, p. 212 nota 51. Per la successiva "assoluzione" decisa da Francesco Gonzaga in favore dei figli di Deodato, accusati di crimini a sfondo sessuale, cfr. Simonsohn, p. 213 nota 53.

43. Cfr. Isabella d'Este, *Selected Letters*, pp. 540-542.

le accuse come infondate[44] e nemmeno volle tollerare i crimini di cui sembrava essersi macchiato Angelo, sebbene solo pochi mesi prima il marchese di Mantova avesse espresso l'intenzione di respingere simili accuse se mosse nei confronti di Deodato Norsa o Daniele da Carpi. Bardolini dichiarò Angelo colpevole di rapporti sessuali con una cristiana, oltre a condannarlo per furto e vendita di oggetti rubati. Messi insieme, questi crimini erano sufficienti per condannare a morte l'imputato ebreo.[45]

I tentativi fatti da Salomone per salvare il suo parente si rivelarono inutili; come se non bastasse, pochi giorni dopo lo stesso orafo venne incarcerato. Nella lettera del 20 agosto la duchessa Eleonora accennò al fatto che Salomone voleva partire per Mantova; tuttavia, una missiva speditale da Francesco Gonzaga il 7 settembre indica che in quella data Salomone risultava già rinchiuso nelle carceri ferraresi; se ne deduce, quindi, che il suo progetto di recarsi a Mantova fallì. Francesco non nascose la propria soddisfazione alla notizia dell'arresto di Salomone, riferendo che l'orafo lo aveva truffato per un valore di «diceotto o vinti ducati» quando gli aveva chiesto di realizzare una collana d'oro per lui alcuni mesi prima.[46]

Nel Rinascimento era facile muovere accuse contro gli orafi, poiché essi erano soliti conservare parte del materiale fornito dai loro committenti abituali. Si poteva, quindi, accusarli di aver mentito sul peso dei metalli preziosi da loro ricevuti e di averne conservato una quantità superiore al dovuto, il che costituiva un'accusa difficile da confutare.[47] Altrettanto ovvio risulta il fatto che gli orafi non erano immuni da simili tentazioni e gli statuti delle loro corporazioni in nord Italia condannavano ripetutamente le truffe.[48]

Salomone non era il primo orafo ebreo in territorio mantovano a essere sospettato di frode. Nel 1460 un ebreo di nome Baruch venne processato a Cremona per aver venduto un prodotto di oreficeria che non conteneva la quantità

44. Anche quando le accuse di rapporti con individui di religione diversa apparivano fondate (come nel caso di Lazzaro di Isacco da Cesena, il quale nel 1500 ammise di aver intrattenuto una relazione con una donna cristiana di nome Rosa e con sua figlia) i colpevoli spesso se la cavavano con ammende pecuniarie relativamente lievi. Lazzaro riuscì persino a ottenere dal figlio del duca – Alfonso d'Este (1476-1534) – una lettera in cui si affermava che non lo si doveva più infastidire malgrado la condanna da lui subita per aver fornicato con due cristiane: si veda la lettera di Alfonso d'Este in favore di Lazzaro di Isacco da Cesena datata 25 giugno 1500 in ASMo, ASE, Archivi per materie: Ebrei, b. 19B.

45. Non si ha notizia di alcun ebreo condannato a morte nel ducato dei Gonzaga durante il XV secolo *solo* per aver avuto rapporti carnali con donne cristiane: cfr. Simonsohn, *History of the Jews in the Duchy of Mantua*, p. 115 nota 49. Tuttavia, sono noti i casi di vari soggetti condannati per furto o ricettazione i quali vennero poi puniti con l'impiccagione in quel territorio nella seconda metà del Quattrocento; cfr. Chambers e Dean, *Clean Hands and Rough Justice*, pp. 13, 73-80 e 240-241.

46. Si veda la lettera di Francesco Gonzaga a Eleonora d'Aragona del 7 settembre 1491 (ASMn, AG, b. 2904, lib. 139, c. 52v) in cui egli afferma: «Salomone da Sesso hebreo, quale in certa collana che me fece li messi passati me robbati diceotto o vinti ducati».

47. Cfr. Cherry, *Medieval Craftsmen*, p. 60 e Rossi, *The Writer and the Man*, p. 168.

48. Cfr. Venturelli, *Gioielli e gioiellieri milanesi*, p. 13 e Isabella d'Este, *Selected Letters*, p. 409.

dichiarata di materiale prezioso. Nel 1472 un ebreo di Mantova fu arrestato per la vendita di gioielli falsi nel ducato di Milano; inizialmente condannato a morte, la sua pena venne poi commutata in un'enorme multa.[49]

I gioielli erano uno "status symbol" di rilievo nell'Europa del Rinascimento e il loro impiego a tal fine da parte delle élite è considerato uno degli aspetti caratteristici di quel periodo. Nel XV secolo sia l'imperatore sia re, duchi e marchesi indossavano pesanti collane d'oro e girocolli con pendenti che mettevano in risalto l'ampiezza delle spalle. Al pari delle armature e di accessori quali le cinture di metallo, questi oggetti contribuivano a donare un aspetto virile.[50] Le collane pesanti erano particolarmente di moda nelle corti di Ferrara, Mantova e Milano; intenditori come la moglie di Francesco Gonzaga erano soliti stimare il valore delle collane indossate dagli uomini che partecipavano alle cerimonie di corte.[51]

Non si trova un'indicazione scritta circa il valore complessivo della collana che Salomone aveva realizzato per Francesco Gonzaga, ma è probabile che non fosse di molto inferiore ai 500 ducati, ossia il prezzo che il marchese avrebbe pagato due anni dopo per una collana d'oro realizzata per lui da un altro orafo.[52] Una cifra compresa fra i 18 e i 20 ducati corrispondeva al 3 o 4% del valore di una collana del genere. La presunta frode commessa da Salomone ammontava, dunque, a una somma notevole, superiore al salario annuo di un operaio edile, che sul finire del XV secolo si attestava intorno ai 15 ducati.[53] Il marchese Francesco – sempre a corto di denaro – sperava probabilmente di trarre vantaggio dalle disgrazie di Salomone rientrando in possesso di quella somma, che diceva spettargli di diritto.[54]

Va notato che i rapporti dei Gonzaga con gli orafi al loro servizio risultavano solitamente abbastanza precari. Francesco e Isabella lasciavano trascorrere parecchio tempo prima di pagarli, così che i loro orafi dovevano spesso supplicare di essere retribuiti per il lavoro fatto e talvolta provavano a controbilanciare il ritardo nel pagamento o la riduzione del compenso non consegnando la merce in tempo o ricorrendo a mezzi discutibili per sbarcare il lunario. Accadeva anche che il marchese e la marchesa facessero arrestare gli orafi con l'accusa di averli frodati o semplicemente per non aver consegnato a tempo debito quanto erano stato richiesto. Misure così drastiche miravano a mettere gli artisti sotto pressione affinché venissero in-

49. Cfr. Simonsohn, *The Jews in the Duchy of Milan*, vol. I, pp. 292 e 590-591 (documenti 646 e 1419). Per casi successivi concernenti orafi ebrei o soggetti che avessero avuto rapporti di lavoro con orafi ed erano sospettati di complicità in qualche frode cfr. Renata Segre, *Il mondo ebraico nel carteggio di Carlo Borromeo*, in «Michael: On the History of the Jews in the Diaspora», 1 (1972), pp. 163-260, in particolare pp. 176-179.

50. Cfr. Rublack, *Dressing Up*, pp. 20 e 67; Stuard, *Gilding the Market*, pp. 28-29, 34-37 e 51.

51. Cfr. McCall, *Brilliant Bodies*, pp. 462-463. Si vedano anche Venturelli, *Gioielli e gioiellieri milanesi*, p. 72 e Isabella d'Este, *Selected Letters*, pp. 173-179.

52. Cfr. Taylor, *Silver and Gold*, p. 175.

53. Cfr. Lauro Martines, *Power and Imagination: City-States in Renaissance Italy*, New York, Knopf, 1979, p. 224.

54. Sulle difficoltà economiche dei Gonzaga verso la fine del XV secolo si vedano Katz, *Painting and the Politics of Persecution*, p. 475 e Shemek, *Isabella d'Este and the Properties of Persuasion*, p. 131.

contro alle richieste dei committenti ma influivano ben poco sulla loro reputazione; di fatto, essi venivano spesso ingaggiati nuovamente una volta usciti di prigione.[55]

Tuttavia, i giorni di carcere inflitti a Salomone da Sessa nel 1491 non rappresentavano affatto qualcosa di ordinario. Nella lettera inviata a Eleonora d'Aragona il 7 settembre Francesco Gonzaga non spiega come si sia accorto del tentativo di frode ai suoi danni ordito dall'orafo. Una denuncia del genere doveva provenire da una persona che ben conosceva l'arte orafa e poteva vantare informazioni di prima mano su una determinata bottega. Sono noti casi in cui degli apprendisti o assistenti amareggiati hanno cercato di vendicarsi dei maestri presso i quali operavano accusandoli di frode.[56] Che uno – o anche più – dei tre *garzoni* abbia riferito al marchese questa presunta frode appare probabile, soprattutto considerando l'allusione fatta, poco dopo, dallo stesso Francesco all'ostilità che altri ebrei nutrivano nei confronti del celebre artista. Dopo aver raccomandato a Eleonora di tenere Salomone in carcere almeno fino a quando non avrà restituito la somma che gli deve, Francesco aggiunge che l'ebreo ha commesso altri «errori molto enormi» nella città di Mantova «et in ispecie in mettere sottosopra tuti li zudei che lì sono». Il marchese termina poi assicurando alla suocera che nulla lo renderebbe più felice del vedere Salomone giustamente punito per i suoi reati.[57]

Le istruzioni date da Francesco il giorno successivo rivelano che un ebreo mantovano di nome Bonaventura aveva svolto un ruolo importante nell'implicare Salomone. Il marchese incaricò il suo podestà di interrogare ancora una volta Angelo di Vitale – alla presenza di Bonaventura – in merito a «certi delicti commissi per Salomone da Sesso». Ordinò, inoltre, a Bardolini di non esitare a sottoporre Angelo nuovamente a tortura «per cavare la verità» sugli eventuali crimini commessi dall'orafo.[58] Venne forse torturato anche Salomone durante quell'interrogatorio o bastò la minaccia di una tortura (che avrebbe potuto infliggergli conseguenze fisiche tali da limitarne per sempre l'abilità manuale) a fargli confessare i reati di cui lo si accusava?[59] I messaggi di Francesco non ci rivelano questa informazione.

55. Cfr. Taylor, *Silver and Gold*, pp. 181-183.

56. Cfr. Rossi, *The Writer and the Man*, pp. 168-169.

57. Si veda la lettera di Francesco Gonzaga a Eleonora d'Aragona del 7 settembre 1491 (ASMn, AG, b. 2904, lib. 139, c. 52v) che recita come segue: «Intendo che è stato sostenuto lì a Ferrara Salomone da Sesso hebreo, quale in certa collana che me fece li messi passati me robbati diceotto o vinti ducati ultra che ha etiam comisso alcuni errori molto enormi ne la cità nostra, et in specie in mettere sottosopra tuti li zudei che lì sono, per tanto prego la Excellentia Vostra che non permetta, che'l sta relaxato finché io non habia li miei dinari, et che'l stia punito deli manchamenti suoi, che veramente quella non me poteria far de presente cosa più grata di questa et li ne restaramo obligatissimo per il debito de la iustitia».

58. Si vedano le istruzioni fornite da Francesco Gonzaga a Ermolao Bardolini in data 8 settembre 1491 (ASMn, AG, b. 2904, lib. 139, c. 53v): «Vogliamo examinarete Angelo hebreo destenuto lì ala presentia de Bonaventura hebreo, sopra certi delicti comissi per Salomone da Sesso, come ve informarà dicto Bonaventura, et se'l bisognarà li darete del tormento per cavare la verità».

59. In modo simile si è suggerito che Cellini ammise in breve tempo le accuse di sodomia mosse nei suoi confronti, così da evitare la tortura; cfr. Rossi, *The Writer and the Man*, p. 179.

Fig. 5. Ritratto del duca Alfonso d'I d'Este, opera di Battista di Niccolò Luteri (noto come Battista Dossi), prima metà del XVI secolo. Galleria Estense di Modena. Su concessione del Ministero per i Beni e le Attività Culturali, Archivio Fotografico delle Gallerie Estensi. Foto di Carlo Vannini. Prot. n. 6839. Nel ritratto si vede Alfonso d'Este indossare una pesante collana come quella che Salomone da Sessa fece per suo cognato, Francesco Gonzaga.

Il marchese solitamente preferiva comunicare notizie importanti attraverso affidabili intermediari e anche in questo caso evitò di fornire per iscritto dettagli relativi al processo che coinvolse Salomone.[60] Incaricò invece il podestà di raccogliere direttamente dall'ebreo Bonaventura informazioni precise sui crimini contestati a Salomone. Considerando il ruolo chiave avuto da Bonaventura nell'accusa rivolta all'orafo di aver messo «sottosopra tuti li zudei» in quel di Mantova, è probabile che in lui sia da identificarsi il capo degli ebrei mantovani che pochi anni dopo (nel 1497) funse da rappresentante della popolazione ebrea in quella città. In tale circostanza, Bonaventura e un altro membro della comunità ebraica di Mantova si rivolsero – in nome dei propri correligionari locali – a Giacomo da Capua, un funzionario incaricato di incassare le multe comminate nel territorio dei Gonzaga.[61]

La popolazione ebraica a Mantova nel XV secolo era ancora organizzata in modo approssimativo; solo nel Cinquecento si sarebbe giunti a un'organizzazione più istituzionalizzata. La guida dei ebrei mantovani (come quella di altre comunità ebraiche in nord Italia) era affidata a ricchi banchieri i quali avevano ricevuto privilegi dalle autorità locali; erano loro che si rivolgevano ai marchesi e ai relativi funzionari in nome degli altri ebrei del luogo.[62] Rispondendo alle richieste che essi avanzavano, i marchesi di Mantova trattavano i banchieri come rappresentanti della popolazione ebraica, pur non riconoscendoli quali leader ufficiali della comunità costituita dai loro correligionari.[63]

Il linguaggio criptico delle lettere inviate da Francesco Gonzaga e la perdita degli atti giudiziari relativi ad Angelo e Salomone rendono difficile ricostruire cosa sia realmente avvenuto. Come mai, ad esempio, il marchese evitò di specificare in che modo Salomone aveva "messo sottosopra tutti gli ebrei di Mantova" e qual era il nesso tra la frode ai danni del marchese di cui l'orafo veniva accusato e gli eventuali reati commessi dal suo parente? Esisteva davvero una connessione fra l'ostilità che gli ebrei mantovani dimostrarono nei confronti sia di Salomone sia di Angelo nell'agosto del 1491 e il ritrovamento del cadavere di una ragazzina nella capitale dei Gonzaga sul finire del mese di marzo in quello stesso anno? Nel qual caso, cosa spinse Francesco a volere che Angelo venisse torturato fino a fargli confessare tutta una serie di reati che – apparentemente – *nulla* avevano a che fare con l'uccisione di una bambina? Non possiamo gettare alcuna luce in proposito ma la corrispondenza di Francesco fornisce almeno un utile indizio: il ruolo centrale avuto dagli ebrei mantovani – soprattutto Bonaventura – nelle accuse mosse a Salomone e Angelo per dei crimini che prevedevano la pena capitale.

60. Circa la comprensibile tendenza di Francesco a trasmettere informazioni sensibili attraverso intermediari di fiducia cfr. Cockram, *Isabella d'Este and Francesco Gonzaga*, pp. 32-33.

61. Cfr. Chambers e Dean, *Clean Hands and Rough Justice*, pp. 246-247.

62. Cfr. Simonsohn, *History of the Jews in the Duchy of Mantua*, pp. 320-322 e Traniello, *Famiglie e genealogie*, p. 37.

63. Cfr. Vittore Colorni, *Le magistrature maggiori della comunità ebraica di Mantova (sec. XV–XIX)*, in Id., *Judaica Minora*, pp. 257-327, in particolare pp. 262-267.

II

Apostasia

6. Un sodomita ebreo?

Nel menzionare la frode tentata da Salomone nei suoi confronti per una somma pari a 18 o 20 ducati, Francesco Gonzaga evita di specificare quali fossero gli altri reati commessi dall'orafo che avevano profondamente turbato gli ebrei di Mantova. Tuttavia, il 10 settembre 1491, appena due giorni dopo che il marchese aveva dato istruzioni al suo podestà, la duchessa di Ferrara spedì una lettera alla figlia in cui si accennava a una grave accusa mossa contro il suo orafo di corte, affermando – tra le altre cose – quanto segue:[1]

> Preterea il se ritrova qui in pregione per cagione de sodomia, e altre triste cose Salamon hebreo nostro orevese, e pare che lie se li ritrovi etiam in pregione un suo famiglio. Cognoscendo lo errore suo dicto Salamone il s'è pentito, e deliberato farse christiano et la excellentia de lo illustrissimo signore Duca nostro consorte ha pensato perdonargli per guadagnare l'anima sua. Unde vi preghiamo grandemente che vogliati fare opera cum il predetto Signore marchese, che perdoni al dicto famiglio poiché anchor lui se è convertito e se vuole far christiano che serà doppio acquisto.[2]

Il termine "sodomia" può indicare varie pratiche sessuali "contro natura" non finalizzate alla procreazione ma nell'Italia del Rinascimento di solito si riferiva a rapporti omosessuali maschili che coinvolgevano due o più soggetti.[3] Già nel Trecento le città italiane erano state teatro di processi per sodomia che avevano visto coinvolti degli ebrei; per quel che riguarda il secolo successivo, fonti giudiziarie relative a Palermo, Roma, Firenze e Bologna indicano come in tutta la penisola

1. Sulle caratteristiche principali della corrispondenza fra Eleonora e Isabella cfr. Carolyn James, *What's Love Got to Do with It? Dynastic Politics and Motherhood in the Letters of Eleonora of Aragon and Her Daughters*, in «Women's History Review», 24, 4 (2015), pp. 528-547 e Ferrari, *Un'educazione sentimentale per lettera*, pp. 351-371.

2. Lettera di Eleonora d'Aragona a Isabella d'Este datata 10 settembre 1491 (ASMn, AG, b. 1185, c. 194).

3. Cfr. Michael Rocke, *Forbidden Friendships: Homosexuality and Male Culture in Renaissance Italy*, New York, Oxford University Press, 1996, pp. 3 e 11-13; Ruggiero, *The Boundaries of Eros*, p. 144; Nicholas Davidson, *Theology, Nature, and the Law: Sexual Sin and Sexual Crime in Italy from the Fourteenth to the Seventeenth Century*, in *Crime, Society and the Law*, pp. 74-98, in particolare pp. 75-77. Per un'analisi comparativa fra varie città del nord Italia circa il modo di combattere la sodomia nel corso del Quattrocento cfr. Dean, *Crime and Justice*, pp. 141-146.

accuse di questo genere venissero mosse contro gli ebrei. In proposito, è interessante notare che nei processi per sodomia concernenti gli ebrei agli imputati fosse perlopiù – seppur non sempre – mossa l'accusa di aver avuto rapporti omosessuali con individui della loro stessa religione, non con dei cattolici.[4]

Da quanto appena detto si deve quindi dedurre che gli ebrei dell'epoca non erano indifferenti alla cultura omoerotica in voga nelle principali città italiane della prima età moderna. Di fatto, fonti ebraiche attestano gli scandali provocati dal coinvolgimento di alcuni loro correligionari in rapporti omosessuali con altri soggetti della comunità; ciò avvenne, ad esempio, nel caso del figlio maggiore del famoso rabbino e intellettuale veneziano Leone Modena (1571-1648).[5] Benché in alcuni frangenti le accuse di sodomia non risultassero prive di fondamento, sembra che gli ebrei fossero particolarmente vulnerabili a imputazioni di questo tipo, a prescindere dalla loro effettiva colpevolezza o innocenza.[6] Ad esempio, in un caso ben documentato risalente ai primi anni Settanta del Quattrocento vari individui decisero di ricattare un facoltoso prestatore ebreo di Lucca minacciando di rivelare – se non avesse sborsato un'ingente somma di denaro – che aveva costretto un suo giovane servitore ad avere rapporti omosessuali con lui.[7] Nel 1485 un altro ricco ebreo di nome Isacco – figlio dell'importante banchiere Vitale da Pisa – venne arrestato a Firenze con l'accusa di intrattenere rapporti omosessuali oltre a quelli da lui consumati con donne cristiane. Il fatto che le accuse di cui Isacco fu oggetto facessero parte di una più vasta serie di imputazioni mosse contro quattordici membri della famiglia da Pisa dimostra quanto gli ebrei in vista fossero un facile bersaglio per chi intendesse accusarli di comportamenti sessuali illeciti.[8]

Salomone da Sessa non fu il primo ebreo nella Ferrara del Quattrocento a venire incriminato per questo tipo di trasgressione. Già nel 1429 un ebreo ferrarese di diciotto anni – Liucio di Leone – subì la stessa accusa. Il padre di Liucio si rivolse al marchese Niccolò III d'Este (1393-1441), padre del duca Ercole, lamentandosi che il figlio era stato ingiustamente accusato di sodomia «per pura invidia». Il marchese di Ferrara diede ascolto alla supplica, ordinando agli ufficiali di ignorare la denuncia contro Liucio e garantendogli un salvacondotto valido per tutto il territorio estense.[9]

4. Cfr. Rocke, *Forbidden Friendships*, pp. 77-78, e nota 186 a p. 278; Trevor Dean, *Sodomy in Renaissance Bologna*, in «Renaissance Studies», 31, 3 (2017), pp. 426-443, in particolare pp. 436-437; Dean, *Crime and Justice*, p. 143; Esposito, *Gli ebrei a Roma*, pp. 827-828 e Toaff, *Il vino e la carne*, pp. 18-20. Circa il Meridione della penisola, Shlomo Simonsohn afferma che nel XV secolo «la sodomia e la pederastia erano reati abbastanza comuni e gli ebrei in Sicilia li commettevano con una certa frequenza, a giudicare dal numero di casi noti, i quali probabilmente costituivano solo una parte del totale» (Simonsohn, *Between Scylla and Charybdis*, p. 502). A riguardo si veda anche ivi, pp. 265, 328-329, 503 e 566.

5. Cfr. Horowitz, *Families and Their Fortunes*, pp. 598-599.

6. Cfr. Bonfil, *Jews, Christians, and Sex*, soprattutto p. 104.

7. Cfr. Luzzati, *"Satis est quod tecum dormivit"*, pp. 261-263 e p. 277 con relative note 29-30.

8. Cfr. Luzzati, *Matrimoni e apostasia di Clemenza di Vitale di Pisa*, pp. 69-72 e 88-89. Isacco fu accusato di aver praticato la sodomia con uomini sia cristiani sia ebrei.

9. Si veda il decreto del marchese Niccolò III d'Este datato 8 aprile 1429 (ASMo, ASE, Cancelleria marchionale poi ducale Estense, Leggi e decreti, b. 4 [*Nicolai III epistolae et de-*

Il caso di Liucio ci aiuta a comprendere come le accuse di sodomia fossero talvolta mosse nei confronti di membri della comunità ebraica dai loro nemici, spinti ad agire così per antipatia o rivalità. Quanto a Salomone, sappiamo che egli non solo suscitava l'invidia e l'ostilità di soggetti che – come scrisse nella lettera a Pietro Gentile – si auguravano la sua rovina ma aveva anche lavorato con un noto sodomita: Ermes Flavio de Bonis, orafo e medaglista.[10]

Flavio, col quale Salomone aveva collaborato nel 1483, aveva in precedenza frequentato – a Roma – un gruppo di umanisti dichiaratamente favorevoli ai rapporti omosessuali.[11] Correva voce che nei primi anni Settanta del Quattrocento Flavio avesse intrattenuto rapporti sessuali con Alessandro Cinuzzi (1458-1474), un paggio allora quindicenne, e che nei carmi scritti in memoria del Cinuzzi – prematuramente scomparso – egli venisse indicato come il suo amante.[12] La pubblicazione di queste poesie scandalizzò i lettori, alcuni dei quali non esitarono poi a commentare che Ermes e i suoi amici – dediti a rapporti omosessuali coi ragazzi – «meritavano il rogo».[13]

Ermes Flavio non era il solo orafo su cui gravava il sospetto di prediligere rapporti sessuali con altri uomini. Nella Firenze del Rinascimento gli orafi erano – fra tutti gli artisti – quelli più soggetti alle accuse di sodomia; secondo Michael Rocke, mentre ventiquattro pittori e un solo scultore subirono l'accusa di sodomia in quella città, essa colpì ben quarantuno individui la cui principale occupazione era l'oreficeria.[14] All'inizio del Cinquecento, l'orafo e scultore Benvenuto Cellini subì un processo per aver praticato la sodomia con uno dei suoi assistenti di bottega. In quel caso l'accusa non era priva di fondamento; nei suoi scritti Cellini celebrava senza mezzi termini il desiderio omosessuale e a un certo punto decise anche di fare testamento a favore di uno dei suoi amati garzoni.[15]

creta 1419 ad 1441], c. 349) il cui contenuto è riassunto in Franceschini, *Presenza ebraica a Ferrara*, p. 138 (doc. 375).

10. Cfr. Rossi, *I medaglisti del Rinascimento alla corte di Mantova*, p. 26 e la lettera di Salomone da Sessa del 16 agosto 1491 a Pietro Gentile da Camerino in ASMn, AG, b. 1232, c. 233.

11. In merito alle voci che circolavano su questo gruppo, accusato di promuovere rapporti sessuali fra uomini, cfr. Anthony F. D'Elia, *A Sudden Terror: The Plot to Murder the Pope in Renaissance Rome*, Cambridge (MA), Harvard University Press, 2009, pp. 91-103.

12. Cfr. Wesche, *Lysippus Unveiled*, pp. 7-10 e Rossi, *I medaglisti del Rinascimento alla corte di Mantova*. Sulla raccolta di testi in memoria di Cinuzzi e questo genere letterario si veda anche Paul Oskar Kristeller, *The Alleged Ritual Murder of Simon of Trent (1475) and Its Literary Repercussions: A Bibliographical Study*, in «Proceedings of the American Academy for Jewish Research», 59 (1993), pp. 103-135, in particolare pp. 108-111.

13. Cfr. Pfisterer, *Lysippus und seine Freunde*, p. 428 e Campbell, *Review of Pfisterer, "Lysippus und seine Freunde"*, p. 106.

14. Cfr. Rocke, *Forbidden Friendships*, pp. 138-139. Per accuse di sodomia relative a degli orafi cfr. ivi, pp. 92-93 e 142. Rocke avverte che «in confronto ad altri mestieri, il numero e la percentuale di artisti e figure professionali a loro connesse risultano minimi» (ivi, p. 139). Eppure, come si evince dalla sua stessa disamina, le supposte tendenze omosessuali di artisti famosi venivano poste in risalto più rapidamente e su più vasta scala rispetto agli altri soggetti accusati di sodomia.

15. Cfr. Rossi, *The Writer and the Man*, pp. 175-179.

Apprendisti e assistenti spesso dormivano nella bottega del loro maestro, che talvolta diventava così teatro di avventure sessuali e aiutava a rafforzare il legame omoerotico fra un orafo e i suoi giovani impiegati.[16] Dal momento che le condizioni di lavoro nelle botteghe gestite da artisti ebrei non erano molto diverse da quelle riscontrabili presso i cristiani, Salomone da Sessa – al pari di Cellini – aveva degli assistenti al suo servizio; nel 1491, tre di questi garzoni ebrei vennero esentati dal coprifuoco imposto ai loro correligionari mantovani durante la Settimana Santa.[17] Dipendendo dai loro datori di lavoro, gli ebrei al servizio di maestri correligionari erano esposti alle stesse forme di sfruttamento sessuale dei pari grado cattolici.[18] Forse Salomone aveva approfittato di uno dei garzoni nella sua bottega. Ma anche se ciò non fosse accaduto, uno di quei giovani potrebbe averlo accusato di sodomia su istigazione di Bonaventura o di altri membri della comunità ebraica mantovana. L'altra accusa mossa allo stesso tempo contro Salomone (ossia la frode da lui tentata mentre lavorava alla collana d'oro commissionatagli da Francesco Gonzaga) – accusa probabilmente avanzata da qualcuno che aveva diretta conoscenza delle attività lavorative di questo artista – contribuisce a suggerire che almeno uno dei suoi assistenti ebrei partecipò al piano per farlo cadere in disgrazia.

Le pratiche sessuali illecite non erano limitate ai circoli artistici che Salomone e i suoi colleghi frequentavano;[19] esse risultano, infatti, attestate anche fra ebrei coi quali la sua famiglia intratteneva rapporti. Come abbiamo visto, una donna ebrea non sposata asserì di aver avuto una relazione con Mele da Sessa (padre di Salomone) ed essere stata da lui resa gravida poco prima che questi si unisse in matrimonio con Ricca Finzi.[20] Inoltre, sebbene i leader delle comunità ebraiche in Italia esprimessero ripetutamente il divieto di avere rapporti carnali con donne cristiane, gli uomini ebrei (incluso il cognato di Salomone, Davide Finzi) continuavano a essere sospettati di compiere reati di questo genere.[21]

16. Cfr. Margaret A. Gallucci, *Benvenuto Cellini: Sexuality, Masculinity, and Artistic Identity in Renaissance Italy*, Houndmills, Palgrave Macmillan, 2003, pp. 26-35. Si veda anche Douglas N. Dow, *Benvenuto Cellini's Bid for Membership in the Florentine Confraternity of San Giovanni Battista*, in «Confraternitas», 20, 1 (2009), pp. 2-10, in particolare p. 4.

17. Si veda la lettera di Isabella d'Este a Francesco Gonzaga del 22 marzo 1491 in ASMn, AG, b. 2904, lib. 136, c. 82v.

18. Cfr. Howard E. Adelman, *Servants and Sexuality: Seduction, Surrogacy, and Rape: Some Observations concerning Class, Gender, and Race in Early Modern Italian Jewish Families*, in *Gender and Judaism: The Transformation of Tradition*, a cura di Tamar M. Rudavsky, New York, NYU Press, 1995, pp. 81-97.

19. Oltre a Cellini, diversi altri artisti dell'epoca – basti pensare ai pittori Sandro Botticelli (1445-1510) e Leonardo da Vinci (1452-1519), per non parlare di Giovanni Bazzi (1477-1549), il quale si guadagnò un soprannome denigratorio come Il Sodoma – avevano la reputazione di condurre una illecita vita sessuale. In proposito cfr. James D. Saslow, *'A Veil of Ice between My Heart and the Fire': Michelangelo's Sexual Identity and Early Modern Construction of Homosexuality*, in «Genders», 2 (1988), pp. 135-148, in particolare p. 143.

20. Cfr. Luzzati, *Lo scudo della giustizia dei 'gentili'*, pp. 196-197. Per altri casi simili cfr. Adelman, *Servants and Sexuality*, pp. 81-97.

21. Cfr. Balletti, *Gli ebrei e gli estensi*, p. 43 nota 1 e Horowitz, *Families and Their Fortunes*, pp. 580-581 e 591.

Come in altre società ebraiche prima dell'epoca moderna, i comportamenti sessuali che non rispettavano gli ideali rabbinici venivano tollerati dagli ebrei italiani a patto che non contravvenissero all'ordine sociale costituito e non sfociassero nella violenza.[22] Se però l'ebreo dedito a rapporti omosessuali era un soggetto problematico che trasgrediva il codice etico della sua comunità, le tendenze omoerotiche potevano essergli rinfacciate e accadeva talvolta che gli altri ebrei finissero per accusarlo di crimini che non aveva commesso. Pertanto, se è – da un lato – del tutto probabile che Salomone abbia effettivamente praticato la sodomia prima del suo arresto, è d'altro canto lecito supporre che l'amicizia con Ermes Flavio (se tale davvero fu) abbia influenzato la sua immagine. All'interno di un simile contesto, il fatto che l'abile artista ebreo fosse stato un tempo in stretti rapporti con un medaglista la cui predilezione per i ragazzi adolescenti era ben nota rendeva più semplice prestar fede ad accuse del genere nei suoi confronti.

Come nel caso di Isacco (il figlio di Vitale da Pisa, arrestato per sodomia nel 1485), le accuse di sodomia avanzate contro Salomone da Sessa si univano strettamente a quelle mosse contro un altro membro della sua famiglia, ossia Angelo di Vitale, che – stando a quanto scritto da Eleonora d'Aragona nella sua missiva del 10 settembre 1491 – lavorava al servizio dell'orafo. Anche in questo simili a Isacco e suo padre, Salomone e Angelo dovevano difendersi da varie imputazioni che riflettevano l'ostilità di diversi ebrei nei loro confronti. Isacco e suo padre erano implicati in una serie di reati avvenuti dopo che Clemenza (sorella di Isacco) si era convertita al cristianesimo, un evento che aveva inferto un duro colpo all'immagine di questa famiglia nella comunità ebraica.[23] Quanto a Salomone, egli aveva già alluso al ruolo dei suoi nemici nel facilitare l'arresto di Angelo di Vitale nell'agosto 1491.[24] Due mesi dopo, l'orafo attribuì la propria incriminazione al risentimento degli ebrei mantovani contro di lui, aspetto connesso a un miracolo che riguardava una ragazzina di quella città lombarda.[25] Come suggerito nel quarto capitolo, forse si trattava della bambina il cui cadavere era stato scoperto il 22 marzo; sebbene il nesso fra Salomone e le indagini relative a questo caso non sia menzionato dai documenti giunti sino a noi, può darsi che egli abbia accusato uno o più ebrei mantovani di averla uccisa, esponendo così la locale popolazione ebraica al rischio di una tremenda "calunnia del sangue".

Il coinvolgimento di Bonaventura e altri ebrei nelle accuse mosse a Salomone rivela che l'orafo era senza dubbio ritenuto un individuo la cui condotta metteva a rischio la sicurezza di tutta la comunità ebraica; in altre parole, uno che – come aveva scritto Francesco Gonzaga nella lettera succitata – aveva commesso «errori molto enormi» a Mantova, al punto da «mettere sottosopra tuti li zudei che lì

22. Cfr. Yaron Ben-Naeh, *Moshko the Jew and His Gay Friends: Same-Sex Sexual Relations in Ottoman Jewish Society*, in «Journal of Early Modern History», 9, 2 (2005), pp. 79-105.

23. Cfr. Luzzati, *Matrimoni e apostasia di Clemenza di Vitale di Pisa*, in particolare pp. 70-72.

24. Si veda la lettera di Salomone da Sessa a Pietro Gentile da Camerino datata 16 agosto 1491 (ASMn, AG, b. 1232, c. 233).

25. Si vedano le lettere di Bernardino de' Prosperi e Francesco da Bagnacavallo a Isabella d'Este spedite il 10 ottobre 1491 in ASMn, AG, b. 1232, cc. 40 e 93.

sono».[26] Per stornare una simile minaccia, i capi della locale comunità ebraica decisero di consegnarlo alle autorità civili ferraresi e accusarlo di gravi reati, inclusa la sodomia. In altri casi di cui rimane la documentazione, come quello dell'ebreo romano Israele de' Piperno, le comunità ebraiche si comportavano in modo simile: esse cercavano, cioè, di stornare la minaccia posta da un correligionario particolarmente problematico accusandolo di sodomia e altri crimini.[27]

Nel 1486 Isacco – figlio di Vitale da Pisa – e i suoi facoltosi parenti riuscirono a pagare la multa inflitta per i reati contestatigli, fra i quali figurava (nel caso di Isacco) anche la sodomia. In quella circostanza Isacco e i suoi parenti non ebbero a subire altre conseguenze dalla vicenda giudiziaria; anzi, essi riuscirono presto a recuperare la loro vantaggiosa condizione di facoltosi banchieri ebrei. Fu così che, appena due anni dopo il processo, il padre di Isacco poté convincere Lorenzo de' Medici ad annullare il decreto di espulsione emesso contro gli ebrei a Firenze.[28] Come molti soggetti di alto lignaggio accusati di gravi crimini – o persino condannati – nell'Italia del Rinascimento, il ricco e ammanicato Isacco non dovette mai temere il massimo castigo previsto dalla pena. Ben diverso era il destino che si prospettava per Salomone da Sessa, il quale nel 1491 si vedeva gravato dai debiti e ritenuto colpevole di vari reati, tra i quali uno contro il potente marchese di Mantova e diversi contro i suoi correligionari.

Secondo Eleonora d'Aragona, Salomone era stato condannato soprattutto per sodomia; fra tutti i crimini a sfondo sessuale, questo era quello che più di ogni altro preoccupava le autorità civili.[29] Mentre nelle repubbliche di Firenze e Venezia esistevano specifici tribunali a cui era demandata la repressione della sodomia, a Ferrara – così come in varie altre capitali del nord Italia – i relativi procedimenti erano affidati a magistrati cui spettavano anche cause giudiziarie di diverso tipo. La differenza, tuttavia, è che mentre nel corso del XV secolo altri tribunali in svariate città italiane – ad esempio, la vicina Bologna – smisero gradualmente di condannare a morte i sodomiti, quello di Ferrara continuò a farlo.[30]

Sodomiti condannati a morte furono giustiziati nel 1447 e nel 1452; per la stessa colpa, il figlio del fabbro ("magnano") Bernardino venne decapitato nel

26. Si veda la lettera di Francesco Gonzaga a Eleonora d'Aragona del 7 settembre 1491 in ASMn, AG, b. 2904, lib. 139, c. 52v. Sulle comunità ebraiche i cui capi si rivolsero a tribunali civili per gestire la minaccia posta da loro correligionari che si comportavano in modo illegale cfr. Anna Esposito, *Conflitti interni alla comunità di Roma tra Quattro e Cinquecento*, in *Judei de Urbe. Roma e i suoi ebrei: Una storia secolare*, Atti del Convegno (Archivio di Stato di Roma, 7-9 novembre 2005), a cura di Marina Caffiero e Anna Esposito, Roma, Ministero per i beni e le attività culturali, 2011, pp. 69-79 in particolare pp. 72-73.

27. Come nel caso di Salomone, la sodomia non era l'unico reato di cui gli ebrei accusavano il loro correligionario Israele de' Piperno; cfr. Feci, *Tra il tribunale e il ghetto*, p. 586.

28. Cfr. Luzzati, *Matrimoni e apostasia di Clemenza di Vitale di Pisa*, pp. 69-71.

29. Cfr. Nicholas Terpstra, *Theory into Practice: Executions, Comforting, and Comforters in Renaissance Italy*, in *The Art of Executing Well: Rituals of Execution in Renaissance Italy*, a cura di Nicholas Terpstra, Kirksville (MI), Truman State University Press, 2008, pp. 118-158, in particolare pp. 122-124 e 130.

30. Cfr. Dean, *Sodomy in Renaissance Bologna*, p. 442 e Id., *Crime and Justice*, pp. 142-146.

1453. Un quarto individuo, condannato per sodomia eterosessuale, fu impiccato e poi arso al rogo nel 1454. Sempre a Ferrara, nel 1468, la pena capitale fu inflitta a un presunto sodomita.[31] Sebbene non si registri nessuna condanna a morte per sodomia nei primi due decenni in cui Ercole d'Este fu signore di Ferrara, la repressione di questo crimine si intensificò dopo che – nel 1490 – il duca elesse Gregorio Zampante (uomo dalla "tremenda efficienza") secondo Capitano di Giustizia.[32]

I cronisti ferraresi descrivono Zampante (originario di Lucca con alle spalle una carriera da podestà in varie parti d'Italia) come un funzionario che – nel gestire la giustizia – era solito minacciare, senza troppe esitazioni, il ricorso alla tortura (da lui stesso praticata volentieri), al fine di estorcere confessioni di colpevolezza da innocenti malcapitati.[33] Nell'ottobre del 1490, poco dopo l'entrata in carica di Zampante a Ferrara e un anno prima che Salomone venisse incriminato, un cortigiano del duca subì una condanna per aver «sotomitato uno ragazo del duca Hercule, che fu figliolo de messere Baldissera da Treviso cavaliero, et contra sua volontate». Per questo orrendo crimine il cortigiano venne costretto a pagare l'enorme somma di 300 ducati.[34] Nel giugno 1493 Zampante condannò al rogo due altri colpevoli di sodomia e solo l'intervento di Eleonora d'Aragona fece sì che Ercole d'Este impedisse la loro esecuzione.[35] Se l'interessamento di Eleonora salvò dal rogo questi due condannati per sodomia, nel 1497 – quando ormai la duchessa era scomparsa – altri due sodomiti vennero giudicati colpevoli e condannati al rogo, mentre un terzo fu decapitato.[36] A Ferrara la lotta alla sodomia si placò solo dopo la morte di Ercole d'Este nel 1505.[37]

31. Cfr. Maria Serena Mazzi, *"Gente a cui si fa notte innanzi sera": Esecuzioni capitali e potere nella Ferrara estense*, Roma, Viella, 2003, pp. 101-103 e 108.

32. Su Zampante e la sua mancanza di scrupoli cfr. Chambers, Dean, *Clean Hands and Rough Justice*, pp. 46 e 152-157.

33. Cfr. Matteo Provasi, *Il popolo ama il duca? Rivolta e consenso nella Ferrara estense*, Roma, Viella, 2011, pp. 93-123; Enrica Guerra, *Una eterna condanna: La figura del carnefice nella società tardomedievale*, Milano, FrancoAngeli, 2003, pp. 46-48 e Dean, *Crime and Justice*, p. 56.

34. Così scrive Caleffini, *Croniche*, 1471-1494, p. 767: «Havendo uno [...] curiale zentilhomo de Ferrara, sotomitato uno ragazo del duca Hercule, che fu figliolo de messere Baldissera da Treviso cavaliero, et contra sua volontate, ut dicitur, el duca statim gli mandò a dimandare ch'el pagasse trecento ducati d'oro».

35. Nella lettera da lei scritta a Ercole d'Este il 27 giugno 1493 (ASMo, ASE, Casa e Stato, b. 132), Eleonora d'Aragona criticò la condanna a morte decisa da Zampante e informò il duca che aveva dato ordine al Capitano di Giustizia di rinviare la punizione stabilita per i sodomiti condannati.

36. Cfr. l'edizione a cura di Giuseppe Pardi del *Diario ferrarese dall'anno 1409 sino al 1502 di autori incerti,* in *Rerum Italicarum Scriptores,* s. II, vol. XXIV, pt. 7:1, Bologna, Zanichelli, 1928, pp. 199-200. Quei tre individui furono condannati a morte dopo l'uccisione di Zampante e i proclami di ispirazione savonaroliana che il duca Ercole aveva emanato contro la sodomia e altri peccati durante la Quaresima del 1496. In proposito si vedano Mazzi, *"Gente a cui si fa notte innanzi sera"*, pp. 122-123 e Provasi, *Il popolo ama il duca?*, p. 106.

37. Secondo Davidson, *Theology, Nature, and the Law*, pp. 95-96, «a Ferrara il numero dei condannati a morte era simile a quello di Firenze: fra il 1441 e il 1577, solo nove dei 742 individui condannati a morte furono effettivamente giustiziati per sodomia». Ciò significa che solo un'esecuzione per sodomia ebbe luogo nei primi 75 anni del XVI secolo, invece degli otto casi registrati

Una volta ritenuto colpevole di sodomia Salomone da Sessa si trovò a dover affrontare una punizione fra le più severe, poiché – a differenza di Liucio di Leone, l'ebreo ferrarese accusato dello stesso crimine prima di lui – egli non era un adolescente.[38] A quell'epoca Salomone era già padre di due femmine e due maschi. Essendo un uomo sposato di oltre 34 anni al momento del suo arresto, sarebbe stato percepito come un sodomita abituale.[39] In quanto ebreo, la sua vita avrebbe avuto termine nel modo più doloroso previsto dal codice penale, ossia arso vivo. Questa era la pena spesso inflitta sia ai criminali ebrei sia ai sodomiti abituali; da ebreo e uomo sposato ritenuto colpevole di sodomia, era difficile immaginare che gli si prospettasse un'esecuzione meno dolorosa.[40] Gli uomini ebrei in età adulta condannati per sodomia erano ben consci di quale triste destino li attendesse e – comprensibilmente – ne avevano timore. Un ebreo di nome Natan, sottoposto a giudizio per sodomia – a Mantova – quindici anni dopo che Salomone era stato accusato, temette a tal punto l'esito del processo che si diede alla fuga. Natan fu poi ucciso nel settembre del 1506 dagli uomini del marchese che si erano messi sulle sue tracce.[41]

Sebbene non si siano conservati gli atti del processo relativo a Salomone,[42] l'accenno fatto da Eleonora d'Aragona al perdono concesso da suo marito all'orafo dimostra che questi venne effettivamente condannato a morte. Comunque sia, Zampante lo avrebbe con ogni probabilità indotto a credere che rischiava di morire. Tristemente noto per la pressione psicologica a cui sottoponeva gli accusati, Zampante era solito minacciarli della pena capitale, sebbene poi tendesse a commutare

per il Quattrocento; in proposito cfr. Mazzi, *"Gente a cui si fa notte innanzi sera"*, pp. 101-103, 108-109 e 122-123; Werner L. Gundersheimer, *Crime and Punishment in Ferrara, 1440-1500*, in *Violence and Civil Disorder in Italian Cities, 1200-1500*, a cura di Lauro Martines, Berkeley, University of California Press, 1972, pp. 104-128, in particolare p. 114. Da notare che tre di quegli otto casi avvennero negli ultimi anni di governo del duca Ercole.

38. Come Liucio, vari ragazzi ebrei accusati di sodomia a Palermo nel 1471 vennero alle fine rilasciati, senza subire alcuna punizione: cfr. Simonsohn, *Between Scylla and Charybdis*, p. 503.

39. Circa l'importanza assunta dall'età e dallo stato civile dei singoli individui nella lotta alla sodomia cfr. Rocke, *Forbidden Friendships*, pp. 14-15 e 112-132 e Dean, *Crime and Justice*, p. 142. Il trentaduesimo anno di età era comunemente ritenuto «un fondamentale momento di svolta nella vita sessuale dei maschi», dopo il quale diventava assai difficile per loro liberarsi del desiderio di avere rapporti con soggetti del loro stesso sesso; in proposito cfr. Rocke, *Forbidden Friendships*, pp. 39-40 e 117-118. Nato fra il 1452 e il 1457 (come riferito in Borgolotto, *Mele di Salomone da Sessa*, p. 150), nel 1491 Salomone doveva avere fra i 34 e i 39 anni.

40. Cfr. Adriano Prosperi, *Delitto e perdono. La pena di morte nell'orizzonte mentale dell'Europa cristiana, XIV-XVIII secolo*, Torino, Einaudi, 2016, pp. 164-165.

41. Cfr. Antonio Bertolotti, *Prigioni e prigionieri in Mantova dal secolo XIII al secolo XIX*, Roma, Tipografia delle Mantellate, 1888, p. 65.

42. Sulla quasi totale scomparsa degli atti giudiziari ferraresi per questo periodo cfr. Ghirardo, *The Topography of Prostitution*, pp. 408 e 425. Per un esempio di microstoria basato sullo spoglio di documenti che aiutano a formulare conclusioni su rapporti intimi fra persone dello stesso sesso, cfr. Brown, *Immodest Acts*. Si vedano anche gli appunti mossi a questo studio in Rudolph M. Bell, *The 'Lesbian' Nun of Judith Brown: A Different Conclusion*, in «Renaissance Quarterly», 40, 3 (1987), pp. 485-503 e Magnússon e Szijártó, *What Is Microhistory?*, p. 55.

la pena di morte in cospicue multe.[43] Anche nel caso di Salomone è probabile che Zampante lo abbia condannato a morte con l'intenzione di ridurre poi questa sentenza, convertendola in un'ammenda pecuniaria. Tuttavia, date le sue precarie condizioni economiche, l'orafo non sarebbe stato in grado di pagare una multa di diverse centinaia di ducati, come aveva invece fatto quel non meglio identificato cortigiano del duca Ercole nel 1490.[44] Quando i criminali non riuscivano a pagare entro la data prevista le somme loro imposte come ammenda, essi venivano puniti con l'amputazione di un arto;[45] nel caso di Salomone, si tratta di una pena che gli avrebbe impedito di lavorare, determinando la completa rovina della sua famiglia. D'altro canto, una lunga detenzione in carcere, fino a quando non fosse riuscito ad accumulare la somma richiesta, lo avrebbe ugualmente tenuto lontano dalla sua bottega, sortendo così gli stessi effetti disastrosi.

In un'epoca in cui solo una piccola percentuale fra i condannati a morte salivano effettivamente sul patibolo, il profilo sociale di Salomone corrispondeva a quello dei criminali che – di fatto – finivano davvero per essere giustiziati in pubblico.[46] Si trattava di un soggetto – per così dire – "fuori dal coro", nato in una località diversa da quella in cui veniva sottoposto a giudizio. Privo delle risorse economiche che gli avrebbero permesso di negoziare una riduzione della pena, egli apparteneva inoltre a una debole minoranza (quella ebraica) dalla quale non poteva, tuttavia, aspettarsi aiuto, poiché Bonaventura e altri ebrei influenti – favoriti dal marchese di Mantova – miravano proprio allo scopo opposto.

Possiamo solo immaginare in che stato di angoscia si trovasse Salomone non appena ascoltata la sentenza. A differenza di quasi tutti gli altri soggetti nella sua stessa condizione, l'orafo non poteva avvalersi del conforto prestato dalle pie confraternite; i loro membri, infatti, consolavano solo i criminali di fede cristiana. Ci sarebbero voluti più di due decenni prima che la confraternita ebraica di Gmilut Hasadim, preposta a gestire anche questo compito insieme ad altre attività caritatevoli, si stabilisse a Ferrara.[47] In una circostanza così infelice, a Salomone venne offerta la possibilità di salvarsi acconsentendo al battesimo.

Non era – questa – la prima volta che un ebreo italiano riusciva a evitare la pena di morte, inflittagli per sodomia, convertendosi al cristianesimo. Circostanze

43. Cfr. Provasi, *Il popolo ama il duca?*, pp. 105-108. Si vedano anche Chambers e Dean, *Clean Hands and Rough Justice*, pp. 153-155 e Dean, *Crime and Justice*, p. 56.

44. Cfr. Caleffini, *Croniche, 1471-1494*, p. 767.

45. Cfr. Edward Muir, *Ritual in Early Modern Europe*, Cambridge, Cambridge University Press, 1997, p. 109 e Chambers e Dean, *Clean Hands and Rough Justice*, pp. 73-75.

46. Per questo profilo cfr. Terpstra, *Theory into Practice*, pp. 118-159, in particolare pp. 122 e 131. Lo stesso vale per altre regioni europee; cfr. Pieter Spierenburg, *The Spectacle of Suffering: Execution and the Evolution of Repression from a Preindustrial Metropolis to the European Experience*, Cambridge, Cambridge University Press, 1984, pp. 169-175.

47. Sulle confraternite dedite al conforto dei condannati nell'Italia del Quattrocento (e sull'istituzione di una confraternita ebraica a Ferrara con lo stesso compito nel secolo successivo) cfr. Prosperi, *Delitto e perdono*, pp. 124-153. Sulla storia di quest'ultima confraternita cfr. Elliott Horowitz, *Jewish Confraternity Piety in Sixteenth-Century Ferrara: Continuity and Change*, in *The Politics of Ritual Kinship: Confraternities and Social Order in Early Modern Italy*, a cura di Nicholas Terpstra, Cambridge, Cambridge University Press, 2000, pp. 150-171.

simili avevano indotto al battesimo Samuel ben Nissim Farachio, un altro ebreo importante vissuto nella seconda metà del Quattrocento.[48] Battezzato nel 1470 col nome di Guglielmo Raimondo Moncada, Farachio divenne in seguito noto come Flavio Mitridate (1450-1483). Gli eruditi ebrei quali Abraham ben Mordecai Farissol (1452 - ca. 1528), residente a Ferrara, erano a conoscenza sia della conversione di Moncada sia del discorso, da lui tenuto a Roma nel 1481, con cui aveva ripudiato il giudaismo a favore del cristianesimo.[49] Moncada – che al pari di Salomone ha lasciato un segno nella cultura italiana del Rinascimento – era noto per le sue tendenze omosessuali e l'apostasia non pose fine ai suoi problemi con la giustizia.[50] Una volta convertitosi, Moncada pretese favori sessuali da un adolescente in cambio di traduzioni di testi ebraici per Giovanni Pico della Mirandola (1463-1494); accenni al tema del "bel ragazzo" (נער יפה) compaiono negli incisi e nelle note delle sue versioni.[51]

Le preferenze e le pratiche sessuali di Salomone non risultano attestate in alcun documento, a differenza di quelle di Moncada.[52] Contrariamente al più celebre orafo Cellini – che allude al suo processo per sodomia nel resoconto autobiografico da lui composto – il protagonista della nostra vicenda non ha lasciato nessuna testimonianza scritta in proposito.[53] Non sappiamo con certezza se le accuse mosse a Salomone fossero infondate oppure rispecchiassero davvero un suo coinvolgimento in relazioni omosessuali; ad ogni modo, risulta chiaro che la sua condanna per sodomia – a seguito di un'indagine spietata condotta da Zampante – costituisce il motivo per cui decise di farsi cristiano.[54]

Il palese risentimento contro il Capitano di Giustizia ferrarese nutrito da un altro ebreo da poco convertitosi mette in risalto il rapporto che intercorre fra le brutali procedure messe in atto da Zampante per ottenere la condanna degli imputati e la loro conversione. Cinque anni dopo il processo a Salomone,

48. In merito alle tendenze sessuali di Moncada, pare che «siano state l'origine dei suoi 'guai'», come scrive Simonsohn, *Between Scylla and Charybdis*, pp. 502-503.

49. Per gli appunti mossi da Farissol alle opinioni religiose di Moncada, cfr. Ruderman, *The World of a Renaissance Jew*, pp. 44-45.

50. Cfr. Shlomo Simonsohn, *Guglielmo Raimondo Moncada, un converso alla convergenza di tre culture: ebraica, cristiana e islamica*, in *Guglielmo Raimondo Moncada alias Flavio Mitridate. Un ebreo converso siciliano*, a cura di Mauro Perani, Palermo, Officina di studi medievali, 2008, pp. 23-32, in particolare pp. 23-24. Simonsohn fa notare che dopo la sua conversione Moncada fu accusato di aver commesso dei reati a Roma nel 1482 e venne nuovamente incarcerato a Viterbo nel 1489.

51. Come sottolinea Chaim Wirszubski, *Pico della Mirandola's Encounter with Jewish Mysticism*, Cambridge (MA), Harvard University Press, 1989, pp. 72-73 e 114-115.

52. Ciò risulta vero di molti artisti accusati di pratiche omosessuali nell'Europa della prima età moderna; si veda, in proposito, il saggio di Katlijne Van der Stighelen e Jonas Roelens, *Made in Heaven, Burned in Hell: The Trial of the Sodomite Sculptor Hiëronymus Duquesnoy (1602-1654)*, in *Facts and Feelings: Retracing Emotions of Artists, 1600-1800*, a cura di Hennelore Magnus e Katlijne Van der Stighelen, Turnhout, Brepols, 2015, pp. 99-135, in particolare pp. 114-116.

53. Su Cellini si veda Rossi, *The Writer and the Man*, pp. 176-178.

54. Luzio e Renier, *Il lusso di Isabella d'Este*, pp. 45-46, riferiscono solo che Salomone fu costretto a convertirsi per evitare una severa punizione ma non affermano in modo esplicito che avesse subito una condanna per sodomia.

questo neofita partecipò al piano per assassinare Zampante insieme ad altri due individui che volevano punire quel funzionario per la sua crudeltà. Probabilmente sottoposto a tortura per confessare qualche grave crimine, la cui pena fu annullata allorché acconsentì a convertirsi, questo ebreo battezzato si vendicò progettando l'omicidio di Zampante.[55]

Nel tardo XV secolo, quando sia il futuro assassino di Zampante sia Salomone da Sessa avevano accettato di farsi battezzare, le conversioni degli ebrei al cristianesimo nella penisola italiana risultavano ancora abbastanza rare. Fu solo dopo il quarto decennio del Cinquecento che – grazie agli sforzi sistematici fatti dalla Chiesa per facilitare il battesimo degli ebrei – questo fenomeno divenne assai più comune nell'Italia del centro e del nord.[56] È tuttavia degno di nota che Salomone non fu il primo membro della sua famiglia ad aver accettato di battezzarsi nel corso del Quattrocento. Tre decenni prima, lo zio materno – Angelo (†1466), figlio di Stella e Giuseppe Finzi – ricevette il battesimo a Lendinara. Angelo (che era l'unico fratello di Ricca, madre di Salomone) si convertì nel 1462 insieme alla moglie e al fonte battesimale prese il nome di Arcangelo Maria.

Se gli eventi che portarono alla conversione di Angelo Finzi restano avvolti nel mistero, è invece noto che il padre (Giuseppe) lasciò Lendinara – dove aveva per molti anni gestito il banco – all'incirca in corrispondenza del battesimo del figlio.[57] L'improvvisa partenza di Giuseppe Finzi induce a sospettare che la conversione di Angelo fosse dovuta a un qualche scandalo, in cui forse anche il padre era coinvolto. Che Angelo Finzi, non diversamente dal nipote Salomone, fosse stato costretto a convertirsi con la forza è inoltre suggerito dal nome che egli assunse da battezzato: Arcangelo Maria. Pur attestando la propria adesione al cattolicesimo conservò parte del nome originario; questa scelta onomastica rivela il desiderio di non abbandonare del tutto la precedente identità.[58]

La legge ebraica considerava un apostata chi si fosse convertito al cristianesimo e i suoi parenti dovevano piangerlo come morto. Tuttavia, nell'Italia del Quattrocento i neofiti mantenevano spesso contatti coi loro ex correligionari, insieme ai quali continuavano a gestire affari.[59] Anche nel caso di Angelo/Arcangelo Maria, il

55. Sui tre assassini di Zampante cfr. Provasi, *Il popolo ama il duca?*, pp. 113-144.

56. Si vedano Stow, *Taxation, Community, and State*, pp. 66-70 e Segre, *Neophytes during the Italian Counter-Reformation*, p. 132. Sulle conversioni di ebrei nell'Italia del Quattrocento cfr. Tamar Herzig, *Rethinking Jewish Conversion to Christianity in Renaissance Italy*, in *Renaissance Religions*, a cura di Nicholas Terpstra, Peter Howard e Riccardo Saccenti, Turnhout, Brepols, 2001, pp. 63-79.

57. Cfr. Traniello, *Gli ebrei e le piccole città*, pp. 110-111, 151, 160-169, 172-173, 209 e 266.

58. Per la scelta di un nome di battesimo che conservasse almeno in parte l'identità originaria del neofita, cfr. Francesco Renda, *La fine del giudaismo siciliano: ebrei, marrani e inquisizione spagnola prima, durante e dopo la cacciata del 1492*, Palermo, Sellerio, 1993, pp. 149-150. "Angelo" era uno fra i nomi più comuni dati a ragazzi ebrei e si accompagnava spesso all'ebraico "Mordecai"; cfr. Kenneth Stow, *Italy, Jews of*, in *Encyclopedia of Jewish Folklore and Traditions*, a cura di Haya Bar-Itzhak, London, Routledge, 2013, pp. 270-272, in particolare p. 272.

59. Cfr. Esposito, *Un'altra Roma*, pp. 154-157 e Toaff, *Il vino e la carne*, pp. 196-197. Per il XVI secolo cfr. Kenneth R. Stow, *A Tale of Uncertainties: Converts in the Roman Ghetto*,

padre non interruppe i rapporti con lui. Anzi, al convertito venne affidato il compito di raccogliere i crediti ancora spettanti al padre dopo che questi aveva lasciato Lendinara.[60] È inoltre possibile che il neofita sia rimasto ancora in rapporto con la sorella Ricca, che all'epoca della sua conversione era vedova e madre di diversi figli.

Benché Salomone fosse solo un bambino quando lo zio si convertì, sembra plausibile ritenere che la madre gli abbia riferito dell'apostasia del suo unico fratello.[61] Dopo il suo trasferimento nella capitale del ducato estense verso la fine degli anni Ottanta del Quattrocento, l'orafo deve aver appreso della conversione di suo zio anche dagli ebrei residenti a Ferrara, ossia l'ultimo luogo dove Arcangelo Maria si recò prima che la morte lo cogliesse nel 1466 e dove tanto lui quanto il padre – Giuseppe – erano personaggi noti. Salomone deve quindi essere venuto a sapere che, dopo il battesimo, Arcangelo Maria non solo restò in contatto con il proprio padre (ebreo) ma divenne amico di vari cristiani del posto, i quali si affrettarono ad aiutare la moglie e il figlio di lui dopo la sua improvvisa scomparsa.[62] Alla luce di quanto appena detto, forse la prospettiva di una conversione può essere apparsa meno triste.

È stato suggerito che sapere dell'apostasia compiuta da parenti, amici o membri influenti della propria comunità poteva indurre potenziali neofiti ad accettare più facilmente il ricorso forzato al battesimo.[63] Considerate le circostanze, il fatto che Salomone sapesse della conversione di suo zio può aver reso meno complicata la scelta di imitarlo. Pertanto, se da un lato alcuni ebrei, posti davanti alla pena di morte, rimasero fermi nella decisione di non convertirsi – pur sapendo bene che accettando il battesimo avrebbero, se non altro, subìto una morte meno dolorosa (e persino, in diversi casi, salvato la pelle, a seconda del tipo di leggi adottate dai governanti locali)[64] – il nipote di Arcangelo Maria acconsentì all'apostasia. Può darsi, quindi, che Salomone guardasse al battesimo come all'opportunità di ricominciare da capo, senza doversi staccare del tutto da parenti e amici ebrei (come, infatti, nemmeno suo zio aveva fatto dopo la conversione) e rendendosi gradito a

in *Shlomo Simonsohn Jubilee Volume: Studies on the History of the Jews in the Middle Ages and Renaissance Period*, a cura di Daniel Carpi, Tel Aviv, Tel Aviv University Press, 1993, pp. 257-281, in particolare pp. 260-266.

60. Cfr. Traniello, *Gli ebrei e le piccole città*, pp. 172-176, 269, 276 ed Ead., *Ebrei in Polesine nel XV secolo*, pp. 130-131.

61. Ad Arcangelo Maria sopravvissero la moglie e il figlio (Ludovico), che continuarono a vivere a Lendinara – da cristiani – dopo la sua morte nel 1466. Nessuno dei due risulta menzionato nel testamento di Ricca che reca la data 15 settembre 1485 (ASBo, Fondo notarile, serie Curialti Matteo di Bologna, filza 8, c. 61). È opportuno però ribadire che nemmeno i suoi parenti di origine ebraica (eccetto Salomone e il figlio Graziadio) compaiono in tale documento.

62. Arcangelo Maria morì appena tornato da un viaggio d'affari a Ferrara; cfr. Traniello, *Gli ebrei e le piccole città*, pp. 174-175. Si veda anche ivi, pp. 172-173, 176, 269, 276 e Franceschini, *Presenza ebraica a Ferrara*, pp. 157, 169, 175, 180, 233-234, 239, 243, 245 (documenti 429, 462, 478-479, 495, 551, 620, 629-630, 643, 649).

63. Cfr. il saggio (in ebraico) di Shalom M. Sadik, *Between Ashkenaz and Sefarad: The Ideological Apostate*, in «Hebrew Union College Annual», 82-83 (2011-2012), pp. 61-78, in particolare p. 76.

64. Cfr. Prosperi, *La Chiesa e gli ebrei*, p. 178.

influenti mecenati cristiani. Infine, ma non meno importante, vi era la speranza di risolvere i propri problemi economici.

Come avverrà per i due sodomiti che Zampante avrebbe condannato a morte nel 1493, anche nel caso di Salomone – nel 1491 – Eleonora d'Aragona intervenne affinché fosse concesso il perdono. Lo si desume dalla lettera che scrisse a sua figlia, datata 10 settembre 1491, in cui accenna al ruolo da lei assunto in prima persona per ottenere dal duca Ercole che il povero artista venisse perdonato.[65] La duchessa – vale a dire, il principale mecenate di Salomone fin dal 1487 – desiderava che "il suo orefice" (come lei era solita definirlo) fosse lasciato vivo e in libertà. Altri prìncipi del Rinascimento e i loro congiunti (compresa Isabella d'Este) talvolta intervenivano a favore di artisti al loro servizio che si trovavano ad essere accusati di gravi crimini, riconoscendone in tal modo lo straordinario talento. L'abilità artistica di Benvenuto Cellini, ad esempio, gli permise di evitare le pene previste non solo per la sodomia ma anche per altri reati, non meno seri. È noto come – avendo sentito del coinvolgimento di Cellini in un omicidio – il suo mecenate papa Paolo III (sul soglio pontificio dal 1534 al 1549) asserì che non doveva essere severamente punito giacché uomini come Benvenuto, straordinari nella loro professione, non andavano sottoposti alla legge.[66] Il caso di Salomone, tuttavia, era diverso. La duchessa di Ferrara non desiderava ottenere il perdono per lui solo affinché questi continuasse a produrle gioielli straordinari. Eleonora mirava a un premio che si sarebbe dimostrato davvero eterno: assicurare la conversione dell'orafo alla religione cristiana.

65. Mi riferisco alla lettera inviata da Eleonora d'Aragona a Isabella d'Este il 10 settembre 1491 in ASMn, AG, b. 1185, c. 194.

66. Passo citato in Rossi, *The Writer and the Man*, p. 183; si veda anche ivi, pp. 166-168. Quando Bartolomeo Tromboncino – musicista di corte di Isabella d'Este – fu condannato per l'omicidio della moglie, la marchesa invocò per lui il perdono, affermando che si trattava di un brav'uomo nonché dotato di talento; cfr. Isabella d'Este, *Selected Letters*, p. 132.

7. Conversioni: volontarie e forzate

Secondo un'antica convinzione teologica, il sacramento del battesimo assolveva i convertiti dai loro precedenti peccati. Si riteneva che il marchio indelebile del battesimo avrebbe trasformato il neofita in una persona nuova, procurando un cambio di identità sancito dall'assunzione di un nome cristiano.[1] Ma se il battesimo implicava sempre una rinascita spirituale, ciò non valeva necessariamente per la salvezza fisica. Di fatto, sia i teologi cristiani sia i canonisti tenevano distinti il destino dell'anima da quello del corpo, assicurando il primo al controllo della Chiesa e lasciando il secondo alle autorità secolari, alle quali era deputato il potere di punire chiunque avesse messo in pericolo la pace o l'ordine nei loro stati.[2] Ai prìncipi regnanti spettava decidere se assolvere – come atto di grazia – gli ebrei condannati che accettavano di farsi battezzare; ma non erano certo costretti a concedere l'assoluzione.[3]

Negli anni Quaranta del XVI secolo papa Paolo III (sul soglio pontificio dal 1534 al 1549) adottò diverse misure finalizzate a favorire le conversioni al cristianesimo, inclusi vari tipi di incentivi materiali a quanti decidessero di abbracciare la religione cattolica.[4] Il cardinale Guglielmo Sirleto (1514-1585) – il primo del

1. Cfr. Caffiero, *Battesimi forzati*, pp. 272-273 e Cristina Galasso, *Alle origini di una comunità. Ebree ed ebrei a Livorno nel Seicento*, Firenze, Olschki, 2001, pp. 114-115. Si vedano anche Adriano Prosperi, *Battesimo e identità cristiana nella prima età moderna*, in *Salvezza delle anime, disciplina dei corpi: Un seminario sulla storia del battesimo*, a cura di Adriano Prosperi, Pisa, Edizioni della Normale, 2004, pp. 1-65, in particolare pp. 53-55.

2. Questa differenza è alla base dell'atteggiamento tenuto dalla Chiesa in merito alla condanna a morte di criminali cristiani pentiti dei loro peccati. In proposito si veda Adriano Prosperi, *Morire volentieri: Condannati a morte e sacramenti*, in *Misericordie: Conversioni sotto il patibolo tra Medioevo ed età moderna*, a cura di Adriano Prosperi, Pisa, Edizioni della Normale, 2007, pp. 3-54.

3. Per lo stesso motivo, in merito alle implicazioni secolari del battesimo di schiavi non cristiani in Africa e in America, i teologi cattolici erano disposti ad ammettere che tale sacramento non comportava – dal punto di vista legale – la loro liberazione; quest'ultima dipendeva solo dalla volontà dei loro padroni. A riguardo si veda Adriano Prosperi, *L'abiura dell'eretico e la conversione del criminale: prime linee di ricerca*, in *Schiavitù e conversioni nel Mediterraneo*, a cura di Giovanna Fiume, num. monogr. di «Quaderni storici», 42, 3 (2007), pp. 719-729.

4. Cfr. Peter A. Mazur, *Combating 'Mohammedan Indecency': The Baptism of Muslim Slaves in Spanish Naples, 1563-1667*, in «Journal of Early Modern History», 13, 1 (2009), pp. 25-48, in particolare pp. 41-42.

suo rango a diventare protettore di neofiti e catecumeni – promise il perdono a vari criminali ebrei qualora avessero rinunciato al giudaismo.[5] Malgrado il ripetersi di espressioni favorevoli in tal senso, né alla metà né alla fine del Cinquecento assolvere i criminali ebrei disposti a farsi battezzare divenne la prassi ufficiale della Chiesa. Anzi, nel 1558 Marquardo Susanna (†1578), autore di uno fra i primi compendi di norme relative agli ebrei, affermò che – a detta dei più – il battesimo *non* dovesse portare all'assoluzione di un criminale ebreo già condannato. A sostegno di tale parere egli citò l'autorevole giurista rinascimentale Filippo Decio (1454-1535), pur ammettendo che esistevano interpretazioni diverse in proposito.[6]

Sebbene il perdono di delinquenti ebrei a seguito del loro battesimo non divenne mai la prassi ufficiale della Chiesa, nel corso del XV secolo un numero crescente di autorità civili nel centro e nord Italia si impegnò a far sì che gli ebrei condannati si convertissero. I magistrati offrivano l'alternativa del battesimo non solo ai malfattori ebrei condannati per reati che prevedevano la pena di morte ma anche a criminali passibili di essere puniti con mutilazioni o ammende pecuniarie.[7] Tale propensione riflette l'importanza allora attribuita alla conversione degli ebrei (aspetto fondamentale del piano divino per la salvezza del genere umano)[8] e il crescente impegno profuso dalle classi dirigenti nel XV secolo per fornire pubblica dimostrazione della loro pietà cristiana.[9] Pertanto, se nel Trecento le autorità veneziane insistevano affinché i criminali ebrei venissero condannati a morte seppur convertitisi al cristianesimo,[10] negli anni Quaranta del secolo successivo l'accettazione del battesimo consentì a dei malviventi ebrei nella città lagunare di non essere puniti per aver stuprato alcune giovani cristiane, reato per il quale difficilmente sarebbero stati assolti dei cattolici.[11]

Gli ebrei residenti in città governate da prìncipi disposti al perdono dei condannati che si fossero convertiti conoscevano senza dubbio tale prassi. Un ebreo di Cremona – città sottoposta al ducato di Milano – tentò persino di manipolarla a proprio vantaggio. Nel 1465 egli si rivolse a un funzionario ducale chiedendogli di accusarlo di un reato passibile della pena di morte. L'ebreo chiese espressa-

5. Cfr. Mazur, *Conversion to Catholicism in Early Modern Italy*, pp. 22-23. Sul perdono di ebrei condannati in età post-tridentina cfr. anche Segre, *Neophytes during the Italian Counter-Reformation*, p. 132; Pullan, *The Jews of Europe and the Inquisition of Venice*, pp. 271-272 e Aron-Beller, *Jews on Trial*, p. 165.

6. Cfr. Marquardus De Susannis, *Tractatus de Iudaeis et aliis infidelibus circa concernentia originem contractuum, bella, foedera, ultimas voluntates, iudicia, & delicta Iudaeorum & aliorum infidelium, & eorum conversiones ad fidem*, Venezia, Cominus de Tridino, 1558, pp. 139-140 e la disamina in Stow, *Catholic Thought*, pp. 171-183.

7. Come già avvenuto a Firenze nel 1463 e nel 1472; cfr. Delcorno, *Corruzione e conversione*, pp. 281-282 e Luzzati, *"Satis est quod tecum dormivit"*, pp. 262-263.

8. Stow, *Catholic Thought*, pp. xix-xxiv e Bonfil, *An Infant's Missionary Sermon*, p. 155.

9. Su questi tentativi cfr. Gabriella Zarri, *Pietà e profezia alle corti padane: Le pie consigliere dei principi*, in *Il Rinascimento nelle corti padane: Società e cultura*, a cura di Paolo Rossi, Bari, De Donato, 1977, pp. 201-237.

10. Nel 1392, a Venezia, un ebreo venne condannato e morì per impiccagione pur avendo ricevuto il battesimo; cfr. Mueller, *The Jewish Moneylenders of Late Trecento Venice*, p. 211.

11. Cfr. Ruggiero, *The Boundaries of Eros*, p. 88.

mente che il duca di Milano gli rifiutasse la grazia per i presunti reati commessi a meno che lui e la sua famiglia non si convertissero al cristianesimo; il motivo – come egli spiegò – era che in tal modo sua moglie (sino ad allora contraria a farsi battezzare insieme a lui) sarebbe stata finalmente costretta ad acconsentire.[12]

Ad ogni modo, non tutti i tribunali del tardo Quattrocento erano disposti a concedere la grazia ai malviventi ebrei che ricevevano il battesimo. Alcuni si rifiutavano di distinguere tra la conversione di criminali ebrei da un lato e, dall'altro, quella dei cristiani che – a loro volta colpevoli – si dicevano pentiti dei peccati commessi. Dal punto di vista teologico, la *conversio* riguardava non solo il passaggio da una fede non-cristiana al cattolicesimo ma anche la ricerca di un rapporto più profondo con la religione a cui si era stati introdotti sin dalla nascita. Si riteneva, quindi, che un ebreo liberatosi dalle tenebre in cui sino ad allora era vissuto per abbracciare finalmente il cristianesimo avesse attuato una *conversio* simile a quella di un peccatore cattolico che si era lasciato alle spalle una vita depravata.[13]

Come dimostrato da Adriano Prosperi, il clero cattolico era pronto a sfidare le autorità secolari per quanto riguardava il diritto al pentimento dei malfattori condannati; così facendo la Chiesa non permetteva al potere laico di estendere alla vita eterna le sentenze stabilite dai tribunali di questo mondo. Preoccupate del destino che attendeva le anime dei condannati, le autorità ecclesiastiche miravano a fornire loro l'occasione di una morte degna e, pertanto, di entrare in paradiso. Tuttavia, salvare – attraverso la concessione della grazia – il corpo dei cristiani condannati per i loro crimini rimase prerogativa dello Stato. Inoltre, per quanto le autorità e le magistrature laiche spesso concedessero ai rei pentiti una morte meno dolorosa, raramente annullavano le pene capitali da loro stesse comminate.[14]

Il caso di un tribunale deciso a trattare allo stesso modo dei delinquenti da sempre cristiani un malvivente ebreo battezzatosi si verificò a Bologna proprio quando Salomone da Sessa abitava in quella città. Nel 1473 un ebreo ritenuto colpevole di aver messo in circolazione monete false venne giustiziato, anche se aveva ricevuto il battesimo.[15] I tribunali che agivano come fece quello bolognese, tuttavia, rischiavano di attirare su di sé uno scandalo per aver offeso il sacramento del battesimo, giacché quest'ultimo doveva – di fatto – rendere diversi i malfattori

12. La mia analisi di questo caso si fonda sul documento edito da Simonsohn, *The Jews in the Duchy of Milan*, vol. I, pp. 391-392 (doc. 904, in cui il nome dell'ebreo non viene menzionato). Sul perdono concesso a criminali condannati nel ducato di Milano (prima che gli ebrei venissero ufficialmente espulsi dal territorio sforzesco) se acconsentivano al battesimo si veda anche ivi, vol. I, pp. 553-554 (documenti 1317-1318).

13. Cfr. David Kling, *Conversion to Christianity*, in *The Oxford Handbook of Religious Conversion*, a cura di Lewis R. Rambo e Charles E. Farhadian, Oxford, Oxford University Press, 2014, pp. 598-631, in particolare pp. 614-616. Si veda anche Katznelson e Rubin, *Introduction*, p. 4.

14. Cfr. Adriano Prosperi, *Consolation or Condemnation: The Debates on Withholding Sacraments from Prisoners*, in *The Art of Executing Well*, pp. 98-117 e l'analisi di lunga durata sulle esecuzioni in pubblico e il rapporto Chiesa-Stato nell'Occidente cristiano svolta in Prosperi, *Delitto e perdono*, pp. 40-90.

15. Cfr. Rinaldi, *Topografia documentaria*, p. 65. Sulle esecuzioni – a Bologna – di criminali cristiani pentitisi dei propri reati cfr. Terpstra, *Theory into Practice*, pp. 118-158.

ebrei battezzati rispetto ai criminali che sostenevano di aver intrapreso una *conversio*. È appunto quello che accadde a Roma nel 1486, quando la decisione di farsi battezzare da parte di un condannato a morte ebreo non valse a evitargli la pena capitale. Negli ultimi istanti della sua vita, dopo aver ricevuto il battesimo, egli si rifiutò di venerare il crocifisso. Tale gesto venne riferito da un cronista, il quale sottolineò che era evidentemente intenzione di quell'uomo morire da ebreo.[16]

I benefici, sul piano repressivo, derivanti dall'esecuzione di questo convertito romano vennero così annullati dal danno recato a quella che l'opinione pubblica considerava la validità del sacramento battesimale: quest'ultimo avrebbe infatti dovuto cancellare, nel condannato, la sua ostinazione tipicamente ebraica. Uno scandalo come quello occorso a Roma appena cinque anni prima che si battezzasse Salomone da Sessa poteva essere evitato concedendo la grazia e poi rilasciando i neofiti subito dopo il loro battesimo. In tal modo il rito sacramentale – piuttosto che un'esecuzione – si sarebbe impresso nella memoria come l'ultimo atto pubblico relativo a quegli individui. Appunto questa divenne la strategia preferita a Ferrara mentre Eleonora d'Aragona ed Ercole d'Este tenevano le redini dello Stato.

Come altri uomini di potere del Rinascimento, il duca Ercole considerava le esecuzioni in pubblico una drammatica lezione di giustizia utile a rafforzare la sua immagine di principe regnante per volere divino.[17] Perlopiù evitava di rimettere in libertà delinquenti cristiani che si erano pentiti; quando, però, il condannato era un ebreo, il duca considerava la possibilità di concedergli la grazia in cambio del battesimo. Invece di quel "teatro del terrore" proprio delle condanne a morte emesse da un tribunale per manifestare il potere punitivo del sovrano,[18] in quei casi Ercole preferiva fornire una pubblica dimostrazione della sua abilità a incrementare il numero di anime cristiane promuovendo le conversioni dal giudaismo.

Già nel 1481 il duca Ercole aveva concesso la grazia a un ladro ebreo condannato all'impiccagione che si era detto disposto a convertirsi pur di scampare alla pena capitale.[19] Nel suo diario il ferrarese Bernardino Zambotti (particolarmente attivo fra il 1476 e il 1504) così descrive il battesimo di questo ebreo, avvenuto nel duomo della sua città:

> La domenega, in la festa de la Annunciatione de la Nostra Donna, uno Zodio fu baptizato dal vicario del vescho enanti al Crucifixo, il quale havea robbato molto robbe e hera condennato a la forcha. E lui disse che, s'el ge hera donata la vita, che se baptizaria. E cusì fece, e fuge messo nome Jacomo e fu vestido de biancho.[20]

16. Cfr. *Pope Alexander VI and His Court: Extracts from the Latin Diary of Johannes Burchardus*, a cura di F.L. Glaser, New York, Nicholas Brown, 1921, p. 21, citato in Esposito, *Gli ebrei a Roma*, p. 843 nota 108.

17. Cfr. Adriano Prosperi, *Statistiche criminali italiane d'antico regime*, in «Annali della Scuola Normale Superiore di Pisa. Classe di Lettere e Filosofia», 5ª serie, 3, 2 (2011), pp. 497-525, in particolare pp. 511-521.

18. Si veda Michel Foucault, *Discipline and Punish: The Birth of the Prison*, trad. inglese di Alan Sheridan, New York, Vintage Books, 1975, pp. 32-69 (trad. it., *Sorvegliare e punire. Nascita della prigione*, trad. di A. Tarchetti, Torino, Einaudi, 2014).

19. Cfr. Ruderman, *The World of a Renaissance Jew*, pp. 21-22.

20. Cito da Zambotti, *Diario ferrarese*, p. 87.

Come molti altri spettatori ferraresi di questo evento, Zambotti sapeva bene che Giacomo aveva deciso di farsi battezzare per avere salva la vita. Pur tuttavia, le bianche vesti da lui indossate e il nome cristiano che egli accettò di ricevere davanti al crocifisso rappresentavano la rinascita spirituale di questo delinquente ebreo grazie all'efficacia del rito battesimale, ossia del sacramento ricevuto. Il duca Ercole, che aveva accettato di assolverlo, trasformò in tal modo la conversione di un ebreo ormai a un passo dalla morte in una dimostrazione pubblica della propria pietà cristiana. Quando – una decina d'anni dopo il battesimo di Giacomo – la moglie di Ercole gli chiese di concedere la grazia al suo orafo preferito (a sua volta disposto a battezzarsi) il duca fu lieto di soddisfare tale richiesta.

La condanna e la successiva apostasia del giudaismo da parte di Salomone da Sessa si verificarono in un periodo durante il quale Eleonora d'Aragona ed Ercole d'Este seguivano le vicende non soltanto sue ma anche di un'altra possibile convertita. Si trattava di una ragazza di 16 o 17 anni della quale le fonti rimaste non rivelano il nome ebraico. Figlia degli ebrei ferraresi Stella ed Elia Caio, caduti in disgrazia, venne infine battezzata il 9 ottobre, durante la stessa cerimonia con cui Salomone ricevette il battesimo.[21] Siccome le storie delle loro conversioni sono intrecciate, ci volgeremo adesso a ricostruire la vicenda di questa giovane ebrea sino al momento in cui ricevette il battesimo insieme allo sfortunato orafo.

Nei primi di luglio del 1491 un cristiano che si diceva innamorato della figlia dei Caio decise – insieme a una loro vicina di nome Magnana – di far scappare di casa la ragazza, così da permetterle di convertirsi e sposarsi con lui; a tal fine, si fece anche aiutare da uno dei suoi servi.[22] Si trattava, dunque, di una fuga premeditata, tant'è vero che al momento di scappare dai genitori la ragazza portò via con sé «certe robe cioè quella poca faculta havevano».[23] È noto come altre ragazze ebree innamorate di giovani cristiani o che volevano sottrarsi a fidanzamenti indesiderati sottraessero – fuggendo di casa – oggetti di valore, inclusi quelli che i loro genitori avevano messo da parte per la dote.[24]

Com'era allora consueto, la ragazza venne alloggiata in casa di un importante cittadino ferrarese per salvaguardare il proprio onore.[25] L'abitazione prescelta a tal fine fu quella del giurista Daniele degli Obizzi (o Obici, †1504) e sua moglie Antonia (n. 1433), appartenente alla nobile famiglia dei Bevilacqua.[26] Facoltoso

21. Secondo Bernardino de' Prosperi, la ragazza – di cui descrisse il battesimo nella sua lettera a Isabella d'Este del 10 ottobre 1491 (ASMn, AG, b. 1232, c. 40) – aveva all'epoca circa diciassette anni.

22. La vicenda è riassunta da Franceschini, *Presenza ebraica*, pp. 438-439 (documenti 1302 e 1304), il quale tuttavia omette alcuni dettagli fondamentali.

23. Così riferiscono Elia e Stella Caio nella lettera inviata al duca Ercole d'Este il 21 agosto 1491 (ASMo, ASE, Archivi per materie: Ebrei, b. 19/A, c. 32), accennando a «certe robe cioè quella poca faculta havevano, che lei portò via».

24. Cfr. Aron-Beller, *Jews on Trial*, p. 174.

25. Su questa misura comunemente adottata si vedano Bowd, *The Conversion of Margarita*, p. 147 e Segre, *Neophytes during the Italian Counter-Reformation*, p. 135.

26. Su Daniele, Antonia e le rispettive famiglie, cfr. Zambotti, *Diario ferrarese*, p. 85 e nota 9 a p. 191; Antonio Frizzi, *Memorie storiche della nobile famiglia Bevilacqua*, Parma,

aristocratico ferrarese ed ex segretario ducale, Daniele era un caro amico e collaboratore di Gregorio Zampante, il Capitano di Giustizia che solo poche settimane dopo avrebbe interrogato Salomone in quel processo poi sfociato nel suo battesimo.[27]

Stella ed Elia si rivolsero subito ad Eleonora d'Aragona, affermando che la loro figlia era stata condotta a forza («trafugata») nella casa di Daniele. La duchessa diede quindi ordine al vicario episcopale e all'inquisitore di Ferrara affinché facessero luce sulla vicenda.[28] Incaricò, inoltre, Filippo Cestarelli (Giudice de' XII Savi, ossia capo del consiglio comunale) di organizzare un incontro fra la coppia di ebrei e la figlia.[29] Affidare a Cestarelli il preciso compito di assistere Elia e Stella si rivelò, tuttavia, una scelta particolarmente infelice a causa dell'aperta inimicizia che lo contrapponeva a Daniele degli Obizzi. Poco prima, in quello stesso mese, i due avevano concorso per il posto di Giudice de' XII Savi ed era palese l'insoddisfazione di Daniele per la scelta del duca, che aveva premiato il suo rivale.[30] Non stupisce, quindi, che Cestarelli abbia intenzionalmente ignorato la richiesta di far incontrare i Caio con la loro figlia.

Per due volte i genitori vennero allontanati dalla residenza di Daniele degli Obizzi. Quando, al terzo tentativo, riuscirono a entrarvi, il ricco mercante Gaspare delle Frutte fece sì che alcune donne cristiane dissuadessero la ragazza dal parlare con loro.[31] Nel frattempo, con grandi schiamazzi, i servitori di Daniele ingiungevano a Stella ed Elia di stare lontani dalla figlia. Alla fine, Daniele permise ai genitori di parlarle attraverso una finestra aperta. Temendo per la propria vita, ma spinti da «zelo de amore», essi si avvicinarono alla finestra, come era stato detto loro di fare; a quel punto, tuttavia, intervenne Antonia (moglie di Daniele), la quale provò a fermarli, dicendo di sapere che Elia aveva un coltello e avrebbe provato a uccidere la figlia per impedirle di farsi cristiana. Ecco cosa riferisce una lettera scritta a nome dei Caio subito dopo questo drammatico incontro:

> Tutavia el patre e la matre de la puta per zelo de amore desiderosi de vederla andando verso quella, se li afferrò la Dona de dicto M.r Daniele, dicendo che non voleva, e che li era sta dicto ch'el patre havea uno cultelo soto e che la scanaria. Et el povereto se spolgiò

Reale Stamperia, 1779, pp. 60-61; Tuohy, *Herculean Ferrara*, p. 129 e Folin, *Rinascimento estense*, pp. 144 e 199.

27. Per lo stretto rapporto che intercorreva fra Daniele e Zampante cfr. Provasi, *Il popolo ama il duca?*, p. 107.

28. Lettera inviata da Elia e Stella Caio al duca Ercole d'Este il 21 agosto 1491 (ASMo, ASE, Archivi per materie: Ebrei, b. 19/A, c. 329).

29. Cestarelli – ricco mercante di legname – era stato in precedenza Fattore Generale, ossia la massima carica alla corte estense per quanto concerneva l'amministrazione delle finanze. Il duca lo aveva eletto a capo del consiglio comunale ferrarese appena pochi giorni prima, ossia il 13 luglio, in seguito alla morte di Galeazzo Trotti, il precedente Giudice de' XII Savi. In proposito si vedano Zambotti, *Diario Ferrarese*, pp. 160 e 222; Tuohy, *Herculean Ferrara*, pp. 27-28 e 33; Folin, *Finte stigmate*, p. 221.

30. Zampante – fido compare di Daniele – aveva cercato invano di impedire che Cestarelli ottenesse quella carica; cfr. Provasi, *Il popolo ama il duca?*, pp. 106-107.

31. Su Gaspare delle Frutte (o De le Frutte), cfr. Tuohy, *Herculean Ferrara*, pp. xxxi, 132-133 e 361.

e monstròli che non havea cultelo. E anche comenzò poi a dire che non volevano che la matre se li accostesse che li manzaria el naso, et furno comenzati da dicte deshoneste persone ad urtare, e calefare, pur dicta matre comenzò a parlare ala figliola, et subito ambo due veneno in lachrime, et dixe la figliola che havea facto questo perché lei non havea de che vivere in casa loro sono pane et aqua et in grandissimo desasio. Et subito dicto Gasparo cum furia intrò in la camera et aserò la fenestra.[32]

Nell'Italia dell'epoca sfregiare il viso era una punizione inflitta, in particolare, a donne che avevano violato le norme di comportamento sessuale previste dalla comunità; in tal modo, infatti, si mirava a renderle indesiderabili da parte degli uomini, privandole della loro bellezza.[33] Accusando Stella Caio di voler strappare il naso della figlia a morsi, Antonia Bevilacqua mostrava di sapere quanto la comunità ebraica ritenesse gravi i rapporti sessuali fra le donne ebree e gli uomini cristiani, ossia quello che le autorità rabbiniche avevano tradizionalmente considerato il motivo principale per cui le ebree rinunciavano al giudaismo.[34] In altre parole, con la sua accusa Antonia intendeva suggerire che la madre della ragazza avrebbe cercato di punirla per aver violato il tabù della loro comunità, rendendola orrenda agli occhi di quell'uomo il cui desiderio di prenderla con sé l'aveva indotta alla decisione di abbandonare la propria fede.

Secondo la versione dei fatti fornita dai genitori erano altri i motivi per i quali la ragazza aveva deciso di fuggire di casa, ossia le difficoltà economiche. Una volta sentita la giovane affermare, attraverso la finestra aperta, che il suo desiderio di convertirsi scaturiva dalla povertà in cui versava la famiglia, Daniele degli Obizzi impedì a Stella e a Elia di continuare a parlarle. Nel far ciò venne aiutato da Gaspare delle Frutte e Antonio Maria Guarnieri, Fattore Generale di Ercole d'Este.[35] Come Daniele degli Obizzi, Guarnieri era un noto nemico di Cestarelli, l'uomo incaricato di aiutare gli sventurati genitori.[36]

Indifesi al cospetto di due tra i funzionari più potenti di Ferrara, Stella ed Elia si allontanarono dalla casa di Daniele degli Obizzi e il 29 luglio fecero

32. Lettera inviata da Elia e Stella Caio alla duchessa Eleonora d'Aragona il 29 luglio 1491 (ASMo, ASE, Archivi per materie: Ebrei, b. 19/A, c. 33).

33. Cfr. Donald Weinstein, *The Captain's Concubine: Love, Honor, and Violence in Renaissance Tuscany*, Baltimore, Johns Hopkins University Press, 2000, pp. 58-61 e Muir, *Ritual in Early Modern Europe*, p. 109.

34. Cfr. David Joshua Malkiel, *Jews and Apostates in Medieval Europe: Boundaries Real and Imagined*, in «Past and Present» 194, 1 (2007), pp. 3-34, in particolare p. 31.

35. Su Antonio Maria Guarnieri (o Guarniero) e la sua ascesa a ruoli di spicco nell'amministrazione dei beni di Ercole d'Este si vedano Giulio Bertoni, *Nuovi studi su Matteo Maria Boiardo*, Bologna, Nicola Zanichelli, 1904, pp. 29-30; Tuohy, *Herculean Ferrara*, pp. 286 e 440; Adolfo Venturi, *L'arte ferrarese nel periodo d'Ercole I d'Este*, in «Atti e Memorie della R. Deputazione di Storia Patria per le Provincie di Romagna», 3ª serie, 6 (1887-1888), pp. 91-119, in particolare pp. 113-114. Per la rovina a cui andò incontro nel 1502, cfr. Guido Guerzoni, *Le corti estensi e la devoluzione di Ferrara del 1598*, Ferrara, Archivio Storico di Ferrara, 1999, p. 147.

36. Marco Folin, *Un ampliamento urbano della prima età moderna. L'Addizione Erculea di Ferrara*, in *Sistole/Diastole. Episodi di trasformazione urbana nell'Italia delle città*, Venezia, Istituto Veneto di Scienze, Lettere e Arti, 2006, pp. 51-174, in particolare pp. 123-124 e 127-128. Si veda anche Id., *Rinascimento estense*, p. 144.

mettere per iscritto la loro versione dei fatti, inviandola a Eleonora d'Aragona. Nella supplica, probabilmente vergata da un dotto esponente della comunità ebraica, i genitori ribadirono il desiderio di appurare se davvero la figlia volesse convertirsi al cristianesimo. Se le cose stavano effettivamente così – essi dichiaravano – si sarebbero detti soddisfatti ma erano convinti che la stessa duchessa, in ottemperanza alla legge cristiana, si sarebbe opposta a una conversione subìta dalla ragazza e, dunque, contraria alla sua volontà. I due ebrei si lamentavano che la loro figlia – fintantoché restava nelle mani di Daniele degli Obizzi e dei suoi complici – non avrebbe potuto manifestare le proprie sincere intenzioni. Chiesero quindi a Eleonora di far trasferire la ragazza in un luogo dove potessero parlare con lei «in lingua nostra», ossia in idioma giudeo-ferrarese.[37] Promisero che non avrebbero fatto pressione sulla figlia e si dissero inoltre disposti – qualora la duchessa lo ritenesse opportuno – ad avere un ecclesiastico presente al loro incontro.[38]

La richiesta dei Caio venne ignorata da Eleonora d'Aragona. Non fu mai concesso loro di vedere il resoconto sulla fuga della figlia, che la duchessa aveva ingiunto all'inquisitore ferrarese di preparare, e vennero dissuasi a forza di minacce dall'avvicinarsi alla casa dove la ragazza era stata trasferita. In preda alla disperazione, la coppia si rivolse direttamente al duca Ercole. Una supplica a loro nome fu inviata il 21 agosto 1491 (solo pochi giorni prima che Salomone da Sessa venisse arrestato a Ferrara) rammentando al duca l'importanza attribuita dai teologi cristiani all'esercizio del libero arbitrio in questioni di coscienza, compresa la conversione religiosa. Fintantoché la ragazza restava soggetta alle pressioni esercitate da Daniele degli Obizzi, dai suoi servitori e dagli amici potenti che questi vantava non era possibile per lei riflettere a fondo sulla propria conversione. Per tale motivo i genitori pregarono che Ercole d'Este la mettesse «in uno Monastiero o in altro loco mediocre che liberamente li potessemo parlare da nui et lei, et che intendessemo la volunta sua essere de farse Christiana non diressemo altro».[39] Se veniva costretta a convertirsi, il duca doveva intervenire, onde evitare che altre ragazze ebree fossero rapite e, una volta alla mercè dei rapitori, costrette a battezzarsi.

A quel punto, Elia e Stella devono avere ormai capito che un ritorno della loro figlia era assai poco probabile. Più di un mese era trascorso dalla sua fuga e vari importanti aristocratici ferraresi avevano deciso che doveva battezzarsi. Mentre nella precedente lettera alla duchessa la coppia non aveva fatto menzione dei beni trafugati dalla figlia, nella loro missiva al duca essi promisero che non

37. Sul giudeo-ferrarese cfr. Vittore Colorni, *La parlata degli ebrei mantovani*, in Id., *Judaica Minora*, pp. 579-636, in particolare pp. 626-627. Come altri idiomi giudeo-italiani si trattava essenzialmente del dialetto ferrarese preservato nella sua forma arcaica con l'aggiunta di termini ebraici e altri di origine italiana meridionale; cfr. Simonsohn, *History of the Jews in the Duchy of Mantua*, p. 618.

38. Si veda la lettera inviata da Elia e Stella Caio alla duchessa Eleonora d'Aragona il 29 luglio 1491 (ASMo, ASE, Archivi per materie: Ebrei, b. 19/A, c. 33) in cui si afferma: «Etiam cum presentia di qualche religioso s'el pare a Vostra Excellenza che sia in quello loco purché nui li potremo parlare in lingua nostra».

39. Cito dalla lettera di Stella ed Elia Caio al duca Ercole d'Este del 21 agosto 1491 (ASMo, ASE, Archivi per materie: Ebrei, b. 19/A, c. 32).

avrebbero più tentato di dissuaderla dal battesimo, a patto che lei esprimesse sinceramente la sua volontà, oltre a restituire quanto aveva portato via da casa.[40]

Ercole d'Este non permise più ai Caio di avvicinarsi alla figlia. Come nel caso di Salomone da Sessa, il duca si schierava apertamente dalla parte della moglie e del caloroso sostegno che essa forniva al tentativo di incrementare il numero dei convertiti ebrei. Un mese e mezzo dopo che Stella ed Elia avevano inviato la lettera al duca, la loro figlia fu solennemente battezzata nel duomo di Ferrara insieme a Salomone e al figlio maggiore di questi. La duchessa Eleonora in persona si offrì di procurare i vestiti che la ragazza avrebbe indossato alla cerimonia battesimale e Antonia – moglie di Daniele degli Obizzi – fu ricompensata degli sforzi profusi affinché la ragazza si convertisse quando a quest'ultima venne dato Anna Antonia come nuovo nome cristiano in onore della sua indefessa benefattrice.[41]

Le lettere inviate su richiesta di Elia e Stella Caio intendevano rammentare a Eleonora d'Aragona ed Ercole d'Este l'importanza del libero arbitrio nella scelta della conversione; si trattava di un aspetto basilare della relativa teoria cristiana sin da quando – nel V secolo – sant'Agostino aveva asserito che non si può credere davvero se non si vuole credere. In sintonia con questo Padre della Chiesa, i teologi cattolici ribadirono più volte che una conversione forzata non può ritenersi valida.[42] Mostrando una sorprendente conoscenza della posizione teologica in merito alla conversione cristiana, la seconda lettera spedita a nome dei Caio sosteneva che la *conversio* doveva essere interiore, libera da imposizioni esterne. Malgrado ciò, secondo la duchessa Eleonora e il duca Ercole impedire a una ragazza scappata di casa di parlare coi suoi genitori o sottoporla a varie forme di persuasione non si configurava come un tipo di pressione tale da invalidare la sua scelta di battezzarsi.

40. Si veda ancora la lettera di Stella ed Elia Caio al duca Ercole d'Este del 21 agosto 1491 (ASMo, ASE, Archivi per materie: Ebrei, b. 19/A, c. 32).

41. Il battesimo di Anna Antonia è descritto da Girolamo Magnanino nella sua lettera a Isabella d'Este del 10 ottobre 1491 (ASMn, AG, b. 1232, c. 167)

42. In genere le autorità ecclesiastiche ritenevano nulle le conversioni imposte con la forza e in alcuni casi acconsentirono a reintegrare nella loro precedente condizione gli ebrei costretti al battesimo (ad esempio, durante i massacri del 1096 nella valle del Reno o dopo la cacciata degli ebrei dalla Spagna nel 1492 o dal Portogallo nel 1497). In proposito si vedano Katznelson e Rubin, *Introduction*, pp. 8-9 e Mazur, *Conversion to Catholicism in Early Modern Italy*, pp. 19-20.

8. Giustizia principesca e pietà cristiana

Evidentemente convertire gli ebrei figurava tra le priorità della duchessa di Ferrara nell'estate del 1491. Appena alcuni giorni dopo che i Caio avevano spedito la loro ultima supplica al duca Ercole, la moglie di questi si assicurò che il suo orafo preferito si battezzasse. Fatto ciò, il 10 settembre si rivolse alla figlia – Isabella – pregandola che convincesse Francesco Gonzaga a graziare Angelo (parente di Salomone) in cambio del suo battesimo, il che «serà doppio acquisto».[1]

Sapendo che solo una conversione frutto di libera scelta poteva ritenersi valida dal punto di vista religioso, Eleonora coscienziosamente annota che Salomone «s'è pentito e deliberato farse christiano et la excellentia de lo illustrissimo signore Duca nostro consorte ha pensato perdonargli».[2] Nel suo racconto la clemenza del duca si manifesta dopo il sincero cambiamento occorso nell'animo dell'orafo, piuttosto che indurlo alla decisione di convertirsi. Venendo invece a parlare della conversione di Angelo di Vitale, Eleonora si limita a riferire che il malvivente ebreo «anchor lui s'è convertito e se vuole far christiano».[3] Secondo la duchessa già questo basterebbe a giustificare la grazia, poiché la sua esecuzione pubblica comporterebbe la "perdita" di un'anima cristiana da poco acquisita. È chiaro che, dal punto di vista teologico, un ragionamento del genere non regge, dato che – a proposito di anime – solo un peccato mortale (non la morte fisica) costituisce una perdita.

I teologi cattolici di quell'epoca, infatti, non soltanto ritenevano che l'esecuzione pubblica di un cristiano non comportasse la "perdita" della sua anima ma descrivevano anche l'attimo in cui l'autorità giudiziaria uccideva un criminale pentito come quello in cui una nuova anima nasceva in paradiso.[4] Le successive lettere della duchessa di Ferrara dimostrano quanto lei avesse presente la diffe-

1. Cito dalla lettera di Eleonora d'Aragona a Isabella d'Este del 10 settembre 1491 (ASMn, AG, b. 1185, c. 194).

2. Si veda la succitata lettera di Eleonora d'Aragona a Isabella d'Este (ASMn, AG, b. 1185, c. 194) in cui ella afferma: «Cognoscendo lo errore suo dicto Salamone il s'è pentito, e deliberato farse christiano et la excellentia de lo illustrissimo signore Duca nostro consorte ha pensato perdonargli».

3. Si veda ancora la medesima lettera (ASMn, AG, b. 1185, c. 194).

4. Cfr. Adriano Prosperi, *Conversion on the Scaffold: Italian Practices in European Context*, in *Space and Conversion in Global Perspective*, a cura di Giuseppe Marcocci, Aliocha Maldavsky, Wietse de Boer e Ilaria Pavan, Leiden, Brill, 2014, pp. 44-60, in particolare p. 51.

renza – predicata dalla dottrina ortodossa – tra il destino cui andava incontro il corpo di un criminale giustiziato e quello della sua anima.[5] Tuttavia, nella missiva inviata alla figlia, Eleonora bada soprattutto alle conseguenze pratiche della conversione, in particolar modo i possibili vantaggi derivanti dallo spettacolo di un ebreo che sceglie di abbracciare il cristianesimo.[6]

Fatto sta che il giorno stesso in cui Eleonora scrisse quella lettera a Isabella il marchese di Mantova ratificò la condanna a morte di Angelo, ordinando – inoltre – che fosse giustiziato per impiccagione.[7] Al momento Francesco Gonzaga non si trovava a Mantova bensì in viaggio per Venezia. Ad ogni modo, l'esecuzione non ebbe luogo perché presto si diffuse la voce che il colpevole aveva ricevuto il battesimo in carcere.[8] Il prete incaricato della cerimonia presso la cappella dei carcerati era Don Benedetto Mastino, arcidiacono di Mantova.[9] Probabilmente Isabella stessa fu coinvolta nella scelta di Don Mastino per il battesimo dell'ebreo in prigione; nel 1491 si rivolse all'arcidiacono anche per altre delicate questioni che richiedevano l'intervento di un sacerdote.[10]

Il 15 settembre Isabella fece come sua madre le aveva chiesto e scrisse al marito, pregandolo che concedesse la grazia ad Angelo di Vitale.[11] In sintonia con quanto scritto nella lettera di Eleonora del 10 settembre, sottolineò come suo padre avesse già graziato Salomone da Sessa (dopo che questi aveva acconsentito al battesimo) «per guadagnare l'anima sua»; chiedeva, quindi, a Francesco di dimostrarsi clemente con Angelo poiché anche quest'ultimo si era pentito dei propri peccati e desiderava «vivere da homo da bene et bono christiano». La colta marchesa aggiungeva che risparmiare la vita di un criminale ebreo costituiva un atto misericordioso, in ossequio a una tradizione risalente a Cristo stesso. A sostegno di questa sua affermazione ella citava (in latino) Ezechiele 33:11, che recita «Nolo mortem peccatoris sed ut convertatur et vivat» («Non voglio la

5. Si veda la lettera di Eleonora d'Aragona a Ercole d'Este datata 11 ottobre 1491 (ASMo, ASE, Casa e Stato, b. 132) discussa *infra*, cap. 9.

6. Cfr. la lettera di Eleonora d'Aragona a Isabella d'Este del 10 settembre 1491 (ASMn, AG, b. 1185, c. 194).

7. Si veda la lettera di Francesco Gonzaga a Ermolao Bardolini del 10 settembre 1491 (ASMn, AG, b. 2904, lib. 139, c. 56r).

8. La succitata missiva di Francesco Gonzaga a Ermolao Bardolini del 10 settembre 1491 (ASMn, AG, b. 2904, lib. 139, c. 56r) fu spedita da Marmirolo ed Eleonora d'Aragona accenna alla sua partenza per Venezia nella lettera da lei scritta a Isabella d'Este quello stesso giorno (ASMn, AG, b. 1185, c. 194). Sui frequenti viaggi intrapresi da Francesco nei primi anni del suo matrimonio cfr. Molly Bourne, *Francesco II Gonzaga: The Soldier-Prince as Patron*, Roma, Bulzoni, 2008, pp. 37-38. Per il ritardo nel mettere in atto la condanna comminata ad Angelo si veda Chambers e Dean, *Clean Hands and Rough Justice*, pp. 243-244.

9. Si vedano la lettera di Antimaco a Francesco Gonzaga del 25 settembre 1491 (ASMn, AG, b. 2440, c. 70) e quella di Don Benedetto Mastino – il giorno successivo – al medesimo destinatario (ASMn, AG, b. 2440, c. 502).

10. Solo poche settimane prima Isabella si era rivolta a Mastino affinché questi aiutasse una donna, la quale non poteva più sopportare di vivere con un marito violento che la picchiava; cfr. Isabella d'Este, *Selected Letters*, p. 45.

11. Un accenno a questa lettera si trova in Luzio e Renier, *Il lusso di Isabella d'Este*, pp. 45-46.

morte del peccatore ma che si converta e viva»).[12] Inteso alla lettera, il versetto biblico significava che – dopo la conversione – il peccatore deve continuare a vivere, ma in modo diverso, come un'altra persona. Nel medioevo, però, i teologi avevano offerto un'interpretazione capziosa, come a indicare che le autorità secolari potevano giustiziare i condannati a patto che permettessero a quelle ecclesiastiche di impedire la loro seconda (e ben più terribile) morte, ossia quella dell'anima. Il termine *vivat* era in tal modo riferito alla condizione in cui si trovava l'anima del condannato, vale a dire quella vita eterna garantita da una sincera conversione, indipendentemente dalla pubblica esecuzione che aveva posto fine all'esistenza terrena del malfattore.[13]

Il modo in cui Isabella intendeva quel passo delle Scritture risultava quindi più fedele al suo significato originale rispetto all'interpretazione comunemente offerta dai teologi nel XV secolo. Governando Mantova insieme al marito, ella poteva esprimersi pubblicamente in favore di un condannato e intervenire in questioni relative all'amministrazione della giustizia temporale.[14] Era appunto questa la prerogativa che si trovava a esercitare quando chiese al proprio consorte di concedere la grazia ad Angelo e revocare, così, la sua condanna a morte.

Fatto sta che nel momento stesso in cui Isabella inviava la lettera al marito, questi ne stava mandando una al podestà di Mantova. Il marchese Francesco riferiva di aver ricevuto delle lamentele dai rappresentanti della comunità ebraica mantovana; si trattava di lamentele (da lui fatte pervenire a Ermolao Bardolini) relative al ritardo nell'eseguire la condanna a morte di Angelo per impiccagione. Come quasi tutte le lettere di questo tipo, il testo vergato dagli «hebrei nostri de Mantue»[15] non è conservato insieme alle copie della sua corrispondenza.[16] Eppure, la lettera di Francesco dimostra chiaramente come i membri più in vista della comunità ebraica a Mantova non solo avessero accusato Angelo di Vitale ma desiderassero vedere eseguita la sua condanna a morte.

12. Si veda la lettera Isabella d'Este a Francesco Gonzaga del 15 settembre 1491 (ASMn, AG, b. 2991, lib. 1, c. 44r) che così recita: «Io ho recevuto adesso lettere da lo Illustrissimo Signore mio padre, per le qualle me conforta che io voglia intercedere gratia da la Signoria Vostra per la vita de Angelo hebreo detenuto qua, doppo che 'l se vole fare christiano, perché Sua Excellentia l'ha etiam perdonata a Salomone da Sesso quale è in questa medesma deliberatione, per guadagnare l'anima sua, essendose acorto del errore suo, et promettendo de volere vivere da homo da bene et bono christiano. Sicché supplico ala Excellentia Vostra se digni donarme la vita de questo Angelo et in questo imitare lo illustrissimo Signore mio padre essendo opera pietosa, et institutione de Christo, qual disse, *nolo mortem peccatoris, sed ut convertatur, et vivat*» (mio il corsivo).

13. Si vedano Prosperi, *Delitto e perdono*, pp. 154-155 e Vincenzo Lavenia, *Eretici sentenziati e 'reincorporati'. Sacramenti, grazia e conforto in alcune norme delle Inquisizioni,* in *Misericordie,* pp. 153-187, in particolare p. 180.

14. Sul ruolo di governo svolto da Isabella a Mantova accanto al marito cfr. Cockram, *Isabella d'Este and Francesco Gonzaga*, pp. 49-86.

15. Si veda la lettera di Francesco Gonzaga a Ermolao Bardolini del 15 settembre 1491 (ASMn, AG, b. 2904, lib. 139, c. 60v) in cui egli impiega, appunto, la formula «Li hebrei nostri de Mantue».

16. Cfr. Cockram, *Isabella d'Este and Francesco Gonzaga*, p. 33.

Le prove a nostra disposizione, però, suggeriscono uno scenario diverso. Risulta, infatti, difficile credere che una tale ostilità fosse dovuta ai reati che Angelo confessò sotto tortura, cioè il furto ai danni di un altro ebreo, il commercio di oggetti rubati e il rapporto avuto con una donna cristiana. Sembra, piuttosto, richiamare la percezione del parente di Angelo (Salomone), come una minaccia per la comunità degli ebrei di Mantova. Non è chiaro se Angelo si fosse attirato addosso una simile nomea per dei reati commessi o solo per il rapporto che lo legava a Salomone. Comunque sia, sfumata (grazie al perdono concesso dal duca Ercole d'Este) la speranza che Salomone pagasse con la propria vita per i reati di cui si era macchiato – e che, a Mantova, avevano messo «sottosopra tuti li zudei» –[17] Bonaventura e altre eminenti figure della comunità ebraica locale erano decisi a evitare che pure Angelo la facesse franca.

A tal fine, i più autorevoli fra gli ebrei di Mantova inviarono una missiva al marchese Francesco informandolo che era comparso un certo *procuratore* (ossia, un rappresentante legale) a nome di Angelo, il quale aveva asserito che quest'ultimo doveva aver salva la vita, poiché – in quanto neofita – era adesso una persona nuova e aveva cambiato nome. Con dovizia di particolari, il *procuratore* aveva illustrato tutte le implicazioni che la teologia riscontrava nel battesimo, in virtù del quale Angelo era ormai un uomo diverso dal malvivente ebreo autore di quei crimini che avevano indotto Bardolini a condannarlo. La supplica, tuttavia, non venne accolta; Francesco Gonzaga respinse queste affermazioni giudicandole «rasone frivole».[18] Egli non attribuiva alcuna importanza al fatto che Angelo avesse cambiato nome; il suo intento era fare giustizia. In sintonia con l'atteggiamento accondiscendente che aveva caratterizzato la politica da lui adottata verso la comunità ebraica nel primo decennio di governo,[19] il marchese non esitò ad assecondare il rancore che gli ebrei mantovani nutrivano contro il parente di Salomone, ordinando che Angelo venisse impiccato il lunedì successivo. Incaricò, inoltre, il podestà di scoprire chi fosse quell'individuo – «che ha tanto del Catholico» – intervenuto in favore dell'ebreo battezzato.[20]

In una lettera a Isabella del 17 settembre, il marchese chiese alla moglie di perdonarlo per non aver assecondato la sua richiesta di grazia a vantaggio del

17. Si veda la lettera di Francesco Gonzaga a Eleonora d'Aragona del 7 settembre 1491 (ASMn, AG, b. 2904, lib. 139, c. 52v) in cui egli accenna a «alcuni errori molto enormi ne la cità nostra, et in specie in mettere sottosopra tuti li zudei che lì sono».

18. Nella sua lettera a Ermolao Bardolini del 15 settembre 1491 (ASMn, AG, b. 2904, lib. 139, c. 60v) Francesco Gonzaga così afferma: «Li hebrei nostri de Mantue ne scriveno la inclusa per la quale vederete questo ne fanno intendere del procuratore che è comparso nanti vui prestandovi che non facestive ponere fuora suso la preda Angelo hebreo per essersi baptizato, et non nominarsi più Angelo, del che se maravigliamo assai et maxime che voi questa cosa se alegino tal rasone frivole».

19. In proposito si veda Vittore Colorni, *Fatti e figure di storia ebraica mantovana*, in «La rassegna mensile di Israel», 9, 5/6 (1934), pp. 217-239, in particolare pp. 226-227, e Katz, *The Jew in the Art of the Italian Renaissance*, pp. 40-68.

20. Si veda la lettera di Francesco Gonzaga a Ermolao Bardolini del 15 settembre 1491 (ASMn, AG, b. 2904, lib. 139, c. 60v), in cui egli scrive: «Vogliamo ne advisar el nome del procuratore che è comparso per esso Angelo allegando che più non ha nome Angelo, perché desideramo saper chi è quello homo da bene et che ha tanto del Catholico».

neofita. Francesco affermò che se la conversione di Angelo era dovuta a un sincero interesse per la sua anima la prospettiva della morte non doveva dispiacergli; sarebbe, infatti, stato meglio per lui morire in stato di grazia, ossia subito dopo che il battesimo lo aveva purgato dei suoi precedenti peccati e prima di poterne commettere di nuovi. Replicando al parere della moglie, secondo la quale l'esecuzione di un ebreo battezzato sarebbe stata una "perdita", Francesco ribadì la tesi teologica prevalente, che postulava una differenza tra la morte fisica di un reo convertito e la salvezza della sua anima.[21]

Subito dopo il marchese palesava i propri dubbi circa il valore di una conversione coatta. Trattandosi – a suo dire – di un ebreo così corrotto, Angelo si sarebbe rivelato «pegiore Christiano». Mentre entrambi i suoceri di Francesco erano convinti sostenitori del battesimo di criminali ebrei che temevano per la loro vita, ritenendo valide e legittime le conversioni verificatesi in circostanze tanto difficili, egli dubitava che tali scelte fossero dovute a un sincero e profondo cambiamento. Sospettando che gli ebrei battezzati in frangenti così dubbi fossero moralmente corrotti, il marchese riteneva che non avrebbero posseduto la costanza necessaria per diventare buoni cattolici.[22] Una morte occorsa poco dopo la loro conversione avrebbe quindi validato quest'ultima e impedito che tali neofiti diventassero motivo di scandalo per la fede appena abbracciata.[23] Il marchese si spinse poi oltre, suggerendo – contrariamente a quanto scritto da Eleonora d'Aragona nella missiva del 10 settembre – che impiccare Angelo costituiva l'unico modo per assicurarsi che la sua anima non andasse perduta![24]

Sebbene – come visto prima – l'idea che giustiziare gli ebrei appena battezzati ne salvasse l'anima (piuttosto che metterla in pericolo) fosse del tutto legittima dal punto di vista teologico, esistevano pareri discordanti circa le implicazioni giuridiche del sacramento battesimale impartito a dei malviventi condannati. Nella sua missiva inviata a Francesco Gonzaga il 17 settembre, Bardolini cercò di fargli presente tutta una serie di opinioni a riguardo.[25] Il po-

21. Su questa posizione teologica cfr. Prosperi, *Conversion on the Scaffold*, p. 51.

22. L'idea che un ebreo moralmente corrotto convertitosi al cristianesimo non avrebbe avuto la fermezza necessaria a diventare un buon cristiano fu varie volte espressa anche in ambiente ebraico nell'Italia della prima età moderna; cfr. Pullan, *The Jews of Europe and the Inquisition of Venice*, p. 244.

23. Si trattava di una posizione assunta non solo per gli ebrei battezzati ma, più in generale, per chiunque si convertisse al cristianesimo; cfr. Mazur, *Conversion to Catholicism in Early Modern Italy*, p. 92.

24. Si veda la lettera di Francesco Gonzaga a Isabella d'Este del 17 settembre 1491 (ASMn, AG, b. 2904, lib. 139, c. 61v) che così recita: «De Angelo zudeo sostenuto, che ne dimandate de gratia, per intercessione dello Illustrissimo Signore Duca, nostro patre honorando, ne perdonarete se non satisfaremo al desiderio vostro, che deliberamo la iustitia habia loco, perché non dubitiamo, si come lo è stato cativo zudeo, serria pegiore Christiano, & meglio è per lui tanto che 'l è in bono essere e ben disposto che 'l se ne morà».

25. Chambers, Dean, *Clean Hands and Rough Justice*, p. 244 rimandano alla lettera di Bardolini del 27 settembre. A mio avviso il testo reca la data del 17 settembre, il che risulta sensato, anche in considerazione sia della data della lettera con cui per la prima volta Francesco Gonzaga aveva chiesto a Bardolini di fargli avere il nome del procuratore sia della successiva risposta del marchese allo stesso destinatario il 20 settembre.

destà fece sapere al marchese che il procuratore incaricato di seguire il caso di Angelo era Giacomo Marasca, un notaio al servizio del clero della cattedrale di Mantova.[26] Citando le Scritture, Marasca sosteneva che il sacramento battesimale era così forte da cancellare la colpa derivante da tutti i crimini sino ad allora commessi da Angelo; questi, pertanto, non meritava più di essere punito per i reati di cui si era presumibilmente macchiato da ebreo. Ascoltato questo parere, Bardolini aveva dunque deciso di verificare quanto stabilito dal diritto canonico circa il battesimo dei delinquenti condannati. Aveva così scoperto che esistevano varie tesi in proposito ma, dal punto di vista legale, era giunto alla conclusione che – contrariamente a quanto avrebbe asserito Marquardo Susanna nel 1558[27] – «più sonno le opinione non si proceda contra tal baptizato per reverentia del sacramento del baptismo».[28]

A questo punto fu il duca di Ferrara a intervenire personalmente. In una lettera a Isabella del 19 settembre, Ercole d'Este chiese alla figlia di fare tutto il possibile per impedire che il convertito venisse giustiziato. Come ebbe a scrivere in tale frangente, «nui desideriamo che dicto Angelo non perisca, maxime essendossi facto Christiano».[29] È degno di nota che Ercole – al pari di suo genero – continuasse a chiamare "Angelo" l'ebreo appena battezzato invece di ricorrere al suo nome cristiano; quest'ultimo, di fatto, non compare nella corrispondenza giunta sino a noi relativa alle vicende del neofita dopo il suo battesimo. Se Isabella non aveva l'autorità necessaria per annullare la sentenza capitale comminata ad Angelo – aggiunse il duca – doveva almeno sforzarsi di rinviare la sua impiccagione sino al rientro di Francesco Gonzaga da Venezia. Sulla via del ritorno il marchese era atteso a Ferrara e in tale circostanza Ercole gli avrebbe chiesto di persona che salvasse la vita ad Angelo.

Per il momento, ad ogni modo, Francesco restava fermo nella sua intenzione di giustiziare Angelo. Il 20 settembre inviò un altro dispaccio al podestà, affermando che aveva ricevuto la lettera del 17 ma non trovava convincenti le riflessioni teologiche in base alle quali concedere ad Angelo la grazia. Dopotutto, le esecuzioni pubbliche costituivano il segno più tangibile del potere di cui godevano gli Stati nella prima età moderna e il marchese voleva che quella di Angelo fosse indimenticabile.[30] Ribadì quindi l'ordine di impiccare il criminale, e di farlo

26. Giacomo era fratello di Bartolomeo Marasca, camerlengo del cardinale Francesco Gonzaga negli anni Sessanta del Quattrocento; su di lui cfr. David S. Chambers, *Bartolomeo Marasca, Master of Cardinal Gonzaga's Household (1462-1469)*, in Id., *Renaissance Cardinals and Their Worldly Problems*, Aldershot, Ashgate, 1997, p. 265.

27. Cfr. De Susannis, *Tractatus de Iudaeis*, pp. 139-140.

28. Cito dalla lettera di Ermolao Bardolini a Francesco Gonzaga del 17 settembre 1491 (ASMn, AG, b. 2440, c. 322).

29. Si veda la lettera di Ercole d'Este a Isabella d'Este del 19 settembre 1491 (ASMn, AG, b. 1185, c. 201) in cui egli scrive: «Intendemo che si trova in pregione lì a Mantua uno Angelo hebreo, quale pare che se sia facto christiano, e che pare si proceda contra lui per volerlo fare iustitiare, et perché nui desideramo che dicto Angelo non perisca, maxime essendossi facto Christiano vi confortamo strettamente che per nostro amore li vogliati fare la gratia».

30. Su come venivano organizzate le esecuzioni in pubblico nella prima età moderna cfr. Muir, *Ritual in Early Modern Europe*, pp. 108-109.

al più presto. Infine, aggiunse che il cadavere di Angelo andava lasciato ben in vista, per fungere da deterrente.[31] Il giorno dopo, tuttavia, Francesco raggiunse finalmente Ferrara ed ebbe un incontro col suocero, il quale lo pregò – come un favore personale – di concedere la grazia al parente di Salomone da Sessa. A quel punto il marchese acconsentì ed Ercole d'Este si affrettò a chiedere alla figlia di far liberare Angelo. Il cavaliere che aveva consegnato la lettera del duca (e, con essa, il consenso scritto di Francesco alla scarcerazione di Angelo) doveva poi scortare il neofita sino a Ferrara.[32]

Isabella ordinò la scarcerazione dell'ebreo battezzato e la grazia completa per i crimini da lui commessi.[33] La saga, tuttavia, non finì qui: subito dopo la lettera da Ferrara, recante il sigillo del padre di Isabella, una precedente missiva di Francesco Gonzaga a Ermolao Bardolini giunse a Ferrara, ordinando al podestà di far impiccare Angelo.[34] Isabella inviò allora una lettera urgente al proprio marito, chiedendogli di confermare il suo consenso alla liberazione del condannato.[35] Il marchese rispose il 22 settembre, tramite una lettera recante il suo sigillo, in cui affermava che sebbene Angelo meritasse – a dire il vero – la pena capitale (come dallo stesso Francesco più volte ribadito nella sua precedente corrispondenza con Bardolini) egli si diceva ora favorevole alla grazia, in modo da soddisfare la richiesta del duca Ercole.[36] Una volta recapitata a Mantova questa risposta, il 23 settembre, il podestà rilasciò Angelo.[37]

Pur essendosi infine piegato alle insistenti richieste dalla famiglia di sua moglie, Francesco Gonzaga continuò a restare indispettito per la grazia concessa ad Angelo. Ordinò quindi che si indagasse su tutti i soggetti che – a Mantova – si erano impegnati affinché il malvivente ebreo ricevesse prima il battesimo e, poi, la grazia. Il 25 settembre, Antimaco (segretario di Francesco) lo informò che un individuo noto come "Il Cremaschino" stava dirigendosi a Marmirolo per incontrarsi con lui, al fine di spiegare al marchese come erano andate le cose. Tale "Cremaschino" sosteneva di aver affidato a Giacomo Marasca il compito di agire come *procuratore* di Angelo. Affermava, inoltre, che a ordinargli di far così era stato Don Benedetto

31. Si veda la lettera di Francesco Gonzaga a Ermolao Bardolini del 20 settembre 1491 (ASMn, AG, b. 2904, lib. 139, c. 63r), discussa in Chambers, Dean, *Clean Hands and Rough Justice*, p. 244. Sull'uso di esibire in pubblico i cadaveri dei giustiziati cfr. Terpstra, *Theory into Practice*, pp. 135-137 e Prosperi, *Conversion on the Scaffold*, pp. 51-52.

32. Si veda la lettera di Ercole d'Este a Isabella d'Este del 21 settembre 1491 (ASMn, AG, b. 1185, c. 203.

33. Si vedano le istruzioni fornite da Isabella d'Este ai suoi segretari il 21 settembre 1491 (ASMn, AG, b. 2991, lib. 1, c. 48r).

34. Si veda la lettera di Isabella d'Este a Ermolao Bardolini del 22 settembre 1491 (ASMn, AG, b. 2991, lib. 1, c. 48v).

35. Si veda la lettera a Francesco Gonzaga (non datata ma senz'altro spedita il 22 settembre 1491) in ASMn, AG, b. 2991, lib. 1, c. 48v.

36. Lettera di Francesco Gonzaga a Isabella d'Este datata 22 settembre 1491 (ASMn, AG, b. 2904, lib. 139, cc. 63v-64r). Sull'importanza dei sigilli usati per la corrispondenza da Isabella e Francesco, cfr. Cockram, *Isabella d'Este and Francesco Gonzaga*, pp. 32-33.

37. Si vedano le istruzioni fornite da Isabella d'Este a Ermolao Bardolini il 23 settembre 1491, in ASMn, AG, b. 2991, lib. 1, c. 49r.

Mastino, lo stesso prete che poi battezzò l'ebreo nel carcere di Mantova.[38] Solo a fatica il marchese Francesco riuscì a nascondere la rabbia che provava nei confronti dell'arcidiacono, celebre giurista ed esperto in diritto canonico, nonché da lungo tempo un favorito della famiglia Gonzaga regnante a Mantova.[39]

Il 26 settembre Don Benedetto Mastino scrisse un'apologia al marchese. «Io ho intieso che Vostra Illustrisima Signoria è irata et turbata contra de nui per quello zudeo baptizato», affermava l'arcidiacono; desiderava, quindi, dichiarare la propria innocenza a riguardo. Nel caso in cui – Mastino aggiunse – le indagini volute dal marchese dovessero dimostrare che aveva disubbidito ai suoi ordini, egli si sarebbe volontariamente sottoposto alla «più aspra punitione sia al mondo».[40] A propria discolpa, asserì che i canonici lateranensi di San Ruffino a Mantova lo avevano convinto a battezzare Angelo senza che lui sapesse del desiderio di Francesco, il quale voleva vedere quell'ebreo giustiziato per i reati commessi.[41] Risulta difficile prendere per buona questa spiegazione, dato che la lettera di Eleonora d'Aragona del 10 settembre rivelava in modo abbastanza chiaro come Angelo avesse accettato di farsi battezzare solo nella speranza di aver salva la vita.[42] È quindi più plausibile pensare che Don Benedetto, pur sapendo della condanna a morte, abbia accettato di amministrare il battesimo all'ebreo per garantirne la salvezza dell'anima.

Gli ecclesiastici cattolici facevano valere il loro diritto di occuparsi del destino delle anime di malviventi condannati ma ciò rappresentava un serio motivo di scontro tra Chiesa e Stato nell'Europa premoderna.[43] Notevole, a riguardo, è come l'arcidiacono abbia fatto tutto il possibile per non dare l'impressione di aver voluto interferire in questioni di pertinenza dello Stato. Egli asserì, dunque, che aveva semplicemente assolto ai propri obblighi sacerdotali (ossia, impartito il sacramento a un ebreo che aveva espresso il desiderio di diventare cristiano) pensando che il marchese Francesco non avesse obiezioni in proposito. Qualora –

38. Si veda la lettera di Antimaco a Francesco Gonzaga del 25 settembre 1491 in ASMn, AG, b. 2440, c. 70.

39. Don Benedetto aveva servito presso il cardinale Francesco Gonzaga, defunto zio del marchese Francesco. Essendo stato arciprete di Mantova sin dal 1475, ne divenne arcidiacono nel 1478; cfr. Chambers, *Mantua and Trent*, pp. 87-88; David S. Chambers, *A Defence of Non-residence in the Later Fifteenth Century: Cardinal Francesco Gonzaga and the Mantuan Clergy*, in Id., *Renaissance Cardinals and Their Worldly Problems*, pp. 613-614, 621, 623-624, 632; Isabella d'Este, *Selected Letters*, p. 45.

40. Così scrive Don Benedetto Mastino a Francesco Gonzaga il 26 settembre 1491 (ASMn, AG, b. 2440, c. 502): «Io ho intieso che Vostra Illustrisima Signoria è irata et turbata contra de nui per quello zudeo baptizato, unde me dolio non haverlo saputo quando era aporto da Vostra Signoria perché haveria facto intendere la inocentia mia a quella. Unde io dico che se Vostra Signoria trova [...] che mai ne habia parlato ne facto parlare prego quella me faza la più aspra punitione sia al mondo».

41. Sui canonici lateranensi di San Ruffino a Mantova cfr. Ippolito Donesmondi, *Dell'Istoria ecclesiastica di Mantova*, Mantova, Aurelio & Lodovico Osanna, 1612, vol. I, pp. 10, 31, 256-257 e Sally Anne Hickson, *Women, Art, and Architecture in Renaissance Mantua: Matrons, Mystics, and Monasteries*, Burlington (VT), Ashgate, 2012, p. 81 e relativa nota 52.

42. Lettera di Eleonora d'Aragona a Isabella d'Este del 10 settembre 1491 in ASMn, AG, b. 1185, c. 194.

43. Cfr. Prosperi, *Consolation or Condemnation*, pp. 110-111.

Mastino aggiunse – egli avesse saputo della sentenza emessa contro Angelo, non avrebbe mai acconsentito a battezzarlo, poiché non avrebbe avuto alcun senso impartire il sacramento battesimale all'ebreo e poi privarlo della vita o mutilarlo. Sottolineando l'origine ebraica di questo individuo (il che rendeva Angelo diverso dagli altri delinquenti condannati) l'arcidiacono ripeté il concetto già prima indicato da Bardolini come prevalente in ambito giuridico, ossia l'inopportunità di giustiziare i criminali dopo aver loro amministrato il battesimo, onde mostrare il dovuto rispetto nei confronti di questo sacramento.[44]

Don Benedetto dichiarò inoltre che per lui, una volta battezzato, non era importante che rimanesse vivo oppure morisse; per questo non cercò di convincere il podestà a graziarlo, né chiese a chicchessia di intervenire nella questione. Per quanto lo riguardava, il suo pensiero in merito ad Angelo era il seguente: «più presto el morerà tanto più presto andaralo in paradiso et pregarà dio per me».[45] Egli non aveva, dunque, motivo alcuno per voler ritardare la morte di Angelo. Questa affermazione concorda con quella precedente di Francesco Gonzaga nella lettera da lui scritta a Isabella d'Este, ossia che la morte sopravvenuta subito dopo il battesimo sarebbe più vantaggiosa per un delinquente ebreo rispetto alla grazia, giacché garantirebbe l'accesso della sua anima in paradiso prima che intervengano successivi peccati.[46] Mastino fece attenzione a non sollevare dubbi circa la differenza tra il destino che attendeva il corpo del criminale e quello della sua anima, cioè il tema posto in rilievo dal marchese Francesco nel messaggio che questi aveva inviato a Isabella il 17 settembre.[47]

Sebbene Don Benedetto avesse facilitato la scarcerazione dell'ebreo, impartendogli il sacramento battesimale mentre era in prigione, l'arcidiacono non osò sfidare apertamente l'autorità secolare di Francesco Gonzaga. Inoltre, benché l'arcidiacono fosse favorevole alla concessione del perdono al convertito e avesse cercato un rappresentante legale per impedirne la morte, Angelo ebbe infine salva la vita solo grazie all'intervento di un altro potere secolare. Sia il duca di Ferrara (che svolse un ruolo fondamentale nell'ottenere il perdono per Angelo) sia suo genero (il quale non voleva che fosse perdonato) agirono in base al presupposto che Dio aveva messo nelle loro mani la spada della giustizia, in quanto prìncipi cristiani chiamati a dirimere questioni peccaminose.[48] Tuttavia, il marchese di Mantova rimase saldo nella convinzione che i criminali ebrei battezzati non dovessero essere trattati in modo diverso rispetto agli altri malfattori convertiti.

La corrispondenza scambiata a un ritmo frenetico tra le famiglie Este e Gonzaga rivela non solo il desiderio dei loro membri di vedere Angelo impiccato

44. Si veda la lettera di Ermolao Bardolini a Francesco Gonzaga del 17 settembre 1491 (ASMn, AG, b. 2440, c. 322).

45. Così scrive Don Benedetto Mastino nella sua lettera a Francesco Gonzaga del 26 settembre 1491 (ASMn, AG, b. 2440, c. 502).

46. Si veda la lettera di Francesco Gonzaga a Isabella d'Este del 17 settembre 1491 (ASMn, AG, b. 2904, lib. 139, c. 61v).

47. Cfr. la lettera di Eleonora d'Aragona a Isabella d'Este del 10 settembre 1491 (ASMn, AG, b. 1185, c. 194).

48. Cfr. Prosperi, *Consolation or Condemnation*, pp. 110-111.

oppure, al contrario, rimesso in libertà, ma anche i loro pareri circa il significato delle conversioni, ciò che queste implicavano dal punto di vista legale e, infine, il loro atteggiamento rispetto alle manifestazioni di pietà cristiana poste a confronto con la giustizia dei prìncipi. Dalle missive che questi uomini e queste donne del Rinascimento dettavano ai loro segretari, veniamo così a scoprire molte cose sul mondo interiore dei signori di Mantova e Ferrara. Le lettere attentamente costruite di Eleonora d'Aragona, Isabella d'Este, Francesco Gonzaga e Ercole d'Este erano strumenti importanti di autorappresentazione, finalizzati a migliorare la loro immagine principesca ponendone in rilievo vari aspetti, in particolare l'autorità, la clemenza, la devozione religiosa e il costante impegno a proteggere la pace e la giustizia nel loro Stato.[49]

La controversia sorta attorno al battesimo di Angelo ci permette inoltre di aprire uno spiraglio sulle opinioni dell'arcidiacono di Mantova e del funzionario laico Ermolao Bardolini, i quali rivolsero le loro richieste al marchese della città. Quella che, tuttavia, risulta palesemente assente dal concitato dibattito sul destino del neofita è la voce di Angelo. Le lettere scritte su richiesta altrui rivelano che nel 1491 egli era padre di almeno un figlio ormai adulto, chiamato Simone. Esse inoltre indicano che dopo la sua carcerazione nell'estate di quell'anno Angelo venne torturato con tre tratti di corda, senza tuttavia mai ammettere di aver commesso i crimini imputatigli. In seguito, lo stesso Simone venne messo in carcere e interrogato sotto tortura. Va notato che solo dopo l'arresto del figlio Angelo confessò di aver commesso una serie di crimini, alcuni dei quali contro ebrei mantovani. Appare quindi legittimo supporre che Angelo abbia infine confessato spinto dal desiderio di proteggere il figlio. Il fatto che Simone non venga mai menzionato nella corrispondenza relativa alla condanna di suo padre avvalora questa ipotesi.[50]

Di fronte alla concreta prospettiva di finire sul patibolo, ad Angelo venne offerta la possibilità di diventare cattolico. I canonici lateranensi di San Ruffino probabilmente gli raccontarono che Salomone si era convertito – a Ferrara – facendogli capire che, una volta accettato di battezzarsi, anche lui avrebbe ottenuto la grazia dal tribunale o, nella peggiore delle ipotesi, una morte meno dolorosa. Non v'è dubbio che Angelo abbia accettato con la speranza di aver salva la vita. È poi probabile che lo abbia rincuorato il venire a sapere che un suo parente aveva appena fatto lo stesso. Infine, egli deve aver nutrito la medesima, palese ostilità già espressa da Salomone da Sessa nei confronti degli ebrei di Mantova, i quali non solo avevano accusato lui e suo figlio ma si erano anche impegnati affinché

49. Per la particolare attenzione prestata all'interiorità dalla cultura rinascimentale cfr. John Martin, *Inventing Sincerity, Refashioning Prudence: The Discovery of the Individual in Renaissance Europe*, in «American Historical Review», 102, 5 (1997), pp. 1309-1342. Sull'auto-rappresentazione si veda l'ormai classica monografia di Stephen Greenblatt, *Renaissance Self-Fashioning: From More to Shakespeare*, Chicago, University of Chicago Press, 1983.

50. Natalie Zemon Davis, *On the Lame*, in «American Historical Review», 93, 3 (1988), pp. 572-603 dimostra quanto siano importanti i concetti di «conoscenza congetturale e verità plausibile» per lo studio delle classi più umili nella prima età moderna in Europa, specialmente quando non ci si possa basare su «deposizioni complete e testimonianze processuali oppure [...] diari e lettere» (ivi, pp. 574-575).

fosse pubblicamente giustiziato. Questo risentimento può aver contribuito a indurre Angelo all'apostasia.

Essendo fortemente parziali, poiché condizionate dagli interessi delle classi dirigenti che governavano gli Stati principeschi di Ferrara e Mantova, le fonti a nostra disposizione rendono difficile descrivere in modo più preciso lo stato d'animo di Angelo nei mesi di agosto e settembre del 1491. Com'era normale nel caso di conversioni avvenute in Italia prima del Concilio di Trento, i suoi pensieri e i suoi sentimenti circa il processo e la conseguente apostasia non risultano attestati da nessuna parte.[51] Non è sinora venuto alla luce nessun testo autobiografico sotto forma di lettera da lui scritta oppure come verbale di una confessione durante un interrogatorio sotto tortura.[52] Di fatto, non incontriamo mai il protagonista di questo dramma – che stimolò un acceso dibattito sulla conversione degli ebrei sottoposti a pressioni esterne – nelle vesti di un soggetto storico attivo. Nelle fonti egli appare invece come oggetto di discussione, mentre sono altri a riflettere (prima) sulle sue presunte colpe e (dopo) sulle conseguenze del suo battesimo.

Sebbene lo stesso Salomone avesse menzionato Angelo di Vitale come suo parente, in una delle lettere da lei scritte Eleonora d'Aragona lo indica quale aiutante dell'orafo, alludendo così al più basso livello sociale cui egli apparteneva. Un ebreo del XV secolo altrimenti ignoto, Angelo ha lasciato dietro di sé una serie di tracce scritte che non può nemmeno paragonarsi a quella del suo ammirato parente Salomone, le cui lettere venivano conservate nell'archivio dei Gonzaga e che continuò a comparire nelle missive scambiate fra i membri delle corti di Ferrara e Mantova per tre decenni dopo il suo battesimo. Gli aristocratici al potere che lodavano la perizia artistica di Salomone nei loro dispacci non si presero nemmeno la briga di annotare – nelle loro missive del settembre 1491 – il nuovo nome assunto da Angelo di Vitale dopo il battesimo. Una volta scarcerato, il 23 settembre, questo umile parente di Salomone non ha più lasciato alcuna traccia di sé nelle fonti storiche.

Sappiamo, tuttavia, che il giorno stesso in cui Angelo tornò libero e si mise in cammino per Ferrara un delitto atroce venne commesso in quella città. Zilfredo (o Gilfredo) de' Cavalli, un giurista di sessantacinque anni, venne ucciso nella sua abitazione mentre era seduto davanti al caminetto. Gli assassini erano i tre nipoti della vittima, tutti ancora in giovane età, che volevano impadronirsi dei suoi beni. Zilfredo era un insigne docente di diritto presso lo *studium* ferrarese e talvolta

51. I diari e le autobiografie di ebrei italiani convertiti o disposti a convertirsi iniziarono a diventare frequenti solo verso la fine della prima età moderna. Su questo tipo di fonti e i problemi connessi al considerarle utili a ricostruire la personalità di un individuo, cfr. Adelisa Malena, *I demoni di Alvisa: Il racconto autobiografico di Alvisa Zambelli alias Lea Gaon*, in *La fede degli italiani: Per Adriano Prosperi*, a cura di Guido Dall'Olio, Adelisa Malena e Pierroberto Scaramella, Pisa, Edizioni della Normale, 2011, vol. I, pp. 383-402 e Kenneth Stow, *Anna and Tranquillo: Catholic Anxiety and Jewish Protest in the Age of Revolution*, New Haven, Yale University Press, 2016, pp. 1-18.

52. Sulle lettere di epoca rinascimentale come fonti utili a ricostruire la personalità di un individuo, cfr. Peter Burke, *Representations of the Self from Petrarch to Descartes*, in *Rewriting the Self: Histories from the Renaissance to the Present*, a cura di Roy Porter, London, Routledge, 1997, 17-28, in particolare pp. 21-24.

forniva consigli a Ercole d'Este su questioni legali; il suo efferato omicidio fra le mura domestiche suscitò l'ira del duca e accrebbe l'ansia dei più eminenti fra i cittadini di Ferrara.[53]

Il 24 settembre, subito dopo il funerale di Zilfredo, il duca Ercole emanò un proclama speciale in cui prometteva l'esorbitante somma di 200 ducati a chiunque avesse fornito informazioni sugli autori del delitto. I nipoti di Zilfredo furono arrestati tre giorni dopo e condotti alla presenza del Capitano di Giustizia ferrarese. Uno dei tre, di nome Bernardo, era un chierico che aveva preso gli ordini minori; pertanto, egli non poteva subire un processo istruito da un tribunale civile. Venne dunque inviata a Roma una richiesta speciale da parte delle autorità ferraresi, chiedendo di poterlo giudicare. Quanto agli altri due fratelli (Cesare e Niccolò), Gregorio Zampante li condannò a morte per decapitazione. Si decise che sarebbero stati giustiziati nella piazza maggiore di Ferrara lunedì 10 ottobre, il giorno dopo la cerimonia battesimale di Salomone da Sessa e suo figlio Graziadio – insieme alla figlia di Stella ed Elia Caio – prevista per domenica nel duomo di Ferrara.[54]

Al pari di Salomone e Angelo di Vitale, il sedicenne Niccolò asserì di aver avuto una *conversio* dopo la condanna, una mutazione d'animo che – nel suo caso – non comportava solo il pentimento per i peccati sino ad allora commessi ma anche il desiderio di dedicare la propria vita a Cristo diventando frate. Come altri giovani dell'Italia settentrionale intenzionati a entrare in un ordine religioso dopo aver commesso gravi crimini, Niccolò poteva contare sul sostegno di un importante ecclesiastico.[55] Nella fattispecie, quest'ultimo non era altri che Fra Mariano da Genazzano, il predicatore agostiniano che appena alcuni mesi prima, a Ferrara, aveva aizzato il proprio pubblico contro il prestito di denaro praticato dagli ebrei.[56]

Fra Mariano era un favorito di Eleonora d'Aragona, la quale si stava impegnando a far costruire una cella per lui nel monastero di Sant'Andrea.[57] Ai primi di ottobre sia la duchessa sia il duca ascoltavano ogni giorno – insieme ai membri della loro corte – i sermoni di questo carismatico predicatore. Stando a quanto scrive Bernardino de' Prosperi, Ercole d'Este organizzava l'orario delle battute di caccia al cinghiale che lo impegnavano fuori città in modo da poter ascoltare ogni

53. Cfr. Zambotti, *Diario Ferrarese*, pp. 99, 163, 187 e Mazzi, *"Gente a cui si fa notte innanzi sera"*, p. 119.

54. Si vedano le seguenti lettere a Isabella d'Este: Bernardino de' Prosperi il 25 settembre 1491 (ASMn, AG, b. 1232, c. 36); lo stesso mittente il 10 ottobre 1491 (ASMn, AG, b. 1232, c. 40) e Francesco da Bagnacavallo il medesimo giorno (ASMn, AG, b. 1232, c. 93). Cfr. Inoltre Caleffini, *Croniche, 1471-1494*, pp. 815-818 e Zambotti, *Diario Ferrarese*, 223 (dove il fratello chierico è detto chiamarsi Andrea).

55. Un caso simile a questo è discusso da Allison Sherman, *Murder and Martyrdom: Titian's* Gesuiti Saint Lawrence *as a Family Peace Offering*, in «Artibus et historiae», 68 (2013), pp. 39-54.

56. Si veda la lettera di Bernardino de' Prosperi a Isabella d'Este il 6 ottobre 1491 (ASMn, AG, b. 1232, c. 38).

57. Bernardino de' Prosperi informò Eleonora su come procedeva la costruzione di questa cella in una lettera del 23 luglio 1491 (ASMo, ASE, Cancelleria marchionale poi ducale Estense, Carteggio di referendari, consiglieri, cancellieri e segretari, b. 4).

giorno le prediche da Fra Mariano.[58] Il duca lasciò Ferrara il 4 ottobre, poco dopo l'emanazione del verdetto relativo a Niccolò e Cesare da Verona. Una volta giunto a Comacchio, tuttavia, Ercole ricevette una lettera dalla consorte, la quale gli chiedeva di considerare la grazia per Niccolò, poiché questi non solo si era pentito dei peccati commessi ma desiderava farsi frate. Alla propria lettera Eleonora d'Aragona ne aggiunse una di Fra Mariano, oltre alla supplica scritta dall'omicida stesso dopo la condanna.[59]

Sostenendo la medesima tesi sulla conversione che abbiamo visto nella lettera di Isabella d'Este a Francesco Gonzaga del 15 settembre,[60] Fra Mariano pregava il duca di Ferrara affinché risparmiasse la vita di un criminale che aveva sperimentato una *conversio*. Evidentemente il predicatore agostiniano sperava di convincere Ercole d'Este a graziare Niccolò come il duca aveva già acconsentito di fare con Salomone da Sessa, mettendo inoltre pressione sul genero per assolvere Angelo di Vitale, quando questi criminali ebrei – ricevuta la condanna – avevano accettato di convertirsi. Secondo Ercole, però, c'era una bella differenza tra la conversione di un cristiano e quella di un ebreo che abbracciava il cattolicesimo. Quest'ultima, infatti, presumeva l'amministrazione di un sacramento che avrebbe comportato la rinascita spirituale di un individuo da ebreo a cristiano, aumentando così il numero dei cattolici nel dominio estense. Si trattava, quindi, di un effetto quanto mai desiderabile, al punto da giustificare l'uso di mezzi straordinari, quali l'annullamento della condanna a morte comminata a un criminale. Quando invece a pentirsi era un criminale cristiano, il duca di Ferrara (non diversamente dal marchese di Mantova) preferiva la pubblica dimostrazione del potere punitivo di cui egli era investito rispetto agli atti di pubblica clemenza.

Durante il governo del duca Ercole, le condanne a morte stabilite dai tribunali furono eseguite sempre nella piazza principale di Ferrara, non fuori dalla cinta muraria urbana, come invece era comune negli altri Stati italiani. L'esercizio della giustizia principesca era finalizzato ad attirare le folle e tutte le esecuzioni capitali erano riportate per iscritto.[61] Il duca Ercole d'Este non intendeva affatto mostrarsi clemente nei confronti di un giovane cristiano che aveva ucciso il suo fidato consulente legale. Pertanto, il 9 ottobre così si rivolse alla propria consorte:

> Havemo molto bene notato quanto sopra cio ne ricorda la Vostra Signoria, et sicome respondemo al prefato Reverendo frate Mariano, cussì anche diremo ala Signoria Vostra, che veramente ne remanesse, che il caso sia de tale sorte, che non potiamo, ne dobiamo

58. Si veda la lettera di Bernardino de' Prosperi a Isabella d'Este il 3 ottobre 1491 (ASMn, AG, b. 1232, c. 39). A dire il vero la data di questa lettera non è chiara ma siccome il testo si apre con la notizia della morte di Giovanni Nicolò da Correggio – il segretario ducale deceduto il 3 ottobre (come indicato in Caleffini, *Croniche, 1471-1494*, p. 817) – è probabile che vada datata a quello stesso giorno.

59. Come riferito da Ercole d'Este nella sua risposta a Eleonora d'Aragona spedita da Comacchio il 9 ottobre 1491 (ASMo, ASE, Casa e Stato, b. 68).

60. Mi riferisco alla lettera di Isabella d'Este a Francesco Gonzaga del 15 settembre 1491 (ASMn, AG, b. 2991, lib. 1, c. 44r).

61. Cfr. Mazzi, *"Gente a cui si fa notte innanzi sera"*, e Prosperi, *Statistiche criminali*, pp. 511-521. Per le aree deputate a ospitare le pubbliche esecuzioni in altre città cfr. Terpstra, *Theory into Practice*, pp. 127-129.

in tanto delicto usare altra clementia, che quella che rechiede la justitia, perché quando facessemo altramente cognoscemo molto bene el carricho, che ne seria, et quanto ne saressemo biasemati, et anche el tristo exempio, che se daria ali tristi de fare peggio, siché la Vostra Signoria in questo non havera excusati, et cussì anche farà fare la scusa nostra col nostro frate Mariano, oltra la resposta che li faremo, perché troppo ni dole non lo potere compiacere, si per lo amore che li portamo, como per essere nui inclinati a clementia. Ma in questo caso ni bisogna per honore nostro volere quello che vole la justitia, per le ragione antedicte, et per molte altre che potressemo addurre.[62]

Fra Mariano, il quale si sforzava di convincere il duca Ercole a concedere la grazia a Niccolò da Verona dopo la sua supposta *conversio*, era noto per il carattere antiebraico delle prediche da lui tenute a Ferrara nei primi anni Novanta del Quattrocento. Come abbiamo già posto in rilievo, mentre predicava in quella città per il periodo quaresimale del 1491, il frate aveva aizzato la folla contro gli ebrei del luogo. Tre anni dopo – nel 1494 – un cronista ferrarese avanzò, in modo implicito, l'ipotesi che vi fosse un legame fra i contenuti delle prediche pasquali di Fra Mariano e la decisione di alcuni ebrei (giunti a Ferrara dopo essere stati espulsi dalla Spagna nel 1492) di convertirsi al cristianesimo.[63] Il frate agostiniano era chiaramente favorevole alla loro conversione. Questo, insieme ai suoi documentati tentativi di far rilasciare un criminale pentito – a Ferrara – poco prima che Salomone da Sessa si battezzasse, suggerisce il probabile coinvolgimento di Fra Mariano nell'organizzare il battesimo dell'orafo ebreo.

Fra Mariano era la personalità religiosa più importante a Ferrara nelle settimane che intercorsero fra l'arresto di Salomone (ossia la fine di agosto o i primi di settembre) e la cerimonia che celebrò la sua conversione il 9 ottobre 1491. In tale periodo Salomone ricevette le indicazioni di carattere dottrinale necessarie a fargli preparare il discorso che avrebbe dovuto recitare dal pulpito del duomo ferrarese. In questa sua orazione egli dimostrò di conoscere gli aspetti fondamentali del cattolicesimo illustrando in chiave cristiana il significato di varie profezie tratte dall'Antico Testamento.[64] Sebbene l'orafo ebreo sapesse leggere e scrivere

62. Lettera di Ercole d'Este a Eleonora d'Aragona del 9 ottobre 1491 (ASMo, ASE, Casa e Stato, b. 68).

63. Pardi, *Diario ferrarese dall'anno 1409 sino al 1502 di autori incerti*, p. 135 così scrive per l'anno 1494: «[...] frate Mariano predicava in vescovado, et de due anni inanti ge havea anche predicato; et in dicta Quadragesima se batezèno assai Marani et Marane». Nel presente contesto il termine *Marani* non si riferisce ai *conversos*, dato che iniziarono a essere battezzati nel 1494. Sull'uso di questo vocabolo a indicare ebrei non battezzati di origini spagnole cfr. Pier Cesare Ioly Zorattini, *Sephardic Settlement in Ferrara under the House of Este*, in *New Horizons in Sephardic Studies*, a cura di Yedida K. Stillman e George K. Zucker, Albany, State University of New York Press, 1993, pp. 5-13, in particolare p. 6. Sulle conversioni di ebrei cacciati dalla penisola iberica e residenti in città italiane durante quegli anni, cfr. Michele Luzzati, *Fuggire dalla Spagna per convertirsi in Italia. Ebrei sefarditi a Lucca alla fine del Quattrocento*, in *E andammo dove il vento ci spinse: La cacciata degli ebrei dalla Spagna*, a cura di Guido Nathan Zazzu, Genova, Marietti, 1992, pp. 103-114.

64. Il discorso di Salomone è riferito nelle lettere inviate a Isabella d'Este il 10 ottobre 1491 da Francesco da Bagnacavallo (ASMn, AG, b. 1232, c. 93), Girolamo Magnanino (ASMn, AG, b. 1232, c. 167) e Bernardino de' Prosperi (ASMn, AG, b. 1232, c. 40). Si veda anche la lettera di Eleonora d'Aragona a Ercole d'Este datata 11 ottobre 1491 in ASMo, ASE, Casa e Stato, b. 132.

e possedesse una conoscenza di base dei testi sacri dell'ebraismo, non dedicava il proprio tempo a farsi una cultura e non sarebbe stato capace di tenere un discorso erudito sulla verità della fede cristiana senza aver prima ricevuto indicazioni da un sacerdote locale. La duchessa Eleonora – che gli fece da madrina e in seguito elogiò lo stile retorico della sua orazione – deve aver fatto sì che Fra Mariano, il celebre predicatore, aiutasse l'orafo a prepararla.[65]

È curioso il fatto che il duca Ercole, il quale aveva graziato Salomone dopo che questi si era detto pronto a diventare cristiano, fosse fuori città, impegnato in una battuta di caccia, il giorno in cui l'orafo ricevette il battesimo. La passione del duca per la caccia era ben nota e mentre si dedicava a questa attività egli cedeva alla duchessa Eleonora le redini dello Stato.[66] Tuttavia, Ercole lasciò Ferrara quando la stagione della caccia al cinghiale era da poco cominciata; gli sarebbe, dunque, risultato facile godersi una battuta di caccia anche se ne avesse rimandato l'inizio a dopo il battesimo di Salomone.[67] Tant'è vero che i figli Alfonso e Ferrante – i quali dovevano unirsi a lui in quella spedizione venatoria – lasciarono Ferrara solo *dopo* la cerimonia battesimale, in cui il primo ebbe parte attiva nelle vesti di padrino del figlio di Salomone, che allora aveva nove anni.[68] Che Ercole non ritenesse poi così importante la sua presenza a Ferrara insieme ai figli per accompagnare l'orafo al fonte battesimale induce a vedere in Eleonora d'Aragona il principale agente responsabile della doppia conversione e della grazia successivamente concessa ai condannati ebrei Salomone e Angelo.

Che Eleonora – e non il marito – si mostrasse come pia benefattrice di Salomone e organizzasse la cerimonia battesimale di quest'ultimo risultava in completa sintonia con la sua immagine pubblica, che la dipingeva quale la più devota fra i due coniugi regnanti.[69] La duchessa non solo accompagnò Salomone al fonte battesimale in qualità di sua madrina ma coprì anche le spese per la cerimonia stessa e il successivo banchetto.[70] Mentre Angelo di Vitale era stato battezzato in

65. Secondo Zambotti, *Diario Ferrarese*, p. 231, Ercole d'Este ammirava l'eloquenza di Fra Mariano. Sulla sua fama come predicatore cfr. Gutiérrez, *Testi e note su Mariano da Genazzano*, p. 128; Zelina Zarafana, *Per la storia religiosa di Firenze nel Quattrocento: Una raccolta privata di prediche*, in «Studi Medievali», 3ª serie, 9 (1968), pp. 1017-1113, in particolare pp. 1048-1049 e relativa nota 53; Peter Howard, *The Impact of Preaching in Renaissance Florence. Fra Niccolò da Pisa at San Lorenzo*, in «Medieval Sermon Studies», 48 (2004), pp. 29-44, soprattutto p. 33 e relativa nota 14.

66. Cfr. Gundersheimer, *Women, Learning, and Power*, pp. 52-53 e Tuohy, *Herculean Ferrara*, pp. 244-246.

67. Informazione fornitami dal dott. Allen J. Grieco.

68. Come riferito nelle lettere che in data 10 ottobre 1491 furono spedite a Isabella d'Este da Francesco da Bagnacavallo (ASMn, AG, b. 1232, c. 93), Girolamo Magnanino (ASMn, AG, b. 1232, c. 167) e Bernardino de' Prosperi (ASMn, AG, b. 1232, c. 40).

69. Cfr. Chiappini, *Eleonora d'Aragona*, p. 75; Lewis Lockwood, *Music in Renaissance Ferrara, 1400-1505: The Creation of a Musical Center in the Fifteenth Century*, Oxford, Oxford University Press, 2009² (ristampa dell'edizione 1984), pp. 136 e 138-142.

70. Sul ruolo dei padrini nell'Italia settentrionale in questo periodo storico si veda (sebbene incentrato sui battesimi di bambini appena nati) Guido Alfani, *Fathers and Godfathers: Spiritual Kinship in Early Modern Italy*, trad. inglese di Christine Calvert, Aldershot, Ashgate, 2009 (ed. or. *Padri, padrini, patroni. La parentela spirituale nella storia*, Venezia, Marsilio,

tutta fretta e segretamente nella cappella del carcere di Mantova, Eleonora orchestrò con gran cura la cerimonia che sancì la conversione del suo orafo di corte, assicurandosi che il battesimo di Salomone venisse ricordato come una spettacolare dimostrazione del trionfo del cristianesimo sul giudaismo.

2007). Più in generale, sulla figura del padrino nella prima età moderna cfr. Muir, *Ritual in Early Modern Europe*, pp. 21-22.

9. Il battesimo degli ebrei

Le autorità ecclesiastiche attribuivano maggiore importanza al battesimo degli ebrei – gli «infedeli per eccellenza» – che a quello di altri soggetti non cristiani.[1] Le conversioni degli ebrei venivano quindi accolte con pubbliche celebrazioni e sontuosamente organizzate, sia per attirare altri ebrei al cristianesimo sia per testimoniare il costante vigore della Chiesa. Dopo l'inizio della Riforma Luterana, alcune eminenti figure religiose – ad esempio, Ignazio di Loyola (1491-1556) e papa Pio V (sul soglio pontificio dal 1566 al 1572) – si impegnarono sempre più nell'organizzazione di tali cerimonie battesimali, così da manifestare lo zelo da loro profuso nello scopo missionario di convertire gli ebrei, inteso come massima espressione del processo di ringiovanimento della Chiesa cattolica.[2] La cerimonia battesimale tenutasi a Ferrara in pompa magna nel 1491, tuttavia, rivela il ruolo fondamentale svolto dai membri delle élite laiche italiane nell'organizzare quel tipo di celebrazioni già prima del Concilio di Trento, quando le conversioni degli ebrei nell'Italia del centro e del nord risultavano ancora un fenomeno sporadico.

Battesimi di ebrei furono celebrati a Ferrara negli anni 1481, 1494 e 1496, e vennero registrati nelle cronache locali come eventi memorabili.[3] Di particolare rilievo, tuttavia, venne considerata la conversione del rinomato artista ebreo Salomone da Sessa nel 1491.[4] In quanto tale, essa risulta dettagliatamente descritta in almeno quattro lettere, oltre al consueto resoconto fornito in una cronaca ferrarese.

Il 10 ottobre 1491 tre lettere relative alla cerimonia battesimale di Salomone furono inviate a Isabella d'Este dai suoi fidati informatori a Ferrara. In aggiunta ai resoconti forniti dal cancelliere ducale Bernardino de' Prosperi e dal cortigiano Francesco da Bagnacavallo precedentemente discussi, il nobile ferrarese Girolamo Magnanimo (o Magnanimi, la cui morte si data intorno al 1549) de-

1. Cfr. Bonfil, *An Infant's Missionary Sermon*, p. 77.

2. Cfr. Stow, *Catholic Thought*, pp. xix-xxiv e 201-203.

3. Si vedano, ad esempio, Zambotti, *Diario ferrarese*, p. 87 e Pardi, *Diario ferrarese dall'anno 1409 sino al 1502 di autori incerti*, pp. 135 e 174-175.

4. In epoca post-tridentina le cerimonie battesimali di ebrei d'alto profilo continuarono a essere ritenute circostanze da accogliere con pubblico gaudio e, pertanto, registrate nelle fonti scritte; cfr. Segre, *Neophytes during the Italian Counter-Reformation*, pp. 133-134; Piero Di Nepi, *Riti di una sera d'estate: Una conversione e una festa barocca a Casale del Monferrato*, in «La Rassegna mensile di Israel», 57 (1991), pp. 479-488 e Caffiero, *Battesimi forzati*, pp. 272-281.

scrisse la cerimonia in una sua missiva alla marchesa.[5] Il giorno dopo, Eleonora d'Aragona riferì del battesimo del suo protetto ebreo in un dispaccio al marito.[6] L'ultimo documento su questo episodio – quello meno ricco di informazioni – è il diario del ferrarese Bernardino Zambotti.[7] Una volta messe insieme, le cinque fonti ci permettono di ricostruire i dettagli della cerimonia celebrata a Ferrara la domenica del 9 ottobre.[8]

Le celebrazioni cominciarono con una solenne processione, com'era tipico della vita civile ferrarese negli ultimi decenni del Quattrocento.[9] La duchessa Eleonora, il suo primogenito Alfonso (1476-1534) e la giovane moglie Anna Sforza (1476-1497) insieme al fratellastro di Ercole d'Este – Rainaldo – e la sua corte erano alla testa di questa maestosa processione che accompagnò i tre ebrei «honorevolissimamente» dal castello di Ferrara alla cattedrale di San Giorgio, ossia il centro liturgico della città.[10] I tre candidati al battesimo erano «Salomone hebreo aurifice cum uno suo figliolo di anni circa nove e una giovene pur hebrea di anni circa XVII».[11] Tutt'e cinque i resoconti nominano i catecumeni in ordine di importanza: prima l'uomo, poi il bambino e infine la ragazza. Vista la natura fortemente drammatica della cerimonia, la contemporanea presenza di questi tre soggetti non deve essere stata frutto del caso; essa mirava, anzi, a enfatizzare lo spettacolare trionfo costituito da degli ebrei che si convertono al cattolicesimo.[12]

5. Dopo che Alfonso d'Este divenne duca, nel 1505, Magnanino fu eletto segretario ducale. Sulla sua carriera alla corte estense cfr. Marcantonio Guarini, *Compendio historico dell'origine, accrescimento, e prerogative delle chiese, e luoghi pii della città, e diocesi di Ferrara*, Ferrara, Presso gli eredi di Vittorio Baldini, 1621, p. 351; Luigi Ughi, *Dizionario storico degli uomini illustri ferraresi nella pietà, nelle arti, e nelle scienze colle loro opere, o fatti principali*, Ferrara, Per gli eredi di Giuseppe Rinaldi, 1804, pp. 45-46 e Di Leone Leoni, *La nazione ebraica spagnola e portoghese di Ferrara*, vol. II, pp. 627 e 788.

6. La lettera di Eleonora d'Aragona a Ercole d'Este datata 11 ottobre 1491 (ASMo, ASE, Casa e Stato, b. 132) è trascritta in Chiappini, *Eleonora d'Aragona*, pp. 75-76.

7. Cfr. Zambotti, *Diario ferrarese*, p. 223.

8. La cerimonia cominciò «alle ventuno», ossia alle tre del pomeriggio, come riferito nelle lettere che Girolamo Magnanino e Francesco da Bagnacavallo inviarono a Isabella d'Este il 10 ottobre 1491 (ASMn, AG, b. 1232, rispettivamente cc. 167 e 93). All'epoca le ore del giorno si contavano a partire dalle sei di sera; cfr. Simonsohn, *History of the Jews in the Duchy of Mantua,* p. 33 nota 17. Sul modo di misurare il tempo nell'Italia del Quattrocento si veda anche Elizabeth S. Cohen e Thomas V. Cohen, *Daily Life in Renaissance Italy*, Westport (CT), Greenwood Press, 2001, pp. 165-168.

9. Cfr. Lockwood, *Music in Renaissance Ferrara*, pp. 139, 151-152 e 316.

10. Rinaldo d'Este, fratellastro del duca Ercole e suo fedele sostenitore, gestiva una propria corte, piccola e a sé stante; in proposito si veda Guerzoni, *The Italian Renaissance Courts' Demand for the Arts*, pp. 61-63. Anna Sforza, figlia del duca di Milano da poco scomparso, arrivò a Ferrara nel gennaio 1491; cfr. Tuohy, *Herculean Ferrara*, pp. 150-151.

11. Cito dalla lettera di Bernardino de' Prosperi a Isabella d'Este del 10 ottobre 1491 (ASMn, AG, b. 1232, c. 40), che così recita: «Salomone hebreo aurifice cum uno suo figliolo di anni circa nove, e una giovene pur hebrea di anni circa XVII furono accompagnati honorevolessimamente per Madama cum tutti li illustri fratelli di Vostra Signoria, Madonna Anna e la corte di M. Raynaldo allo Sacro Baptesimo e baptizati».

12. Si vedano le lettere di Bernardino de' Prosperi, Francesco da Bagnacavallo e Girolamo Magnanino a Isabella d'Este datate 10 ottobre 1491 (ASMn, AG, b. 1232, rispettivamente cc. 40, 93 e 167).

A differenza di Salomone, il bambino di nove anni (suo figlio Graziadio, soprannominato Semaia)[13] era giovane abbastanza da non risultare macchiato da precedenti peccati.[14] Nell'Italia del Rinascimento i bambini fra gli otto e i quattrodici anni erano considerati innocenti e, pertanto, potevano svolgere ruoli importanti nei riti di purificazione, come quello assunto dai gruppi di loro coetanei vestiti di bianco che avrebbero sfilato – qualche anno più tardi – per le strade di Firenze sotto la guida di Girolamo Savonarola (1452-1498).[15] A Ferrara, appena nove anni dopo il battesimo di Graziadio, il devoto savonaroliano Ercole d'Este avrebbe organizzato – per placare l'ira divina – una processione simile, con ragazzi (tutti d'età inferiore ai dodici anni) a loro volta di bianco vestiti.[16]

Mentre Salomone era stato sollecitato a convertirsi, viste le accuse che lo implicavano in un orrendo crimine, il figlio Graziadio poteva essere considerato un simbolo di puerile innocenza. Inoltre, il ragazzo (che, vista la sua età, non era stato a contatto con le usanze ebraiche per lungo tempo) avrebbe potuto ricevere una vera educazione cattolica. In epoca premoderna i teologi nutrivano dubbi circa la possibilità che gli ebrei adulti abbandonassero del tutto la loro precedente identità ebraica e interrompessero i rapporti con gli ex correligionari. Le loro speranze erano invece riposte nei figli di questi neofiti, la cui maggiore malleabilità poteva risultare in una più profonda conversione. Per tale motivo, a Roma – nel 1533 – un bambino di appena cinque o sei anni (battezzato insieme al padre, mentre la madre resistette ai tentativi fatti per convertirla) si vide costretto a recitare in pubblico un discorso sulla conversione, con gli ebrei del luo-

13. Graziadio è menzionato per nome nel testamento di sua nonna Ricca del 1485 (ASBo, Fondo notarile, serie Curialti Matteo di Bologna, filza 8, c. 61). Lo stesso avviene nell'atto notarile del 21 agosto 1489 (ASFe, Archivio Notarile Antico di Ferrara, Notaio Iacobo Vincenzi, matr. 177, pacco 10).

14. Il soprannome di Graziadio compare nell'atto notarile del 17 dicembre 1489 (ASFe, Archivio Notarile Antico di Ferrara, Notaio Iacobo Vincenzi, matr. 177, pacco 10). La mia interpretazione di questa forma onomastica ("Semaia") nel documento in questione non coincide con quella offerta da Andrea Franceschini, il quale pubblica un riassunto (in italiano) di questa fonte latina nel suo *Presenza ebraica a Ferrara*, p. 429 (doc. 1247); egli infatti riporta il soprannome di Graziadio nella forma "Senzaia." Semaia sembra essere una variante del nome ebraico Shemaia (שמעיה), che si registra fra quelli che gli ebrei del nord Italia davano talvolta ai propri figli; in proposito cfr. Vittore Colorni, *La corrispondenza fra nomi ebraici e nomi locali nella prassi dell'ebraismo italiano*, in Id., *Judaica Minora*, pp. 661-825, in particolare p. 781. "Shemaia" veniva, in alcuni casi, trascritto "Semaia" nei documenti ufficiali, come dimostra il caso di Semaia Trigo, un prestavaluta ebreo attivo a Roma, il cui nome figura nei *Capitula XXti hebreorum bancheriorum Urbis 1534*, pubblicati da Anna Esposito, *Credito, ebrei, Monte di Pietà a Roma tra Quattro e Cinquecento*, in «Roma moderna e contemporanea», 10, 3 (2002), pp. 559-582, in particolare pp. 576-580. Si veda, inoltre, Claudio Procaccia, *Banchieri ebrei a Roma. Il credito su pegno in età moderna*, in *Judei de Urbe*, pp. 155-179, in particolare p. 167.

15. In proposito si vedano Ottavia Niccoli, *Il seme della violenza. Putti, fanciulli e mammoli nell'Italia tra Cinque e Seicento*, Roma, Laterza, 1995; Konrad Eisenbichler, *The Boys of the Archangel Raphael: A Youth Confraternity in Florence, 1411-1785*, Toronto, University of Toronto Press, 1998; Lorenzo Polizzotto, *Children of the Promise: The Confraternity of the Purification and the Socialization of Youths in Florence, 1427-1785*, Oxford, Oxford University Press, 2004.

16. Cfr. Tuohy, *Herculean Ferrara*, pp. 177-178.

go obbligati ad ascoltarlo. L'innocenza del bambino era sottolineata dalla scelta del nome assunto al battesimo (Giulio Innocentio) e la sua orazione – poi data alle stampe – non esortava solo gli ebrei in generale ad abbracciare il cristianesimo ma, più specificamente, la sua ostinata madre.[17] Il significato simbolico attribuito alla fanciullezza e il ruolo riservato ai giovani (nonché, si presupponeva, innocenti) neofiti servivano anche a giustificare gli sforzi profusi per convertire i loro genitori.[18] Appunto per la spiccata importanza dei convertiti in tenera età, nel 1508 il giurista e umanista Ulrico Zasio (1461-1536) non esitò ad affermare che i bambini ebrei andavano presi e convertiti anche contro la volontà dei loro genitori, sebbene – dal punto di vista legale – essi fossero ancora minorenni.[19]

La presenza di Graziadio accanto al suo talentuoso (seppur tristemente noto) genitore stava a indicare l'augurio che le conversioni all'interno della famiglia di Salomone potessero incrementare il numero dei sinceri cattolici. Tuttavia, per quanto Graziadio potesse effettivamente diventare un giorno un cristiano esemplare, il segno fisico della circoncisione impresso sul suo corpo ne avrebbe per sempre indicato l'origine ebraica. La ragazza battezzata insieme a lui e a suo padre era quindi la sola – dei tre – che potesse dirsi del tutto assimilabile ai cristiani.[20] La catecumena in questione era la figlia di Elia e Stella Caio; Eleonora d'Aragona accenna a lei definendola «quella ebrea che era in casa de M. Daniel di Obici»[21] mentre Francesco da Bagnacavallo dice trattarsi di «una ebrea che se' sia innamorata di uno cristiano».[22]

La condizione sociale della ragazza viene considerata così umile che nessuno dei resoconti giunti sino a noi ritiene opportuno menzionarne il nome ebraico oppure quello dei genitori nel descrivere la cerimonia battesimale, sebbene tre delle fonti indichino quella che pareva essere – all'incirca – la sua età. Pur essendo nata in una famiglia povera, il suo sesso le permetteva di diventare una cattolica sulla quale non si riscontrasse il marchio di un passato da ebrea. Alcuni polemisti cristiani si concentrarono in particolare sulle donne ebree, affermando che esse avevano più di tutti da guadagnare convertendosi, vista la loro anomala condizione all'interno dell'ebraismo, in quanto escluse da quel patto che la circoncisione mira a sancire.[23] Considerando la circoncisione della carne equivalente al battesimo (intesa come una "circoncisione del cuore"), tali autori sottolineavano la

17. Cfr. Bonfil, *An Infant's Missionary Sermon*, pp. 141-171.

18. Per le pressioni a cui erano sottoposti i convertiti – per tutta la prima età moderna – affinché facessero battezzare le mogli e i figli cfr. Carlebach, *Divided Souls*, pp. 138-156 e Caffiero, *Battesimi forzati*, pp. 111-198.

19. A riguardo si veda Rowan, *Ulrich Zasius and the Baptism of Jewish Children*, pp. 3-25. Sulla duratura influenza della tesi espressa da Zasio cfr. Stow, *Anna and Tranquillo*, pp. 151-152.

20. Sull'idea che le donne ebree fossero più facilmente assimilabili al cristianesimo rispetto ai loro correligionari maschi in virtù della condizione anomala derivante dalla mancata circoncisione pur appartenendo all'ebraismo, cfr. Carlebach, *Divided Souls*, pp. 138-156.

21. Cito dalla lettera di Eleonora d'Aragona a Ercole d'Este datata 11 ottobre 1491 (ASMo, ASE, Casa e Stato, b. 132).

22. Cito dalla lettera di Francesco da Bagnacavallo a Isabella d'Este datata 10 ottobre 1491 (ASMn, AG, b. 1232, c. 93).

23. Cfr. Bowd, *The Conversion of Margarita*, pp. 154-155.

disparità rituale all'interno del giudaismo rispetto a quella che essi ritenevano la parità di genere offerta dal sacramento battesimale.

Per quanto concerne la circoncisione, intesa come prefigurazione del battesimo e rito ad esso equivalente, i pensatori cristiani ritenevano che la sua natura sacramentale lasciasse un marchio indelebile. Si credeva comunemente che la circoncisione, impressa sul corpo dei maschi ebrei, li rendesse uomini dalla scarsa virilità, incapaci di soddisfare le loro donne dal punto di vista sessuale. L'immagine dell'ebreo debole e brutto andava di pari passo con quella (opposta) dell'ebrea attraente ed esotica, che – in ambito letterario – trovò la sua più nota espressione nel *Mercante di Venezia* (1596-1597) di Shakespeare. Quasi un secolo prima della stesura di quest'opera, il battesimo della sedicenne ebrea a Ferrara si conformava già appieno alla fantasia sessuale cristiana della "bella giudea", disposta alla conversione dopo essersi resa conto che meritava di essere data in sposa a un vero uomo, ossia a un cristiano.[24] Pertanto, nella sua descrizione del battesimo celebrato nel 1491 il cronista ferrarese Bernardino Zambotti si limitò ad annotare quanto segue:

> A dì 9, de domenega. Se baptizòno suxo uno tribunale grande in domo, a l'intrare del choro, dui Zudei maschi, padri e fioli, e una Zudea bella, in presentia de la illustrissima duchessa nostra madona Eleonora con li soi fioli e con tuta la Corte.[25]

Tutte le lettere che descrivono il battesimo di Salomone, di suo figlio e della ragazza dei Caio accennano anche alla decapitazione – il giorno successivo – di Niccolò e Cesare da Verona. Mentre Magnanino si limita ad annotare che furono decapitati, Eleonora d'Aragona – il cui tentativo di convincere il marito ad avere pietà di Niccolò non sortì alcun effetto – si dimostra angosciata per l'accaduto. La duchessa manifestò di accettare la decisione del duca, causata – come lei ben sapeva – dal suo dovere di fare giustizia. Tuttavia, ella non si trattenne dall'informare Ercole di aver provato compassione per i due fratelli quando assistette all'esecuzione pubblica e pregato Dio affinché avesse pietà della loro anima.[26] Come abbiamo visto prima, il testo della lettera su Angelo di Vitale inviata da Eleonora a Isabella d'Este il 15 settembre rivela come – a suo parere – perdonare un criminale pentito equivalesse a "guadagnarne" l'anima. Nel suo dispaccio al duca Ercole datato 11 ottobre, tuttavia, la duchessa distingue chiaramente fra il corpo di un criminale condannato (sul cui destino la decisione spetta alle autorità secolari) e la sua anima. Come dimostra la successiva lettera di Eleonora, ella sapeva bene che secondo la dottrina cattolica ufficiale giustiziare un peccatore convertito ne comportava la morte fisica ma non la perdita della sua anima.

Il pieno rispetto della giustizia temporale poteva giustificare la decapitazione di Cesare e Niccolò, ma suscitava al tempo stesso un senso di compassione non

24. Cfr. Shaye J.D. Cohen, *Why Aren't Jewish Women Circumcised? Gender and Covenant in Judaism*, Berkeley, University of California Press, 2005, pp. 67-92, 133-137 e 158-161.

25. Cito da Zambotti, *Diario ferrarese*, p. 223.

26. Si vedano la lettera di Eleonora d'Aragona a Ercole d'Este datata 11 ottobre 1491 (ASMo, ASE, Casa e Stato, b. 132) e quella di Girolamo Magnanino a Isabella d'Este del giorno precedente (ASMn, AG, b. 1232, c. 167).

solo in Eleonora ma anche in altri spettatori. Nota, ad esempio, Bernardino de' Prosperi nella sua lettera a Isabella: «Ma in vero, Signora mia, se 'l caso di M.r Zilfredo fo atroce e crudele, il vedere decapitati questi dui giovini è stato una cosa da far piangere uno saxo».[27] Francesco da Bagnacavallo riferisce come molti dei ferraresi presenti all'esecuzione «se siano comossi a piangere a vedere dui giovani fratelli belli morire ambedui così aspramente».[28] Dopo aver ricordato i due eventi pubblici svoltisi – in altrettante giornate, una di seguito all'altra – nei luoghi principali della vita civile e religiosa ferrarese, Bagnacavallo così conclude:

> Hamo tanto perduto quanto guadagnato, che eri facisimo tri novi cristiani et ogi dui ne avemo morti et aspectiamo fra pochi giorni fare morire lo terzo [fratello] aciò sia paro sparo lo guadagno cum la dispensa.[29]

Bagnacavallo esprimeva così l'idea (implicita nella lettera di Eleonora a Isabella del 10 settembre e ripetuta nella missiva di quest'ultima a Francesco Gonzaga cinque giorni dopo) che salvare la vita di un criminale convertito era come "guadagnarne" l'anima, mentre eseguire la condanna a morte decisa dal tribunale equivaleva a "perderla".[30] È difficile dire se anche Bagnacavallo – al pari di Eleonora d'Aragona – conoscesse la distinzione fra perdere il corpo di un criminale o la sua anima, ma le parole da lui usate rivelano senza dubbio una critica nei confronti del duca Ercole per il suo voler a tutti i costi giustiziare un assassino che si era pentito dei propri peccati e aveva espresso l'intenzione di farsi frate. Dopo aver descritto – in modo dettagliato e con palese apprezzamento – l'acquisto di tre nuove anime cristiane grazie all'impegno profuso dalla famiglia allora regnante su Ferrara in favore delle conversioni, Bagnacavallo accenna a come questo "guadagno" venisse, di fatto, annullato dal rifiuto del duca a compiere un gesto di pietà cristiana, ossia graziare, tra i fratelli veronesi, quello che si era pentito.

Le tre anime cristiane "fatte" il 9 ottobre erano quelle di un uomo ebreo in vista (seppur di cattiva reputazione); un bambino ebreo innocente (anche se circonciso) e un'adolescente ebrea (benché di umili origini). Malgrado il palese intento propagandistico del gruppo così costituito, è curioso che a ricevere il battesimo insieme al celebre artista Salomone da Sessa sia stata un'ignota ragazza nata in una povera famiglia ebrea invece della sua stessa figlia adolescente. I nomi che i neofiti ricevettero insieme alla loro nuova identità cristiana possono aiutarci a fare luce su questo aspetto poco chiaro.

27. Cito dalla lettera di Bernardino de' Prosperi a Isabella d'Este datata 10 ottobre 1491 (ASMn, AG, b. 1232, c. 40).

28. Cito dalla lettera di Francesco da Bagnacavallo a Isabella d'Este del 10 ottobre 1491 (ASMn, AG, b. 1232, c. 93).

29. Cito ancora dalla lettera di Francesco da Bagnacavallo a Isabella d'Este del 10 ottobre 1491 (ASMn, AG, b. 1232, c. 93). Sull'insistenza, da parte del duca Ercole d'Este, nel perseguire imputati che al momento in cui avrebbero commesso i crimini loro contestati non avevano ancora indossato l'abito talare o ricevuto la tonsura, cfr. Chambers e Dean, *Clean Hands and Rough Justice*, p. 149.

30. Si vedano le lettere di Eleonora d'Aragona a Isabella d'Este del 10 settembre 1491 (ASMn, AG, b. 1185, c. 194) e quella di Isabella d'Este a Francesco Gonzaga di cinque giorni dopo (ASMn, AG, b. 2991, lib. 1, c. 44r).

I tre resoconti indirizzati a Isabella d'Este riferiscono che al battesimo Salomone prese il nome di Ercole e suo figlio quello di Alfonso. Fu Salomone stesso a scegliere il proprio nome (come ai convertiti adulti era permesso fare) ed egli acconsentì al nome scelto per il figlio. Di fatto, però, quei nomi che rendevano omaggio sia al duca Ercole sia all'erede Don Alfonso non furono solo approvati ma suggeriti dalla duchessa e patrona di Salomone. Magnanino – fidato informatore di Alfonso d'Este – fece sapere a Isabella che la duchessa Eleonora aveva insistito affinché il figlio dell'orafo si chiamasse Alfonso, così da rendere omaggio al proprio figlio maggiore, che fungeva da padrino alla cerimonia.[31]

Solitamente gli ebrei battezzati prendevano il nome dei nobili che fungevano da loro padrini, in modo da crearsi così una nuova identità cristiana.[32] A Ferrara, di norma, gli ebrei prendevano il nome dei loro patroni di rango ducale al momento del battesimo.[33] Così facendo non solo si assimilavano alla pietà cattolica dei loro eminenti benefattori, ma rafforzavano il rapporto di vicinanza spirituale e di dipendenza materiale che intrattenevano con quei medesimi soggetti.[34] Per tale motivo, quando – più tardi, in una data imprecisata dello stesso 1491 – la moglie di Salomone si battezzò ella prese il nome di Eleonora, per rendere omaggio all'importante benefattrice di suo marito.[35]

Vale la pena sottolineare che la figlia dei Caio non ricevette il nome di "Eleonora" al momento del battesimo, benché la cerimonia fosse la stessa di Salomone/Ercole e Graziadio/Alfonso. La duchessa Eleonora, che aveva in precedenza ignorato le suppliche di Elia e Stella in merito alla figlia, fu una strenua fautrice della conversione di questa ragazza. Sebbene ella si fosse assunta l'onere di fornire il completo che la "bella giudea" avrebbe indossato durante la cerimonia, al battesimo essa non ricevette il nome di "Eleonora".[36] Venne invece battezzata come "Anna Antonia", nome che rendeva omaggio sia ad Anna

31. Cfr. la lettera di Girolamo Magnanino a Isabella d'Este datata 10 ottobre 1491 (ASMn, AG, b. 1232, c. 167). Per lo stretto rapporto di Magnanino con Alfonso d'Este si veda Ughi, *Dizionario storico degli uomini illustri ferraresi*, pp. 45-46.

32. Nell'Italia del Rinascimento talvolta i genitori sceglievano un nome di battesimo per i propri figli che rendesse omaggio a un padrino di alto profilo, come indicato in Alfani, *Fathers and Godfathers*, p. 60.

33. Tale consuetudine si mantenne per tutta la prima età moderna. Ad esempio, negli anni Settanta del XVI secolo il figlio di Jacob Abrabanel si convertì, a Ferrara, e sul fonte battesimale prese il nome di "Alfonso" in onore di Alfonso II d'Este. Sempre a Ferrara, poco prima della sua "devoluzione" nel 1597, una ragazza ebrea di nome Luina venne battezzata come "Margherita" in onore della duchessa Margherita Gonzaga d'Este; cfr. Renata Segre, *Sephardic Settlements in Sixteenth-Century Italy: A Historical and Geographical Survey*, in «Mediterranean Historical Review», 6 (1991), pp. 112-137 in particolare p. 133, e Federigo Amadei, *Cronaca universale della città di Mantova: Edizione integrale*, a cura di Giuseppe Amadei, Ercolano Marani e Giovanni Praticò, Mantova, C.I.T.E.M, 1955-1956, vol. III, pp. 188-189.

34. Si vedano Pullan, *The Jews of Europe and the Inquisition of Venice*, p. 266 e Caffiero, *Battesimi forzati*, pp. 272-281.

35. Il 2 marzo 1521 la moglie avrebbe inviato una supplica a Isabella d'Este dicendo di chiamarsi "Eleonora"; cfr. ASMn, AG, b. 1247, fasc. XVII (*Ferrara. Diversi*), c. 395.

36. Che la duchessa Eleonora avesse fatto preparare dei vestiti nuovi per Anna Antonia è riferito da Girolamo Magnanino nella sua lettera a Isabella d'Este del 10 ottobre 1491 (ASMn, AG, b. 1232, c. 167).

Sforza (la moglie di Alfonso d'Este) sia alla consorte di Daniele degli Obizzi (Antonia), con cui aveva abitato dopo la fuga dalla casa dei genitori.[37] Il nome "Eleonora" toccò invece alla moglie di Salomone; la sua assunzione del nome della duchessa di Ferrara fece sì che la famiglia dell'orafo ricreasse al proprio interno – tramite la nuova identità cristiana dei coniugi appena battezzati – una versione della famiglia ducale.

I concili tenutisi a Toledo, nella Spagna visigotica, durante il VII secolo avevano stabilito – attraverso vari canoni – che i figli minorenni di genitori ebrei dovevano essere a loro volta battezzati non appena il padre o la madre avessero ricevuto quel sacramento. Tale decisione era ancora vincolante nel XV secolo.[38] Siccome il consenso di almeno un genitore era necessario per battezzare i bambini sotto i dodici anni (e la moglie di Salomone era madre di tre bambini tutti di età inferiore ai dodici anni) lei sarebbe stata allontanata da loro se non avesse accettato di farsi cristiana. Come altre donne ebree in simili circostanze, l'unico modo che aveva per conservare la custodia dei figli era seguire il marito al fonte battesimale.[39] Graziadio – il bambino di nove anni – fu battezzato insieme al padre, ma i bambini più piccoli, ossia Giuseppe (nato fra il 1485 e il 1489) e la sorellina (nata fra il 1484 e il 1491, il cui nome da ebrea resta ignoto), ricevettero probabilmente il battesimo insieme a lei. I due presero i nomi cristiani di membri della famiglia regnante a Ferrara, come aveva fatto il fratello maggiore, rafforzando così il legame che univa Salomone ai suoi benefattori ducali. Giuseppe prese il nome di "Ferrante" (come il figlio minore del duca, detto anche Ferdinando, secondo la forma onomastica spagnola) e la bambina venne battezzata "Anna".[40] Come per Anna Antonia Caio, il nome assunto al battesimo dalla seconda figlia di Salomone

37. I nomi di battesimo dei tre neofiti sono riportati da Girolamo Magnanino nella sua già citata lettera a Isabella d'Este del 10 ottobre 1491 (ASMn, AG, b. 1232, c. 167). Né Bernardino de' Prosperi né Francesco da Bagnacavallo menzionano "Antonia" (dato come secondo nome alla figlia dei Caio) nelle loro lettere a Isabella d'Este del 10 ottobre 1491 (ASMn, AG, b. 1232, rispettivamente cc. 40 e 93), limitandosi a riferire che la ragazza fu chiamata "Anna".

38. Cfr. Stow, *Anna and Tranquillo*, pp. 123 e 168. Per la maggiore esitazione a convertirsi dimostrata dalle donne ebree italiane rispetto ai loro correligionari maschi, cfr. Anna Foa, *Le donne nella storia degli ebrei in Italia*, in *Le donne delle minoranze: Le ebree e le protestanti d'Italia*, a cura di Claire E. Honess e Verina R. Jones, Torino, Claudiana, 1999, pp. 11-29, in particolare pp. 25-27; Galasso, *Alle origini di una comunità*, pp. 116-117 e Ariel Toaff, *Storie fiorentine: Alba e tramonto dell'ebreo del ghetto*, Bologna, il Mulino, 2013, pp. 102-103.

39. Per casi precedenti, avvenuti in epoca medievale, di donne che persero la custodia dei figli perché si rifiutarono di convertirsi insieme ai mariti cfr. Jessie Sherwood, *Rebellious Youth and Pliant Children: Jewish Converts in 'Adolescentia'*, in *Medieval Life Cycles: Continuity and Change*, a cura di Isabelle Cochelin e Karen Elaine Smyth, Turnhout, Brepols, 2013, pp. 183-209, in particolare pp. 187-189. Per casi, invece, di ebree italiane nella prima età moderna che si convertirono appunto per il timore di perdere i propri figli cfr. Malena, *I demoni di Alvisa*, p. 387 e Stow, *Anna and Tranquillo*, pp. 54-55.

40. Su Ferrante/Ferdinando cfr. Cittadella, *Notizie relative a Ferrara*, p. 694; Angelucci, *Catalogo della armeria reale*, pp. 307-308. Il nome ebraico che gli venne dato alla nascita è riferito negli atti notarili del 21 agosto e 17 dicembre 1489 (ASFe, Archivio Notarile Antico di Ferrara, Notaio Iacobo Vincenzi, matr. 177, pacco 10). Sull'uso del nome "Ferrante" e della forma spagnola "Ferdinando" nel nord Italia cfr. Shemek, *Introduction*, p. 4.

era un omaggio alla moglie dell'erede destinato a diventare duca di Ferrara, con la differenza che – nel suo caso – vi era un'unica benefattrice cui rendere in tal modo onore.[41]

Risultava difficile presentare la conversione della moglie di Salomone e dei suoi due figli più piccoli (una femmina di sette anni al massimo e un maschio al di sotto dei sei) come una sincera scelta a favore del cristianesimo. La loro presenza avrebbe, dunque, aggiunto ben poco valore simbolico al battesimo dell'orafo e del suo figlio maggiore. Trattandosi di una cerimonia finalizzata a evidenziare il successo ottenuto dalla famiglia ducale con la sua politica favorevole alla conversione degli ebrei, ogni dettaglio assumeva un grande rilievo. Pertanto, invece di riunire vari membri della famiglia dell'orafo (ognuno dei quali andava esorcizzato e battezzato separatamente, rendendo così la cerimonia lunga e noiosa) solo tre ebrei ricevettero il battesimo nel duomo di Ferrara il 9 ottobre. Associato alla Trinità, ossia l'elemento della dottrina cristiana che gli ebrei maggiormente rifiutavano, il numero tre assumeva un significato spirituale ben maggiore rispetto a numeri quali il cinque (cioè, in questo caso, Salomone, il figlio di nove anni, la moglie e i due bambini più piccoli) oppure il sei (ossia i soggetti appena menzionati più la figlia maggiore di Salomone). La presenza di tre – e soltanto tre – ebrei si riscontra anche in altre, successive e altamente pubblicizzate cerimonie battesimali che furono orchestrate per fornire prova evidente del trionfo del cattolicesimo come la sola vera religione.[42]

Viene però da chiedersi per quale motivo la figlia dei Caio fu aggiunta alla cerimonia come terza aspirante al battesimo invece della figlia primogenita di Salomone, a sua volta considerata non più minorenne secondo i parametri dell'epoca, esattamente al pari della figlia di Stella ed Elia. La figlia più grande di Salomone – il cui nome ebraico, come detto, non viene registrato dalle fonti – era nata nel 1479.[43] Quando suo padre si convertì al cristianesimo dodici anni dopo, il destino dalla ragazza non dipendeva più automaticamente da questa scelta; spettava a lei, infatti, esprimere o meno il consenso al battesimo. L'aggiunta di un'ebrea la cui età era ritenuta quella in cui una giovane passava da minorenne ad adulta avrebbe fornito il perfetto completamento al binomio formato dal suo noto padre c dal fratellino Graziadio.[44]

41. La ragazza è indicata come "figlia dell'orafo Ercole, ex ebreo" nell'elenco delle damigelle ferraresi (tutte inferiori ai diciotto anni d'età) che il duca Ercole d'Este aveva selezionato per Lucrezia Borgia nel 1502 (ASMo, ASE, Casa e Stato, b. 400, sottofasc. 2051-II, fasc. 8). Il suo nome di battesimo è menzionato da Bernardino de' Prosperi nella lettera che inviò a Isabella d'Este il 27 aprile 1506 (ASMn, AG, b. 1241, c. 29).

42. Cfr. Caffiero, *Battesimi forzati*, p. 289.

43. Nella cronaca del monastero ferrarese di Santa Caterina da Siena si legge che all'epoca della vestizione (nell'agosto 1501) aveva ventidue anni: cfr. *Cronaca di Fra Benedetto da Mantova,* ASDF, SCS, b. 3/22, fol. 4v.

44. Sull'importanza dell'età per le giovani convertite cfr. Bowd, *The Conversion of Margarita*, pp. 150-151 e 155-156. Si veda anche Sherwood, *Rebellious Youth and Pliant Children*, pp. 203-204. Sul dodicesimo anno di età come quello di passaggio all'età adulta per le ragazze, cfr. Alessia Bertolazzi, Irene Lodi, Alessandra Rossi, *Per potere, per violenza: infanzia e sessualità*, in *"El più soave et dolce et dilectevole et gratioso bochone": amore e sesso al tempo*

È interessante notare che una volta concesso il proprio assenso al battesimo non fu questa ragazza a ricevere un nome in omaggio ad Anna Sforza, mentre il suo fratellino fu battezzato con un nome che omaggiava il marito di questa (nonché futuro duca di Ferrara). La primogenita di Salomone, infatti, ricevette un nome cristiano che non risultava connesso a nessun membro della famiglia allora regnante a Ferrara: venne chiamata "Caterina", uno dei nomi di battesimo più comuni per le donne convertite nell'Italia del Quattrocento e, in quanto tale, già usato per almeno altre due neofite in quella città emiliana.[45] Questa discrepanza onomastica rispetto agli altri suoi parenti più stretti – i cui nomi cristiani (i genitori Ercole ed Eleonora così come i fratelli Alfonso e Ferrante e la sorella Anna) erano connessi tutti alla famiglia ducale – induce a pensare che Caterina, la quale nel 1501 sarebbe entrata in un monastero facendosi suora, non seguì subito le orme paterne. Se lei avesse accettato di convertirsi insieme al padre e al fratello Graziadio oppure con sua madre, il fratello più piccolo e la sorella, avrebbe ricevuto il nome "Anna" in onore dell'omonima di casa Sforza; oppure si sarebbe chiamata "Isabella" o "Beatrice", come le figlie di Ercole d'Este ed Eleonora d'Aragona.[46] Il fatto che per prima la figlia dei Caio sia stata chiamata Anna e in seguito anche la figlia più giovane di Salomone/Ercole suggerisce che la primogenita dell'orafo abbia inizialmente opposto resistenza alle pressioni fatte su di lei affinché si convertisse. La differenza riscontrabile fra il suo nome di battesimo e quelli assunti da tutti gli altri membri della famiglia fa pensare che non sia stata battezzata insieme alla madre, alla sorella e al fratello (entrambi più giovani di lei) ma successivamente, una volta resasi conto che il rifiuto di convertirsi la rendeva l'unica ebrea in famiglia.

È quindi lecito supporre che, quando i preparativi per il battesimo di Salomone erano ormai avviati, la sua primogenita resistesse alle insistenze di chi desiderava convertirla; tuttavia, volendo, era facile sostituirla con un'altra ragazza ebrea, cioè la figlia di Stella ed Elia. Immagine speculare rispetto alla figlia maggiore dell'orafo (la quale, come abbiamo visto, esitava ad accettare il battesimo anche davanti all'apostasia del padre), "la bella giudea" innamorata di un cristiano si era ribellata ai propri genitori ebrei, che facevano di tutto per impedirle di diventare cattolica. Le voci sulla sua drammatica fuga da casa e sul successivo

dei Gonzaga, a cura di Costantino Cipolla e Giancarlo Malacarne, Milano, FrancoAngeli, 2006, pp. 185-209, in particolare p. 193.

45. Per precedenti casi di neofiti ferraresi che presero questo nome cfr. Franceschini, *Presenza ebraica a Ferrara*, pp. 24-26, 28-29, 35 e 132 (documenti 28-30, 33-34, 36, 41-44, 60 e 361b). Per la sua prevalenza fra gli ebrei convertiti cfr. Veronese, *Una famiglia di banchieri ebrei*, pp. 215-216 e Toaff, *Il vino e la carne*, p. 191. Per il periodo post-tridentino si vedano Segre, *Neophytes during the Italian Counter-Reformation*, p. 142; Samuela Marconcini, *La storia della pia Casa dei catecumeni di Firenze (1636-1799)*, tesi di dottorato, Scuola Normale Superiore di Pisa, 2012, p. 171 e Rothman, *Brokering Empire*, p. 143 nota 77.

46. Accennando alla supplica del 1521 – in cui la moglie dell'orafo menziona le loro tre figlie non ancora sposate – Angelucci, *Catalogo della armeria reale*, p. 308 avanza l'ipotesi che probabilmente erano state battezzate con nomi che rendessero omaggio a Beatrice oppure a Isabella d'Este. Non trovo prove a sostegno di questa ipotesi; inoltre, è assai verosimile che la nascita di queste ragazze avvenne dopo il battesimo del loro padre nel 1491.

scontro tra i genitori della ragazza e i cristiani che le avevano prestato soccorso si susseguirono a ritmo incalzante nelle settimane prima della solenne cerimonia battesimale. Era una narrazione che si adattava perfettamente al pio paradigma cristiano di una ragazza mossa da una fede così intensa da indurla a sfidare i genitori nella ricerca della perfezione religiosa.[47]

I tre ebrei (l'uomo, il bambino e la ragazza) – ciascuno dei quali investito di un importante valore simbolico all'interno dello spettacolo della conversione – furono scortati dai loro aristocratici accompagnatori nel percorso che portava dal castello ducale (simbolo del potere politico della casa d'Este) al duomo dedicato a San Giorgio, dove i signori estensi erano soliti mettere in mostra la loro condizione di pii regnanti cristiani.[48] Giunsero così «a la porta de la ecclesia, dove era in quel punto arivato il vesco aparato pontificalmente».[49] Un decennio prima, Giacomo – l'ebreo condannato per furto che accettò di farsi battezzare per ricevere la grazia dal duca – aveva ricevuto questo stesso sacramento nel duomo di Ferrara dal vicario del vescovo.[50] Tuttavia, il celebre orafo Salomone e suo figlio, al pari di altri ebrei famosi nell'Italia premoderna,[51] non sarebbero stati battezzati da un vicario ma dal vescovo in persona, ossia Bartolomeo della Rovere (vescovo di Ferrara dal 1474 al 1494), nipote di papa Sisto IV (sul soglio pontificio dal 1471 al 1484) e fratello del futuro papa Giulio II (a sua volta sulla cattedra di San Pietro dal 1503 al 1513).[52]

Davanti alla porta del duomo ferrarese – la soglia che separa il regno del demonio da quello di Dio – il vescovo praticò il rito dell'esorcismo, cioè la prima parte integrante della cerimonia relativa al sacramento battesimale.[53] Bartolomeo della Rovere esorcizzò i tre ebrei, i quali – davanti al portale del duomo, vero e proprio capolavoro della scultura romanica – «furono primo christianati ad uno ad uno, cum belle cerimonie».[54] Attribuiti a un artista chiamato Niccolò, attivo in nord Italia durante la prima metà del XII secolo, i fregi laterali del portale recano scolpite figure dell'annunciazione e dei quattro profeti dell'Antico Testamento che, secondo la tradizione cristiana, avevano annunciato la venuta

47. Cfr. Bowd, *The Conversion of Margarita*, pp. 158-159 e Di Nepi, *Riti di una sera d'estate*, pp. 482-484.

48. Anthony Colantuono, *Estense Patronage and the Construction of the Ferrarese Renaissance, c. 1395-1598*, in *The Court Cities of Northern Italy*, pp. 196-243, in particolare pp. 208-210. Per il «carattere quasi civile dei grandi progetti relativi alle cattedrali» in cui Ercole d'Este era coinvolto in qualità di mecenate – sia per gli aspetti architettonici sia per quelli artistici – si veda ivi, p. 231.

49. Cito dalla lettera di Girolamo Magnanino a Isabella d'Este del 10 ottobre 1491 (ASMn, AG, b. 1232, c. 167) il cui testo così legge per il passo in questione: «et cussì giunti ala porta de la ecclesia, dove era in quel punto arivato il vesco aparato pontificalmente».

50. Cfr. Zambotti, *Diario ferrarese*, p. 87.

51. Cfr. Segre, *Neophytes during the Italian Counter-Reformation*, p. 134.

52. Cfr. Luciano Chiappini, Werther Angelini, Amerigo Baruffaldi, *La chiesa di Ferrara nella storia della città e del suo territorio, secoli XV-XX*, Ferrara, Corbo, 1997, pp. 13-14.

53. Cfr. Muir, *Ritual in Early Modern Europe*, p. 21.

54. Lettera di Girolamo Magnanino a Isabella d'Este del 10 ottobre 1491 (ASMn, AG, b. 1232, c. 167).

di Cristo. Questi profeti ebrei (Ezechiele, Geremia, Isaia e Daniele) sono rivolti agli astanti e tengono in mano dei rotoli scritti.[55] Ad esempio, sul rotolo di Isaia si legge un passo tratto dal suo libro (7:14), vale a dire: «Ecce virgo concipiet et pariet filium et vocabitur [nomen eius Emmanuel]» («Ecco, la vergine concepirà e partorirà un figlio e lo chiamerà [e il suo nome sarà Emmanuel]», testo spesso interpretato, sin dal cristianesimo delle origini, come una profezia della partenogenesi di Cristo.[56]

L'esegesi cristiana interpretava vari passi dai libri di Isaia, Ezechiele, Geremia e Daniele come testi che preannunciavano l'incarnazione di Cristo, la sua nascita da una vergine, la crocifissione e infine la resurrezione. I polemisti cristiani facevano spesso uso di simili interpretazioni delle profezie veterotestamentarie per convincere gli ebrei che il cristianesimo – già riconosciuto dai profeti biblici – era la vera religione. Le figure dei profeti assunsero poi un nuovo rilievo nell'immaginario religioso del XII secolo; la loro originale presenza nella decorazione delle facciate di chiese romaniche (come il duomo di Ferrara) si accompagnò a una rinnovata tendenza interpretativa a carattere cristologico di quelle stesse profezie nelle dispute contro gli ebrei.[57] Nel 1491 – più di tre secoli dopo la realizzazione dei fregi che adornano i lati del portale del duomo ferrarese – le figure dei profeti erano ancora ben visibili e si potevano anche leggere le parole trascritte sui rotoli che tenevano in mano. Sebbene l'esatto significato di quelle iscrizioni risultasse incomprensibile a quanti non conoscevano il latino, la vicinanza tra le figure scolpite e la scena dell'annunciazione avrebbe aiutato la folla di fedeli venuta in cattedrale per assistere al battesimo dei tre ebrei a riconoscere nelle immagini dei profeti coloro che, nell'Antico Testamento, avevano previsto la venuta di Gesù.[58]

Compiendo la prima parte del loro rito di passaggio verso il cristianesimo proprio davanti a quel portale decorato con le figure dei profeti ebrei, Salomone, Graziadio e la figlia dei Caio rappresentavano nel modo più evidente possibile il trionfo

55. Cfr. Calvin B. Kendall, *The Allegory of the Church: Romanesque Portals and Their Verse Inscriptions*, Toronto, University of Toronto Press, 1998, pp. 85-86. Su Niccolò e i portali da lui scolpiti per varie cattedrali in nord Italia cfr. David M. Robb, *Niccolò: A North Italian Sculptor of the Twelfth Century*, in «Art Bulletin», 12, 4 (1930), pp. 374-420 e Trude Krautheimer-Hess, *The Original "Porta dei Mesi" at Ferrara and the Art of Niccolò*, in «Art Bulletin», 26, 3 (1944), pp. 152-174.

56. La traduzione di questo brano dall'ebraico in latino costituì un notevole motivo di polemica fra i cristiani e gli ebrei; in proposito cfr. Clifford Hubert Durousseau, *Isaiah 7:14B in New Major Christian Bible Translations*, in «Jewish Bible Quarterly», 41, 3 (2013), pp. 175-180. Per la presenza di questo versetto nelle raffigurazioni artistiche dell'Annunciazione cfr. Roger P. Tarr, *"Ecce Virgo Concipiet": The Iconography and Context of Duccio's London "Annunciation"*, in «Viator», 31 (2000), pp. 185-203.

57. Secondo Sara Lipton l'insolita importanza assunta dai profeti del Vecchio Testamento nell'iconografia del XII secolo – seppur strettamente connessa alla crescente intolleranza verso gli ebrei – è anche indice di tendenze devozionali all'interno del cristianesimo; si veda il suo saggio *Unfeigned Witness: Jews, Matter, and Vision in Twelfth-Century Christian Art*, in *Judaism and Christian Art*, pp. 45-73.

58. Cfr. Kendall, *The Allegory of the Church*, pp. 92-98.

dell'esegesi cristiana applicata all'Antico Testamento sull'interpretazione letterale delle Sacre Scritture offerta dagli ebrei. Ma non finiva qui. Concluso il battesimo di Salomone all'interno della cattedrale, egli tenne un discorso basato proprio sull'interpretazione cristologica delle profezie di quei personaggi biblici effigiati nei rilievi che decoravano il portale del duomo, facendo specifico riferimento alla nascita di Cristo da una vergine.[59] Il discorso di Salomone – senza dubbio preparato con l'aiuto di Fra Mariano da Genazzano oppure di un altro colto ecclesiastico – sottolineava il nesso fra la conversione dell'orafo e gli altri due ebrei da un lato e, dall'altro, i profeti ebrei nella Bibbia. Questo contribuiva a creare l'impressione che, una volta terminato l'esorcismo sulla soglia del duomo, Salomone, suo figlio e la ragazza dei Caio si fossero liberati della cecità tipicamente ebraica unendosi ai profeti, ossia quegli ebrei della Bibbia che avevano colto la verità del cristianesimo ancor prima della nascita di Gesù.

Fig. 6. Il profeta Isaia, opera di Mastro Niccolò (prima metà del XII secolo), portale del duomo di Ferrara. Foto di Guido Dall'Olio. Riproduzione autorizzata. Isaia tiene in mano un rotolo in cui è trascritta la profezia della nascita da una vergine (Isaia 7:14); Salomone/Ercole la menziona nel discorso da lui tenuto in cattedrale dopo il battesimo.

Una volta esorcizzati, i tre catecumeni entrarono in chiesa condotti dal vescovo, ognuno di loro tenendo in mano l'orlo della sua stola episcopale. Nel caso, assai più comune, del battesimo di neonati la stola veniva posta sulla spalla del bambino prima che il prete incaricato di amministrare il sacramento battesimale entrasse in chiesa, dove avrebbe praticato un altro esorcismo e unto l'infante con l'olio dei catecumeni. Nel battesimo di adulti non cristiani, invece, i catecumeni tenevano l'orlo della stola episcopale mentre il vescovo li guidava all'interno della chiesa, una volta concluso l'esorcismo preliminare con cui iniziava la cerimonia.[60] In tal modo i tre ebrei «pervenero nel circulo che è in domo, dove fu facto uno eminente tribunale», su cui

59. Si veda la lettera di Eleonora d'Aragona a Ercole d'Este datata 11 ottobre 1491 (ASMo, ASE, Casa e Stato, b. 132).

60. Cfr. Bryan D. Spinks, *Early and Medieval Rituals and Theologies of Baptism: From the New Testament to the Council of Trent*, Aldershot, Ashgate, 2006, pp. 136 e 156. Si veda anche Caffiero, *Battesimi forzati*, p. 289.

salirono, così che al loro battesimo «gli fo tuta Ferrara», venuta ad assistere al rito.[61] I tre furono battezzati «per mano delo episcopo dinanti del crucifixo».[62] Eleonora d'Aragona presentò Salomone al fonte battesimale e l'erede al trono ducale – Don Alfonso – fece lo stesso con suo figlio; la figlia di Stella ed Elia Caio (la giovane che aveva interrotto i rapporti con la propria famiglia per farsi cristiana) fu invece presentata da un padrino e da una madrina, ossia – rispettivamente – Rainaldo d'Este e Anna Sforza.[63] La presenza di entrambe le figure (il padrino e la madrina) stava a rappresentare il nuovo legame spirituale che Anna Antonia ora aveva coi suoi benefattori cristiani in sostituzione dei rapporti coi genitori ebrei, da lei rifiutati.[64]

Sebbene tutti e tre i resoconti della cerimonia battesimale inviati a Isabella d'Este abbondino di dettagli, quanto scritto da Bagnacavallo e Prosperi sul battesimo di Anna Antonia risulta meno preciso rispetto alla testimonianza di Magnanino. Bagnacavallo – al servizio di Anna Sforza – pensò bene di menzionare solo il ruolo di quest'ultima come madrina, riferendo che «la ebrea la ha tenuta la illustrissima signora Anna et ha nome Anna».[65] Prosperi, dal canto suo, non esitò a scrivere semplicemente: «la giovene la tene Messer Raynaldo e chiamasse Anna».[66] Magnanino è il solo a menzionare sia il padrino sia la madrina dell'ebrea battezzata, affermando che la ragazza «fue tenuta da la illustrissima Madona Anna et da lo illustrissimo Messer Rainaldo, et fue chiamata Anna et Antonia».[67]

Magnanino aggiunse che mentre Salomone e suo figlio furono «batpizati in camisa», la donna «per più honestà rimase pure con li pani indoso, che li ha facti fare Madama [Eleonora]». Dopo il battesimo, anche i due ebrei indossarono vestiti nuovi, dati loro dalla duchessa. Ancor più significativo, secondo Magnanino, è il fatto che Eleonora d'Aragona procurò all'orafo una «bona provisione, per la virtù sua».[68] In latino il sostantivo *virtus* indicava originariamente la

61. Cito dalla lettera di Girolamo Magnanino a Isabella d'Este del 10 ottobre 1491 (ASMn, AG, b. 1232, c. 167), in cui il passo in questione così legge: «[...] di poi entroreno in chiesa, et pervenero nel circulo che è in domo, dove era facto uno eminente tribunale, sopra il quale salendo prima il Vesco, et li novi christicoli che ogniuno di loro li erano atacati ala stolla, furono tuti baptizati». Si veda anche la lettera di Bernardino de' Prosperi a Isabella, sempre del 10 ottobre 1491 (ASMn, AG, b. 1232, c. 40), il quale scrive: «et a questo acto gli fo tuta Ferrara».

62. Così scrive Francesco da Bagnacavallo nella sua lettera a Isabella d'Este datata 10 ottobre 1491 (ASMn, AG, b. 1232, c. 93).

63. Si veda la lettera di Girolamo Magnanino a Isabella d'Este datata 10 ottobre 1491 (ASMn, AG, b. 1232, c. 167).

64. Prima del Concilio di Trento il numero di padrini e madrine ammesso a partecipare alle cerimonie battesimali in nord Italia (quasi tutte relative a bambini cristiani) variava notevolmente da una località all'altra ma di solito si trattava di una o due persone; cfr. Alfani, *Fathers and Godfathers*, pp. 27-52.

65. Cito dalla lettera di Francesco da Bagnacavallo a Isabella d'Este datata 10 ottobre 1491 (ASMn, AG, b. 1232, c. 93). Per i rapporti di Bagnacavallo con Anna Sforza cfr. Iotti, *Rinascimento spezzato*, pp. 141 e 148-149.

66. Cito dalla lettera di Bernardino de' Prosperi a Isabella d'Este datata 10 ottobre 1491 (ASMn, AG, b. 1232, c. 40).

67. Così scrive Girolamo Magnanino nella sua lettera a Isabella d'Este il 10 ottobre 1491 (ASMn, AG, b. 1232, c. 167).

68. Cito dalla lettera di Girolamo Magnanino a Isabella d'Este datata 10 ottobre 1491 (ASMn, AG, b. 1232, c. 167) il cui passo in questione così recita: «Furono tuti baptizati in

bontà morale, ma nei secoli XV e XVI il concetto di virtù poteva riferirsi sia a una condotta virtuosa sia a un'eccezionale abilità artistica o letteraria.[69] Per tale motivo, volendo raccomandare un pittore a Ercole d'Este, l'ambasciatore ferrarese a Milano disse che il duca avrebbe apprezzato i suoi dipinti se prediligeva gli uomini "virtuosi".[70] Salomone da Sessa non aveva certo fama di comportarsi in modo virtuoso ma era molto ammirato sia dalla duchessa Eleonora sia dalla figlia (a cui era indirizzata la lettera di Magnanino) per il virtuosismo che dimostrava nella produzione dei gioielli.[71] Di fatto, in un'epistola successiva – risalente al 1505 – Isabella d'Este non esita a menzionare la virtù dell'orafo lodando alcuni gioielli che questi aveva creato per lei.[72] Non v'è dubbio che Magnanino tenesse bene a mente il virtuosismo artistico di cui era dotato il convertito quando – nella lettera a Isabella del 10 ottobre 1491 – accennò alla generosità mostrata nei suoi confronti dalla duchessa Eleonora.

L'enfasi posta da Magnanino sui doni offerti da Eleonora a Salomone e alla sua famiglia il giorno del battesimo, sulle vesti che ella regalò ad Anna Antonia e sulla richiesta da lei avanzata affinché Graziadio ricevesse il nome del suo primogenito rivela come – almeno secondo questo fido assistente di Alfonso d'Este – era stata la duchessa ad architettare tutt'e tre le conversioni. Eppure, nella sua lettera a Ercole d'Este datata 11 ottobre Eleonora dice ben poco sulla cerimonia battesimale che lei stessa aveva organizzato così bene. Si limita, infatti, ad annotare quanto segue: «Domenica intervenni al baptismo de Salomone et de suo figliolo et de quella ebrea che era in casa de Messer Daniel di Obici [Daniele degli Obizzi], che si fece in vescovato molto solennemente».[73] Impaziente di far sapere al marito che l'orafo di corte era riuscito a dare pubblico risalto a quella che si riteneva fosse la sua sincera *conversio*, Eleonora forniva questa ulteriore informazione:

> Post baptismum Salomone salito in pulpito disse molto accommodamente et eloquentemente le cagione che lo havevano mosso a farsi christiano, precipue per cognoscere la nostra essere la vera fede, et addusse molti testi in ebraico a provare la Trinità, lo advenimento de X.po nato da virgine, la passione sua, et il baptismo; et da chi ha ingegnio et cognitione fu molto laudata come non dubito che vostra Excellentia etiam per altra via haverà inteso.[74]

camisa, excepto la dona, che per più honestà rimaste pure cun li pani indoso, che li ha facti fare Madama, et cussì li altri furono vestiti di novo. La Signoria sua tene Salamone, et fuli posto nome Hercule, et teniralo cum bona provisione, per la virtù sua».

69. Cfr. Jacobs, *Defining the Renaissance* Virtuosa, pp. 9-10.

70. Lettera di Antonio Costabili a Ercole d'Este del 1 aprile 1497, citata in Colantuono, *Estense Patronage*, p. 202.

71. Così scrive Isabella d'Este in una sua lettera a Ludovico Sforza del 15 maggio 1491 (ASMn, AG, b. 2904, lib. 136, c. 94r): «[...] perché io amo dicto Salomone per essere nel mestere suo molto virtuoso».

72. Si veda la lettera di Isabella d'Este a Girolamo Ziliolo il 21 agosto 1505 (ASMn, AG, b. 2994, lib. 18, cc. 28v-29r), in cui lei afferma: «[...] stimamo el lavorere, et virtù sua».

73. Cito dalla lettera di Eleonora d'Aragona a Ercole d'Este datata 11 ottobre 1491 (ASMo, ASE, Casa e Stato, b. 132).

74. Cito ancora dalla lettera di Eleonora d'Aragona a Ercole d'Este datata 11 ottobre 1491 (ASMo, ASE, Casa e Stato, b. 132). La mia trascrizione dell'ultima frase è diversa da quella che offre Chiappini, *Eleonora d'Aragona*, p. 76, ossia «per altra *mia* haverà inteso» (mio il corsivo).

Gli aspetti dottrinali difesi da Salomone/Ercole nel discorso da lui recitato in occasione del battesimo erano stati non solo respinti dagli interlocutori ebrei nel corso di varie dispute avvenute negli ultimi secoli del medioevo ma anche confutati dal polemista ebreo Abraham Farissol, il quale partecipò a una serie di dibattiti (tenutisi alla corte ferrarese fra il 1487 e il 1490) con dei teologi cristiani alla presenza di Eleonora d'Aragona. Nel suo trattato, in ebraico, dal titolo *Magen Avraham* (*Lo scudo di Abramo*) – un compendio di riflessioni in difesa del giudaismo ispirato a recenti dibattiti, seppur effettivamente concluso solo nel 1500 – Farissol spiega ai lettori ebrei il dogma cristiano dell'incarnazione, della Trinità e del valore salvifico del battesimo per poi confutare questi principî fondamentali del cattolicesimo.[75] Il dotto ebreo contesta anche la fede nella Passione di Cristo, sostenendo che – siccome Dio non può farsi carne ed essere soggetto agli accidenti – la divinità non è, per definizione, sottoposta alla morte. Pertanto, se Gesù fosse davvero stato Dio, non avrebbe patito la crocifissione per riparare ai peccati commessi dagli esseri umani nell'uso del loro libero arbitrio.[76]

Il pubblico rimase impressionato dal fatto che Salomone aveva ribadito proprio gli aspetti rifiutati da Farissol nelle dispute tenutesi alla corte estense appena pochi anni prima; o, almeno, questo è ciò che Eleonora d'Aragona e Girolamo Magnanino volevano che credessero i destinatari delle loro lettere. Come scrive Magnanino, «Salamone vel Hercule montò sopra uno pergoleto facto a posta». A quel punto l'orafo recitò la sua orazione «et qui, cum la biblia in mano provò et dise, cum auctorità de propheti in ebraico, et poi in nostra lingua, come non se doveva più per hebrei expectare Messia, cum multe belle et digne cosse».[77]

Gli ebrei erano tradizionalmente associati alla lingua delle loro sacre scritture, nella quale essi – senza alcuna eccezione – pregavano. Nella prima età moderna l'ebraico funse, quindi, da importante segno distintivo dell'identità ebraica collettivamente intesa. Nell'Italia del Rinascimento, tuttavia, gli umanisti cercarono di appropriarsi dello studio dell'ebraico, presentandolo come uno strumento basilare per comprendere appieno il significato dei testi sacri del cristianesimo. Nel tardo Quattrocento, l'ebraico fu oggetto di ammirazione in quanto lingua in cui si era espresso Dio; conoscendo, dunque, la lingua sacra, gli ebrei battezzati potevano leggere (e, nel caso di Salomone, leggere ad alta voce) brani dalle Scritture cristiane nella versione originale, rivelando le verità nascoste del cattolicesimo. L'abilità – propria dei neofiti maschi – di saper leggere l'alfabeto ebraico era considerata una dote notevole; essa li poteva infatti rendere a loro volta

75. Cfr. Ruderman, *The World of a Renaissance Jew*, pp. 62-80.

76. Cfr. Joel E. Rembaum, *Medieval Jewish Criticism of the Christian Doctrine of Original Sin*, in «American Jewish Studies Review», 7, 8 (1983), pp. 353-382, in particolare p. 375.

77. Cito dalla lettera di Girolamo Magnanino a Isabella d'Este datata 10 ottobre 1491 (ASMn, AG, b. 1232, c. 167). Il brano in questione legge, integralmente, come segue: «Et facto questo Salamone vel Hercule montò sopra uno pergoleto facto a posta, et qui cum la biblia in mano provò, et dise, cum auctorità de propheti in hebraico, et poi in nostra lingua, come non se doveva più per hebrei expectare Messia, cum multe belle et digne cosse».

intermediari utili a convertire altri ebrei, oltre a istituire un legame fra i cattolici dell'epoca e la fonte stessa da cui era scaturito il cristianesimo.[78]

Magnanino aggiunge che – dopo aver illustrato alcuni passi cristologici dell'Antico Testamento – Salomone spiegò «etiam lo modo per il quale il se sia convertito ala doctrina nostra, che seria lungo racontarlo». Per non tediare la marchesa, Magnanino non ripete tutto il contenuto del discorso di Salomone; egli puntualizza solo di averlo voluto menzionare nella sua lettera in quanto prova del diffondersi della fede cristiana, cosa senza dubbio gradita a Isabella.[79] Sebbene la lettera di Magnanino descriva la cerimonia battesimale con molti più dettagli rispetto a quelle inviate a Isabella d'Este dagli altri suoi due corrispondenti, egli riteneva senza dubbio meno importante il contenuto del discorso recitato dal convertito rispetto alla descrizione dei riti che lo avevano preceduto. In modo simile, la duchessa Eleonora evitò di riferire l'ultima parte dell'orazione in cui l'ebreo battezzato accennava alle discutibili circostanze che avevano portato alla sua conversione. Il silenzio che avvolge questi fatti nella lettera di Eleonora d'Aragona induce a ritenere che l'orafo ne avesse trattato in una parte del suo discorso pubblico, aggiungendola a quanto era stato scritto con l'aiuto di Fra Mariano oppure di un altro uomo di Chiesa (se non addirittura contravvenendo alle precise istruzioni che aveva ricevuto). Un documento successivo, risalente al 1495, che attesta come Salomone/Ercole avesse diffamato (senza alcuna previa autorizzazione) gli ebrei mantovani – probabilmente a causa del ruolo da essi avuto nell'incriminarlo – rafforza il sospetto che nel 1491 sia stata sua l'idea di inserire un accenno alle vicende che lo avevano indotto a convertirsi.[80]

Pare che Francesco da Bagnacavallo abbia seguito attentamente l'orazione recitata in pubblico dal convertito e sembra chiaro che – a differenza della duchessa Eleonora – non nutrisse remora alcuna a condividerne per intero il contenuto in forma epistolare. Bagnacavallo indica, pertanto, le fonti bibliche citate da Salomone/Ercole, tra le quali figurano i libri di Isaia, Geremia e Daniele, cioè i profeti biblici effigiati nei fregi del portale del duomo di Ferrara.[81] Ecco il passo in questione:

> Poi montò in suxo uno pergolo là facto quel novo cristiano Ercole, et lì predicò cum lo libro dela bibia in mano in ebraico et dichiarò quale caxone lo haveva inducto a farsi cristiano, dechiarò multi testi de Isaia, de Ieonimo, de Daniel, et altri profeti assai et de Sancto Jovanni Evangelista, digando et dischiarando lo errore deli Judei in aspectare lo

78. Cfr. Carlebach, *Divided Souls*, pp. 157-166 e Stow, *Conversion, Christian Hebraism, and Hebrew Prayer*, pp. 217-236. Sull'educazione dei ragazzi ebrei nell'Italia del Rinascimento cfr. Bonfil, *Jewish Life in Renaissance Italy*, pp. 125-133.

79. Cfr. la lettera di Girolamo Magnanino a Isabella d'Este datata 10 ottobre 1491 (ASMn, AG, b. 1232, c. 167), in cui si legge: «[...] narrando etiam lo modo per il quale il se sia convertito ala doctrina nostra, che seria lungo racontarlo, quale per non tediare vostra Signoria non lo racontarò, ma basta che la fede nostra multipplica, et perché scio quella ni haverà piacere, mi è parso significargello».

80. Secondo l'ordine con cui Francesco Gonzaga bandiva l'orafo dal suo Stato questi aveva calunniato gli ebrei di Mantova; si veda il testo, vergato da Antimaco il 18 febbraio 1495 (ASMn, AG, 2906, lib. 150, c. 72v), discusso *infra*, capitolo 11.

81. Cfr. Kendall, *The Allegory of the Church*, pp. 85-86.

messia, mostrando lui che loro non pono negare per lo dicto deli profetti che lo vero messia è venuto qualle fu Yhesu XPO benedicto.[82]

Bagnacavallo fa attenzione a indicare il neofita chiamandolo "Ercole" (invece di "Salomone") nel riferire il contenuto del discorso che questi tenne dopo il rito battesimale per farsi cristiano. Tuttavia, l'ultima parte del resoconto rivela come fosse assai difficile per «quel novo cristiano Ercole» dimenticare il suo passato da ebreo. Tant'è che Bagnacavallo così scrive, nella parte finale del suo racconto a Isabella:

Poi etiam in sua excusatione narò qualle fusi la caxone del suo essere stato carcerato dali ebrei, digando che lo odio li era venuto dali zudei de Mantoa, per quello miraculo della gloriosa nostra dona in quello puto che morì al tempo passato como Vostra Signoria è informatissima.[83]

Accennando alle circostanze che lo hanno spinto all'apostasia, dunque, l'orafo informa l'uditorio circa il suo difficile passato. Molti dei distinti ferraresi presenti alla cerimonia di conversione sapevano che Salomone aveva accettato di farsi battezzare perché rischiava una tremenda pena a seguito del processo, ma probabilmente non avevano alcun sentore delle vicende mantovane da cui scaturiva la sua incriminazione. L'orafo desiderava rassicurarli che gli ebrei di Mantova lo avevano ingiustamente accusato di uno o più crimini (dei quali egli era – in realtà – innocente), pur senza rivelare i reati ascrittigli e che i suoi correligionari ritenevano così odiosi da scagliarsi contro di lui. Malgrado ciò, sembra che gran parte del pubblico ancora non cogliesse il nesso fra la morte di un bambino oppure un miracolo attribuito alla Madonna da un lato e, dall'altro, l'arresto di Salomone. Lo stesso Bagnacavallo pare non aver ben compreso quanto riferito dall'orafo, ma siccome si trattava di fatti relativi a Mantova egli presuppose che la marchesa Isabella sarebbe stata in grado di capirlo da sola.

Non sapendo della precedente scoperta – quello stesso anno – del cadavere di una bambina, Bagnacavallo pensava che il miracolo menzionato da Salomone riguardasse la morte di un bambino (cioè un *puto*); è anche possibile, però, che non abbia compreso bene quanto detto dal neofita, il quale potrebbe aver fatto riferimento a una bambina (*puta*). Al contrario, Bernardino de' Prosperi – il più fidato corrispondente di Isabella d'Este a Ferrara – era probabilmente a conoscenza del ruolo da questa avuto nell'avviare le indagini relative all'assassinio di una bambina a Mantova pochi mesi prima.[84] Pertanto, Prosperi accenna a una bambina morta, e informa Isabella che, ricevuto solennemente il battesimo, «Salamone salitò in pergolo, e narrò la causa per la quale se era conducto a Baptizare, che era per conoscere veramente la sua fede essere erronea, e qui allegò multe proficie che li hebrei le tirano a tristo sentimento e anche le occultano. Questo porse narran-

82. Cito dalla lettera di Francesco da Bagnacavallo a Isabella d'Este datata 10 ottobre 1491 (ASMn, AG, b. 1232, c. 93).

83. Cito ancora dalla lettera di Francesco da Bagnacavallo a Isabella d'Este datata 10 ottobre 1491 (ASMn, AG, b. 1232, c. 93).

84. Si veda *supra*, capitolo 4. Sull'importanza che Isabella attribuiva ai resoconti di Prosperi, cfr. James, *An Insatiable Appetite for News*, p. 388.

do poi ultimamente il miracolo accaduto a Mantua, di quella puta hebraica, et a questo acto gli fo tuta Ferrara».[85]

Stando a tutti i resoconti, in questa orazione battesimale l'orafo asserì di essersi sinceramente convinto che quella cristiana era l'unica vera fede. Ma esaminando le lettere di Prosperi e Bagnacavallo ci si rende conto che entrambe accennano a un miracolo relativo a una bambina morta, avvenuto a Mantova, dal quale scaturì tutta una serie di eventi che portò, infine, al battesimo di Salomone. Nel suo discorso in pubblico Salomone attribuisce la sua incriminazione da parte degli ebrei mantovani a un miracolo compiuto dalla Vergine Maria, cioè una figura santa che spesso compare nei racconti di età moderna aventi come soggetto la conversione al cristianesimo e anche in quelli relativi alla morte di bambini per mano dei "perfidi ebrei". Tuttavia, il fatto che Salomone accenni all'ostilità degli ebrei mantovani nei suoi confronti serve anche a ricordarci quanto fosse problematico il suo passato da ebreo.[86] Come vedremo nei successivi capitoli, l'adozione formale della nuova fede da parte dell'orafo nel 1491 e – contemporaneamente – l'assunzione di un'identità cattolica col nome di "Ercole" segnarono solo l'inizio di quello che sarebbe stato il suo lungo e tortuoso cammino verso l'ambita integrazione nella società cristiana.

85. Cito dalla lettera di Bernardino de' Prosperi a Isabella d'Este del 10 ottobre 1491 (ASMn, AG, b. 1232, c. 40). Ringrazio il Prof. Lino Pertile per avermi aiutato con la trascrizione di questa lettera.

86. In proposito cfr. Rubin, *The Passion of Mary*, pp. 60-63. Per la conversione religiosa intesa come un lungo, graduale processo caratterizzato da molteplici trasformazioni cfr. Marc David Baer, *History and Religious Conversion*, in *The Oxford Handbook of Religious Conversion*, pp. 25-47, in particolare pp. 25-29.

III

Una famiglia di convertiti

10. Un passato scomodo

Non era trascorso molto tempo dalle celebrazioni del 9 ottobre 1491 che la moglie dell'orafo venne battezzata col nome di "Eleonora". Una volta battezzati, il figlio Giuseppe e la figlia più piccola furono chiamati – rispettivamente – "Ferrante" e "Anna"; quando poi anche la figlia primogenita accettò di farsi battezzare, le venne dato il nome di "Caterina". Le fonti scritte attestano che Caterina si fece suora nel 1501 e Anna si sposò nel 1506; inoltre, esse riferiscono che pure Alfonso si sposò ed ebbe sei figli. Anche la carriera artistica di Alfonso e del fratello Ferrante (a loro volta orafi) risulta ben documentata. Non sappiamo invece quasi nulla (nemmeno i nomi) delle tre figlie più piccole di Eleonora e Salomone/Ercole, nate dopo la conversione dei loro genitori e che nel 1521 sono indicate come nubili in una supplica inviata dalla madre a Isabella d'Este.[1]

Dopo la conversione al cristianesimo, Salomone/Ercole e la sua famiglia rimasero a Ferrara, dove Eleonora d'Aragona continuò a commissionare lavori all'orafo da lei prediletto. Poco dopo il battesimo, «Maestro Erchule da Sesso orevexe» completò una rilegatura dorata commissionatagli dalla duchessa e soddisfece anche la sua richiesta di «dorare una roxa lavorata de filo de argento».[2] Lo troviamo per la prima volta designato come "mastro orafo" – in data 25 novembre 1491 – nei registri che documentano l'oro da lui ricevuto per la rilegatura del codice.[3] Benché le sue straordinarie doti avessero suscitato attenzione e lodi già prima che si convertisse, nei registri ducali e nella corrispondenza fra membri delle case d'Este e Gonzaga era stato in precedenza indicato con la semplice formula «Salamone orevexe hebreo»; a ciò si aggiunga che lui stesso, in una lettera, si

1. Queste tre figlie sono menzionate nella supplica inviata a Isabella d'Este il 2 marzo 1521: cfr. ASMn, AG, b. 1247, fasc. XVII (*Ferrara. Diversi*), c. 395.

2. Sull'uso di queste decorazioni in argento dorato cfr. Stuard, *Gilding the Market*, pp. 100-103.

3. Si vedano ASMo, CD, AP, no. 637, c. 68v, dove si legge, appunto, come segue: «A Maestro Erchule da Sesso orevexe per dorare una roxa lavorata de fillo de argento» e ASMo, CD, AP, no. 633, c. 250r: «a MCCCCLXXXXI [...] adì viii de Novembre [...] a 25 dicto [...] a Maestro Erchule da Seso orevexe controscripto per dorare uno fornimento da libro fato de filo». Yriarte, *Autour des Borgia*, p. 208 erroneamente assegna la stesura di questo documento al 25 novembre 1490. Si veda anche Angelucci, *Catalogo della armeria reale*, pp. 307-308.

firma «Salamon Aurifex Illustrissime Domine Ducisse Ferrarie».[4] Al pari di altri orafi ebrei nei secoli XV e XVI, Salomone aveva il permesso di praticare il suo mestiere come immatricolato nell'arte di competenza ma non col titolo di "mastro orafo".[5] Solo dopo la sua conversione al cristianesimo gli fu concesso di assumere il titolo onorifico di "maestro", al pari di Giacomino da Cremona e degli altri orafi al servizio di membri della corte ferrarese.[6]

Nei mesi successivi, Mastro Ercole accettò altri lavori commissionatigli da Eleonora d'Aragona. Il 2 aprile 1492 ricevette il pagamento di sessanta lire marchesane.[7] Il 20 giugno ottenne un anticipo con cui acquistare un sacco di carbone necessario per produrre nuovi gioielli ordinati dalla duchessa.[8] Ottenere il carbone era indispensabile al funzionamento di qualsiasi bottega in cui si lavorassero i metalli; in quanto tale, questa operazione era sottoposta a rigide norme nella città di Ferrara.[9]

La presenza di una nobile mecenate come Eleonora e i costi elevati connessi alle materie prime necessarie all'arte da lui praticata rappresentavano due importanti stimoli affinché Salomone/Ercole restasse a Ferrara.[10] Come altri ebrei convertiti, l'orafo decise dunque di non trasferirsi. Questo non significa, tuttavia, che egli tagliasse completamente i rapporti con gli ex correligionari. Per molti anni dopo il battesimo il neofita continuò a frequentare prestatori ebrei attivi a

4. Così si legge nella sua epistola a Pietro Gentile da Camerino del 16 agosto 1491 (ASMn, AG, b. 1232, c. 233).

5. Cfr. Liscia Bemporad, *Jewish Ceremonial Art*, pp. 120-121.

6. Il nome di Mastro Ercole da Sessa non compare nella lista dei membri della corporazione degli orafi conservata in Biblioteca Comunale Ariostea, Ferrara (BCAF), Fondo Statuti, num. 14, cc. 7r-11r. Si tratta di una lista che riporta i nomi dei mastri orafi residenti a Ferrara nel 1476, subito dopo che la loro corporazione si era separata da quella dei fabbri; a tale elenco ne segue un altro, relativo agli ottanta membri che si unirono alla corporazione fra il 1477 e il 1585 (senza però specificare l'anno in cui furono immatricolati). Mentre la lista – di fatto, incompleta – cita il nome di Mastro Giacomino da Cremona, non vi compaiono quelli di Mastro Ercole da Sessa/de' Fedeli o dei suoi figli, ossia gli orafi Mastro Alfonso e Mastro Ferrante/Ferdinando, attivi a Ferrara nel XVI secolo. Sul manoscritto in cui è inclusa questa lista cfr. *Manu Statuta: I codici della Biblioteca Comunale Ariostea*, a cura di Mirna Bonazza, Ferrara, Centro Stampa, 2008, pp. 91-100. Tutti i documenti relativi alla corporazione degli orafi nell'Archivio Storico Comunale (Ferrara), Archivio Antico del Comune di Ferrara, Serie Corporazioni delle Arti, *Orefici*, b. 24, sono successivi al periodo durante il quale Mastro Ercole e i suoi figli praticarono l'oreficeria.

7. Cfr. ASMo, CD, Registro della Camera, Mandati in volume, num. 32, c. 65r. Su questo ordine di pagamento cfr. Adriano Franceschini, *Artisti a Ferrara in età umanistica e rinascimentale: Testimonianze archivistiche*, Parte II, Tomo II, *Dal 1493 al 1516*, Ferrara, Gabriele Corbo, 1997, p. 16 (doc. 3i). Sul *Libro dei mandati* della Camera Ducale estense cfr. Guerzoni, *La Camera Ducale Estense*, pp. 173-174.

8. Cfr. ASMo, CD, Amministrazione della Casa (AC), *Spenderia* (1493), num. 38, c. 80r. I pagamenti di questo tipo erano di solito inclusi nei registri contabili dei duchi estensi; cfr. Tuohy, *Herculean Ferrara*, pp. 155 e 437.

9. Come stipulato nei *Capitoli dell'Arte dei Fabbri* in BCAF, Fondo Statuti, num. 39, cc. 6v-7v e 12.

10. Su questi alti costi come uno dei fattori che scoraggiava il trasferimento degli orafi verso altre zone geografiche cfr. Stuard, *Gilding the Market*, pp. 165-166.

Ferrara.[11] Si affidò a loro, ad esempio, per acquistare le pietre preziose e i metalli necessari al suo lavoro, ma – soprattutto – per dei prestiti di denaro contante in periodi di particolare difficoltà.[12]

Non era trascorso molto tempo dalla sua conversione che Mastro Ercole, pressato dalle ristrettezze economiche, diede in pegno alcuni oggetti di valore al Banco dei Sabbioni, ossia una delle istituzioni più antiche fra gli ebrei ferraresi per quel che concerneva il prestito di denaro, rimasta attiva per oltre cinque secoli, come attestano i documenti. Il 2 aprile 1493 il cancelliere ducale Andrea Libanori ordinò il pagamento di sessanta lire marchesane per dei lavori non meglio specificati che Ercole aveva realizzato su richiesta della duchessa.[13] Il pagamento andava fatto a nome di Mastro Ercole a «Abraeme et sociis hebreis prestatoribus super via Sablonum», permettendo così al convertito di riprendersi gli oggetti di valore che vi aveva lasciato in pegno.[14]

Il prestatore ebreo menzionato nell'ordine di pagamento emesso da Libanori era Abramo, figlio di Dattilo da Cologna (in Veneto), il quale gestiva in quegli anni il Banco dei Sabbioni e, in tale veste, aveva spesso contatti con Eleonora d'Aragona.[15] Al pari degli altri due banchi più importanti di Ferrara gestiti

11. Sui legami che i neofiti mantenevano con i loro ex correligionari cfr. Esposito, *Un'altra Roma*, pp. 154-157; Toaff, *Il vino e la carne*, pp. 195-197; David B. Ruderman, *Early Modern Jewry: A New Cultural History*, Princeton, Princeton University Press, 2010, pp. 180-186 e Stow, *A Tale of Uncertainties*, pp. 257-281.

12. Per il coinvolgimento dei prestavalute ebrei nel commercio di gioielli e altri oggetti preziosi a Ferrara cfr. Franceschini, *Presenza ebraica a Ferrara*, pp. 391 e 429 (documenti 1093 e 1251). Nel 1497 Mastro Ercole ricevette un pagamento dal suo vecchio conoscente ebreo Manuele Norsa, come attesta il documento notarile redatto da Bartolomeo Codegori il 20 marzo 1497 (ASFe, Archivio Notarile Antico di Ferrara, Notaio Bartolomeo Codegori, matr. 283, pacco 4, prot. 1497, cc. 76v-77r). Nel 1521 l'orafo diede a un banco dei pegni gestito da ebrei l'oro che aveva ricevuto da Isabella d'Este, come si legge nella supplica inviata da sua moglie Eleonora il 2 marzo 1521; cfr. ASMn, AG, b. 1247, fasc. XVII (*Ferrara. Diversi*), c. 395.

13. Andrea Libanori (o Libamuri) successe a suo padre, Ser Libanore Libanori (morto nel 1485), come cancelliere ducale. Si vedano Zambotti, *Diario ferrarese*, p. 163 nota 5; Umberto Dallari, *Carteggio tra i Bentivoglio e gli Estensi dal 1491 al 1542 esistente nell'Archivio di Stato in Modena*, in «Atti e memorie della R. Deputazione di storia patria per le provincie di Romagna», 3ª serie, 19 (1900-1901), pp. 245-355, soprattutto p. 252; Antonio Libanori, *Ferrara d'oro imbrunito, parte prima. Che contiene le Vite, & Elogii degli Eminentissimi Signori Cardinali, Illustrissimi, e Reverendissimi Patriarchi, Arcivescovi, Vescovi, Prelati, e Religiosi famosissimi, nativi di questa Patria*, Ferrara, Per Alfonso e Gio. Battista Maresti, 1665, p. 64. Andrea Libanori tenne la carica di cancelliere ducale insieme a Bernardino de' Prosperi.

14. Cfr. ASMo, CD, Registro della Camera, Mandati in volume, num. 32, c. 65r (ordine di pagamento firmato da Andrea Libanori il 2 aprile 1493), in cui si legge: «Libras sexaginta de marchesani, pro computo et ad computum aliquorum laboreriorum factorum sue excellentissime per dictum Herculem et pro ipso ac eius nomine Abraeme et sociis hebreis prestatoribus super via Sablonum pro pignoribus eiusdem Herculis suppignoratis penes».

15. Il nome «Abramo di Dattilo da Cologna, prestatore del Banco dei Sabbioni» compare in molti documenti d'archivio il cui contenuto è riassunto in Franceschini, *Presenza ebraica a Ferrara*, pp. 420, 425-426, 429, 432-433, 438 e 445 (documenti 1204, 1233, 1248, 1267, 1272, 1288, 1299, 1324). «Abram ebreo prestadore a Sibioni» figura nei registri dei pagamenti

da ebrei – cioè il Banco della Ripa (o Riva) e il Banco dei Carri – quello dei Sabbioni si trovava al centro della zona commerciale della città. Col permesso del duca Ercole, nel 1481 una sinagoga e un bagno rituale (*mikveh*) furono aperti all'interno dello stesso edificio in cui operava il Banco dei Sabbioni; di conseguenza, l'area circostante iniziò ad attirare un buon numero di residenti ebrei.[16] Pertanto, nel dare in pegno i propri beni al Banco dei Sabbioni e nel ritornarvi per riprenderseli una volta ottenuta dalla duchessa Eleonora la somma da restituire alla banca per il prestito, l'ebreo battezzato attraversò il luogo allora più importante per gli ebrei ferraresi ed è probabile che si sia intrattenuto coi suoi ex correligionari.

I più convinti sostenitori della conversione degli ebrei descrivevano con calore la rinascita spirituale da questi vissuta dopo il battesimo, diventando così persone nuove. In realtà, i bisogni concreti della vita quotidiana – come, ad esempio, dover riprendersi gli oggetti lasciati in pegno nel centro del quartiere ebraico a Ferrara – rendevano impossibile per i nuovi cristiani quali Salomone/Ercole abbandonare del tutto la loro vita da ebrei o rompere definitivamente i rapporti con amici e conoscenti ebrei. Possiamo solo immaginare quali conseguenze abbia avuto questo continuo riprendere contatto coi riti ebraici per un ebreo che era stato costretto a battezzarsi insieme alla moglie e ai figli, senza contare che probabilmente nutriva ancora cari ricordi degli anni trascorsi (da bambino e ragazzo) a Firenze e Bologna prima di trasferirsi a Ferrara e vivervi, ancora, da ebreo in età adulta.

I rapporti di Salomone/Ercole con gli ebrei ferraresi, comunque, non si limitavano a fredde transazioni commerciali, come rivela la lettera datata 13 dicembre 1493 che un altro ebreo – di nome Abramo o Abram – spedì a Francesco Gonzaga. È assai probabile che questo ebreo sia da identificarsi con Abramo Tusolo (detto "Tusebec") di Mandolino, noto anche come "Abramo il giocatore", il quale gestiva il Banco dei Carri a Ferrara.[17] Nei documenti ufficiali della corte estense Tusolo viene sempre indicato col solo nome di "Abramo" oppure come "Abramo l'ebreo".[18] A sua volta Zambotti – il cronista ferrarese – ricordando le sue partite a carte con il duca Ercole d'Este non ritiene necessario indicarlo in altro modo se non come "Abramo Zudeo".[19] Il 23 ottobre 1496 Francesco Gonzaga chiese al duca Ercole di permettere, appunto, ad "Abramo l'ebreo" di andare a Mantova

effettuati per conto di Eleonora d'Aragona: cfr. ASMo, CD, AP, no. 633, c. 227r e ASMo, CD, AP, no. 637, c. 6v.

16. Cfr. Graziani Secchieri, *Ebrei italiani, askenaziti e sefarditi a Ferrara*, pp. 171-185; Ead., *La presenza ebraica a Ferrara*, in *Ebrei a Ferrara (XII–XX sec.)*, pp. 5-7 e Traniello, *Di Ferrara ma non a Ferrara*, pp. 42-54.

17. Cfr. Franceschini, *Presenza ebraica a Ferrara*, p. 410 (documento 1154): si veda anche *supra*, capitolo 2.

18. Cfr. Trevor Dean, *Court and Household in Ferrara, 1494*, in *The French Descent into Renaissance Italy, 1494-95: Antecedents and Effects*, a cura di David Abulafia, Aldershot, Ashgate, 1995, pp. 165-187, in particolare p. 185. Ivi, nota 32 a p. 185, Dean rimanda a Michele Catalano, *Vita di Ludovico Ariosto ricostruita su nuovi documenti*, Firenze, Olschki, 1930, vol. I, p. 182, in cui si identifica Abramo nel giocatore di carte detto "Tusebec".

19. Cfr. Zambotti, *Diario ferrarese*, p. 45.

per giocare d'azzardo col marchese; quello stesso giorno egli scrisse anche ad «Abramo Thusolo hebreo» per comunicargli il suo desiderio.[20]

Tusolo, inoltre, collaborava col marchese in investimenti economici. In cambio dei prestiti che talvolta riceveva da lui, Francesco offriva ad Abramo la propria protezione. Ad esempio, nel 1495 il marchese scrisse a Tusolo una lettera in cui gli ricordava il debito di gratitudine che questi aveva verso di lui per averlo fatto uscire di prigione. Menzionandogli una precisa circostanza in cui aveva salvato l'ebreo da un imminente pericolo di morte, il marchese chiedeva ad Abramo che gli prestasse una cospicua somma senza applicare alcun interesse o chiedere in pegno un oggetto che ne garantisse la restituzione.[21]

In una precedente lettera al marchese risalente al dicembre 1493 lo stesso Abramo fa riferimento all'aiuto che ricevette da Francesco Gonzaga una volta in cui finì in carcere. Assicurando Francesco che otterrà una certa somma in contanti da uno degli uomini al suo servizio a Ferrara, Abramo accenna a un torto di cui era stato vittima per mano del convertito chiamato Ercole e dei suoi accoliti, i cui nomi evita di rivelare; dettò ciò, ringrazia il marchese per averlo aiutato in quella circostanza. Il testo integrale della missiva è il seguente:

> Adviso a Vostra Signoria como ho intravenuto chi è sta' raxom inseme cum Salamone da Sexo chiamato mo Hercules dela prigionia mia, li quali hano confessato ad Antonio di Costabili Siniscalcho e ad Bonaventura de' Mosto theoxoriero essere stati loro insieme cum epso Salamone che hano fato tal cossa, et similmente dicto Salamone ha confessato ad epsi Siniscalcho et theoxoriero haverlo facto, et confessa anchora essere stati a Vinexia, et havere fato al pegio che hano potuto, et io ge do ad intendere de volerge fare la pace, la quale loro mi domandano et questo fazo per intendere bene la cossa, ma non ge la farò mai, havendo speranza in La Signoria Vostra, La quale mi ha cavato di tanto affano, che farà tale demostratione, che mostrarà quanto al dispiacere La ne ha havuto. Signore mio, io non vi posso scrivere il tuto, perché io seria troppo lungo, ma quando parlarò a bocha a Vostra Signoria gli farò intendere cosse, del grande assassinamento che mi è sta fato, chel ne faria compassiom a le prede. Lunidì proximo che vene ho speranza de recevere quilli dinari de quello mio famiglio che sa Vostra Signoria, et havuto che li habia, subito montarò a cavallo e vignirò a trovare quella, a la quale di continuo mi racomando como schiavo.[22]

Questa lettera di Abramo risulta a dir poco enigmatica. Al tempo stesso, però, ci fornisce alcuni importanti indizi sull'orafo. Innanzitutto, benché Abramo cominci il proprio messaggio riferendosi a lui come «Salamone da Sexo chiamato mo Hercules», presto passa a indicarlo col semplice «Salamone». Merita notare che quattordici anni dopo Abramo "il giocatore" sarebbe stato bandito da Ferrara per aver aggredito una donna cristiana; quest'ultima aveva aiutato un'ebrea a

20. Si veda la lettera di Francesco Gonzaga a Ercole d'Este del 23 ottobre 1496 (ASMn, AG, b. 2907, lib. 156, c. 18) su «Abram Zudeo» e la lettera del marchese a «Abramo Thus. hebreo» del 23 ottobre 1496 (ASMn, AG, b. 2907, lib. 156, c. 18).

21. Istruzioni di Francesco Gonzaga ad Abramo Tusolo in data 22 giugno 1495 (ASMn, AG, b. 2907, lib. 154).

22. Lettera spedita – da Ferrara – a Francesco Gonzaga dal «suo schiavo Abram *[sic]*» in data 13 dicembre 1493 (ASMn, AG, b. 1232, c. 820). Sono molto grata ai professori Guido Dall'Olio, Adelisa Malena e Carlo Pulsoni per il prezioso aiuto prestatomi nella trascrizione di questo difficile documento.

fuggire dalla sua famiglia per essere battezzata, ospitandola poi in casa propria.[23] Il noto giocatore d'azzardo – che nel 1507 non avrebbe esitato a rischiare la propria posizione a Ferrara pur di impedire che un correligionario si convertisse al cristianesimo – vedeva senza alcun dubbio in Mastro Ercole colui che aveva scandalizzato gli ebrei mantovani prima di battezzarsi. Abramo considerava l'orafo un ebreo peccatore e depravato, ma pur sempre un ebreo.

Gli uomini che, secondo Abramo, avevano interrogato Salomone e i suoi complici erano Bonaventura de' Mosto (o Mosti, particolarmente attivo fra il 1459 e il 1502, il quale fu a capo della tesoreria ducale dal 1490 al 1502)[24] e Antonio Costabili (†1527), il cui titolo era – almeno sin dal 1491 – *siniscalco generale*.[25] Sia de' Mosto sia Costabili erano fra i più stretti uomini di fiducia del duca Ercole. Il primo (membro di una famiglia modenese i cui figli avevano preso in mano l'amministrazione della corte estense alla fine del XV secolo) era uno dei cortigiani preferiti da Ercole. Il secondo, invece, nato in una influente famiglia ferrarese, venne eletto da Ercole ambasciatore a Milano nel 1496.[26]

In qualità di siniscalco generale di Ercole, Costabili aveva il compito di supervisionare le attività quotidiane di casa d'Este,[27] mentre de' Mosto si occupava della riscossione dei profitti in tutto il territorio ferrarese; ciò includeva il recupero dei crediti dovuti alla Camera Ducale.[28] Il fatto che proprio loro due avessero interrogato Salomone/Ercole e i suoi accoliti circa l'incriminazione di cui era stato oggetto Abramo suggerisce che a quest'ultimo erano state mosse accuse di natura fiscale. Una volta ammesse le proprie responsabilità nell'aver procurato l'incarcerazione di Abramo, l'orafo e i suoi complici manifestarono il desiderio di rappacificarsi con lui, ma a quel punto fu Abramo a far sapere che non era interessato a una riconciliazione formale. La missiva di Abramo chiarisce che Francesco Gonzaga ebbe un ruolo nella sua scarcerazione; Abramo si aspettava, quindi, che il marchese mostrasse la propria ostilità verso quegli stessi individui che lo avevano ingiustamente fatto incarcerare.[29]

23. Come scrive Bernardino de' Prosperi nella sua lettera a Isabella d'Este del 13 aprile 1507 (ASMn, AG, b. 1241, c. 422).

24. In proposito si veda la voce *Mosti, Agostino*, curata da Emilio Russo per il *Dizionario Biografico degli Italiani*, vol. LXXVII, Roma, Istituto della Enciclopedia Italiana, 2012, pp. 340-341. Bonaventura de' Mosti/Mosto è indicato come "tesoriere" in un documento del 10 marzo 1493 (ASMo, CD, Registro della Camera, Mandati in volume, no. 32, c. 47v).

25. Si vedano Caleffini, *Croniche, 1471-1494*, p. 812 e la voce *Costabili, Antonio* curata da Franca Petrucci per il *Dizionario Biografico degli Italiani*, vol. XXX, Roma, Istituto della Enciclopedia Italiana,1984, pp. 257-260.

26. Cfr. Folin, *Note sugli officiali negli Stati estensi*, pp. 99-155; Dean, *Court and Household in Ferrara*, p. 184; Tuohy, *Herculean Ferrara*, p. 345 e Cesare Frassoni, *Memorie del Finale di Lombardia umiliate all'altezza serenissima di Francesco III*, Modena, Società tipografica, 1778, pp. 49 e 65.

27. Si veda Guerzoni, *Le corti estensi e la devoluzione di Ferrara*, p. 81.

28. Cfr. Folin, *Rinascimento estense*, pp. 134-139.

29. Atti di conciliazione da parte delle vittime nei confronti di chi – apparentemente – aveva fatto loro del male talvolta avvenivano anni dopo le relative condanne, potevano richiedere molto tempo e in alcuni casi coinvolgevano l'intervento di personaggi di rango principesco; in proposito cfr. Trevor Dean, *Violence, Vendetta, and Peacemaking in Late Medieval Bologna*,

La lettera di Abramo non ci fornisce alcun indizio circa gli esatti motivi del suo arresto, quando esso avvenne o la data del successivo interrogatorio di Salomone/Ercole. Significativo è anche il suo silenzio in merito all'identità di quanti furono interrogati insieme all'orafo, sebbene – a suo avviso – essi condividessero in egual misura con lui la responsabilità del danno arrecatogli. Abramo parla di "complici" dell'orafo, ossia usando il plurale; ciò vuol dire che si trattava di almeno due. Resta un mistero anche il motivo per cui egli decise di menzionare solo Salomone/Ercole fra i colpevoli. Ad ogni modo, le formule usate nella lettera implicano il fatto che l'orafo era in contatto con queste persone e che nel dicembre 1493 tutti insieme manifestarono il desiderio di rappacificarsi con Abramo.

Infine, Abramo accenna al viaggio dell'orafo a Venezia, dove – secondo quanto si legge nell'epistola – lui e gli altri presunti colpevoli avrebbero fatto «el pegio che hano potuto». Questa enfatica espressione potrebbe indicare che i non meglio identificati complici di Salomone/Ercole lo accompagnarono in un viaggio di affari nella città lagunare, impostasi come la capitale del commercio di pietre preziose e altri generi di lusso sin dalla fine del medioevo.[30] Cosa abbiano fatto a Venezia l'orafo e i suoi complici non viene spiegato nella lettera, anche se pare vada messo in relazione con il coinvolgimento di Abramo in un crimine che portò poi al suo arresto.

Accennando alla sua disgrazia nel discorso pubblico tenuto in occasione del battesimo Salomone/Ercole punta il dito contro gli ebrei mantovani. A loro volta le missive di Francesco Gonzaga dal 1491 in poi sottolineano i sentimenti ostili che alcuni membri della comunità ebraica a Mantova nutrivano nei confronti del celebre artista. La lettera di Abramo del 1493 dimostra però che dopo la sua conversione dal giudaismo al cristianesimo l'orafo contava almeno un nemico anche fra gli ebrei ferraresi, per quanto si trattasse di una persona particolarmente vicina a Francesco Gonzaga, il quale non era certo ben disposto verso Salomone/Ercole.

Abramo "il giocatore" era famoso – al pari di Salomone – per possedere un talento particolare; nel suo caso, si trattava dell'abilità nel gioco d'azzardo, il che spingeva i signori di casa d'Este e Gonzaga a concedergli diversi favori. Per quanto economicamente più solido dell'orafo, anche Abramo si rivolgeva spesso ai suoi correligionari per chiedere in prestito cospicue somme di denaro.[31] Inoltre, la sua lunga carriera al tavolo da gioco lo coinvolse in varie risse con altri giocatori, i quali – nell'impossibilità di pagare le cifre che gli dovevano – non esitavano ad aggredirlo. Nel 1483, ad esempio, Tusolo sporse denuncia contro un servitore di Sigismondo d'Este (1433-1507) che aveva minacciato di ucciderlo.[32]

in *Crime, Gender, and Sexuality in Criminal Prosecutions*, a cura di Louis A. Knafla, Westport (CT), Greenwood Press, 2002, pp. 1-17, in particolare pp. 10-11; Chambers e Dean, *Clean Hands and Rough Justice*, pp. 23-24 e Rossi, *The Writer and the Man*, pp. 167-168.

30. Cfr. Stuard, *Gilding the Market*, pp. 2-3 e 169-172.

31. Cfr. Franceschini, *Presenza ebraica a Ferrara*, pp. 388 e 416 (documenti 1071 e 1184).

32. Si veda ivi, pp. 390-391 (documento 1088). Il procedimento venne poi annullato e Abramo si rappacificò con quel servitore. I servitori di Sigismondo d'Este avevano la reputazione di essere particolarmente litigiosi; in proposito cfr. Chambers e Dean, *Clean Hands and Rough Justice*, p. 150.

Abramo si presenta come la vittima innocente di Salomone/Ercole e dei suoi complici nella lettera da lui spedita a Francesco Gonzaga, ma vale la pena notare che anche le restanti sue missive descrivono altri individui come malviventi che hanno intenzionalmente recato danno a diverse persone. Non v'è dubbio, insomma, che – al pari del suo nemico – "il giocatore" si trovasse profondamente in contrasto con vari ebrei. Nel 1494, ad esempio, Abramo scrisse un'altra lettera in cui riferiva dell'assalto subìto da parte di un ebreo, il quale aveva – inoltre – ucciso suo nipote e ferito un servitore dello stesso Abramo, il tutto a seguito di una controversia relativa a un debito di 200 ducati mai saldato.[33]

Sebbene Abramo citasse Salomone/Ercole fra quanti gli avevano recato danno e con cui egli non intendeva riconciliarsi, "il giocatore di carte" – il cui rischioso stile di vita gli procurò problemi sia con gli ebrei sia con individui di altra fede – sembra condividere molti aspetti col talentuoso orafo. Dipendendo dalla protezione e dall'impiego concessigli dai prìncipi che governavano Mantova e Ferrara (i quali nutrivano ammirazione per le loro doti straordinarie) entrambi gli ebrei attiravano su di sé l'invidia di correligionari e cristiani, il che rendeva precaria la loro condizione. La data stessa dell'enigmatico messaggio di Abramo sopra citato rivela quanto fosse delicata la posizione sociale dell'orafo. Non è certo un caso se quella lettera fu scritta il 13 dicembre 1493, appena un mese dopo la scomparsa di Eleonora d'Aragona.

La duchessa di Ferrara morì di pneumococco l'11 ottobre 1493,[34] due anni dopo aver organizzato la cerimonia battesimale di Salomone. Quando un benefattore di rango ducale moriva, i suoi impiegati rischiavano di perdere il posto.[35] La morte di Eleonora metteva a repentaglio i privilegi di cui Salomone/Ercole aveva sino ad allora goduto a corte; di certo lo privò della protezione di un benefattore importante.[36] Il fatto che Abramo scrivesse al marchese Francesco Gonzaga così poco tempo dopo la morte di Eleonora, chiedendogli di dimostrare «quanto al dispiacere La ne ha havuto» per il comportamento di Salomone/Ercole, indica che le circostanze stavano volgendo nuovamente contro quell'orafo ribelle. Eppure, il testo di Abramo si potrebbe anche interpretare come un indizio che "il giocatore" sentiva una certa pressione ad accettare la proposta di pace avanzata da Salomone/

33. La lettera – spedita da «Abram Zudeo» a Sigismondo d'Este in data 8 settembre 1494 (ASMo, ASE, Archivi per materie: Ebrei, b. 6, c. 10) – è vergata dalla stessa mano della precedente, già citata missiva del 13 dicembre 1493 a Francesco Gonzaga. L'aggressore ebreo (tal Simone) era al servizio di un certo Prospero; questi era, probabilmente, il prestavalute ebreo che lavorava al Banco dei Sabbioni, coinvolto – sin dal 1486 – in una controversia con Tusolo per un debito non pagato; in proposito cfr. Franceschini, *Presenza ebraica a Ferrara*, p. 407 (documento 1149).

34. Cfr. Chiappini, *Eleonora d'Aragona*, pp. 95-99 e Gundersheimer, *Women, Learning, and Power*, p. 43.

35. Cfr. Guido Guerzoni e Guido Alfani, *Court History and Career Analysis: A Prosopographic Approach to the Court of Renaissance Ferrara*, in «Court Historian», 12, 1 (2007), pp. 1-34, in particolare pp. 23-24.

36. A sua volta, per dinamiche simili a queste, Benvenuto Cellini fu processato – su istigazione dei suoi avversari – non appena gli venne a mancare il sostegno del pontefice a lui favorevole; cfr. Rossi, *The Writer and the Man*, pp. 170-171.

Ercole e i suoi complici. Si tratta di una pressione forse esercitata dal duca Ercole d'Este, il quale prese sotto la propria ala protettiva il protagonista della nostra storia – fortunatamente per lui – dopo la scomparsa della consorte.

Quand'era in vita, Eleonora d'Aragona aveva rafforzato la fede di Ercole d'Este con le sue azioni caritatevoli e la sua pietà. Morta lei, fu lui a diventare assai devoto.[37] Dedicandosi con crescente impegno alla propria anima, il duca – che aveva già negli anni precedenti sostenuto la conversione degli ebrei – era restio a veder cadere in disgrazia un ebreo che aveva accettato il battesimo grazie a lui. Pertanto, il duca Ercole non solo difese l'orafo da qualsivoglia atteggiamento ostile che Francesco Gonzaga potesse avere nei suoi confronti a causa dell'incriminazione patita da Abramo, ma da allora in poi procurò un impiego fisso a Mastro Ercole.

37. Cfr. Lockwood, *Music in Renaissance Ferrara*, pp. 136, 142 e 218-222.

11. Viaggi e traversie

Fra il 1493 e il 1505, Salomone/Ercole ricevette molti pezzi d'argento dal palazzo ducale, tra cui un incensiere (ossia un recipiente per bruciare l'incenso, indicato come *terribile* o *turibolo* nei documenti), al fine di fonderli e riutilizzarli per creare nuovi oggetti, perlopiù a scopo liturgico.[1] Simili commissioni da parte di Ercole d'Este vanno viste nel contesto del notevole sforzo da lui compiuto per fondare e abbellire edifici religiosi che caratterizzò gli ultimi dodici anni della sua vita. Nel corso di questo periodo il duca iniziò o ricostruì non meno di quattordici fra monasteri e chiese e diede avvio al restauro oppure all'ampliamento di altri dodici istituti religiosi. Una tale prova di devozione cristiana da parte del duca – il cui effetto fu ingrandire significativamente lo spazio religioso di Ferrara – comportò molte richieste di decorazioni per gli interni dei nuovi edifici, quali dipinti, sculture e oggetti liturgici fatti di metalli preziosi. Gli strumenti di culto prodotti in quegli anni – seppur non sempre conservatisi o identificabili – costituiscono alcune delle opere più ambiziose prodotte dagli orafi ferraresi.[2]

All'interno di questo progetto ducale su vasta scala, Mastro Ercole realizzò non meno di quattro tabernacoli per servire da reliquiari.[3] Il tabernacolo (una teca a carattere architettonico su piccola scala, allora comune) si diffuse notevolmente nel centro e nord Italia durante il tardo medioevo. Nel XV secolo agli orafi era spesso richiesta la produzione di complessi tabernacoli in argento.[4] Era appunto

1. Come si legge in ASMo, CD, AC, *Guardaroba,* no. 121 (*Libro de recordi de guardaroba, 1495-1509*), c. 7v. La consegna di questi pezzi d'argento a Mastro Ercole da Sessa è menzionata anche in Franceschini, *Artisti a Ferrara in età umanistica e rinascimentale*, Parte II, Tomo II, p. 151 (documento 170), senza tuttavia specificare il tipo di opere per le quali l'orafo li impiegò. Per l'uso del termine *terribile* (o *turibolo*) nel dialetto ferrarese dell'epoca cfr. Giuseppe Trenti, s.v. *Terribile* in *Voci di terre estensi: Glossario del volgare d'uso comune (Ferrara-Modena) da documenti e cronache del tempo, secoli XIV–XVI*, Vignola, Fondazione di Vignola, 2008, p. 580 e Venturi, *Le arti minori a Ferrara nella fine del secolo XV*, p. 453.

2. Cfr. Tuohy, *Herculean Ferrara*, pp. 171-185.

3. ASMo, CD, AC, *Guardaroba*, no. 121, cc. 7v-8r.

4. Cfr. Pini, *Oreficeria e potere a Bologna*, pp. 65-75. Agli orafi veniva anche richiesto di dorare tabernacoli lignei da portare in processione: cfr. Machtelt Israëls, *Altars on the Street: The Wool Guild, the Carmelites, and the Feast of Corpus Domini in Siena (1356-1456)*, in «Renaissance Studies», 20, 2 (2006), pp. 180-200, in particolare p. 198.

questo tipo di opere raffinate e costose che l'ebreo battezzato realizzava per il duca. I registri del Guardaroba ducale descrivono un tabernacolo del genere in argento che era stato fuso, smaltato, dorato e decorato a *straforo* – ossia a intaglio oppure con incisione a foglia d'oro – da Mastro Ercole in persona.[5]

I tabernacoli servivano a custodire e proteggere oggetti religiosi ritenuti particolarmente venerabili e verso i quali, pertanto, andava indirizzata la devozione dei fedeli; si poteva trattare di ostie consacrate, immagini miracolose oppure reliquie di santi. La richiesta per queste ultime si accrebbe – dal XII secolo in poi – insieme al desiderio dei laici di entrare in contatto diretto con le reliquie, fenomeno che suscitò fra le autorità ecclesiastiche una preoccupazione crescente circa un uso improprio delle spoglie mortali dei santi. Collocati in chiese assai frequentate e concepiti per servire alla pubblica devozione dei fedeli, i tabernacoli contenenti reliquie erano spesso il frutto del mecenatismo privato da parte di membri laici delle élite al potere.[6] Inizialmente diffusi soprattutto a nord delle Alpi, verso la fine del XIV secolo i tabernacoli reliquiari in argento facevano già bella mostra di sé in alcune chiese dell'Italia settentrionale.[7]

La richiesta di un reliquiario espressa dal duca Ercole al suo omonimo Mastro Ercole nel 1494 fu già notata dallo storico dell'arte Adolfo Venturi all'inizio del XX secolo.[8] Venne poi ripresa da Costantino Bulgari nella breve sezione da lui dedicata alla vita di Salomone/Ercole all'interno del suo studio sugli orafi italiani.[9] In tutti gli altri contributi sulle opere realizzate dal nostro orafo, invece, non si trova menzione né di questo né degli altri tabernacoli da lui prodotti negli ultimi dodici anni in cui Ercole d'Este fu al potere.[10] Senza conoscere né le fonti che ne trattano né gli studi di Venturi e Bulgari, nel 2003 uno storico dell'arte si spinse fino ad affermare che i registri della corte estense citano il coinvolgimento di Mastro Ercole solo nella creazione di opere dalle piccole dimensioni, ossia gioielli.[11] In realtà, i tabernacoli per conservare reliquie erano fra le richieste più

5. Si veda ASMo, CD, AC, *Guardaroba,* num. 121, c. 8r, in cui si legge: «Maestro Erchule da Seso horevexe [...] uno tabernachullo lavorato di fillo e di straforo smaltato e dorato ha fatto di mano, havuto da lui». Per il termine tecnico *Straforo* si veda quanto riferito da Trenti in *Voci di terre Estensi*, p. 554.

6. Cfr. Claudia Bolgia, *'Icons in the Air': New Settings for the Sacred in Medieval Rome*, in *Architecture and Pilgrimage, 1000-1500: Southern Europe and Beyond*, a cura di Paul Davies, Deborah Howard e Wendy Pullan, Farnham, Ashgate, 2013, pp. 113-142.

7. Cfr. Raffaela Pini, *Il potere dell'Arte: Il significato politico di alcuni reliquiari bolognesi tardo gotici*, in *Il potere: Forme, rappresentazioni, contestazioni*, a cura di Raffaele Laudani e Marica Tolomelli, numero monografico di «Storicamente: Laboratorio di Storia», 3, 15 (2007), pp. 1-38.

8. Cfr. Venturi, *Le arti minori a Ferrara nella fine del secolo XV*, p. 452.

9. Cfr. Bulgari, *Argentieri gemmari e orafi d'Italia*, pt. 4, *Emilia*, p. 351.

10. Si vedano, ad esempio, Angelucci, *Catalogo della armeria reale*; Luzio e Renier, *Il lusso di Isabella d'Este*; Yriarte, *Autour des Borgia* e Bianco, *Ercole dei Fedeli.*

11. Cfr. Mario Scalini, *Appunti per lo studio delle armerie estensi*, in *Un Rinascimento singolare. La corte degli Este a Ferrara*, catalogo della mostra (Bruxelles, Palais des Beaux-Arts, 3 ottobre 2003 - 11 gennaio 2004), a cura di Jadranka Bentini e Grazia Agostini, Milano, Silvana Editoriale, 2003, pp. 315-325, in particolare p. 316, ove si legge: «Ercole de' Fedeli, variamente ricordato nei documenti di corte ma esclusivamente in relazione a lavori d'oreficeria minuta».

significative (per costo e grandezza) che i maestri di oreficeria potessero sperare di ricevere nell'Italia del Rinascimento.

Il tabernacolo con le reliquie di San Petronio – realizzato negli anni Ottanta del Trecento dal più celebre orafo di Bologna, Jacopo Roseto (attivo soprattutto fra il 1378 e il 1383) – era famoso come opera in cui si fondevano l'oreficeria e una grande conoscenza dell'arte architettonica, scultorea e pittorica.[12] Raffaella Pini, secondo cui il tabernacolo del Roseto costituisce un capolavoro che elevò l'oreficeria da una forma di artigianato a vera e propria arte, sostiene che esso abbia influenzato future generazioni di orefici non solo a Bologna ma anche in altre città nord italiane, inclusa Ferrara. A inizio Quattrocento un altro orafo produsse uno splendido tabernacolo per le reliquie di San Giovanni, che fu poi collocato nella chiesa di San Giovanni in Monte nel quartiere di Porta Ravennate a Bologna, la zona in cui abitò Salomone da Sessa negli anni Settanta di quel secolo.[13] Siccome gli ebrei bolognesi – al pari dei loro correligionari in altre città europee – facevano affari coi membri del clero ed erano quindi soliti recarsi in chiesa, pare del tutto plausibile che Salomone abbia visto questo tabernacolo così complesso oppure uno degli altri oggetti sacri per i quali gli orafi bolognesi erano rinomati.[14]

Inoltre, quando abitava ancora a Bologna, Salomone ebbe occasione di osservare da vicino oggetti sacri in argento oppure in oro nelle botteghe gestite da ebrei di sua conoscenza. Talvolta manufatti per uso devozionale privato venivano dati in pegno da privati per ottenere prestiti; inoltre, nell'Italia del Rinascimento capitava che anche gli ecclesiastici consegnassero articoli sacri a prestatori ebrei. In tal modo, gli ebrei dediti al prestito acquisirono dimestichezza con le forme e gli stili di oggetti sacri come i turiboli e i tabernacoli.[15] Lo storico dell'arte Mordechai Narkiss ha persino avanzato l'ipotesi che gli oggetti sacri dati in pegno agli ebrei quando si richiedevano forti somme di denaro abbiano ispirato lo sviluppo dell'arte religiosa ebraica. Come esempio egli cita il caso del *porta besamin* (contenitore di spezie) utilizzato dagli ebrei, affermando che la forma fu influenzata da quella dei reliquiari cristiani medievali.[16]

Pur essendo venuto a contatto sin da ragazzo con gli oggetti sacri utilizzati dal clero cattolico, in quanto ebreo Salomone da Sessa non poteva sperare di ricevere commissioni così costose e prestigiose per oggetti di grande formato come quelle che Amadio da Milano e altri orafi attivi a Ferrara ricevevano regolarmente.[17] Fu solo dopo la sua apostasia che egli iniziò a ricevere commissioni per

12. Cfr. Pini, *Il potere dell'Arte*.

13. Cfr. Pini, *Oreficeria e potere a Bologna*, pp. 70-76 e 83-85.

14. Sulla reputazione di Bologna come centro importante per la produzione di oggetti liturgici cfr. Stuard, *Gilding the Market*, pp. 10 e 166-167. Come già notato, la madre di Salomone – Ricca – conosceva il prete della 'cappella' di San Bartolomeo a Bologna, il quale fu presente alla dettatura del suo testamento nel 1485; cfr. ASBo, Fondo notarile, serie Curialti Matteo di Bologna, filza 8, c. 61.

15. Cfr. Shatzmiller, *Cultural Exchange*, pp. 22-44.

16. Cfr. Mordechai Narkiss, *Origins of the Spice Box*, in «Journal of Jewish Art», 8 (1981), pp. 28-41, in particolare pp. 39-41.

17. Su questi orafi cfr. Venturi, *Le arti minori a Ferrara nella fine del secolo XV*, p. 453 e Toffanello, *Le arti a Ferrara nel Quattrocento*, pp. 114, 380 e 386.

tabernacoli destinati a contenere reliquie. Il fatto che il principe regnante a Ferrara ordinasse opere del genere da lui ci fa capire quali fossero gli immediati vantaggi economici che l'adesione al cattolicesimo comportava per i neofiti già mezzo secolo prima che l'offerta di incentivi materiali diventasse parte della strategia messa in campo dalla Chiesa per favorire le conversioni.[18]

Nel 1415 Benedetto XIII (1394-1417), ultimo papa avignonese, emanò una bolla contro gli ebrei in cui – fra le varie limitazioni di natura economica – si proibiva loro di produrre o vendere oggetti liturgici e devozionali propri della religione cristiana.[19] Dopo la deposizione di papa Benedetto, Martino V (sul soglio pontificio dal 1417 al 1431) annullò quella norma restrittiva, ma le sue conseguenze continuarono a farsi sentire nella politica adottata dagli Stati del centro e nord Italia nei confronti degli ebrei per tutta la prima età moderna.[20] Mentre nel sud della penisola gli orafi ebrei continuarono – sino agli anni Settanta del XV secolo – a contribuire alla produzione di tabernacoli per conservare le reliquie, nel nord Italia agli ebrei non solo era proibito creare oggetti liturgici, ma rischiavano un processo penale se sospettati di farne commercio.[21]

Lo scopo dichiarato della bolla emanata da Benedetto XIII contro gli ebrei era indurli a convertirsi riducendone le attività potenzialmente redditizie; è probabile che ciò abbia impresso quella che sarebbe poi stata la direzione prevalente della politica sulle conversioni adottata dalla Santa Sede, malgrado la revoca della bolla in questione da parte di Martino V.[22] C'è infatti chi sostiene che l'aver limitato l'ambito di produzione degli orafi ebrei al solo mondo laico fu uno dei motivi principali per cui diversi ebrei italiani attivi in quel settore furono indotti ad abbracciare il cristianesimo dopo il 1415.[23] Come abbiamo già visto, nel caso di Salomone da Sessa vi erano in gioco fattori più urgenti. Pur tuttavia, l'orafo non esitò a sfruttare i vantaggi economici derivanti dalla sua conversione.

In merito al duca mecenate di Mastro Ercole, nel commissionare a un ebreo battezzato quattro tabernacoli per reliquie, un portaincenso e altri costosi oggetti

18. Sugli incentivi di caratterre pratico offerti a chi era disposto a convertirsi dagli anni Quaranta del Cinquecento in poi cfr. Mazur, *Conversion to Catholicism in Early Modern Italy*, pp. 9-10 e 19-20; Piet Van Boxel, *Dowry and the Conversion of the Jews in Sixteenth-Century Rome: Comparison between the Church and the Jewish Community*, in *Marriage in Italy, 1300-1650*, a cura di Trevor Dean e Kate J.P. Lowe, Cambridge, Cambridge University Press, 1998, pp. 116-127.

19. Cfr. Landsberger, *The Jewish Artist*, p. 343.

20. In proposito cfr. Samuel D. Gruber, *Selective Inclusion: Integration and Isolation of Jews in Medieval Italy*, in *Framing Jewish Culture: Boundaries and Representations*, a cura di Simon J. Bronner, Oxford, Littman Library of Jewish Civilization, 2004, pp. 97-123, in particolare pp. 118-119. Si vedano anche Kenneth Stow, *The Pitfalls of Writing Papal Documentary History: Simonsohn's "Apostolic See and the Jews"*, in «Jewish Quarterly Review», 85, 3/4 (1995), pp. 397-412, in particolare pp. 403-404, e Id., *Anna and Tranquillo*, pp. 70 e 169.

21. Cfr. Venturelli, *Gioielli e gioiellieri milanesi*, p. 70 e Simonsohn, *History of the Jews in the Duchy of Mantua*, pp. 275-276. Per l'Italia meridionale cfr. Shatzmiller, *Cultural Exchange*, p. 151.

22. Cfr. Kenneth Stow, *"Favor et odium fidei": Conversion "Invitis Parentibus" in Historical Perspective*, in *Ebraismo e cristianesimo in Italia*, pp. 55-86, in particolare pp. 65-66.

23. Cfr. Liscia Bemporad, *Jewish Ceremonial Art*, p. 123.

sacri (tutti destinati a fare bella mostra di sé nelle chiese ferraresi) egli dava pubblico risalto ai frutti che si potevano trarre dal convertire gli ebrei. Al tempo stesso, l'impiego – da parte di Ercole d'Este – di un neofita per produrre oggetti sacri intendeva mostrare a tutti come quell'ebreo fosse davvero diventato un cristiano. Assegnare a un convertito la produzione di strumenti da usare in chiesa serviva, quindi, a sottolineare ulteriormente la fama di devoto principe regnante che il duca si era guadagnata.

Sebbene il duca Ercole fosse il principale committente dell'orafo dopo la morte di Eleonora d'Aragona, Mastro Ercole continuò ad accettare richieste dalla figlia, Isabella d'Este. Ad esempio, in una lettera inviata il 21 gennaio 1494 al cortigiano estense Girolamo Ziliolo (o Giglioli, attivo soprattutto fra il 1491 e il 1529) la marchesa di Mantova gli chiese di procurarsi una legatura dorata da «Maestro Hercule quale era Judeo», simile a quella che l'orafo aveva prodotto per la sua defunta madre.[24] Sin dal 1485 Ziliolo serviva in qualità di *maestro camerlengo* alla corte del duca Ercole, ossia si occupava di acquisire, conservare e far riparare gli oggetti preziosi che dovevano contribuire ad accrescere il prestigio della corte ducale.[25] Sia la madre di Isabella sia la cognata di quest'ultima, Anna Sforza, si erano affidate a lui per comperare oggetti di lusso. Ziliolo conosceva bene Isabella sin dai suoi anni alla corte di Ferrara; avendo soddisfatto le richieste della madre e di altre donne della corte estense, conosceva a fondo i gusti propri di questo ambiente.[26] A ragion veduta, quindi, la marchesa lo riteneva adatto a occuparsi di una ordinazione fatta a Mastro Ercole.

Benché nelle sue lettere al marito risalenti al 1491 Isabella avesse sottolineato la capacità di trasformazione insita nel battesimo, al punto che un criminale ebreo poteva diventare un innocente cristiano, nella richiesta inviata a Ziliolo più di due anni dopo ella continuava a designare come ex ebreo l'orafo Mastro Ercole. Malgrado il rito battesimale che doveva averlo trasformato in una persona completamente diversa (cambiamento indicato dall'imposizione di un nome cristiano), non solo i conoscenti ebrei dell'orafo – come, ad esempio, Abramo – ma anche i suoi nuovi correligionari continuarono per almeno dodici anni dopo la cerimonia che ne aveva sancito la conversione ad alludere, nei loro scritti, al suo passato da ebreo.[27] Questi continui riferimenti costituiscono un ulteriore indizio del fatto che, malgrado gli ovvi vantaggi professionali ed economici connessi all'aver abbracciato la religione predominante, i convertiti adulti nell'Italia del Rinascimento continuavano

24. Così scrive Isabella d'Este nella sua lettera a Girolamo Ziliolo del 21 gennaio 1494 (ASMn, AG, b. 2991, lib. 4, c. 20). La lettera è citata anche da Luzio e Renier, *Il lusso di Isabella d'Este*, p. 46.

25. Egli rimase in carica dal 1485 al 1502; cfr. Guido Guerzoni, *Este courtiers, 1457-1628*, disponibile online all'indirizzo www.academia.edu/2925252/Este_Courtiers_1457-1628 e Tuohy, *Herculean Ferrara*, pp. 132 e 228.

26. Cfr. Welch, *Shopping in the Renaissance*, p. 250. Ziliolo si occupava del *guardaroba* alla corte di Ercole d'Este ma non era un orafo di professione, contrariamente a quanto suggerito da Taylor, *Silver and Gold*, pp. 163, 182, 185 e 189. Isabella si serviva di lui solo come agente, incaricato di acquistare gli oggetti creati per lei da orafi di mestiere.

27. Questo aspetto accomunò tutti i convertiti italiani nella prima età moderna; cfr. Segre, *Neophytes during the Italian Counter-Reformation*, p. 132.

a essere segnati dalle loro origini ebraiche e la condizione anomala dovuta a quel passato caratterizzava anche il processo di integrazione nella società cristiana per molto tempo ancora dopo la loro adesione formale al cattolicesimo.

Mentre Mastro Ercole era impegnato a creare tabernacoli e incensieri d'argento per Ercole d'Este e produrre oggetti più piccoli in oro per la figlia del duca, i primi esuli ebrei dalla Spagna iniziarono ad arrivare nella penisola italiana. Già nel novembre del 1492 il duca Ercole accolse la richiesta di trasferirsi a Ferrara avanzata da ventun famiglie di ebrei spagnoli, cui fecero seguito altri ebrei di origine iberica.[28] Il duca permise ai nuovi arrivati di praticare qualsiasi lavoro eccetto il prestito di denaro; questo si tradusse in un aumento della competizione per gli artigiani locali e causò notevole risentimento, culminato poi nell'esplicita richiesta di espulsione degli ebrei spagnoli a seguito di un'ondata di peste verificatasi a Ferrara nel 1493.[29]

Fra i nuovi venuti figuravano soggetti quali Medina Spagnuolo, Benedetto Spagnuolo, Piero Spagnuolo e Martin Spagnuolo, tutti orafi di talento che in breve tempo ricevettero commissioni da parte di membri della famiglia ducale.[30] Due orafi ebrei spagnoli, chiamati Mastro Gonzales e Mastro Iacob Zapaio, presto ottennero dal duca Ercole il permesso di commerciare in gioielli.[31] Non sappiamo quale impatto su Salomone/Ercole abbia avuto la stima di cui godevano presso la corte estense gli orafi ebrei spagnoli grazie alla loro abilità professionale. Ma anche qualora fossero diminuite le richieste di opere da produrre, la condizione particolare di ebreo recentemente convertitosi garantiva a Salomone/Ercole gli incarichi da parte del duca Ercole in un periodo durante il quale gli ebrei spagnoli a Ferrara erano sottoposti a una notevole pressione affinché si convertissero al cattolicesimo.[32]

Verso la fine del 1493 al neofita si offrì un'altra opportunità per sfruttare la sua posizione; ciò avvenne non appena l'orafo si rese conto della precaria situazione in cui versavano i prestatori ebrei a Firenze e decise di approfittare delle loro disgrazie. Dopo l'inizio delle Guerre d'Italia e la caduta del regime mediceo a Firenze (il quale aveva favorito la presenza di ebrei in città a scopo feneratizio) divennero sempre più incalzanti le richieste per il bando degli ebrei e, di pari passo, la creazione di un Monte di Pietà.[33] Mentre le truppe del re Carlo VIII (1470-

28. Cfr. Di Leone Leoni, *Gli ebrei sefarditi a Ferrara*, pp. 408-412 e Id., *La nazione ebraica spagnola e portoghese di Ferrara*, vol. I, pp. 27-28.

29. Cfr. Ruderman, *The World of a Renaissance Jew*, p. 26. Il duca Ercole ne ordinò l'espulsione nel luglio 1493, ma in seguito fu loro concesso di tornare a Ferrara; cfr. Pardi, *Diario ferrarese dall'anno 1409 sino al 1502 di autori incerti*, p. 130 e Di Leone Leoni, *La nazione ebraica spagnola e portoghese di Ferrara*, vol. I, p. 31.

30. Cfr. Venturi, *Le arti minori a Ferrara nella fine del secolo XV*, p. 453. Sugli orafi ebrei spagnoli a Roma in quel periodo cfr. Esposito, *Gli ebrei a Roma*, p. 824.

31. Cfr. Di Leone Leoni, *La nazione ebraica spagnola e portoghese di Ferrara*, vol. II, p. 613. Si veda anche Muzzarelli, *Ferrara, ovvero un porto placido*, p. 244.

32. Alcuni ebrei spagnoli in esilio cedettero a questa pressione e si fecero battezzare a Ferrara dopo le prediche quaresimali di Fra Mariano da Genazzano nel 1494; cfr. Pardi, *Diario ferrarese dall'anno 1409 sino al 1502 di autori incerti*, p. 135.

33. Cfr. F.R. Salter, *The Jews in Fifteenth-Century Florence and Savonarola's Establishment of a "Mons Pietatis"*, in «Cambridge Historical Journal», 5, 2 (1936), pp. 193-211 e Borgolotto, *Mele di Salomone da Sessa*, p. 167.

1498) scendevano in Italia, nel settembre 1494, alcuni banchieri ebrei a Firenze indirizzarono i loro interessi finanziari verso Ferrara, dove avevano legami con Manuele Norsa; è noto come lo stesso Salomone/Ercole sia stato in contatto con lui sia prima sia dopo la sua conversione.[34] La presenza di ebrei toscani a Ferrara e i loro rapporti con correligionari del luogo fecero diventare di pubblico dominio nella capitale estense la difficile situazione dei prestatori ebrei fiorentini.[35] Conoscendo la vulnerabilità che affliggeva gli eredi di quelli che erano stati soci in affari di suo padre Mele (ancora attivi come banchieri nella città natale del convertito), nel dicembre 1494 Salomone/Ercole decise di recarsi a Firenze per riscuotere da loro alcuni interessi.[36]

Già sul finire degli anni Sessanta la madre dell'orafo – Ricca – aveva incassato i dividendi della compagnia spettanti al marito, ma ora Salomone/Ercole chiedeva la propria parte dei beni mobili ancora in comune fra gli eredi dei vecchi soci. Si trattava soprattutto di *vacchette*, ossia libri di formato oblungo rilegati in pelle di vacchetta o, come recita il documento, «libris hebraice manu scriptis et maxime in quodam libro vocato Specchietto».[37] Benché Mele da Sessa fosse morto da tempo, il figlio («nunc Salamone eius filio unico naturali tunc ebreo hodie autem cristiano et vocato Hercule, ipsius Melis herede universali») affermava spettargli sia lo *Specchietto* sia altri non meglio specificati manoscritti ebraici.[38] Sapendo che i tribunali solitamene favorivano i convertiti nelle controversie contro i loro ex correligionari[39] e consci della debole posizione in cui si trovavano dopo che – nell'autunno 1494 – il governo repubblicano era stato reintrodotto a Firenze, i prestatori ebrei decisero di raggiungere un accordo con Salomone/Ercole. Già il 18 dicembre alcuni di loro avevano accettato di dargli la parte da lui richiesta; gli altri lo fecero il 24 dicembre. In cambio, l'orafo promise di rinunciare a qualsiasi ulteriore pretesa presso gli eredi dei soci di suo padre.

34. Sui rapporti fra Manuele Norsa e Salomone da Sessa si veda *supra*, capitolo 3. I loro contatti dopo il battesimo di Salomone sono attestati da un documento notarile del 20 marzo 1497 (ASFe, Archivio Notarile Antico di Ferrara, Notaio Bartolomeo Codegori, matr. 283, pacco 4, prot. 1497, cc. 76v-77r), su cui si veda *infra*, capitolo 12.

35. Cfr. Michele Luzzati, *La circolazione di uomini, donne e capitali ebraici nell'Italia del Quattrocento. Un esempio toscano-cremonese*, in *Gli ebrei a Cremona. Storia di una comunità fra Medioevo e Rinascimento*, a cura di Giovanni Magnoli, Firenze, Giuntina, 2002, pp. 33-50, in particolare pp. 48-50, e Luzzati, *Again on the Mobility of Italian Jews*, pp. 105-106.

36. I documenti notarili che attestano le richieste avanzate in tal senso da Mastro Ercole sono stati per la prima volta descritti da Borgolotto, *Mele di Salomone da Sessa*, pp. 165-168.

37. Si veda l'atto notarile del 18 dicembre 1494 vergato dal notaio Ser Francesco di Ottaviano da Arezzo (ASFi, Notarile antecosimiano, 15785), c. 129v, in cui si legge: «constare maxime in quibusdam vachettis sive libris ebraice manu scriptis et maxime in quodam libro vocato Specchietto». L'accenno alle *vacchette* e soprattutto allo *Specchietto* si riscontra di nuovo nel documento redatto dallo stesso notaio il 24 dicembre, 1494: cfr. ASFi, Notarile antecosimiano, 15785, c. 134v.

38. ASFi, Notarile antecosimiano, 15785, c. 129v.

39. Cfr. Stow, *Catholic Thought*, pp. 180-183 e Segre, *Neophytes during the Italian Counter-Reformation*, p. 133.

Alcuni dei soggetti menzionati negli atti notarili del 1494 conoscevano il figlio di Mele da Sessa sin da quando era bambino a Firenze. Lazzaro da Volterra, ad esempio, era figlio di Emanuele di Bonaventura da Volterra, caro amico di Mele; dopo la morte di quest'ultimo, Emanuele aveva svolto il ruolo di procuratore legale per Ricca, la madre dell'orafo.[40] Lo stesso Lazzaro era rimasto in contatto con Salomone e Ricca quando questi abitavano a Bologna e sapeva bene dei vari interventi fatti dalla madre per aiutare finanziariamente il figlio prima che Matteo Curialti ne vergasse il testamento nel 1485.[41]

Il figlio battezzato di Mele da Sessa giunse a Firenze solo poche settimane dopo l'insurrezione antimedicea che aveva fatto seguito all'invasione della penisola italiana da parte di Carlo VIII. Si trovava in città nel periodo dell'avvento del 1494, mentre i fiorentini discutevano delle riforme ispirate dai sermoni profetici di Fra Girolamo Savonarola, fervente sostenitore della conversione degli ebrei al cristianesimo e la cui popolarità era allora ai massimi livelli.[42] La campagna savonaroliana finalizzata a rinnovare il cristianesimo estirpando il vizio dalla società prevedeva che si colpissero gli ecclesiastici corrotti, i sodomiti, le prostitute e anche gli ebrei, questi ultimi a causa dell'usura da loro praticata. Appena un anno dopo il soggiorno di Salomone/Ercole a Firenze, Fra Girolamo fece sì che vi venisse istituito un Monte di Pietà. Dal canto loro, le autorità locali fiorentine non soltanto proibirono ufficialmente agli ebrei di prestare denaro, ma decretarono che abbandonassero Firenze (anche se poi la loro espulsione venne rinviata).[43] Sebbene queste misure contro gli ebrei non entrarono in vigore prima del 1495, quando Mastro Ercole giunse a Firenze aveva buon motivo per credere di poter fare la voce grossa nel negoziare coi prestatori suoi ex correligionari.

Lo *Specchietto* e le altre *vacchette* che l'orafo ottenne nel 1494 erano state probabilmente date a suo padre e ai soci di quest'ultimo come garanzia per prestiti che non furono mai restituiti; per tale motivo erano rimaste in possesso dei prestatori.[44] Dare in pegno libri manoscritti era prassi comune; probabilmente Mastro Ercole desiderava mettere le mani su questi codici per soddisfare la richiesta di

40. Cfr. Borgolotto, *Mele di Salomone da Sessa*, pp. 165-167. Su Lazzaro, cfr. Veronese, *Una famiglia di banchieri ebrei*.

41. Lazzaro è citato nel testamento di Ricca del 15 settembre 1485: cfr. ASBo, Fondo notarile, serie Curialti Matteo di Bologna, filza 8, c. 61.

42. Cfr. Stefano Dall'Aglio, *Savonarola and Savonarolism*, trad. inglese di John Gagné, Toronto, Centre for Reformation and Renaissance Studies, 2010, pp. 13-21 (ed. orig. *Savonarola e il savonarolismo*, Bari, Cacucci, 2005); Donald Weinstein, *Savonarola: The Rise and Fall of a Renaissance Prophet*, New Haven, Yale University Press, 2011, p. 84 e Ruderman, *The World of a Renaissance Jew*, p. 46.

43. Cfr. Carol Bresnahan Menning, *Charity and State in Late Renaissance Italy: The Monte di Pietà of Florence*, Ithaca (NY), Cornell University Press, 1993, pp. 38-63; Michele Luzzati, Cristina Galasso, *Primi appunti su Girolamo Savonarola e gli ebrei dello Stato fiorentino*, in *Studi savonaroliani. Verso il quinto centenario*, a cura di Gian Carlo Garfagnini, Firenze, SISMEL, 1996, pp. 35-40.

44. Sul ricorso ai manoscritti come garanzie per prestiti cfr. Kelly Wray, *Communities and Crisis*, p. 84; Jerry H. Bentley, *Politics and Culture in Renaissance Naples*, Princeton, Princeton University Press, 1987, pp. 65-66 e Shatzmiller, *Cultural Exchange*, pp. 22-30.

libri ebraici nelle capitali degli Estensi e dei Gonzaga. Gli ebrei facoltosi – come ad esempio il ferrarese Manuele Norsa, che l'orafo frequentava – assumevano copisti correligionari per farsi allestire manoscritti in ebraico; vi erano, però, anche umanisti cristiani – come Pellegrino Prisciani (1435-1518) – desiderosi di acquistare codici ebraici.[45] Vale la pena notare che l'interesse per i manoscritti in ebraico non era limitato agli ebraisti capaci di leggerli ma coinvolgeva anche alcuni degli aristocratici mecenati di Salomone/Ercole alla corte mantovana dei Gonzaga, in particolare la marchesa Isabella, la quale incaricò Bernardino de' Prosperi e gli altri suoi fidati corrispondenti di ottenere manoscritti ebraici così da farli tradurre.[46]

Fu appunto alla corte di Isabella d'Este e Francesco Gonzaga che Salomone/Ercole tornò dopo il suo proficuo viaggio a Firenze, forse con la speranza di rivendere i manoscritti ebraici da poco acquistati. Tuttavia, solo due mesi dopo che Mastro Ercole aveva risolto la disputa con gli eredi dei soci in affari del padre a Firenze, il marchese di Mantova ordinò l'espulsione dell'orafo dal proprio Stato. Concluse le indagini su quelle che Mastro Ercole affermava essere false accuse mosse dagli ebrei mantovani nei suoi confronti, Francesco Gonzaga decise di revocare il salvacondotto che gli aveva concesso. Nella missiva che il marchese inviò a Mastro Ercole il 18 febbraio 1495 si legge: «Havendo nui informatione che le imputatione le quale hai poste et facte contra questi hebrei qui [*a Mantova*] sono false et iniquie a fine de damnigiarli et farli male».[47]

Vale la pena rammentare che nel settembre 1491 il marchese di Mantova aveva già espresso il proprio scetticismo in merito alla possibilità che un criminale ebreo potesse mai diventare un pio cristiano.[48] Un simile atteggiamento rifletteva l'opinione prevalente sui neofiti adulti quali Salomone/Ercole e Angelo di Vitale, che – come si sapeva – avevano accettato il battesimo davanti all'angosciante prospettiva di una condanna penale o di un disastro finanziario. Nell'Italia premoderna i convertiti di questo genere erano solitamente ritenuti persone inaffidabili, pronti ad abbandonare la comunità di appartenenza per un mero vantaggio materiale.[49] La slealtà dimostrata dall'orafo verso la fede dei suoi antenati induceva a sospettare che avrebbe tradito di nuovo; pertanto, ancora molto tempo dopo il suo battesimo egli continuò a suscitare l'impressione di un individuo disonesto e animato da scopi fraudolenti.

45. Cfr. Ruderman, *The World of a Renaissance Jew*, pp. 27-31; Giulio Busi, *L'enigma dell'ebraico nel Rinascimento*, Torino, Nino Aragno Editore, 2007, pp. 73-100.

46. Cfr. la prima parte del saggio di Alessandro Luzio e Rodolfo Renier, *La coltura e le relazioni letterarie d'Isabella d'Este ed Elisabetta Gonzaga*, in «Giornale storico della letteratura italiana», 33 (1899), pp. 1-62, in particolare pp. 26-27. Si vedano anche Busi, *L'enigma dell'ebraico*, pp. 100-106 e Isabella d'Este, *Selected Letters*, p. 360.

47. Così leggono le istruzioni di Francesco Gonzaga a «Maestro Herculi Aurifici Ferrariensi» scritte da Antimaco in data 18 febbraio 1495 (ASMn, AG, 2906, lib. 150, c. 72v).

48. Si veda la lettera di Francesco Gonzaga a Isabella d'Este in data 17 settembre 1491 (ASMn, AG, b. 2904, lib. 139, c. 61v).

49. Cfr. Stow, *A Tale of Uncertainties*, pp. 258-259 e Pullan, *The Jews of Europe and the Inquisition of Venice*, pp. 244-245. Si veda anche Moshe Sluhovsky, *Recidivist Converts in Early Modern Europe*, in *Dissimulation and Deceit in Early Modern Europe*, a cura di Miriam Eliav-Feldon e Tamar Herzig, Houndmills, Palgrave Macmillan, 2015, pp. 94-109, in particolare p. 95.

Nel 1491, invece, Isabella d'Este aveva sostenuto l'opinione esattamente contraria. Tuttavia, quando – nel febbraio 1495 – suo marito ricevette le lamentele degli ebrei mantovani sul neofita Ercole, la marchesa aveva lasciato Mantova. Isabella, che riprese a ordinare gioielli all'orafo dopo che questi si era convertito e continuò a farlo per altri trent'anni, trascorse l'inverno del 1495 a Milano, dove – il 4 febbraio – sua sorella Beatrice diede alla luce un maschietto.[50] In quel periodo, pertanto, Salomone/Ercole non poteva sperare di ricevere aiuto dalla figlia del suo mecenate ducale, che quattro anni prima aveva abilmente fatto ritardare l'esecuzione del suo parente Angelo.

Nell'avvertimento inviato all'orafo nel febbraio 1495 Francesco Gonzaga sottolineò la malizia con cui il destinatario aveva mosso false e ingiuriose accuse contro gli ebrei mantovani.[51] Sicuro che Salomone/Ercole avrebbe continuato a comportarsi in modo abietto, il marchese scrisse che ne aveva avuto abbastanza della sua disonestà e gli intimò di non rientrare mai più nel territorio dei Gonzaga. Anche i tre assistenti cristiani dell'orafo (Giovanni Battista, Ippolito e Leone) ricevettero l'ordine di abbandonare lo Stato di Mantova.[52] Cacciato per ordine del marchese, Mastro Ercole abbandonò per sempre quella città. Sebbene negli anni a seguire gli capitò talvolta di lasciare Ferrara per lavoro, quando doveva discutere di commissioni con la moglie di Francesco mandò sempre il figlio Alfonso a rappresentarlo; quanto a lui, non fece mai ritorno a Mantova.[53]

Come dimostra il dispaccio di Francesco Gonzaga, le circostanze che portarono all'incriminazione di Salomone da Sessa e il conseguente battesimo rimasero a lungo un motivo di scontro fra lui e i suoi ex correligionari mantovani. Come già nel 1491, gli ebrei mantovani si rivolsero a Francesco Gonzaga per cercare di liberarsi della minaccia costituita dalle accuse dell'orafo.[54] Bisogna dedurne

50. Cfr. Isabella d'Este, *Selected Letters*, pp. 67-71.

51. Si vedano gli ordini impartiti da Francesco Gonzaga a Mastro Ercole in data 18 febbraio 1495 1495 (ASMn, AG, 2906, lib. 150, c. 72v). Il marchese fa preciso riferimento alle accuse mosse da Mastro Ercole verso «questi hebrei qui», a indicare che non si scagliava contro gli ebrei agendo come un neofita animato da eccessivo zelo. Quest'ultima erronea interpretazione è offerta da Antonio Bertolotti, *Le arti minori alla corte di Mantova nei secoli XV, XVI e XVII. Ricerche storiche negli Archivi Mantovani*, Milano, Arnaldo Forni, 1889, pp. 32 e 238. In realtà, le istruzioni fornite da Francesco dimostrano come l'orafo avesse di mira alcuni ebrei in particolare; inoltre, esse rivelano che il marchese stava dalla parte degli ebrei mantovani e intendeva difenderli dalle calunnie di Mastro Ercole tese a far loro del male.

52. Si vedano ancora gli ordini impartiti da Francesco Gonzaga a Mastro Ercole il 18 febbraio 1495 (ASMn, AG, 2906, lib. 150, c. 72v), in cui si legge: «[…] te avisamo ch'l salvo conducto quale habiamo concesso a te, Zohan Baptista, Ipolito et a Leone volemo ch' sia casso et nullo et cossì per questa nostra lo cancellamo et annullamo. […] Essendone moleste le tue cativita et ribaldarie, et s'el ne accaderà la opportunitate te ne faremo demonstratione».

53. Cfr. Bertolotti, *Le arti minori*, p. 63 e *infra*, capitolo 17.

54. Il sostegno da lui a lungo fornito alla comunità ebraica mantovana non impedì a Francesco Gonzaga di sfruttare il banchiere ebreo Daniele Norsa come capro espiatorio poco dopo aver cacciato Mastro Ercole dai propri territori; ciò rientrava in una strategia finalizzata sia a reprimere il malcontento sociale sia a rafforzare la propria autorità. In proposito cfr. Katz, *Painting and the Politics of Persecution*, pp. 475-495 e Molly Bourne, *Mantegna's Madonna della Vittoria and the Rewriting of Gonzaga History*, in *The Patron's Payoff: Conspicuous*

che Salomone/Ercole – il quale, nel discorso pronunciato al suo battesimo, si era scagliato senza mezzi termini contro gli ebrei mantovani per averlo ingiustamente ritenuto colpevole di seri reati – continuò a muovere simili accuse per più di tre anni dopo essersi convertito. La sua perdurante ostilità nei confronti degli ebrei di Mantova pone ancora una volta in rilievo la gravità dei crimini che indussero questi ultimi ad allontanarlo dalla comunità ebraica e impegnarsi affinché le autorità cristiane infliggessero una severa punizione sia a lui sia ad Angelo di Vitale. Come già aveva fatto l'ebreo Abramo nel dicembre 1493, nel febbraio 1495 i nemici dell'orafo si rivolsero a Francesco Gonzaga chiedendo il suo aiuto per chiudere i conti con quell'individuo.

Commissions in Italian Renaissance Art, a cura di Jonathan K. Nelson e Richard J. Zeckhauser, Princeton, Princeton University Press, 2008, pp. 167-184, in particolare pp. 173-174.

12. La “Regina delle spade” di Cesare Borgia

I nemici mantovani di Mastro Ercole trovarono senza dubbio nel marchese un ascoltatore bendisposto. Tuttavia, non appena Francesco espulse l’orafo dal territorio dei Gonzaga, il suocero del marchese lo riaccolse nel ducato estense. Malgrado la crescente competizione rappresentata dagli orafi ebrei spagnoli, Mastro Ercole godeva ancora del favore di Ercole d’Este; così, una volta cacciato da Mantova, egli riprese a lavorare come orafo di corte del duca. Né, d’altro canto, erano finiti i suoi rapporti finanziari con gli ex correligionari una volta entrato in possesso dei manoscritti ebraici a Firenze. Pertanto, il 20 marzo 1497 Mastro Ercole si recò al Banco della Ripa – gestito da ebrei – e alla presenza di due testimoni ricevette la somma di 110 fiorini d’oro da Manuele Norsa, sua vecchia conoscenza.[1]

Stando a un atto notarile vergato dal notaio ferrarese Bartolomeo Codegori, i 110 fiorini costituivano il rimanente della somma che Norsa aveva messo da parte per l’orafo, come conferma anche un altro documento notarile, questa volta redatto da Giacobo Vincenzi.[2] Come già indicato nel terzo capitolo, Vincenzi aveva certificato l’accordo fra Salomone da Sessa e il cognato Angelo di Museto da Sant’Elpidio nel dicembre 1489 circa la somma dovuta ai figli dell’orafo in base al testamento della madre di quest’ultimo. Il denaro sarebbe rimasto in custodia presso un uomo di fiducia fino almeno a metà marzo 1490; dopo tale data Salomone poteva chiedere che gli venisse restituito per metterlo a disposizione dei propri figli.[3] Avendo riscosso parte della somma prima del marzo 1497, una volta ricevuti da Manuele Norsa i rimanenti 110 fiorini Salomone/Ercole dichiarò di rinunciare a qualsivoglia ulteriore pretesa circa questo denaro nei confronti del più ricco ebreo di Ferrara.[4]

1. Sul Banco della Ripa cfr. Graziani Secchieri, *Ebrei italiani, askenaziti e sefarditi a Ferrara*, pp. 172-174.

2. Atto notarile datato 20 marzo 1497 in ASFe, Archivio Notarile Antico di Ferrara, Notaio Bartolomeo Codegori, matr. 283, pacco 4, prot. 1497, cc. 76v-77r.

3. Si veda l’atto notarile datato 17 dicembre 1489 in ASFe, Archivio Notarile Antico di Ferrara, Notaio Iacobo Vincenzi, matr. 177, pacco 10, prot. 1489.

4. Si veda l’atto notarile datato 20 marzo 1497 in ASFe, Archivio Notarile Antico di Ferrara, Notaio Bartolomeo Codegori, matr. 283, pacco 4, prot. 1497, cc. 76v-77r. Secondo questo documento Norsa aveva inizialmente trattenuto presso di sé una somma pari a 200 fiorini, dei quali l’orafo ne prese 90 prima di ritirare i restanti 110. La somma che inizialmente

Nell'atto notarile trascritto da Codegori il ricevente dei 110 fiorini è indicato come «Magister Hercules de Sesso filius quondam Mellis aurifex illustrissimi domini nostri Ducis olim hebreus».[5] Colui che prima di abbandonare il giudaismo si firmava semplicemente come «Salamon Aurifex Illustrissime Domine Ducisse Ferrarie»[6] continuò, dopo il battesimo, a designarsi nelle missive solo in base alla sua professione (l'unico elemento identitario rimasto costante e di cui, come appare ovvio, andava fiero) senza alludere al suo passato da ebreo.[7] Invece, il notaio cristiano Bartolomeo Codegori mise in evidenza il fatto che Mastro Ercole era di origine ebraica, oltre ad essere l'orafo di corte di Ercole d'Este.

In breve, la componente ebraica del convertito non scomparve né agli occhi degli ex correligionari né a quelli dei cristiani dopo che egli aveva assunto una nuova identità cattolica e ricevuto, col battesimo, il nome di "Ercole". Tuttavia, in questo caso specifico – così come negli atti notarili attestanti la sua acquisizione dei manoscritti ebraici a Firenze nel 1494 – l'insistenza, da parte dei notai, sulle origini ebraiche di Mastro Ercole favorì i suoi interessi finanziari. In quanto figlio dei defunti ebrei Mele da Sessa e Ricca Finzi, egli poteva avanzare pretese sui loro beni ancora molti anni dopo aver abbandonato il giudaismo. Come dimostrano gli atti notarili relativi a Mastro Ercole, l'ex ebreo, convertirsi al cristianesimo nell'Italia del Rinascimento non apriva solo nuove opportunità professionali ai neofiti (ad esempio, diventare maestri artigiani o persino produrre oggetti di culto); la conversione permetteva anche di avanzare pretese sulle quote che, apparentemente, spettavano loro nelle eredità di parenti ebrei e forniva ovvi vantaggi quando si chiedevano aiuti tangibili agli ex correligionari. Se la loro ibrida identità come "nuovi cristiani" costituiva un ostacolo – dal punto di vista sociale – alla completa assimilazione coi cattolici (giacché questi ultimi non smettevano mai di ricordare ai convertiti il loro passato da ebrei) essa comportava anche innegabili benefici di natura economica.

Angelo di Museto da Sant'Elpidio doveva a Salomone – a vantaggio dei suoi figli – corrispondeva a 300 ducati, il cui valore ammontava a molto di più di 200 fiorini; cfr. Spufford, *Money and Its Use in Medieval Europe*, p. 322. Forse la somma rimanente fu depositata altrove oppure prelevata subito dopo il 15 marzo 1490 e per questo omessa dall'atto notarile che Codegori vergò nel 1497.

5. Cito dall'atto notarile redatto da Bartolomeo Codegori il 20 marzo 1497 (ASFe, Archivio Notarile Antico di Ferrara, Notaio Bartolomeo Codegori, matr. 283, pacco 4, prot. 1497, cc. 76v-77r). Cittadella, *Notizie relative a Ferrara*, p. 691, menziona il ruolo di Master Ercole come orafo del duca Ercole («Hercules de Sesso filius q. Mellis aurifex illustrissimi domini nostri Ducis») ma omette l'accenno alle sue origini ebraiche (presente, invece, nel testo originale).

6. Così si firma Salomone da Sessa nella sua lettera a Pietro Gentile da Camerino del 16 agosto 1491 (ASMn, AG, b. 1232, c. 233).

7. Cfr. la lettera di Mastro Ercole a Isabella d'Este del 14 ottobre 1504 (ASMn, AG, b. 1890, c. 187), firmata «Hercules aurifex Illustrissimi domini ducis Ferrarie» (ASMn, AG, b. 1890, c. 187); quella del 17 agosto 1505 (ASMn, AG, b. 1240, c. 334), firmata «Hercules orevexe»; del 14 maggio 1506 (ASMn, AG, b. 1241, c. 300) firmata «Hercules Aurifex Illustrissime Ducisse Ferrarie» e, infine, del 15 luglio 1506 (ASMn, AG, b. 1241, c. 301) firmata «Hercules auriffice della duchessa».

Sfruttando i privilegi materiali derivanti dalla sua conversione, tra la fine del XV secolo e l’inizio di quello successivo Mastro Ercole raggiunse l’ambita celebrità come incisore di spade commissionategli da alcune delle figure (sia militari sia politiche) più importanti delle Guerre d’Italia.[8] L’incisione era la tecnica più difficile che un orefice doveva padroneggiare; in quanto tale, essa rappresentava il massimo livello cui potesse aspirare l’artista dedito all’oreficeria. All’epoca le spade abbellite con incisioni, dorate e provviste di else smaltate erano un elemento fondamentale della moda maschile; non a caso, esse venivano realizzate da orafi nord italiani specializzati nel creare opere di gioielleria. Mettendo in mostra il virtuosismo artistico di un orafo, le spade incise in tale maniera costituivano una garanzia di enorme successo.[9]

Mastro Ercole era abilissimo nel produrre un tipo corto di spada detto *cinquedea*; si trattava di una daga da combattimento con lama a doppio filo e costituita da trame di metallo convergenti verso lo stesso punto. Perlopiù questo tipo di spada misurava cinque dita in larghezza alla base della lama, da cui derivò il nome – in italiano – di *cinque dita*.[10] È opinione diffusa che Salomone/Ercole, rinomato per la sua abilità nel disegno, abbia svolto un ruolo fondamentale nell’evoluzione della *cinquedea*.[11]

Sul finire del XIX secolo Charles Yriarte attribuì a Mastro Ercole la famosa *cinquedea* di Cesare Borgia (1475-1507), nota come la “Regina delle spade”; inoltre, egli lo ritenne autore di varie altre spade del tipo *cinquedea*, tutte celebri per le splendide scene classiche che ne decorano le lame.[12] Dopo la pubblicazione dello studio di Yriarte accadde che, in pratica, tutte le spade del genere *cinquedea* prodotte in Italia tra la fine del Quattrocento e l’inizio del secolo successivo venissero attribuite a Salomone/Ercole.[13] Fu così che il poeta Gabriele D’Annunzio (1863-1938) menzionò l’ex ebreo ferrarese come l’orafo autore della famosa spada di Cesare Borgia nel suo romanzo *Forse che sì, forse che no*, pubblicato nel 1910.[14] Otto anni dopo, a Milano, Paolo Picca diede alle stampe un libriccino dal titolo *Ercole de’ Fedeli e la regina delle spade* che celebrava Salomone/Ercole per aver decorato – appunto – la cosiddetta “Regina delle spade”.[15]

8. Cfr. Mark Wischnitzer, *A History of Jewish Crafts and Guilds*, New York, Jonathan David, 1965, p. 144; Daniel Jütte, *The Age of Secrecy: Jews, Christians, and the Economy of Secrets, 1400-1800*, trad. inglese di Jeremiah Riemer, New Haven, Yale University Press, 2015, p. 71.

9. Cfr. Stuard, *Gilding the Market*, pp. 5-6, 29, 51, 67 e 164.

10. Cfr. Guy Francis Laking, *A Record of European Armour and Arms through Seven Centuries*, London, G. Bell and Sons, 1920, pp. 65-80.

11. Cfr. Lionello G. Boccia e Eduardo T. Coelho, *Armi bianche italiane*, Milano, Bramante, 1975, pp. 9-30.

12. Cfr. Yriarte, *Autour des Borgia*, pp. 202-209. Si veda anche Roth, *The History of the Jews of Italy*, p. 199.

13. Si veda Bianco, *Ercole dei Fedeli*, pp. 131-132.

14. Cfr. Gabriele D’Annunzio, *Forse che sì, forse che no*, Milano, Treves, 1910, p. 54. Si veda anche Nadia Armini, *Il Rinascimento nell’opera di Gabriele D’Annunzio*, tesi di dottorato, La Sapienza Università di Roma, 2005, pp. 18 e 97-99.

15. Cfr. Paolo Picca, *Ercole de’ Fedeli e la regina delle spade*, Milano, s.e., 1918.

Fig. 7a e b. La “Regina delle spade” appartenuta a Cesare Borgia, opera di Salomone da Sessa / Ercole de’ Fedeli (1498/1499 ca.). Fondazione Camillo Caetani, n. inv. 1049, foto P. Rizzi.

Tuttavia, nel 1966 il curatore museale Claude Blair mise in dubbio – sulla base di aspetti stilistici – l’attribuzione a Salomone/Ercole della *cinquedea* appartenuta a Cesare Brogia e di altre spade, pur ammettendo che non vi fossero prove certe per asserire che Yriarte avesse torto.[16] Alcuni fra i contributi più recenti non prendono nemmeno in considerazione quanto asserito da Blair, continuando ad attribuire molte spade del tipo *cinquedea* alla bottega di Mastro Ercole.[17]

D’altro canto, alla luce dei dubbi sollevati da Blair, vari studiosi hanno respinto l’attribuzione a Salomone/Ercole di alcune specifiche *cinquedee*, ad esempio quella appartenuta a Francesco Gonzaga.[18] Considerando i difficili rapporti fra il marchese e Mastro Ercole dall’agosto 1491 in poi, sembra quanto mai improbabile che il Gonzaga abbia chiesto proprio a lui – dopo la sua conversione al cristianesimo – di realizzargli una spada.[19]

Nel 2003 Mario Scalini ha respinto l’attribuzione a Salomone/Ercole di alcune spade un tempo appartenute ai duchi Ercole I e Alfonso d’Este, ritenendo che le fonti d’archivio giunte sino a noi attestino il coinvolgimento di quest’orafo solo nella produzione di gioielli e non di opere di maggiori dimensioni.[20] In realtà, i documenti a nostra disposizione indicano che fra il 1494 e il 1505 Mastro Ercole ricevette da Ercole d’Este l’incarico di realizzare oggetti di grande formato, soprattutto per uso liturgico – ad esempio, tabernacoli per reliquie – e che, in seguito, produsse anche medaglioni d’oro (*tondi*) raffiguranti temi di ispirazione classica come quelli che decorano la “Regina delle spade”.[21] Inoltre, nel 1505 uno fra i massimi esperti ferraresi giudicò un’opera di Salomone/Ercole la più «gentile et elegante cosa» mai realizzata in quella città.[22] Salomone/Ercole da Sessa era senza dubbio in grado di realizzare spade così riccamente decorate proprio in virtù di quell’abilità artistica lodata – come abbiamo visto – da Isabella d’Este in una

16. Claude Blair, *Cesare Borgia’s Sword-Scabbard*, in «Victoria and Albert Museum Bulletin», 2, 4 (1966), pp. 125-136: p. 134.

17. Si vedano Boccia e Coelho, *Armi bianche italiane*, pp. 351, 354, 360 e 362; *Le armi degli Estensi: La collezione di Konopiště*, pp. XXVI, XXVIII e 3; Jütte, *The Age of Secrecy*, p. 71.

18. Cfr. David Chambers, *Short Sword (So-Called Cinquedea) of Marquis Francesco Gonzaga*, in *Splendours of the Gonzaga: Catalogue*, a cura di David Chambers e Jane Martineau, London, Victoria and Albert Museum, 1981, p. 142.

19. Mentre il nome dell’orafo compare nella corrispondenza di Francesco Gonzaga anteriore al battesimo di Salomone, così come nel dispaccio del 18 febbraio 1495, non sono a conoscenza di fonti che attestino opere commissionategli dal marchese dopo l’agosto 1491. Questo silenzio risulta in netto contrasto con l’abbondanza di fonti relative alle molte opere che Mastro Ercole realizzò per Isabella d’Este dal 1493 al 1521.

20. Cfr. Scalini, *Appunti per lo studio delle armerie estensi*, p. 316.

21. Si vedano ASMo, CD, AC, *Guardaroba,* no. 121, cc. 7v-8r; la lettera di Bernardino de’ Prosperi a Isabella d’Este del 14 maggio 1511 (ASMn, AG, b. 1243, c. 128) e *infra*, capitoli 18-19.

22. Nella sua lettera a Isabella d’Este del 17 agosto 1505 (ASMn, AG, b. 1240, c. 360) Girolamo Ziliolo scrive: «Voglio dire questo ch’io non credo mai in questa cità fusse facta così gentile et elegante cosa».

lettera che Scalini ignora, così come la ignorano altri studiosi che hanno discusso l'attribuzione al nostro orafo di varie *cinquedee*.[23]

Per quanto riguarda l'analisi stilistica, nel 1993 la storica dell'arte Roberta Bianco ha sostenuto con argomentazioni convincenti la tesi di Yriarte circa l'attribuzione della "Regina delle spade" e di altre otto *cinquedee* a Salomone/Ercole.[24] La maggior parte degli studi successivi ha seguito Bianco per quel che concerne la paternità della *cinquedea* appartenuta a Cesare Borgia e di alcune altre spade dallo stile assai simile, attribuendole a Salomone/Ercole. Nel 2018, all'interno del catalogo di una mostra in cui figurava la "Regina delle spade", lo stesso Scalini si è detto d'accordo nell'ascrivere a Salomone/Ercole sia questa sia altre spade.[25]

Durante le Guerre d'Italia, Cesare Borgia – figlio del tristemente noto Alessandro VI (pontefice dal 1492 al 1503) – si impose come il più abile fra i *signori* italiani dell'epoca. I metodi spietati con cui egli realizzò il suo Stato in Romagna – un misto di audacia, crudeltà e doti militari – fecero una profonda impressione su Niccolò Machiavelli (1469-1527), il quale lo immortalò nel suo *Principe*.[26] La celebre *cinquedea* appartenuta a Cesare reca la seguente iscrizione: «CES.BORG./CARD.VA/LEN» (*Caesar Borgia Cardinalis Valentianus*), indicando come essa fosse realizzata quando Cesare era ancora cardinale di Valencia (1493-1498), molto probabilmente subito prima che egli ricevesse dal pontefice il permesso di rinunciare alla berretta cardinalizia nell'agosto di quell'ultimo anno.[27] Tuttavia, Elizabeth Bemis ha suggerito che – pur in possesso di Cesare Borgia già prima del 1498, ossia durante il suo cardinalato – questa *cinquedea* venne successivamente decorata in vista della consegna che Alessandro VI voleva farne al figlio nel 1500 come "spada benedetta". Solo allora l'elsa della *cinquedea* sarebbe stata dorata e abbellita con smalto colorato.[28] Mastro Ercole conosceva questo tipo di tecnica, avendo spesso applicato smalti preziosi agli oggetti di gioielleria da lui prodotti per Isabella d'Este e altri suoi nobili

23. Cfr. la lettera di Isabella d'Este a Ludovico Sforza del 15 maggio 1491 (ASMn, AG, b. 2904, lib. 136, c. 94r).

24. Cfr. Bianco, *Ercole dei Fedeli*, p. 131.

25. Cfr. Mario Scalini, *Armi e potere nell'Europa del Rinascimento*, Milano, Silvana Editrice, 2018, p. 221. Si vedano anche Gregori, *In the Light of Apollo*, pp. 401-402; Diotallevi, *Arte e armi per Cesare*, pp. 427-445; Carbonelli Buades, *Cèsar Borja i l'art*, cit, p. 331 e Marco Nonato, *Ercole dei Fedeli: Gioielliere e armaiolo: La 'cinquedea'*, in «La pianura», 3 (2014), pp. 74-78.

26. Cfr. John T. Scott e Vickie B. Sullivan, *Patricide and the Plot of the Prince: Cesare Borgia and Machiavelli's Italy*, in «American Political Science Review», 88, 4 (1994), pp. 887-900.

27. Cfr. Learco Andalò, *Cesare: Il volto del potere*, in *I Borgia*, catalogo della mostra (Roma, Fondazione Memmo 3 ottobre 2002 - 23 febbraio 2003), a cura di Carla Alfano e Felipe Vicente Garín Llombart, Milano, Electa, 2002, pp. 181-185.

28. Cfr. Elizabeth Bemis, *Crossing the Rubicon in Renaissance Fashion: A Re-dating of the Engravings on the Sword of Cesare Borgia*, in «Athanor» 30 (2012), pp. 41-45 e Ead., *At the Court of the Prince: The Patronage and Art Historical Legacy of Cesare Borgia, 1492-1503* tesi di dottorato, University of Florida, 2015, p. 143.

committenti;[29] inoltre, egli aveva dorato e smaltato i tabernacoli richiestigli dal duca Ercole.[30]

Da vero artista del Rinascimento, questo *virtuoso* dell'oreficeria firmò la "Regina delle spade" con la formula «OPUS HERC.» (*Opus Herculis*). Incisi sulla spada sono anche il monogramma del nome di Cesare, lo stemma della famiglia Borgia e alcuni racemi che si snodano sulla lama. La decorazione comprende inoltre sei scene classiche con diverse figure (sia femminili sia maschili) nude o semisvestite e strutture a volta in stile antico, tutte eseguite in modo impaccabile. Una delle scene raffigura Giulio Cesare (omonimo del Borgia, che lo ammirava) mentre attraversa il Rubicone. In un'altra si vede il Trionfo di Cesare con quest'ultimo – assiso su un carro recante l'iscrizione «D. Cesar» (*Divus Caesar*) – che tiene in mano un ramo d'ulivo. Una terza scena mostra il Trionfo d'Amore con Cupido circondato da figure nude.[31]

Temi quali il Trionfo di Cesare e il Trionfo d'Amore erano particolarmente comuni nei secoli XV e XVI a causa dell'influenza esercitata dai *Trionfi* di Petrarca sulla cultura italiana del Rinascimento. Una fra le più note opere artistiche commissionate nel Quattrocento in cui viene rappresentata una processione trionfale è la serie di nove tele dette *Il trionfo di Cesare* che Andrea Mantegna dipinse per Francesco Gonzaga a Mantova. Mantegna lavorò a questo capolavoro (già molto ammirato quando egli era ancora in vita) dal 1484 circa sino agli anni Novanta del secolo.[32] Salomone/Ercole – che visitò Mantova varie volte prima di essere bandito da questa città nel 1495 – conosceva le opere di Mantegna e ne apprezzava molto le doti artistiche. Nel 1505, avuta notizia dall'agente di Isabella d'Este che i propri lavori avevano suscitato apprezzamento, l'orafo pregò la marchesa che «se digni mostrarli a M. Andrea Mantiegno», dimostrando così in modo chiaro che conosceva l'anziano pittore e ne ammirava l'abilità artistica.[33]

Come Mantegna e altri artisti dell'epoca, Mastro Ercole conosceva senza dubbio sia umanisti sia appassionati di antichità.[34] È possibile che nella creazione

29. Come si evince chiaramente dall'ampia corrispondenza relativa alla produzione delle *maniglie* per Isabella d'Este da parte di Mastro Ercole nel 1504 (discussa *infra*, capitolo 15). A riguardo, si vedano in particolare le seguenti lettere: di Girolamo Magnanino a Isabella il 10 ottobre 1504 (ASMn, AG, b. 1890, c. 181); di Mastro Ercole a Isabella il 14 ottobre 1504 (ASMn, AG, b. 1890, c. 187); di Isabella all'orafo il 18 ottobre 1504 (ASMn, AG, b. 2994, lib. 17, c. 41r). Infine, in data 12 maggio 1511 Bernardino de' Prosperi riferì alla marchesa proprio in merito al fatto che Mastro Ercole stava smaltando i *tondi* che lei gli aveva commissionato: cfr. ASMn, AG, b. 1243, c. 125v.

30. Cfr. ASMo, CD, AC, *Guardaroba*, no. 121, c. 8r.

31. Cfr. Diotallevi, *Arte e armi per Cesare*, pp. 437-442 e Carbonelli Buades, *Cèsar Borja i l'art*, pp. 331-332.

32. Cfr. Margaret Ann Zaho, *Imago Triumphalis: The Function and Significance of Triumphal Imagery for Italian Renaissance Rulers*, New York, Peter Lang, 2004, pp. 121-123 e Bourne, *The Art of Diplomacy*, pp. 162-163.

33. Cito dalla lettera di Mastro Ercole a Isabella d'Este del 17 agosto 1505 (ASMn, AG, b. 1240, c. 334), in cui si legge, appunto, la frase «Etiam prego Vostra Signoria se digni mostrarli a M. Andrea Mantiegno».

34. Per i rapporti di Mantegna con loro si vedano Syson, Thornton, *Objects of Virtue*, pp. 93-95, 98 e Burke, *The Italian Renaissance*, p. 191.

della "Regina delle spade" siano intervenuti i consigli fornitigli da un qualche umanista, probabilmente legato alla curia pontificia. Oppure, come ritiene Learco Andalò, egli potrebbe essersi servito di un disegno realizzato da uno fra gli artisti al servizio dei Borgia, ad esempio Pinturicchio (Bernardino di Betto, 1454-1513), il pittore che affrescò gli appartamenti dei Borgia in Vaticano, molto ammirato da Cesare.[35] Ad ogni modo, per realizzare con tale perizia la *cinquedea* Salomone/Ercole deve avere posseduto a sua volta una precisa conoscenza dell'arte antica, esattamente come gli altri orafi attivi a Mantova e Ferrara in quegli anni.[36] Al pari di Pier Jacopo Alari Bonacolsi (detto "l'Antico"), Gian Cristoforo Romano e, soprattutto Ermes Flavio – che egli conosceva di persona – Mastro Ercole imparò da solo a inserire elementi classici nelle proprie opere, raggiungendo un'eccezionale precisione per quel che concerne sia la tecnica sia lo stile.[37]

L'inserimento di allusioni pagane e classiche, uno sfondo architettonico ispirato a Roma antica nonché figure nude o semisvestite sono tratti caratteristici delle spade attribuite a Mastro Ercole,[38] il quale già nel primo decennio del XVI secolo iniziò a firmarle col cognome "De' Fidelis", ossia "uno dei fedeli".[39] Più tardi, nel corso del Cinquecento, un altro ebreo convertito, il veneziano Simele da Monta-

35. Cfr. Andalò, *Cesare: Il volto del potere*, p. 182. Si vedano anche Bemis, *Crossing the Rubicon in Renaissance Fashion*, p. 42 e Ead., *At the Court of the Prince*, pp. 147, 253-256, 399. Circa la possibilità che Mastro Ercole abbia lavorato alla "Regina delle spade" insieme all'incisore Angelino di Domenico de Sutri a Roma, cfr. Cyril G.E. Bunt, *The Goldsmiths of Italy: Some Account of Their Guilds, Statutes, and Work. Compiled from the Published Papers, Notes, and Other Material Collected by the Late Sidney J.A. Churchill, M.V.O.*, London, Martin Hopkinson, 1926, pp. 20-21 e Angelucci, *Catalogo della armeria reale*, p. 306.

36. Si vedano Wesche, *Lysippus Unveiled*, pp. 4-13; Syson e Thornton, *Objects of Virtue*, in particolare pp. 108-121 e 139; Kathleen Wren Christian, *Antiquities*, in *The Cambridge Companion to the Italian Renaissance*, pp. 40-57, in particolare p. 46; Stephen J. Campbell, *Antico and Mantegna: Humanist Art and the Fortune of the Art Object*, in *Antico: The Golden Age of Renaissance Bronzes*, a cura di Eleonora Luciano in collaborazione con Denise Allen e Claudia Kryza-Gersch, Washington DC, National Gallery of Art, 2011, pp. 27-44 e Leah R. Clark, *Collecting, Exchange, and Sociability in the Renaissance "Studiolo"*, in «Journal of the History of Collections», 25, 2 (2013), pp. 171-184, in particolare p. 181.

37. Cfr. Boccia e Coelho, *Le armi bianche italiane*, p. 3.

38. Un motto cristiano è inserito nella decorazione di una delle spade attribuite a Mastro Ercole: si tratta della *cinquedea* ora al Museo Stibbert di Firenze (numero di catalogo: 3593) su cui è inciso il versetto – tratto dal vangelo di Luca (4,30), spesso riportato in oggetti apotropaici e su armi bianche nella prima età moderna – che recita «Iexus autem transiens per medium illorum ibat». Su questa *cinquedea*, di datazione ancora incerta, cfr. *Il Museo Stibbert a Firenze*, a cura di Lionello Giorgio Boccia, vol. III, *L'armeria europea*, Milano, Electa, 1975, p. 108 e *Il sogno e la gloria: L'armeria di Frederick Stibbert attraverso i suoi capolavori*, a cura di Enrico Colle e Riccardo Franci, Signa, Masso delle Fate, 2015, p. 90. Sui vari modi in cui questo motto era impiegato cfr. Chiara Benati, *Painted Eyes, Magical Sieves and Carved Runes: Charms for Catching and Punishing Thieves in the Medieval and Early Modern Germanic Tradition*, in *Magic and Magicians in the Middle Ages and the Early Modern Time: The Occult in Pre-modern Sciences, Medicine, Literature, Religion, and Astrology*, a cura di Albrecht Classen, Berlin, De Gruyter, 2017, pp. 149-218, in particolare p. 153.

39. Si vedano Bianco, *Ercole dei Fedeli*, p. 131; Gregori, *In the Light of Apollo*, p. 402 e Landsberger, *The Jewish Artist*, p. 371.

gnana, prese lo stesso cognome una volta abbracciato il cristianesimo. Vale la pena notare come anche Simele – al pari di Salomone/Ercole – ebbe diversi problemi con la giustizia e per ancora molti anni dopo il battesimo cercò di cancellare le tracce della sua origine ebraica.[40] Come nel caso di Simele, l'uso del soprannome "De' Fidelis" (o "Fedeli") da parte di Mastro Ercole può essere ritenuto uno dei mezzi da lui adottati per ripulire la sua reputazione dalla macchia di orrendi crimini e promuovere l'immagine di devoto cattolico.

Inoltre, De' Fedeli era il cognome di una nota famiglia di pittori, attivi a Milano e dintorni sul finire del Quattrocento.[41] Probabilmente Salomone/Ercole – il quale sperava che i figli Alfonso e Ferrante seguissero le sue orme in ambito professionale –[42] aveva sentito parlare di questa celebre famiglia di pittori lombardi. Scelse quindi – per sé e per i propri figli – un nuovo cognome, che non avrebbe solo evidenziato la sua adesione alla fede cattolica ma anche, forse, ricordato ai possibili mecenati una ben avviata dinastia di artisti.

Il repertorio di Mastro Ercole era abbastanza limitato ma la sua tecnica – ritenuta impeccabile – ha destato l'ammirazione sia degli esperti dell'epoca sia, più tardi, degli storici dell'arte.[43] Ercole d'Este, che nutriva uno spiccato interesse pratico per la lavorazione dei metalli e si fece persino allestire una bottega da orafo (una *oreficeria*) nel proprio palazzo,[44] ben presto comprese i vantaggi che egli poteva trarre dall'ordinare al suo celebre favorito la produzione di spade decorate. Fu così che nel 1499-1500 Mastro Ercole realizzò una spada che il suo committente ducale diede poi a Gian Giacomo Trivulzio (1447-1518), un'altra figura chiave delle Guerre d'Italia.[45] Leggendario comandante militare già al servizio degli Sforza, signori di Milano, la sua conoscenza del territorio milanese permise a Luigi XII (1462-1515) di impadronirsi del ducato nel 1499. Il re francese ricompensò Trivulzio nominandolo marchese di Vigevano nonché governatore di Milano al servizio della Francia.[46]

40. Su Simele, che prese poi il nome Gian Giacomo de' Fedeli, cfr. *Processi del S. Uffizio di Venezia contro ebrei e giudaizzanti*, a cura di Pier Cesare Ioly Zorattini, Firenze, Olschki, 1980, vol. I, p. 55; Pietro Ioly Zorattini, *I nomi degli altri*, p. 176 e Pullan, *The Jews of Europe and the Inquisition of Venice*, pp. 102-103, 124, 280-281 e 307-309.

41. Si vedano la voce *Fedeli (de'), famiglia*, curata da Janice Shell in *Dizionario della Chiesa ambrosiana*, a cura di Angelo Majo, Milano, NED, 1990, vol. II, pp. 1193-1195 e Luca Tosi, *Il perduto polittico desiano di Stefano de' Fedeli: Vicende e ipotesi*, in «Arte lombarda», 150, 2 (2007), pp. 103-108.

42. In una missiva a Isabella d'Este datata 14 ottobre 1504 (ASMn, AG, b. 1890, c. 187) Mastro Ercole scrisse che il proprio figlio maggiore stava lavorando con lui a bottega ed espresse il desiderio che anche l'altro seguisse le orme paterne.

43. Cfr. Bianco, *Ercole dei Fedeli*, pp. 131-132 e Diotallevi, *Arte e armi per Cesare*, pp. 439-440.

44. Cfr. Tuohy, *Herculean Ferrara*, p. 82.

45. Si vedano Boccia, Coelho, *Armi bianche italiane*, p. 354 e Gregori, *In the Light of Apollo*, pp. 401-402. La spada appartenuta a Trivulzio è ora al Kunsthistorisches Museum di Vienna (A 455); cfr. www.khm.at/objektdb /detail/ 372851/? Offset = 1&lv=list&cHash=e8ed51cc159ccc4f2320aeaddba44e45.

46. Cfr. Monica Azzolini, *The Duke and the Stars: Astrology and Politics in Renaissance Milan*, Cambridge (MA), Harvard University Press, 2013, pp. 159-161 e 210. Su Trivulzio cfr.

Fig. 8. Spada del tipo cinquedea attribuita a Salomone da Sessa / Ercole de' Fedeli, fine del XV / inizio del XVI secolo (dettaglio). Museo Stibbert, Firenze. Foto Archivio Museo Stibbert, Firenze. Riproduzione autorizzata. La tecnica impeccabile e le figure semisvestite o nude come quelle che abbelliscono questa *cinquedea* divennero un marchio di fabbrica delle spade attribuite a Salomone/Ercole.

La casa d'Este era tradizionalmente filofrancese e il duca Ercole non abbandonò questa inclinazione politica dopo l'inizio delle Guerre d'Italia. Nel 1498 egli si incontrò con Luigi XII, rinnovando la propria promessa di fedeltà alla Francia e rinforzando l'alleanza ferrarese con il regno attraverso tutta una serie di attenzioni riservate al sovrano e ai suoi principali alleati italiani.[47] Ercole d'Este ritenne quindi opportuno donare a Gian Giacomo Trivulzio una spada decorata dal suo ammiratissimo orafo, in modo da sancire così il duplice titolo che Luigi XII aveva concesso a Trivulzio.[48]

Letizia Arcangeli, *Gian Giacomo Trivulzio marchese di Vigevano e il governo francese nello stato di Milano*, in Ead., *Gentiluomini di Lombardia: Ricerche sull'aristocrazia padana nel Rinascimento*, Milano, Unicopli, 2003, pp. 3-70.

47. Cfr. Lockwood, *Music in Renaissance Ferrara*, pp. 141 e 221.

48. Doni costosi di questo genere venivano usati per ungere i meccanismi diplomatici durante le Guerre d'Italia; cfr. Mary Hollingsworth, *Patronage in Sixteenth Century Italy*, London, John Murray, 1996, p. 215. Non solo il duca Ercole ma anche suo figlio Alfonso diedero

Quest'ultimo era un noto mecenate e collezionista d'arte animato da un notevole interesse per la cultura classica; ordinava, infatti, manoscritti di testi antichi e aveva abbellito la propria residenza con iscrizioni romane.[49] Non v'è dubbio che abbia apprezzato i motivi classici che decoravano la spada donatagli dal duca di Ferrara. La splendida realizzazione della spada trivulziana e probabilmente di un'altra *cinquedea* da lui decorata verso il 1500[50] – cui vanno aggiunti i tabernacoli per conservare reliquie e le altre opere che Mastro Ercole produsse per il duca Ercole – indussero quest'ultimo a concedergli ulteriori privilegi. Fu così che nel febbraio 1502 il duca scelse Anna, figlia dell'orafo, come una delle damigelle di Lucrezia Borgia, seconda moglie del proprio figlio Alfonso.[51]

talvolta in regalo oggetti d'oro o d'argento realizzati da celebri orafi per promuovere i piani del partito filofrancese; cfr. Colantuono, *Estense Patronage*, p. 208.

49. Cfr. Charles Robertson, *Trivulzio, Gian Giacomo*, in *Grove Art Online: Oxford Art Online*, www.oxfordartonline.com/subscriber/article/grove/art/T086243.

50. Su questa *cinquedea* cfr. *Le armi degli Estensi: La collezione di Konopiště*, pp. xxvi e 3 (numero di catalogo II D 242).

51. Yriarte, *Autour des Borgias*, pp. 204-205 e 208 sbaglia nel supporre che il nome di battesimo dato a questa ragazza fosse Eleonora; il suo errore è ripetuto da Gruyer, *L'art ferrarais*, vol. I, p. 573 e Bulgari, *Argentieri gemmari e orafi d'Italia*, pt. 4, *Emilia*, p. 351. A confutarlo basta la lettera di Bernardino de' Prosperi a Isabella d'Este datata 27 aprile 1506 (ASMn, AG, b. 1241, c. 29) in cui egli menziona questa damigella di Lucrezia Borgia chiamandola «Anna di Maestro Hercule».

13. Anna, damigella di Lucrezia Borgia

Anna Sforza, la consorte di Alfonso d'Este che aveva preso parte alla cerimonia battesimale di Salomone nel 1491 e il cui nome fu assegnato alla figlia minore dell'orafo, passò a miglior vita nel 1497. Mentre il duca stava considerando la possibilità di stipulare un'alleanza col monarca francese attraverso il matrimonio del proprio figlio Alfonso, papa Alessandro VI fece sapere che aveva adocchiato Alfonso d'Este come eventuale marito per sua figlia Lucrezia.[1] Ercole era, comprensibilmente, restio all'idea che suo figlio sposasse la figlia del pontefice; oltre che frutto di una relazione extramatrimoniale, Lucrezia – seppur appena ventenne – era già stata fidanzata tre volte e sposata due. Pur conscio del danno che una parentela con la tristemente nota famiglia di Lucrezia poteva recare al prestigio degli Este, il duca Ercole era ansioso di mettere al sicuro il proprio territorio dal crescente potere dei Borgia poco a sud di Ferrara; fu così che, alla fine, cedette.[2] Nel gennaio 1502 Lucrezia lasciò Roma. Il suo arrivo a Ferrara il 2 febbraio come sposa di Don Alfonso si rivelò di buon auspicio per l'orafo che aveva decorato la "Regina delle spade", proprietà di suo fratello.

Mentre fervevano i preparativi per l'entrata di Lucrezia a Ferrara, il duca Ercole scelse personalmente alcune ragazze di famiglie locali che potessero servire da damigelle per lei a palazzo.[3] Una lista vergata a mano delle ragazze scelte a tal fine menziona «La figliola che fu d'Hercule ~~pi~~ orevese già hebreo».[4] Le lettere

1. In proposito cfr. Michael Mallett, *The Borgias: The Rise and Fall of a Renaissance Dynasty*, London, The Bodley Head, 1969, pp. 190-191.

2. A questo riguardo si vedano Gardner, *Dukes and Poets*, pp. 382-415 e Laura Laureati, *Da Borgia a Este: Due vite in quarant'anni*, in *Lucrezia Borgia*, catalogo della mostra (Ferrara, Palazzo Bonacossi, 5 ottobre - 15 dicembre 2002), a cura di Laura Laureati, Ferrara, Sate, 2002, pp. 21-71, in particolare pp. 21-45.

3. In proposito ho consultato il manoscritto originale: ASMo, ASE, Casa e Stato, b. 400, sottofasc. 2051-II, fasc. 8, *1502. Lista della famiglia destinata dal Duca di Ferrara a Lucrezia Borgia: Lista de le donzelle deputate per Il Signore Duca nostro ala predetta Illu. Madonna, et che sono ferrarese.*

4. Cito da ASMo, ASE, Casa e Stato, b. 400, sottofasc. 2051-II, fasc. 8. La formula «la figliola che fu» sembrerebbe suggerire che, all'epoca, il padre della ragazza fosse morto; ciò, tuttavia, non può essere vero in questo caso, poiché si ha notizia di un solo orafo ebreo di nascita detto "Mastro Ercole" attivo a Ferrara ed egli era di sicuro ancora vivo nel 1502. Piuttosto si dovrà pensare che la forma «fu» era stata inizialmente apposta in riferimento all'originaria ap-

"pi" coperte da un tratto di penna potrebbero indicare da parte dello scrivente l'intenzione di designare l'orafo col suo nome originario (ossia quello ebraico), vale a dire specificare che l'attuale Ercole era "prima detto" Salomone; l'autore della lista deve aver poi cambiato idea e deciso di indicarlo innanzitutto come orafo e solo in seconda battuta come un ex ebreo, ma senza fornire il nome ebraico originario. L'elenco incluso nella cronaca di Bernardino Zambotti cita la figlia dell'orafo come «la fiola de Hercule orevexe, già hebreo».[5]

Sebbene il nome proprio della ragazza non compaia nella lista ufficiale delle *donzelle* prescelte, in un documento – spedito quattro anni dopo da Bernardino de' Prosperi a Isabella d'Este – relativo agli sforzi compiuti da Lucrezia per far maritare le sue damigelle essa risulta indicata come «Anna di Maestro Hercule».[6] Stando a quanto riferisce il cronista Bernardino Zambotti, tutte le damigelle ferraresi scelte dal duca avevano meno di diciotto anni.[7] Quando Lucrezia Borgia giunse in città, la sorella maggiore di Anna (Caterina) ne aveva già compiuti ventitré, ed era quindi troppo grande per una *donzella*.[8] Invece Anna – nata fra il 1484 e il 1491 – aveva proprio l'età giusta per quel ruolo così ambito.[9]

Nella lista delle *donzelle* compare anche una certa «Violante, già hebrea», mentre la figlia dell'orafo ebreo battezzato – di nome Ercole – viene indicata come tale, senza alcun cenno alla sua conversione. Molto probabilmente questa discrepanza si deve al fatto che lo scrivente ebbe difficoltà a identificare il padre di Violante. Di fatto, nella lista scritta a mano in cui sono elencate le ragazze prescelte il termine *figliola* venne dapprima inserito, poi barrato con un tratto di penna e sostituito col nome di battesimo di questa donzella, ossia Violante.[10]

Com'era comune nell'Italia del Rinascimento, Lucrezia doveva mettersi in viaggio – partendo dalla sua città – con un gruppo di addetti, tra i quali figuravano

partenenza della ragazza alla religione ebraica (equivalente a «che fu hebrea») così come l'altra damigella ebrea battezzata inserita in questa lista viene detta «Violante che già fu hebrea». Alla fine, tuttavia, il copista decise di indicare solo il padre come convertito.

5. Così si legge in Zambotti, *Diario ferrarese*, p. 338.

6. Tale è la forma usata da Bernardino de' Prosperi nella sua lettera a Isabella d'Este il 27 aprile 1506 (ASMn, AG, b. 1241, c. 29).

7. Così scrive Zambotti, *Diario ferrarese*, p. 337: «Donzelle tolte nuovamente per il signore duca ferrarexe, che non passavano anni 18 niuna».

8. A quell'epoca, ad ogni modo, Caterina era già entrata nel convento ferrarese di Santa Caterina da Siena; cfr. *infra*, capitolo 14.

9. Anche se non sappiamo l'anno esatto in cui nacque Anna, si può affermare che deve essere sicuramente nata prima della conversione dei suoi genitori; ella era pertanto, come Violante, ebrea di nascita. È noto, infatti, che le damigelle di Lucrezia venivano scelte, di solito, quando erano ancora appena adolescenti e si sa che soltanto quattro anni dopo Anna era già ritenuta pronta per il matrimonio. Il suo nome – in onore di Anna Sforza – indica che nacque ebrea e venne poi battezzata, ancora piccola, nel 1491 (cfr. *supra*, capitolo 9). In base ai limiti d'età che regolavano la scelta delle damigelle destinate a Lucrezia possiamo quindi dedurre che Anna deve essere nata fra il 1484 e il 1491 e nel 1502 avrà avuto più di undici anni ma meno di diciotto.

10. Così si legge in ASMo, ASE, Casa e Stato, b. 400, sottofasc. 2051-II, fasc. 8, *Lista della famiglia destinata dal Duca di Ferrara a Lucrezia Borgia*: «La ~~figliola~~ Violante che già fu hebrea». Zambotti, *Diario ferrarese*, p. 338, si riferisce alla damigella semplicemente come «La Violante, già hebrea».

servitori e artigiani, nonché uomini e donne di rango. Alcuni fra questi cortigiani sarebbero rimasti a Ferrara dopo la fine del primo anno da lei trascorso lì. A quel punto, dopo averne discusso col duca, lei avrebbe deciso quali membri del suo seguito sarebbero rientrati a Roma; da lì in poi avrebbe intessuto nuovi rapporti di potere con famiglie locali assumendo dei ferraresi, sia uomini sia donne.[11]

Prima che Lucrezia arrivasse a Ferrara, Ercole d'Este aveva già redatto un elenco di sei donne ferraresi e un numero doppio di ragazze appartenenti all'aristocrazia locale e alla classe mercantile, nonché figlie di importanti artigiani destinate al servizio della nuora.[12] Isabella d'Este cercò di far aggiungere all'elenco una figlia di Alessandro Bonvesin, fratello di Carlo (uomo di fiducia del duca Ercole), meglio noto come "il Barone".[13] In una lettera a suo padre, Isabella precisò che – spinta dall'indigenza in cui era caduto Alessandro – ella aveva già provveduto ad assumere due delle sue figlie al proprio servizio nella corte mantovana, ma ciò non alleviava il pover uomo dal peso delle altre figlie, motivo per cui ella chiedeva che ne venisse collocata una come inserviente di Lucrezia.[14] Ecco, in breve, i vantaggi economici e sociali che un padre poteva trarre dall'avere una propria figlia assunta come *donzella*.

Le ragazze ammesse alla compagnia delle donne di casa Este e Gonzaga facevano, quindi, risparmiare cospicue somme di denaro ai loro genitori. Le famiglie non dovevano, infatti, occuparsi del loro vitto o alloggio né fornire vestiti alle figlie fintanto che erano a servizio e nemmeno spendere per la loro educazione.[15] Le damigelle scelte per servire le duchesse di Ferrara venivano educate a corte; si insegnava loro a leggere e a scrivere, a ballare, suonare strumenti musicali, miniare manoscritti e ricamare.[16] Inoltre (e ancor più importante) la signora che esse servivano avrebbe trovato loro dei buoni mariti da sposare.[17] Fu così che, quattro anni dopo il suo trasferimento a Ferrara e a un anno dall'ascesa al trono ducale da parte del consorte, Lucrezia Borgia aveva già procurato un buon partito alle ragazze entrate da lei a servizio quando arrivò nella capitale estense. Non solo

11. Si veda Guido Guerzoni, *'Familia,' 'corte,' 'casa': The Este Case in [the] Fifteenth-Sixteenth Century*, in *La cour de Bourgogne et l'Europe: Le rayonnement et les limites d'un modèle culturel*, a cura di Werner Paravicini con la collaborazione di Torsten Hiltmann e Frank Viltart, Stuttgart, Thorbecke, 2013, pp. 515-541, in particolare pp. 535-536.

12. Cfr. Sarah Bradford, *Lucrezia Borgia: Life, Love, and Death in Renaissance Italy*, London, Penguin, 2004, pp. 165-168.

13. Sul "Barone" Carlo Bonvesin si veda *infra*, capitolo 15.

14. Cfr. Isabella d'Este, *Selected Letters*, pp. 170-171.

15. In una lettera del 10 giugno 1497, indirizzata al suo ex precettore umanista Battista Guarino, Isabella d'Este – scusandosi di non accettarne la figlia fra le proprie damigelle, come invece da lui sperato – accenna ai vantaggi economici e al relativo impegno finanziario che questo avrebbe comportato, rispettivamente, per l'uno e per l'altra. Cfr. Isabella d'Este, *Selected Letters*, p. 111.

16. Cfr. Bradford, *Lucrezia Borgia*, p. 251. Sulle damigelle alla corte ferrarese nel Quattrocento cfr. Serena Spanò Martinelli e Irene Graziani, *Caterina de' Vigri between Manuscript and Print: Text, Image, and Gender*, in *The Saint between Manuscript and Print*, pp. 351-378, in particolare p. 352.

17. Cfr. Isabella d'Este, *Selected Letters*, pp. 159, 163, 252-253, 274-275, 521 e 524.

trovò degli sposi per le sue *donzelle* ma le aiutò a procurarsi una dote sufficiente. Nel gennaio 1506 Bernardino de' Prosperi iniziò a fornire ragguagli su come le damigelle si erano accasate e in data 8 febbraio scrisse: «Ogni dì la Illustrissima Duchessa ne marida qualchuna delle sue [*damigelle*]». Per tutto il biennio 1506-1507 Prosperi continuò a fornire resoconti sui fidanzamenti e i matrimoni delle donzelle di Lucrezia.[18] Il 27 aprile 1506 informò che anche Anna, figlia di Mastro Ercole, si era sposata.[19]

Considerati i benefici appannaggio delle ragazze che entravano a servizio della futura duchessa di Ferrara, non stupisce che i locali padri di famiglia (incluso Alessandro Bonvesin) si rivolgessero a personaggi influenti nella speranza di convincere Ercole d'Este a scegliere le proprie figlie per la corte di Lucrezia. Il duca, tuttavia, non faceva trapelare le sue intenzioni in proposito. Bernardino de' Prosperi – il quale solo tre anni dopo sarebbe riuscito a convincere Isabella d'Este ad accettare la propria figlia, Eleonora, nel suo seguito – per tutto il mese di gennaio del 1502 faticò a scoprire i nomi delle future *donzelle* di Lucrezia.[20] Nella lista che egli spedì alla marchesa in data 8 gennaio non comparivano né la neofita Violante né Anna, la figlia di Mastro Ercole; vi risultava, invece, menzionata una parente di Girolamo Ziliolo, influente cortigiano ferrarese e indefesso agente di Isabella. Ad ogni modo, come sottolineato dallo stesso Prosperi, la lista da lui ricopiata in quel dispaccio non era ancora stata resa nota ed era lungi dal potersi considerare definitiva.[21] Prosperi continuò a prodigarsi per ottenere ulteriori ragguagli sulle damigelle e il 27 gennaio informò Isabella che il duca Ercole aveva fatto le sue scelte.[22]

Soltanto sei delle ragazze citate da Prosperi nella sua missiva datata 8 gennaio compaiono anche nella lista che il duca rese pubblica il mese successivo. Si tratta delle figlie dei seguenti personaggi: lo 'spenditore' Nicolò Dalaro; il 'fattore' Federico Maffei; Sigismondo Trotti, appartenente a una delle famiglie ferraresi più in vista; Calisto de la Penna; Jacomo de Lezolo e Vincenzo da Bagnacavallo. Dobbiamo dedurne che il duca non assecondò la richiesta della sua primogenita, la quale desiderava che la figlia del Bonvesin entrasse a far parte della corte di

18. Cito dalla lettera di Bernardino de' Prosperi a Isabella d'Este datata 8 febbraio 1506 in ASMn, AG, b. 1241, c. 11. Il 6 gennaio 1506 Prosperi aveva riferito del matrimonio della figlia di Federico Maffei e del fidanzamento di Violante, l'ex ebrea; cfr. ivi, c. 3.

19. Si veda la lettera di Bernardino de' Prosperi a Isabella d'Este datata 27 aprile 1506 in ASMn, AG, b. 1241, c. 29.

20. Su Eleonora de' Prosperi cfr. Isabella d'Este, *Selected Letters*, pp. 259 e 364-365.

21. Si veda la lettera di Bernardino de' Prosperi a Isabella d'Este datata 8 gennaio 1502 in ASMn, AG, b. 1238, c. 241. Prosperi ammette di non ricordare chi fosse una delle ragazze nella lista del duca Ercole, ma è improbabile che dimenticasse la figlia di un neofita di alto profilo la cui cerimonia battesimale lui stesso aveva descritto con dovizia di particolari nel 1491 e al quale Isabella aveva continuamente commissionato gioielli (talvolta coinvolgendo lo stesso Prosperi) per lungo tempo anche dopo la sua espulsione da Mantova nel 1495.

22. Si veda la lettera di Bernardino de' Prosperi a Isabella d'Este datata 27 gennaio 1502 in ASMn, AG, b. 1238, c. 250. Il 26 febbraio dello stesso anno – come si evince da una sua lettera a Isabella scritta quel giorno (ivi, c. 255) – Prosperi stava ancora aspettando la lista completa dei cortigiani di Lucrezia che dovevano essere rimandati a Roma e sostituiti con personale del luogo.

Lucrezia Borgia. Nemmeno la parente di Girolamo Ziliolo figura nell'elenco, pur venendo in seguito accolta fra le *donzelle*.[23] Menzionate risultano invece sia l'ex ebrea Violante sia la figlia del convertito Salomone/Ercole, così come queste altre quattro ragazze ferraresi: la figlia di Giovanni de Montino, la sorella di Alberto Cantino, la figlia di Madonna Formosa (o Formoxa) de' Merli e quella del defunto Andrea Feraguto.[24] L'assistente personale di Don Alfonso d'Este introdusse le dodici damigelle a Lucrezia Borgia non appena questa giunse in territorio ferrarese come sposa dell'erede al trono ducale. Per tale felice occasione tutte le ragazze (inclusa, quindi, Anna, l'ebrea battezzata) indossarono eleganti abiti di seta cremisi e mantelli di velluto nero bordati di lana d'agnello dello stesso colore.[25]

È stato suggerito che la persona indicata come «Alonso orifice» in un documento – ossia uno degli accompagnatori di Lucrezia nel viaggio da Roma a Ferrara, il cui compito precipuo era occuparsi dei gioielli e di altri oggetti preziosi che ella portava con sé[26] – altri non fosse che il figlio maggiore di Mastro Ercole.[27] L'allora ventenne Graziadio/Alfonso aveva appreso l'arte orafa dal padre e fungeva da suo assistente in bottega. Dopo il trasferimento di Lucrezia a Ferrara, Alfonso e suo padre produssero – insieme – vari gioielli per lei.[28] Considerando sia le opere realizzate da Mastro Ercole per Cesare Borgia fra il 1498 e il 1500 sia l'ammirazione di Lucrezia per il suo talento (come ulteriormente dimostrato dalla decisione di nominarlo orafo di corte dopo la scomparsa di Ercole d'Este) appare del tutto plausibile che il figlio Alfonso venisse scelto quale orafo responsabile di custodire gli oggetti preziosi della futura duchessa durante il suo viaggio verso Ferrara.[29]

Ad ogni modo, a prescindere dal fatto se Graziadio/Alfonso abbia davvero ricevuto l'incarico di sovrintendere agli oggetti di lusso appartenuti a Lucrezia durante il viaggio di quest'ultima da Roma, la scelta di sua sorella Anna come *donzella* della sposa di Don Alfonso costituiva un sicuro indice del favore che il duca accordava al padre di entrambi, poiché garantiva il sostegno economico che la nobildonna avrebbe dato al futuro matrimonio della ragazza. Mastro Ercole dovette faticare non poco per mettere insieme le doti delle sue cinque figlie e Anna

23. In una sua lettera del 7 settembre 1507 Bernardino de' Prosperi riferì a Isabella d'Este che la damigella di Lucrezia Borgia detta "la Ziliola" si era sposata; cfr. ASMn, AG, b. 1238, c. 450. Siccome "la Ziliola" fu tra le ultime *donzelle* che Lucrezia fece sposare nel 1507, sembra lecito ritenere che fosse entrata a servizio come sua damigella più tardi rispetto alle giovani incluse nella lista definitiva del 1502.

24. Cfr. ASMo, ASE, Casa e Stato, b. 400, sottofasc. 2051-II, fasc. 8 e la lettera di Bernardino de' Prosperi a Isabella d'Este datata 8 gennaio 1502 in ASMn, AG, b. 1238, c. 241.

25. Come si legge in Isabella d'Este, *Selected Letters*, pp. 177-179.

26. Cito la formula «Alonso orifice» da ASMo, ASE, Casa e Stato, b. 400, 2051-II, fasc. 7 c. 3.

27. Cfr. Angelucci, *Catalogo della armeria reale*, p. 307 e Bianco, *Ercole dei Fedeli*, pp. 131-132.

28. Cfr. Elena Bonatti, *Prima carta dell'inventario delle gioie di Lucrezia Borgia*, in *Lucrezia Borgia, Ferrara, Palazzo Bonacossi*, p. 192 e Guerzoni, *The Italian Renaissance Courts' Demand for the Arts*, p. 77 nota 20. Si vedano anche *infra* i capitoli 19 e 20.

29. Si veda Zambotti, *Diario ferrarese*, p. 334 nota 13.

fu, non a caso, la sola a sposarsi prima del 1521. Anzi, è assai probabile che ella sia stata l'unica delle figlie di Salomone/Ercole a trovare marito, appunto grazie all'aiuto di Lucrezia.[30]

Nella prima età moderna le dame di compagnia al servizio di potenti nobildonne avevano accesso a informazioni di natura sensibile.[31] Recenti studi hanno messo in luce il ruolo politico svolto da queste damigelle in varie corti europee, dove esse si davano da fare per promuovere i propri interessi e quelli delle rispettive famiglie oltre a favorire i medesimi fini delle signore che servivano.[32] Pertanto, la decisione presa dal duca Ercole sulla ristretta corte privata al servizio della nuora rivelava in lui assai più che una semplice propensione ad aiutare Salomone/Ercole, allora alle prese con difficoltà finanziare. Essa, infatti, manifestava fiducia – da parte sua – nella figlia di un ebreo battezzato, che avrebbe così avuto accesso diretto alla duchessa di Ferrara e ad altre influenti figure della sua corte.[33]

Poco dopo che Anna e le altre ragazze entrate a servizio di Lucrezia nel 1502 ebbero trovato marito, Bernardino de' Prosperi informò Isabella che la moglie di Alfonso d'Este stava cercando altre *donzelle*; già il 9 novembre 1507 tre di loro si trovavano alla corte privata di Lucrezia. Una di queste ragazze era Liona, figlia di Bonaventura de' Mosto, che allora aveva appena dieci anni.[34] Pertanto, sia la figlia di Salomone/Ercole sia quella dell'uomo che lo aveva interrogato nei primi anni Novanta del Quattrocento ebbero il privilegio di servire Lucrezia Borgia. Che la figlia di un neofita potesse godere dei vantaggi connessi con il risiedere nel palazzo di Lucrezia come una delle sue donzelle – al pari di Liona de' Mosto – può considerarsi il degno frutto degli sforzi profusi dal duca Ercole per riabilitare completamente l'ebreo poi fattosi cristiano.

Scegliere Anna, figlia di un convertito di alto profilo, e la neofita Violante come *donzelle* (così che un sesto delle ragazze nella lista definitiva di Ercole d'Este erano ebree battezzate) la dice lunga su quale importanza il duca attribuisse alla conversione degli ebrei al cattolicesimo. Ciò spiega anche l'esplicita indica-

30. Le tre sorelle più giovani di Anna non erano ancora sposate nel 1521 mentre la maggiore morì da suora professa nel 1506; cfr. *infra*, capitoli 14 e 20.

31. Cfr. Carolyn James, *Women and Diplomacy in Renaissance Italy*, in *Women, Diplomacy and International Politics since 1500*, a cura di Glenda Sluga e Carolyn James, London, Routledge, 2016, pp. 13-29.

32. Si veda ivi, pp. 23-24. Cfr. inoltre Cockram, *Isabella d'Este and Francesco Gonzaga*, p. 179 per quanto riguarda l'uso che Isabella d'Este faceva delle sue *donzelle* a scopi diplomatici. Più in generale, nel panorama europeo, si veda il volume *The Politics of Female Households: Ladies-in-Waiting across Early Modern Europe*, a cura di Birgit Houben e Nadine Akkerman, Leiden, Brill, 2014.

33. Sulle implicazioni politiche del servizio offerto dalle dame di compagnia presso la corte di una principessa cfr. il saggio introduttivo di Birgit Houben e Nadine Akkerman al volume da loro curato *The Politics of Female Households*, pp. 1-27.

34. Si veda la lettera di Bernardino de' Prosperi a Isabella d'Este datata 9 novembre 1507 in ASMn, AG, b. 1241, c. 455. Liona, figlia di Bonaventura de' Mosto che poi entrò nel convento ferrarese di Santa Caterina da Siena, è citata nella lettera di Isabella d'Este a Lucrezia Borgia del 6 aprile 1513; cfr. ASMn, AG, b. 2996, lib. 30, c. 73. Si veda anche la *Cronaca di Fra Benedetto da Mantova* in ASDF, SCS, b. 3/22, c. 25v. Infine, cfr. Gabriella Zarri, *La religione di Lucrezia Borgia: Le lettere inedite del confessore*, Roma, Roma nel Rinascimento, 2006, p. 304.

zione delle origini ebraiche delle due giovani nella lista resa pubblica nel 1502. Né, d'altro canto, era questa la prima volta che la corte estense accoglieva ragazze ebree battezzate per assolvere tali compiti. L'elenco dei cortigiani stipendiati da Eleonora d'Aragona – predecessora di Lucrezia Borgia – menziona una tal Bernardina «che era giudea»; costei servì come damigella della duchessa nel biennio 1483-1484.[35] È possibile che Bernardina fosse figlia di quell'ebreo condannato – Giacomo, di nome – che il duca Ercole acconsentì a graziare nel 1481 a patto che si facesse battezzare.[36] Non diversamente da Giacomo, l'orafo Salomone fu messo alle strette affinché si convertisse; in seguito, Ercole d'Este lo aiutò assegnando una delle sue figlie al servizio della nuova duchessa di Ferrara.

Il padre di Lucrezia Borgia – papa Alessandro – era apertamente contrario al battesimo dei bambini ebrei senza il consenso dei loro genitori ma favoriva la conversione degli ebrei adulti.[37] Come Eleonora d'Aragona e altre nobildonne italiane del Rinascimento anche Lucrezia teneva in gran conto l'opportunità di fornire un'educazione cristiana a ragazze di origine ebraica facendole crescere alla propria corte. Avrà quindi senza dubbio seguito con interesse le damigelle ebree Violante e Anna, maritate subito dopo l'ascesa del suo consorte al trono ducale.[38]

Si nota, dunque, come non erano soltanto i neofiti adulti ma anche i loro figli (battezzati ancora minorenni) a trarre vantaggi di tipo sociale dalla conversione al cristianesimo. Abbiamo già visto i benefici tangibili che Salomone/Ercole riuscì a trarre dal suo passaggio al campo cattolico durante i primi anni da cristiano; ad esempio, potersi fregiare del titolo di "mastro orafo", ottenere ricche commissioni per oggetti di uso liturgico e costringere i suoi ex correligionari a consegnargli beni di notevole valore. Il sostegno fornitogli dai pii signori di Ferrara – desiderosi di vederlo prosperare – permise all'orafo di raggiungere l'apice del successo realizzando la "Regina delle spade" meno di dieci anni dopo la sua conversione. Quanto all'incarico di damigella ricevuto da sua figlia, esso non solo comportò indubbi vantaggi economici per Mastro Ercole ma rese più facile per la ragazza il passaggio alla vita adulta come una distinta matrona cristiana.

L'educazione elitaria di cui beneficiò Anna e la vita che condusse nel lusso alla corte ferrarese erano entrambe frutto del suo battesimo. Sotto la tutela di Lucrezia, ella acquisì competenze e si formò relazioni sociali che le aprirono la

35. Su questa Bernardina «che era giudea» cfr. Guido Guerzoni, *Este courtiers, 1457–1628*, disponibile online al seguente indirizzo: www.academia.edu/2925252/Este_Courtiers_1457-1628. I nomi della figlia di Salomone/Ercole, di Violante ebrea battezzata o di qualsiasi altra inserviente ferrarese di Lucrezia Borgia non compaiono in questa lista, che è limitata alle *donzelle* al suo servizio quando si trovava ancora a Roma.

36. Su Giacomo cfr. Zambotti, *Diario ferrarese*, p. 87.

37. Cfr. Ariel Toaff, *Alessandro VI, Inquisizione, ebrei e marrani: Un pontefice a Roma dinanzi all'espulsione del 1492*, in *L'identità dissimulata: giudaizzanti iberici nell'Europa cristiana dell'età moderna*, a cura di Pier Cesare Ioly Zorattini, Firenze, Olschki, 2000, pp. 15-25.

38. Si veda la lettera di Bernardino de' Prosperi a Isabella d'Este datata 27 aprile 1506 in ASMn, AG, b. 1241, c. 29. Per casi successivi di aristocratiche italiane che assunsero un atteggiamento simile verso le convertite cfr. Segre, *Neophytes during the Italian Counter-Reformation*, p. 134 e Tamar Herzig, *The Hazards of Conversion: Nuns, Jews, and Demons in Late Renaissance Italy*, in «Church History», 85, 3 (2016), pp. 468-501.

strada al fidanzamento con un rispettabile cristiano. Come neofita battezzata da piccola ed educata sotto la supervisione di una pia nobildonna, Anna fu in grado di assimilarsi nella società ferrarese in un modo che era impossibile per suo padre, un adulto circonciso.

Anche Caterina – primogenita di Mastro Ercole – trasse vantaggio dal sostegno che la famiglia ducale le fornì nel suo passaggio alla vita adulta come donna cristiana, ma il suo destino risultò assai diverso da quello della sorella Anna. Nel 1501, Caterina entrò in una comunità di terziarie che seguiva una regola particolarmente rigida, ispirata agli ideali dei domenicani osservanti. Si trattava del convento ferrarese di Santa Caterina da Siena, istituito dal duca Ercole pochi anni prima.[39] Ciò su cui ci concentreremo adesso è appunto la vita religiosa di Caterina, la quale – ancor più dell'incarico conferito ad Anna presso la corte di Lucrezia Borgia – mirava a pubblicizzare il notevole successo rappresentato dalla conversione della sua famiglia al cristianesimo.

39. Sulla fondazione di questo convento dedicato a Santa Caterina da Siena cfr. Tamar Herzig, *Savonarola's Women. Visions and Reform in Renaissance Italy*, Chicago, University of Chicago Press, 2008, pp. 86-89. Il testo è disponibile anche in traduzione italiana col titolo *Le donne di Savonarola: spiritualità e devozione nell'Italia del Rinascimento*, trad. di Adelisa Malena e Marianna Scarfone, prefazione di Gabriella Zarri, Roma, Carocci, 2014.

14. Suor Teodora: da ragazza ebrea a sposa di Cristo

Ercole d'Este fondò la casa delle terziarie di Santa Caterina da Siena per la sua celebre profetessa di corte, Lucia Brocadelli (1476-1544), che servì come madre priora di questa comunità per i primi anni. Ammirata per le sue virtù profetiche e la ricezione delle stimmate, la Brocadelli – originaria di Narni, poi trasferitasi a Viterbo – arrivò a Ferrara nel 1499.[1] Quando la costruzione dell'edificio monastico stava per concludersi, il duca sentì il desiderio di aumentare il numero di donne destinate a risiedervi.[2] A tal scopo, verso la fine del 1501 chiese aiuto addirittura a Lucrezia Borgia per far trasferire a questa sede ferrarese quattordici terziarie domenicane che avevano conosciuto la Brocadelli quando abitava a Narni e a Viterbo. A mo' di regalo per il duca e la sua protetta in odore di santità, queste terziarie sarebbero dovute arrivare a Ferrara poco prima delle celebrazioni per le nozze di Lucrezia.[3]

Il 28 settembre 1501 Ercole d'Este ordinò al suo ciambellano di corte – Girolamo Ziliolo – di mettere da parte il denaro necessario a finanziare una tappa del viaggio che le quattordici terziarie dovevano fare alla volta di Ferrara.[4] Il duca spedì anche una lettera alla futura nuora, spiegando che – mosso da grande ammirazione per la Brocadelli – aveva deciso di far costruire «uno bello et amplio monastiero» per lei. In proposito aggiunse: «[...] desideramo molto che se gli dia optimo principio cum le predicte sore», ossia quelle provenienti da Narni e Viterbo.[5]

1. Su di lei cfr. Zarri, *Pietà e profezia alle corti padane*, pp. 201-214; E. Ann Matter, *Prophetic Patronage as Repression: Lucia Brocadelli da Narni and Ercole d'Este*, in *Christendom and Its Discontents: Exclusion, Persecution and Rebellion, 1000-1500*, a cura di Scott L. Waugh e Peter D. Diehl, Cambridge, Cambridge University Press, 1995, pp. 168-176 e Tamar Herzig, *The Rise and Fall of a Savonarolan Visionary: Lucia Brocadelli's Contribution to the Piagnone Movement*, in «Archiv für Reformationsgeschichte», 95 (2004), pp. 34-60.

2. Cfr. Tuohy, *Herculean Ferrara*, pp. 371-372.

3. Si vedano la *Cronaca di Fra Benedetto da Mantova* (ASDF, SCS, b. 3/22, c. 6v) e Gardner, *Dukes and Poets*, pp. 401-405.

4. Cfr. Luigi Alberto Gandini, *Lucrezia Borgia nell'imminenza delle sue nozze con Alfonso d'Este*, in «Atti e memorie della R. Deputazione di storia patria per le provincie di Romagna», 3ª serie, 20 (1902), pp. 285-340, in particolare p. 309.

5. Cito dalla lettera di Ercole d'Este a Lucrezia Borgia del 28 settembre 1501 edita in Gandini, *Lucrezia Borgia nell'imminenza delle sue nozze*, pp. 310-311, dove il passo in questione

Il duca Ercole era, quindi, direttamente coinvolto nella scelta delle donne che dovevano entrare nel monastero ferrarese dedicato a Santa Caterina da Siena e prestò molta attenzione a chi fossero le novizie. È quindi significativo che una delle prime a indossare l'abito domenicano all'interno di questa comunità – anticipando di solo poche settimane la succitata lettera del duca – altri non era che Caterina stessa, la primogenita di Salomone/Ercole. Caterina si diede alla vita religiosa in quella casa delle terziarie che rappresentava il più fulgido esempio della strategia messa in atto da Ercole d'Este per mostrare, attraverso il proprio mecenatismo culturale, quanto lui – principe – fosse devoto, e tutto ciò appena pochi mesi prima che egli aggiungesse la di lei sorellina Anna al novero delle damigelle di Lucrezia Borgia.

Una voce nella cronaca, tuttora inedita, del monastero ferrarese di Santa Caterina da Siena registra quanto segue: «Sor Theodora, primo ditta Katerina, de anni 22, fiola de Maestro Hercules quondam hebreo, e lei quondam hebrea fu recevuta al'abito de le sorelle da officio a dì 5 de agosto 1501».[6] La vestizione, ossia la cerimonia con cui si indossava per la prima volta l'abito monacale, costituiva il primo rito pubblico all'interno di quella complessa procedura che portava una donna a diventare una religiosa.[7] Stando alla cronaca appena citata, Caterina aveva allora ventidue anni e prese il nome di Suor Teodora.[8] Nel luglio 1502, Ercole d'Este fece una donazione alla casa domenicana.[9] Nel relativo documento a favore del monastero di Santa Caterina da Siena, redatto dal notaio e umanista Bartolomeo Goggio (morto verso il 1505), Suor Teodora viene designata col patronimico «magistri Herculis aurificis», ossia figlia dell'orafo Mastro Ercole.[10]

così recita: «Havemoli facto construire uno bello et amplo monastiero [...] siamo tanto desiderosi de questo effecto quanto de cosa che mai havessimo a core, perché havendo facto fabricare dicto monastiero desideramo molto che se gli dia optimo principio cum le predicte sore».

6. Cito dalla *Cronaca di Fra Benedetto da Mantova* (ASDF, SCS, b. 3/22, c. 4v).

7. Cfr. Gabriella Zarri *La vita religiosa tra Rinascimento e Controriforma. "Sponsa Christi". Nozze mistiche e professione monastica,* in *Monaca, moglie, serva, cortigiana: vita e immagine delle donne tra Rinascimento e Controriforma*, a cura di Sara F. Matthews-Grieco in collaborazione con Sabina Brevaglieri, Firenze, Morgan Edizioni, 2001, pp. 102-151, in particolare pp. 126-139, e Jonathan E. Glixon, *Mirrors of Heaven or Worldly Theaters? Venetian Nunneries and Their Music*, Oxford, Oxford University Press, 2017, pp. 118-132.

8. Nell'Italia del Rinascimento la maggior parte delle donne che si facevano suore prendevano un nuovo nome al momento della vestizione; cfr. K.J.P. Lowe, *Nuns' Chronicles and Convent Culture in Renaissance and Counter-Reformation Italy*, Cambridge, Cambridge University Press, 2003, p. 65. Sul significato che sia le singole religiose sia la loro comunità attribuivano all'assunzione di un nuovo nome cfr. Sharon T. Strocchia, *Naming a Nun: Spiritual Exemplars and Corporate Identity in Florentine Convents, 1450-1530*, in *Society and Individual in Renaissance Florence*, a cura di William J. Connell, Berkeley, University of California Press, 2002, pp. 223-237.

9. Come riferisce Bernardino de' Prosperi nella sua lettera a Isabella d'Este del 3 luglio 1502 (ASMn, AG, b. 1238, c. 279).

10. Cito da Bartolomeo Goggio, *Istrumento di donazione, Rog. Bartolomeo Goggio* (ASDF, SCS, b. 3/30, c. 9v), in cui si legge «sorori Theodore magistri Herculis aurificis». Su Goggio si veda Werner L. Gundersheimer, *Bartolommeo Goggio: A Feminist in Renaissance Ferrara*, in «Renaissance Quarterly», 33, 2 (1980), pp. 175-200.

La primogenita di Mastro Ercole prese l'abito delle *sorelle da officio*, cioè – fra le terziarie – l'equivalente delle monache "coriste".[11] Entrò, in altre parole, a far parte della classe elitaria delle terziarie professe, il cui compito era dedicarsi agli alti scopi spirituali della preghiera e della contemplazione, a differenza di quelle ragazze che non riuscivano a mettere da parte la dote necessaria per diventare *sorelle da officio* e, pertanto, entravano in monastero come *converse*, destinate a fornire vari servizi. Molte terziarie ammesse nel monastero ferrarese di Santa Caterina da Siena fra il 1500 e il 1503 presero, appunto, l'abito da converse perché i loro genitori non erano riusciti a fornirle di cospicue doti; si videro dunque assegnati lavori pesanti all'interno della comunità, senza avere alcuna voce in capitolo quando si trattava di aspetti amministrativi.[12] Fra queste figuravano Suor Caterina (1488-1533) e Suor Marta (1483-1556), i cui padri erano entrambi calzolai, Suor Maria Caterina – figlia del giardiniere del convento – e tre altre donne i cui padri non sappiamo che mestiere facessero poiché la cronaca non lo specifica.[13]

Fra le terziarie che entrarono nella comunità di Santa Caterina da Siena a inizio Cinquecento come *sorelle da officio* vi erano figlie di sarti, tintori, cuoiai, cerusici e anche notai. Alcune di loro provenivano da rispettabili famiglie ferraresi, quali i Calcagnini e i Sardi. Sebbene – prima del 1503 – non risultino *sorelle da officio* nate in famiglie dell'alta società ferrarese,[14] vi si annoverano, fra le altre, la figlia del supervisore delle scuderie di Sigismondo d'Este, fratello del duca.[15] Figlia dell'orafo di corte, Caterina aveva senz'altro tutte le carte in regola per figurare nel gruppo delle terziarie costituito da giovani ferraresi i cui padri erano protetti dal duca e dai parenti di quest'ultimo, pur non trattandosi di cortigiani particolarmente autorevoli o influenti.

Le famiglie – rispettabili ma al momento indigenti – di alcune terziarie entrate nel monastero ferrarese di Santa Caterina da Siena fra il 1500 e il 1502 non

11. Come si legge in *Cronaca di Fra Benedetto da Mantova* (ASDF, SCS, b. 3/22, c. 4v).

12. La proporzione fra *converse* e *sorelle da officio* variava da una comunità monastica all'altra. Per la differenza fra queste due categorie cfr. Sharon T. Strocchia, *Nuns and Nunneries in Renaissance Florence*, Baltimore, Johns Hopkins University Press, 2009, pp. 4-5, 48, 81; Lowe, *Nuns' Chronicles*, p. 108 e Craig A. Monson, *Nuns Behaving Badly: Tales of Music, Magic, Art, and Arson in the Convents of Italy*, Chicago, University of Chicago Press, 2010, p. 17.

13. Si trattava di Suor Bonifacia (1471-1546), Suor Petronilla (1483-1554) e Suor Bernardina (1487-1509). La cerimonia di vestizione e l'atto della professione di tutte e sei le converse sono registrati nella *Cronaca di Fra Benedetto da Mantova* (ASDF, SCS, b. 3/22, cc. 2r-14v). Suor Maria Caterina entrò in questo convento nel 1503 all'età di dieci anni e nel 1505 cambiò il proprio nome in Suor Liberata.

14. Cfr. *Cronaca di Fra Benedetto da Mantova* (ASDF, SCS, b. 3/22, cc. 2r-14v). Tra le terziarie che si unirono a questa comunità tra il 1499 e il 1502 non figuravano appartenenti a nobili famiglie ferraresi quali i Costabili o i Trotti ma nel 1503 alcune suore di quelle casate si trasferirono al convento di Santa Caterina da Siena da quello più rinomato di Santa Caterina Martire; cfr. ivi, c. 16. Sulle conseguenti tensioni all'interno del convento di Santa Caterina da Siena causate dall'arrivo di suore di più alta estrazione sociale cfr. Herzig, *Savonarola's Women*, pp. 127-140.

15. Si veda, in proposito, la *Cronaca di Fra Benedetto da Mantova* (ASDF, SCS, b. 3/22, c. 2v). Sulla corte di Sigismondo d'Este – composta da novanta salariati – cfr. Guerzoni, *The Italian Renaissance Courts' Demand for the Arts*, pp. 61 e 63.

erano in grado di accumulare le doti necessarie; intervenne, allora, il duca Ercole fornendo l'aiuto economico di cui avevano bisogno affinché quelle ragazze diventassero *sorelle da officio*.[16] Una di loro era Veronica, nipote del controverso predicatore Girolamo Savonarola. Ercole d'Este era particolarmente devoto alla memoria del profeta ferrarese giustiziato a Firenze nel 1498; pertanto, nel gennaio 1500 egli decise di procurare la dote necessaria affinché la nipote di Savonarola – il cui padre non poteva permetterselo – prendesse i voti. Fu così che Veronica Savonarola (1487-1553) divenne *sorella da officio* nel monastero di Santa Caterina da Siena e prese il nome di Suor Girolama in onore dello zio.[17]

Considerando il mecenatismo praticato da Ercole d'Este nei confronti di Mastro Ercole e le difficoltà economiche di quest'ultimo, non stupisce che Suor Teodora fosse una delle terziarie ammesse nel monastero di Santa Caterina da Siena solo grazie all'aiuto materiale del duca.[18] La somma per la cosiddetta "dote spirituale" a inizio Cinquecento era assai inferiore a quella necessaria per sposarsi. Tuttavia, sia a Ferrara sia in altre città italiane di varia grandezza essa risultava ancora abbastanza cospicua da impedire a ragazze nate in famiglie povere di diventare *sorelle da officio*.[19]

Come abbiamo visto, Salomone/Ercole si era impegnato a mettere da parte il denaro per la dote della sua primogenita fin da quando questa aveva dieci anni. Già nel 1489 un atto notarile relativo alla controversia sorta fra lui e il cognato – Angelo di Museto da Sant'Elpidio – sancì che 50 ducati venissero riservati alla dote della ragazza.[20] Nel capitolo XIII abbiamo già spiegato che – malgrado la conversione dell'orafo al cristianesimo e il successo professionale da lui raggiunto con la produzione di gioielli e spade – solo una delle sue cinque figlie si sposò, ossia Anna, la quale riuscì a ottenere una dote matrimoniale grazie all'aiuto di Lucrezia Borgia.[21] Degno di nota è il fatto che l'ultimo documento d'archivio su Mastro Ercole finora noto (risalente al 1521) riferisca che le sue tre figlie più piccole erano all'epoca ancora nubili.[22]

16. Cfr. Herzig, *Savonarola's Women*, pp. 89-91.

17. Cfr. *Cronaca di Fra Benedetto da Mantova* (ASDF, SCS, b. 3/22, c. 3v). Si veda anche Herzig, *Savonarola's Women*, pp. 82-85 e 97-111.

18. Il duca Ercole finanziò la monacazione di tutte le donne che entrarono nel convento di Santa Caterina da Siena il 5 agosto 1501, come riferito nella *Cronaca di Fra Benedetto da Mantova* (ASDF, SCS, b. 3/22, c. 4v).

19. In proposito si vedano Judith C. Brown, *Everyday Life, Longevity, and Nuns in Early Modern Florence*, in *Renaissance Culture and the Everyday*, a cura di Patricia Fumerton e Simon Hunt, Philadelphia, University of Pennsylvania Press, 1999, pp. 115-138, in particolare pp. 120-121, e Strocchia, *Nuns and Nunneries*, pp. 29-31. Per Ferrara, cfr. Herzig, *Savonarola's Women*, pp. 89-91 e 103-105.

20. Mi riferisco all'atto notarile del 17 dicembre 1489 in ASFe, Archivio Notarile Antico di Ferrara, Notaio Iacobo Vincenzi, matr. 177, pacco 10, prot. 1489.

21. Sull'importanza di una dote cospicua per garantirsi matrimoni convenienti a Ferrara nel Rinascimento cfr. Diane Ghirardo, *Women and Space in a Renaissance Italian City*, in *InterSections: Architectural Histories and Critical Theories*, a cura di Iain Borden e Jane Rendell, London, Routledge, 2000, pp. 170-200, in particolare p. 175.

22. Così si legge nella supplica che la moglie di Mastro Ercole – Eleonora – inviò a Isabella d'Este il 2 marzo 1521: cfr. ASMn, AG, b. 1247, fasc. XVII (*Ferrara. Diversi*), c. 395.

Tornando a Caterina, aveva – come detto – ventidue anni quando intraprese la vita monastica. Era, all'epoca, un'età ritenuta tarda per una scelta del genere; le ragazze di famiglia benestante entravano in convento intorno ai quindici anni, talvolta anche prima.[23] Donne come Caterina, che facevano questa scelta più tardi, solitamente provenivano da famiglie che avevano avuto problemi a racimolare la dote necessaria. Nei primi anni del Cinquecento furono diverse le donne che, ormai nel terzo decennio della loro vita, entrarono in case di terziarie appunto perché la "dote spirituale" richiesta era inferiore rispetto alle professe. Inoltre, le comunità monastiche rette da simpatizzanti del Savonarola – qual era Lucia Brocadelli – risultavano particolarmente propense ad accogliere novizie del genere (malgrado le scarse risorse delle loro famiglie) e questo si rifletteva nell'età media più elevata dei conventi savonaroliani di nuova fondazione prima del Concilio di Trento.[24]

Le incertezze economiche di Salomone/Ercole, pertanto, fanno da sfondo all'entrata di sua figlia nella comunità di Santa Caterina da Siena; lo stesso vale per la monacazione di altre ragazze ebree battezzate allora in Italia. Come i padri nati cristiani, quelli ebrei poi convertiti al cattolicesimo cercavano di sfruttare la possibilità di mandare le proprie figlie in convento, riducendo così la somma delle doti che dovevano fornire loro. Per usare le parole di Silvia Evangelisti, gli ebrei battezzati non esitavano a «spingere le proprie figlie oltre la soglia del convento», che lo volessero o no, così da sfuggire – almeno in parte – alle difficoltà materiali e all'indigenza.[25] Ciò era particolarmente vero nel caso di neofiti che – come Mastro Ercole – dovevano badare a diverse figlie. Questo spiega, ad esempio, il successivo caso (sempre nel XVI secolo) di un ebreo il quale, battezzatosi a Roma, chiese aiuto per racimolare la 'dote spirituale' necessaria per monacare una delle sue sei figlie, tutte ancora nubili e nessuna delle quali egli era in grado di far maritare per carenza di fondi.[26]

Almeno sin dalla metà del Trecento, le classi dirigenti italiane avevano preso a manifestare la loro carità cristiana a livello sociale offrendo aiuti economici a ragazze ebree battezzate che volevano entrare in comunità monastiche.[27] Nel 1473, appena sei anni prima che Caterina / Suor Teodora venisse al mondo, le autorità comunali di Bologna (dove lei sarebbe poi nata) pagarono la "dote spirituale" necessaria a far sì che una ragazza ebrea battezzatasi – chiamata Gentile – entrasse nel convento di San Lorenzo col nome di Suor Angelica.[28] A Volterra,

23. Cfr. Brown, *Everyday Life, Longevity, and Nuns*, pp. 118-119.

24. In proposito si veda Strocchia, *Nuns and Nunneries*, pp. 31 e 43.

25. Cito da Silvia Evangelisti, *Nuns: A History of Convent Life*, Oxford, Oxford University Press, 2007, p. 23.

26. Mi riferisco alla richiesta – priva di data – spedita a nome del convertito Pietro Paolo Syllano al cardinale Guglielmo Sirleto sul finire del Cinquecento (Biblioteca Apostolica Vaticana, Ms. Ott. Lat. 2452, c. 126r). Oltre alle sei figlie, Syllano doveva badare anche a tre figli maschi, come si legge nella lettera successiva (c. 127r). Può darsi che questo personaggio sia da identificarsi col banchiere di cui fa menzione Antonio Bertolotti, *Artisti subalpini in Roma nei secoli XV, XVI e XVII*, Mantova, Mondovi, 1884, p. 123.

27. Per uno fra i primi casi del genere – avvenuto nel 1362 – cfr. Toaff, *Il vino e la carne*, p. 192.

28. Cfr. Muzzarelli, *I banchieri ebrei e la città*, pp. 123-124.

nel 1507, le autorità locali esaminarono una richiesta simile avanzata da Consola, figlia del banchiere ebreo Bonaventura di Emanuele da Volterra. Nipote, appunto, di Emanuele da Volterra – a suo tempo socio in affari di Mele da Sessa – Consola espresse l'intenzione di diventare una clarissa nel convento volterrano di Santa Chiara appena sei anni dopo che la nipote di Mele da Sessa aveva preso il velo (col nome di Suor Teodora) nella comunità ferrarese di Santa Caterina da Siena.[29]

A seguito della Riforma protestante, mentre la Chiesa intensificava la propria campagna per la conversione degli ebrei, diventò comune per le Case dei Catecumeni fondate nelle principali città italiane aiutare le neofite procurando loro le doti necessarie a monacarle.[30] Prima del 1543, tuttavia, non esisteva alcuna istituzione incaricata di fornire direttive alle giovani ebree battezzate (quali le succitate Gentile, Caterina o Consola) ai fini della loro vocazione monastica o che avesse il compito precipuo di aiutarle a procurarsi i mezzi per realizzare quel loro desiderio. Esse dovevano, invece, affidarsi all'eventuale sostegno delle autorità laiche locali.

Nel caso di Caterina, l'entrata nel monastero di Santa Caterina da Siena, strettamente connesso al particolare investimento fatto dal duca di Ferrara su quella comunità, rifletteva anche la strategia da questi adottata per favorire le conversioni, come dimostrano i suoi costanti sforzi tesi ad aiutare il padre della ragazza, ossia un ebreo battezzato. Vale la pena ricordare che il duca Ercole – il quale, nel 1491, aveva accettato di graziare Salomone da Sesso a patto che si battezzasse – sapeva bene che l'orafo era diventato cattolico per evitare una tremenda pena, vista la condanna comminatagli per sodomia e altri gravi reati. È utile inoltre ribadire che l'atteggiamento del duca circa la sodomia si fece sempre più intransigente negli anni successivi alla conversione dell'orafo.[31] Nel marzo 1496, ad esempio, uno dei suoi ufficiali – Francesco di Conzari – venne condannato come sodomita attivo e passivo e costretto a pagare una multa di 500 ducati. Il presunto partner sessuale di Conzari – Alessandro Fanti – era fuggito e il suo amico Antonio Francesco di Lardi, il quale aveva garantito per lui, venne multato per la stessa cifra; non riuscendo a pagare questa notevole somma, finì col suicidarsi gettandosi nel Po.[32] Dopo la fuga di Fanti il duca raddoppiò i suoi sforzi per combattere la sodomia. A tal fine, nell'aprile 1496 ordinò che venissero giustiziati in pubblico due presunti sodomiti e nel settembre dello stesso anno un altro uomo condannato con la medesima accusa fu decapitato nella piazza principale di Fer-

29. In proposito si veda Veronese, *Una famiglia di banchieri ebrei*, pp. xv, 35-36 e 212-223.

30. Cfr. Pullan, *The Jews of Europe and the Inquisition of Venice*, pp. 269-271; Samuela Marconcini, *The Conversion of Jewish Women in Florence (1599-1799)*, in «Zeitsprünge» 14, 3-4 (2010), pp. 532-548, soprattutto pp. 542-543; Marina Caffiero, *Le doti della conversione. Ebree e neofite a Roma in età moderna*, in «Geschichte und Region/Storia e regione», 19, 1 (2010), pp. 72-91, in particolare pp. 82-85 e 88; Rothman, *Brokering Empire*, pp. 133 e 137-146; Al Kalak, Pavan, *Un'altra fede*, p. 63. A metà Cinquecento venne fondato, a Roma, il monastero della Santissima Annunziata all'Arco dei Pantani col preciso scopo di accogliere ex ebree che volessero farsi monache; cfr. Alessia Lirosi, *Monacare le ebree. Il monastero romano della SS. Annunziata all'Arco dei Pantani: Una ricerca in corso*, in «Rivista di Storia del Cristianesimo», 10, 1 (2013), pp. 147-180.

31. Cfr. Chambers, Dean, *Clean Hands and Rough Justice*, pp. 147-148.

32. Cito da Pardi, *Diario ferrarese dall'anno 1409 sino al 1502 di autori incerti*, p. 174.

rara. Nel 1500 l'ottantenne Giovanni Pocaterra – un commerciante di tessuti – fu condannato al rogo per sodomia; la condanna vene poi commutata nella confisca di tutti i suoi beni.[33]

Questa severa persecuzione dei presunti sodomiti – tipica degli ultimi anni in cui Ercole fu alla guida del ducato estense – non incise negativamente sul suo sostegno a Salomone/Ercole, che era stato condannato proprio per sodomia. Oltre a sapere della condanna inflitta all'orafo il duca deve aver avuto sentore dei continui sforzi fatti da Mastro Ercole (con la conseguenza di essere bandito da Mantova nel 1495) per recuperare l'onore perduto rispondendo alle accuse che lo avevano così duramente diffamato nel 1491. Sebbene Mastro Ercole avesse degli scheletri nell'armadio, indurlo a battezzarsi insieme a tutta la sua famiglia costituiva ugualmente un'azione lodevole, giacché garantiva alla Chiesa che i suoi figli sarebbero stati educati secondo la dottrina cattolica. Come abbiamo visto prima, assicurarsi che i bambini e gli adolescenti ebrei venissero cresciuti cristianamente era uno dei motivi più comuni menzionati da quanti ritenevano opportuno che si facesse pressione sui loro genitori affinché si convertissero.[34] Tale interesse per la prole dei convertiti deve essere stata anche una delle cause per cui il duca Ercole si preoccupò delle due figlie del suo omonimo: una la affidò alle cure della propria nuora, mentre contribuì a far sì che l'altra entrasse in un monastero.

Non v'è dubbio che Ercole d'Este si sia attivamente impegnato per aumentare il numero dei convertiti nel proprio territorio. Negli anni successivi al battesimo di Salomone/Ercole e della sua famiglia, il duca continuò ad assistere gli ebrei in situazioni difficili che accettavano di farsi battezzare; soprattutto, egli favorì le conversioni – contemporaneamente – di genitori e figli ebrei. Ad esempio, la domenica di Pasqua del 1496 il duca assistette alla cerimonia battesimale di una donna ebrea e di suo figlio. Una settimana dopo, tutti gli ebrei ferraresi furono costretti ad ascoltare un discorso sulla conversione tenuto alla fine di un altro battesimo che aveva coinvolto un loro correligionario. Pure in quella circostanza il duca Ercole fu presente in cattedrale, sia per assicurarsi che anche i sudditi ebrei ascoltassero il discorso sia per assistere al battesimo di un altro membro della locale comunità ebraica.[35]

Sebbene per tutto il Quattrocento la gerarchia ecclesiastica incoraggiasse le prediche finalizzate alla conversione, Gregorio XIII (sul soglio pontificio dal 1572 al 1585) fu il primo papa a spingersi fino a costringere gli ebrei ad ascoltarle, il che era ritenuto una violazione del diritto canonico.[36] Pertanto, impo-

33. Ivi, pp. 199-200 e 259. Si veda anche Mazzi, *"Gente a cui si fa notte innanzi sera"*, pp. 122-123.

34. Cfr. Sherwood, *Rebellious Youth and Pliant Children*, pp. 183-209.

35. Si veda Pardi, *Diario ferrarese dall'anno 1409 sino al 1502 di autori incerti*, pp. 174-175. Gli studiosi hanno attribuito le misure contro gli ebrei varate dal duca Ercole nel 1496 – tra cui l'obbligo di ascoltare prediche finalizzate alla loro conversione – all'influenza di Savonarola. In proposito cfr. Pesaro, *Memorie storiche sulla comunità israelitica ferrarese*, pp. 17-18; Gardner, *Dukes and Poets*, p. 325 e Ruderman, *The World of a Renaissance Jew*, p. 27.

36. Cfr. Stow, *Theater of Acculturation*, pp. 18 e 42. In proposito, si veda ora Emily Michelson, *Catholic Spectacle and Rome's Jews: Early Modern Conversion and Resistance*, Princeton, Princeton University Press, 2022.

nendo agli ebrei ferraresi di ascoltare una predica sulle conversioni nel 1496 (così come, nel 1481 e nel 1491, graziando i criminali ebrei se accettavano di battezzarsi) Ercole d'Este si spinse più in là di quanto facessero le coeve autorità ecclesiastiche nel tentativo di convertire gli ebrei. E quale modo migliore di mettere in mostra gli encomiabili e durevoli effetti dell'impegno ducale profuso nel convertire il caparbio popolo ebraico se non la monacazione della figlia di un celebre neofita? In fondo, l'entrata di una ragazza ebrea in un convento dopo la conversione della sua famiglia aveva rappresentato, almeno sin dal Duecento, il tipico "lieto fine" nelle storie relative ai miracoli riguardanti un sacrilegio commesso da ebrei.[37] Che Caterina prendesse l'abito domenicano in una casa di terziarie la cui madre priora era la profetessa savonaroliana prediletta da Ercole d'Este non faceva che rafforzare ulteriormente la già solida immagine religiosa del duca.

Savonarola – il quale esercitò una profonda influenza sia sul duca Ercole sia su Lucia Brocadelli[38] –aveva apertamente incoraggiato l'entrata di ebrei battezzati in istituzioni religiose riformate. Il predicatore domenicano considerava la conversione degli ebrei un aspetto necessario al rinnovamento della cristianità; durante il suo periodo di gloria a Firenze, diversi ebrei – sia maschi sia femmine – entrarono in comunità monastiche rette da simpatizzanti savonaroliani.[39] Nel 1497 una ragazza ebrea convertitasi al cristianesimo prese i voti nel convento benedettino delle Murate,[40] a Firenze, dove Savonarola godeva di grande seguito.[41] Lucia Brocadelli, che aveva stretti rapporti con alcuni discepoli di Fra Girolamo,[42] sapeva senza dubbio del sostegno dato dal predicatore ferrarese alla monacazione di ebree battezzate e si mostrava lieta della venuta di una ex ebrea nel proprio istituto.

La vestizione di Caterina fu programmata per lo stesso giorno in cui la Brocadelli, allora più che mai in odore di santità sulla scena internazionale,[43] fece il proprio ingresso nella nuova struttura fatta costruire da Ercole d'Este per la comunità di terziarie che lei avrebbe diretto. Il monastero di Santa Caterina faceva parte della cosiddetta "addizione erculea", ossia il progetto di ampliamento

37. Ad esempio, nella cronaca francese di Saint Denis la conversione di una famiglia di ebrei dopo la dissacrazione dell'eucarestia da parte del padre termina con la monacazione della figlia; cfr. Rubin, *Gentile Tales*, p. 43.

38. Cfr. Herzig, *Savonarola's Women*, pp. 68-95 e 97-111.

39. In proposito si vedano Weinstein, *Savonarola*, p. 84; Luzzati e Galasso, *Primi appunti su Girolamo Savonarola e gli ebrei*, pp. 35-40 e Bonfil, *An Infant's Missionary Sermon*, pp. 155-158.

40. Si veda Suor Giustina Niccolini, *Cronaca delle Murate* [1598] (Biblioteca Nazionale Centrale, Firenze, Ms. II. II. 509, c. 19v). Questa suora è forse da identificarsi con la ragazza ebrea battezzata il 22 maggio 1496 alla quale accenna Landucci, *Diario fiorentino*, p. 132.

41. Cfr. Kate Lowe, *Female Strategies for Success in a Male-Ordered World: The Benedictine Convent of Le Murate in Florence in the Fifteenth and Early Sixteenth Century*, in «Studies in Church History», 27 (1990), pp. 209-221 e Ead., *Nuns' Chronicles*, pp. 204-205.

42. Cfr. Herzig, *Savonarola's Women*, pp. 72-74 e 97-111.

43. Cfr. Tamar Herzig, *"Christ Transformed into a Virgin Woman": Lucia Brocadelli, Heinrich Institoris, and the Defense of the Faith*, Roma, Edizioni di Storia e Letteratura, 2013.

urbano realizzato dal celebre architetto Biagio Rossetti (1447 ca. - 1516), che raddoppiò lo spazio della Ferrara rinascimentale. Nel caso di Santa Caterina da Siena, il numero di manovali, vetrai e carpentieri assunti dal duca per costruire e decorare il convento fu notevole.[44]

Ercole d'Este – noto per la sua tendenza alla teatralità – progettò nei minimi dettagli anche il trasferimento di Lucia Brocadelli dalla sua residenza temporanea al convento appena finito.[45] Come già rilevato, negli anni in cui Ercole fu al potere diverse importanti cerimonie religiose a Ferrara (ad esempio il battesimo di ebrei in vista) si aprirono con elaborate processioni. Ciò accadde anche in occasione dell'entrata della Brocadelli nel nuovo convento di Santa Caterina da Siena il 5 agosto 1501.

Il solenne evento fu programmato per il giorno di San Domenico, una delle feste di maggior rilievo del calendario ferrarese in epoca rinascimentale. Quel giorno Suor Lucia, «che se dice santa», fu accompagnata «cum grande processione» (poi descritta in tre cronache ferraresi dell'epoca e in quella dello stesso monastero di Santa Caterina da Siena). Stando a queste fonti, alla processione presero parte la Brocadelli (detta, in uno dei documenti, «zovene che ha le stigmate de Christo a le mano»), sedici altre terziarie e cinque future novizie, oltre al duca Ercole, vari membri della sua corte e i domenicani osservanti di Santa Maria degli Angeli, «cum chandele in mano accese».[46]

Non appena le religiose arrivarono alla loro nuova casa, il duca diede alla Brocadelli le chiavi, simbolo della sua autorità di priora.[47] A quel punto l'evento raggiunse il culmine con la cerimonia di vestizione, la prima ad essere celebrata nell'edificio appena ultimato, durante la quale la neofita Caterina ricevette l'abito da terziaria domenicana.

44. Cfr. Tuohy, *Herculean Ferrara*,cit., pp. 371-372.

45. Cfr. Lockwood, *Music in Renaissance Ferrara*, pp. 139-140, 151-152, 315-316; Tuohy, *Herculean Ferrara*, pp. 184-185; Toffanello, *Le arti a Ferrara nel Quattrocento*, pp. 13-14.

46. Cito dalla *Cronaca di Fra Benedetto da Mantova* (ASDF, SCS, b. 3/22, c. 4v) in cui – nella stessa pagina in cui si accenna alla vestizione di Suor Teodora e alla sua professione dei voti – così si legge: «Ne l'anno 1501 el zorno del padre nostro Sancto Domenico essendo fundato lo monasterio nostro de Sancta Katherina da Siena secundo che è ditto in questo libro a carte tre, cum grande solemnita fu acompagnata ditta Sor Lucia como le preditte Sore del terzo habito da lei receute che erano 16 cum lei dali padri e frati de li Angeli cum chandele in mano accese al Ditto monasterio, e in quello introducte ad habitar e fu fatta ditta Sor Lucia priora del ditto monasterio». Un ulteriore resoconto si legge in Pardi, *Diario ferrarese dall'anno 1409 sino al 1502 di autori incerti*, p. 273: «A dì V de Agosto Suor Lucia, che se dice santa, per cui il duca Hercole ha facto fare [uno monastero] apreso la giesia di frati di Angeli in Ferrara, cum grande processione intròe in dicto monastero cum alcune sue compagne». Si vedano anche Giovanni Maria Zerbinati, *Croniche di Ferrara. Quali comenzano del anno 1500 sino al 1527*, a cura di Maria Giuseppina Muzzarelli, Ferrara, Deputazione provinciale ferrarese di storia patria, 1989, p. 44 e Zambotti, *Diario ferrarese*, p. 307. Zambotti aggiunge al computo delle sedici terziarie professe anche la loro priora (Lucia Brocadelli) e cinque donne che avrebbero ricevuto l'abito domenicano quel giorno stesso, per un numero complessivo di ventidue. Da notare che Zambotti si riferisce alla Brocadelli chiamandola «la zovene che ha le stigmate de Christo a le mano».

47. Cfr. Gandini, *Lucrezia Borgia nell'imminenza delle sue nozze*, p. 287.

Questa venne condotta alla casa delle terziarie in una processione che risultava sorprendentemente simile a quella con cui il padre e il fratello Graziadio/ Alfonso erano stati scortati al fonte battesimale dieci anni prima. Come, in quella circostanza, la duchessa Eleonora e i membri della sua corte avevano aperto la processione fino al duomo di Ferrara, così il duca Ercole e i membri della sua corte accompagnarono questa volta la Brocadelli e le altre terziarie fino al nuovo convento. Nel 1491 la processione si era fermata davanti al portale del duomo, dove il vescovo di Ferrara aveva esorcizzato i catecumeni; nel 1501 la processione si fermò sulla soglia della chiesa di Santa Caterina da Siena, dove il duca Ercole consegnò le chiavi alla Brocadelli. Le due processioni culminarono in cerimonie sacre celebrate dietro le porte di altrettante chiese; nel primo caso si trattava di un rito battesimale, nel secondo di una vestizione monastica. Entrambe le cerimonie sancivano una *conversio*: il battesimo di tre ebrei implicava il radicale passaggio da una fede a un'altra, mentre l'entrata di cinque cristiane in una istituzione monastica sottolineava l'intensificarsi della loro fede alla ricerca della perfezione spirituale.[48] Inoltre, le conversioni comportavano l'assunzione di nomi nuovi, allo scopo di allontanare i convertiti dalla loro passata identità e dai rapporti precedentemente instaurati.[49]

Avendo ricevuto l'abito di terziaria domenicana direttamente da chi godeva fama di pia profetessa alla corte del duca Ercole, Caterina si vide assegnato un ruolo attivo all'interno di una rappresentazione attentamente concepita e che – al tempo stesso – rispecchiava e concludeva la cerimonia battesimale di suo padre nel duomo di Ferrara un decennio prima. Vi era, tuttavia, una notevole differenza fra la cerimonia del 1491 (con cui si sanciva una conversione) e quella del 1501, relativa alla vestizione: il discorso rivolto al pubblico. Salomone/Ercole dovette parlare davanti a un uditorio e, facendolo, sfruttò questa circostanza per diffamare gli ebrei che lo avevano accusato di orrendi crimini; a sua figlia, invece, fu negato di esprimersi in pubblico. Se, quindi, possiamo cogliere la voce di Salomone/ Ercole – seppur in forma assai mediata – nei resoconti sul suo battesimo, la voce di Caterina / Suor Teodora rimane muta, anche se ci sforziamo quanto più possibile di sentirla. Fu solo ripetendo gesti impostile da altri che lei partecipò alla cerimonia con cui si celebrava la metamorfosi di una ragazza ebrea in sposa di Cristo, ossia il più grande successo colto dalla casa regnante degli estensi nella sua politica a favore delle conversioni.

48. Sulla professione monastica come una «conversione rafforzata» cfr. Kling, *Conversion to Christianity*, pp. 614-616.

49. Cambiare il proprio nome non era obbligatorio secondo le regole dell'ordine domenicano, ma la maggior parte delle terziarie che entrarono nel convento di Santa Caterina da Siena nei primi anni dopo la sua fondazione e non provenivano da altri istituti religiosi ne assumevano uno nuovo. Merita notare che nel 1532 la quindicenne Caterina Maria – identificata come figlia di una tal Bella, di origine ebraica – prese l'abito da conversa all'interno di quella comunità senza cambiare nome; cfr. *Cronaca di Fra Benedetto da Mantova* (ASDF, SCS, b. 3/22, c. 29v). Sembra lecito supporre che Caterina Maria si fosse recentemente convertita e che, battezzandosi, avesse preso – insieme a un'identità cristiana – anche un nuovo nome; poco dopo entrò in convento. Pertanto, in quella circostanza non fu ritenuto necessario procedere ad alcuna modifica onomastica.

Le altre quattro aspiranti che parteciparono al rito della vestizione insieme a Suor Teodora – cioè le suore nominate Stefana, Beatrice, Agnese e Anna – furono a loro volta ammesse come *sorelle da officio*, non *converse*. Il frate domenicano Benedetto da Mantova – cronista del convento di Santa Caterina da Siena – non fornisce dati biografici particolari circa le prime tre ma sottolinea come Suor Anna (il cui precedente nome era Gentilina) fosse la madre di Lucia Brocadelli. Gentilina era giunta a Ferrara insieme a Lucia nel 1499 e due anni dopo ricevette dalle mani della propria figlia l'abito da terziaria. Quanto a Caterina / Suor Teodora, Fra Benedetto sottolinea non solo che era figlia dell'ebreo battezzato Mastro Ercole ma che era a sua volta una ex ebrea. Pertanto, le origini ebraiche di Caterina, così come i loschi trascorsi del padre, erano ben note agli spettatori presenti alla cerimonia di vestizione, inclusi Fra Benedetto e gli altri domenicani.[50]

Per quel che concerne il duca Ercole – che di questa monacazione era stato il promotore – in una lettera aperta del 4 marzo 1500 egli aveva interpretato le stimmate ben visibili della Brocadelli come un miracolo divino teso a confutare l'incredulità dei "duri di cuore" (*indurati cordis*), formula con cui si alludeva agli ebrei.[51] Il fatto che Caterina ricevesse l'abito religioso, un anno dopo, dalle mani della stessa Brocadelli era chiaramente concepito apposta per creare una sovrapposizione fra la pia visionaria segnata dalle stimmate (ossia colei che portava sul proprio corpo i segni della passione di Cristo che gli ebrei duri di cuore si rifiutavano di considerare autentici) e l'ebrea convertita al cattolicesimo.[52] Questa drammatica rappresentazione del trionfo del cristianesimo sul giudaismo ebbe come spettatori non solo il duca, i frati domenicani e i dignitari laici che accompagnarono le terziarie presso la loro nuova sede ma anche i genitori, i fratelli e la sorella di Caterina che erano stati – un tempo – ebrei.[53]

Nell'Italia del Rinascimento la vestizione monastica era un evento assai significativo per le candidate e i loro familiari.[54] Se, da un lato, la cronaca che riferisce la vestizione di Caterina ci informa che il suo abbandono del giudaismo e il passato ebraico del padre la rendevano diversa dalle altre novizie che ricevettero la veste domenicana durante la stessa cerimonia, dall'altro essa non dice nulla circa il modo in cui la candidata e i membri della sua famiglia reagirono al rito

50. Cfr. *Cronaca di Fra Benedetto da Mantova* (ASDF, SCS, b. 3/22, c. 4v). Su Fra Benedetto da Mantova si veda Herzig, *Savonarola's Women*, pp. 132-133 e 135-136. Su Suor Anna si veda Gabriella Zarri, *Blessed Lucia of Narni (1476-1544) between 'Hagiography' and 'Autobiography': Mystical Authorship and the Persistence of the Manuscript*, in *The Saint between Manuscript and Print*, pp. 421-445, in particolare p. 431.

51. Cfr. Herzig, *"Christ Transformed into a Virgin Woman"*, pp. 142-144.

52. Le stimmate di Brocadelli sono notate da Zambotti, *Diario ferrarese*, p. 307 quando descrive la processione del 5 agosto.

53. In Italia, prima del Concilio di Trento, ai laici era concesso assistere alla cerimonia di vestizione, che veniva celebrata alla presenza di dignitari locali e dei parenti delle novizie; in proposito si vedano K.J.P. Lowe, *Secular Brides and Convent Brides: Wedding Ceremonies in Italy during the Renaissance and Counter-Reformation*, in *Marriage in Italy*, pp. 41-65, soprattutto pp. 42-44, e Zarri, *La vita religiosa tra Rinascimento e Controriforma*, p. 26.

54. Cfr. Anabel Thomas, *Art and Piety in the Female Religious Communities of Renaissance Italy*, Cambridge, Cambridge University Press, 2003.

cattolico. Dato che nessuno di loro ha lasciato un diario o anche solo una lettera in cui se ne parli, non ci resta che immaginare come ciascuno di loro si sarà sentito durante quella cerimonia così ricca di significato, in cui si sanciva il matrimonio spirituale di Caterina con Gesù.[55]

Il padre della novizia può aver interpretato il rito come un segno della riuscita assimilazione della sua famiglia nella società cristiana, frutto sia dei propri successi professionali sia del sostegno ricevuto dal duca, suo mecenate. Da molto tempo ormai avulso dai propri ex correligionari, che egli riteneva colpevoli di averlo fatto incarcerare, Mastro Ercole può aver provato una certa soddisfazione (se non vero e proprio orgoglio) nel vedere la figlia indossare la veste domenicana in quel convento fatto erigere dal duca stesso. I fratelli Alfonso e Ferrante, così come la sorella Anna, erano stati tutti battezzati da bambini; potevano quindi gioire insieme al padre nel vedere la sorella Caterina ricevere l'abito religioso dalle mani della celebre favorita del duca.

Vi era, tuttavia, un membro della famiglia al quale l'entrata della ragazza in convento – per non uscirne mai più – procurava sentimenti contrastanti.[56] Per la madre di Caterina, che aveva acconsentito al battesimo per non perdere la custodia dei figli (ancora minori) quando suo marito si convertì, vedere la propria primogenita promettere di restare nubile per tutta la vita in una casa di terziarie domenicane può non essere stato un motivo di irrefrenabile gioia. Una volta battezzata nel 1491, Eleonora visse una vita ben poco diversa da quella precedente alla conversione. Cristiana o ebrea che fosse, Eleonora continuò a faticare in casa, assistere il marito in bottega e accudire i bambini. Caterina, invece, abbracciò uno stile di vita del tutto diverso, incentrato sulla devozione cristiana praticata entro le mura di un convento, senza interagire con la società laica o coi propri familiari. È lecito supporre che vedendo la propria figlia diventare sposa di Cristo e votarsi al nubilato all'interno di una comunità femminile dedita alla clausura, Eleonora abbia provato dei sentimenti a dir poco ambivalenti.

Seguendo la prassi allora comune, il cronista Benedetto da Mantova non ha descritto il comportamento di Caterina durante la cerimonia della vestizione. Come per la stragrande maggioranza delle novizie italiane nella prima età moderna, non è rimasta traccia della sua reazione a questo evento.[57] Possiamo solo immaginarci cosa abbia provato in quella importante circostanza. A riguardo, vale la pena ricordare che – come per sua madre – la decisione di convertirsi non era partita da Caterina. Quando suo padre si battezzò, nel 1491, lei aveva dodici anni; pertanto, prima di ricevere il battesimo doveva esprimere la propria intenzione in tal senso. Come già detto, non si affrettò a seguire le orme paterne; fu, infatti, l'ultima della sua famiglia a battezzarsi. Di conseguenza, il nome da lei ricevuto a battesimo non la legava a nessun membro della casa ducale.

55. Sebbene la vestizione fosse solo una delle fasi all'interno di quel processo che trasformava un'aspirante in sposa di Cristo essa veniva spesso presentata come il corrispettivo monastico di un matrimonio laico, con le novizie vestite da spose; cfr. Lowe, *Nuns' Chronicles*, pp. 65, 227-230 e 258.

56. Sul significato che l'ingresso della candidata nel convento assumeva all'interno della cerimonia di vestizione cfr. Glixon, *Mirrors of Heaven*, pp. 123-125.

57. Cfr. Lowe, *Nuns' Chronicles*, p. 230.

Si suppone che dieci anni dopo aver ricevuto il battesimo Caterina fosse ormai abituata al cattolicesimo, ma la mancanza di indicazioni attestanti il suo zelo religioso – prima o dopo l'entrata nel convento di Santa Caterina da Siena – suggerisce che non si trattasse di una convertita particolarmente devota.[58] Eppure, a ventidue anni – posta di fronte alla prospettiva di unirsi a una comunità monastica – non sembra che Caterina l'abbia ritenuta un'opzione poi così disprezzabile. A quel punto aveva certamente capito che suo padre non sarebbe stato in grado di procurarle un matrimonio adatto a lei e si era resa conto dei vantaggi derivanti da un'esistenza sicura e rispettabile.[59]

Forse la promessa di un'elegante cerimonia per accompagnare la vestizione, alla presenza del duca e dei suoi cortigiani, celebrata in un importante giorno di festa nonché preceduta da una sontuosa processione aiutò Caterina ad accettare l'idea di entrare in una comunità monastica.[60] Al pari di altre ragazze, per le quali prendere i voti era vista come una soluzione pratica (se non proprio desiderabile), Caterina potrebbe aver provato una certa emozione all'idea di indossare abiti particolari fatti apposta per quella circostanza festosa. Mentre partecipava a un rito solenne alla presenza di dignitari locali, il cui rango sociale risultava assai più elevato di quello della sua famiglia, potrebbe anche aver pensato con gioia a una vita da trascorrere in un nuovo convento generosamente sovvenzionato da Ercole d'Este e al ruolo che la attendeva all'interno di una comunità retta dalla celebre profetessa della corte raccolta intorno al duca.

La cronaca del convento non dice nulla circa il nome (Suor Teodora) dato a Caterina. L'assunzione di un nome diverso, a simboleggiare la metamorfosi della condizione sociale e dell'identità della novizia, era di fondamentale importanza per le giovani che entravano in convento nell'Italia del Rinascimento. I nomi non venivano scelti dalle novizie ma assegnati dal capitolo della comunità, sebbene le eventuali preferenze della candidata o della sua famiglia potessero talvolta

58. Al contrario, alcune ebree battezzate poi fattesi suore divennero celebri per il loro zelo religioso oppure assunsero ruoli apicali all'interno delle rispettive comunità religiose. In proposito si veda Tamar Herzig, '*For the Salvation of This Girl's Soul': Nuns as Converters of Jews in Early Modern Italy*, in *Gender and Spirituality in the Renaissance: Teaching Women's Religious Writings, 1300-1650, from Europe and the Americas*, a cura di Jane C. Tylus, num. monogr. di «Religions», 8, 11 (2017), pp. 252-265, in particolare p. 261.

59. Alcune ragazze ferraresi d'alto rango – comprese le figlie di Bonaventura de' Mosto e Bernardino de' Prosperi, ossia Liona ed Eleonora – preferirono il ritiro in convento alla vita matrimoniale. Sebbene il loro ruolo presso la corte gestita dalle mogli dei regnanti avrebbe garantito a Liona (damigella di Lucrezia Borgia) e a Eleonora (*donzella* di Isabella d'Este) dei matrimoni di tutto rispetto, entrambe preferirono seguire la loro vocazione monastica. In proposito si vedano Bradford, *Lucrezia Borgia*, pp. 328-329; Zarri, *La religione di Lucrezia Borgia*, pp. 129 e 304 e Isabella d'Este, *Selected Letters*, pp. 364-368. Benché solitamente dedita a trovare un buon partito per le sue damigelle, in una lettera a Giovanna Boschetta – le cui prospettive di matrimonio erano state compromesse dalla rovina politica del padre – Isabella d'Este le consigliò di ritirarsi in convento, aggiungendo che la ragazza si sarebbe forse scoperta ogni giorno più felice, viste le tante difficoltà incontrate da quelle donne che si sposano e conducono una vita da laiche (ivi, p. 276).

60. Sul ruolo delle cerimonie al fine di rendere più attraente la vita monastica cfr. Lowe, *Nuns' Chronicles*, p. 230.

influenzare tale decisione.[61] In alcuni casi (ad esempio, nel voler chiamare Suor Girolama la nipote di Girolamo Savonarola) il motivo per l'assegnazione di un nome era abbastanza ovvio.[62] Nel caso di Suor Teodora, invece, le ragioni non sono chiare. Non si trattava di un nome che rendesse omaggio alla vita laica della neofita, visto che non alludeva né al suo nome di battesimo né a quelli dei suoi parenti, battezzati con scelte onomastiche che onoravano membri della famiglia ducale. Inoltre, non aveva nulla a che fare con san Domenico, durante la cui festa era avvenuta la cerimonia della vestizione.[63] È, d'altro canto, vero che rendendo omaggio a Teodora – vergine e martire del IV secolo – il nome assunto dalla nuova suora risultava in sintonia con una delle tendenze allora più comuni all'interno delle comunità religiose femminili, ossia scegliere come patrone delle sante risalenti ai primi secoli del cristianesimo.[64] Al pari di altre antiche sante, Teodora era inoltre la protagonista di opere teatrali che venivano rappresentate dalle monache nei loro conventi; ciò era dovuto al fatto che fosse morta sia per testimoniare la propria fede sia per difendere la propria verginità, da lei votata a Dio, esattamente come avevano fatto le professe.[65]

Anche la piccola Domenica Melegini ricevette il nome di Suor Teodora quando entrò nel convento ferrarese di Santa Caterina da Siena; era il maggio 1502 e lei aveva dieci anni.[66] La coincidenza dei nomi rifletteva la notevole crescita delle monacazioni nei conventi femminili durante questo periodo.[67] In quello ferrarese di Santa Caterina da Siena il fenomeno era particolarmente accentuato perché molte delle suore avevano preso i voti in altre strutture religiose.[68] Melegini, tuttavia, non si trasferì nel convento di Santa Caterina da Siena da un'altra istituzione ma si vide assegnato il suo nome spirituale dallo stesso capitolo che lo aveva dato a Caterina / Suor Teodora appena un anno prima. Ciò suggerisce una preferenza per questo nome da parte della priora della comunità – ossia la Brocadelli – e delle altre *sorelle da officio* che si erano unite al convento ferrarese di Santa Caterina da Siena in quella sua prima fase.

61. Cfr. Strocchia, *Naming a Nun*, pp. 228-229.

62. Cfr. Herzig, *Savonarola's Women*, pp. 101-105.

63. Come scrive Kate Lowe «i nomi avevano sia un peso sia un significato, e le suore ne erano perfettamente consce», anche se è spesso difficile capire i motivi per cui si preferivano determinate scelte onomastiche all'interno delle comunità religiose; cito da Lowe, *Nuns' Chronicles*, pp. 164-165.

64. Questa strategia onomastica era già chiara all'interno dei conventi domenicani nella seconda metà del XV secolo; cfr. Strocchia, *Naming a Nun*, pp. 228-229.

65. Cfr. Elissa B. Weaver, *Convent Theatre in Early Modern Italy: Spiritual Fun and Learning for Women*, Cambridge, Cambridge University Press, 2002, pp. 97 e 111. Si veda anche l'opera teatrale su Santa Teodora in Antonia Pulci, *Florentine Drama for Convent and Festival: Seven Sacred Plays*, trad. inglese di James Wyatt Cook, a cura di James Wyatt Cook e Barbara Collier Cook, Chicago, University of Chicago Press, 1996, pp. 187-216. Teodora era un nome alla moda anche fra i membri della corte estense; in proposito si vedano Zambotti, *Diario ferrarese*, p. 337 e Bradford, *Lucrezia Borgia*, p. 165.

66. Cfr. *Cronaca di Fra Benedetto da Mantova* (ASDF, SCS, b. 3/22, c. 9v).

67. In proposito si vedano Strocchia, *Naming a Nun*, p. 227 e Lowe, *Nuns' Chronicles*, p. 162.

68. Cfr. *Cronaca di Fra Benedetto da Mantova* (ASDF, SCS, b. 3/22, c. 22r).

Nella cronaca del convento Fra Benedetto annota come Suor Teodora – un tempo ebrea – prese solennemente i voti il giorno 7 agosto 1502, un anno dopo essere entrata nel convento di Santa Caterina da Siena. Due delle *sorelle da officio* che avevano preso l'abito nel corso della stessa cerimonia di vestizione fecero a loro volta la solenne professione dei voti insieme a lei.[69] Dal punto di vista legale, la professione monastica rendeva le religiose "morte agli occhi del mondo" e la data in cui essa avveniva determinava l'anzianità delle sorelle da officio nel capitolo del loro convento. Come quella della vestizione, la cerimonia relativa alla professione dei voti era un evento da festeggiare, al quale si invitavano i parenti delle giovani.[70] Tuttavia, nel caso di Suor Teodora, la cerimonia della professione – a differenza di quella in cui aveva ricevuto l'abito domenicano – non avvenne in coincidenza di una giornata particolare e non fu ritenuta degna di nota dai cronisti ferraresi.

Pochi giorni dopo la professione di Suor Teodora, il 13 settembre 1502, il duca Ercole visitò il convento di Santa Caterina da Siena consegnando in dono alle terziarie una preziosa reliquia: parte di un dito del domenicano san Pietro Martire (1200 ca. - 1252), riposta in uno splendido tabernacolo di argento dorato. Non si trattava di uno dei tabernacoli da reliquie che Mastro Ercole aveva realizzato per il suo mecenate ducale tra la fine del XV secolo e l'inizio di quello successivo, bensì dell'opera di un orafo milanese. Ad ogni modo, il duca donò alla comunità delle terziarie anche altri oggetti liturgici in argento, tra cui un calice finemente decorato e provvisto di patena, entrambi già appartenuti alla duchessa Eleonora d'Aragona.[71] La cronaca del convento ferrarese di Santa Caterina da Siena non indica i nomi degli artisti che realizzarono questi oggetti, i quali – insieme ai prodotti tessili – erano quelli a più alto rischio di estinzione fra tutte le opere d'arte conservate nei conventi italiani.[72] Detto ciò, dal momento che Mastro Ercole era stato assunto come orafo di corte prima dalla duchessa Eleonora e poi dal duca Ercole (per il quale egli realizzò oggetti liturgici) risulta plausibile che alcuni degli oggetti d'argento nella casa delle terziarie in cui abitava Suor Teodora fossero prodotti dalla bottega di suo padre; nel qual caso, le avranno ricordato gli anni da lei trascorsi fuori dal convento.

La vita fra le mura di quell'edificio cambiò radicalmente dopo la morte del suo devoto benefattore, Ercole d'Este, nel gennaio 1505. In appena pochi mesi – e contro l'esplicito parere di Lucia Brocadelli – i nemici di quest'ultima riuscirono a trasformare la comunità di terziarie in un vero e proprio convento del secondo ordine domenicano. Brocadelli fu anche accusata di essere una finta santa e le venne proibito di impartire qualsivoglia direttiva all'interno della struttura religiosa.[73] Capitanati da Girolamo Ziliolo, alcuni membri della corte ferrarese

69. Si trattava di Suor Beatrice e Suor Stefana: cfr. ivi, c. 4v.

70. Cfr. Strocchia, *Naming a Nun*, pp. 16-19.

71. Cfr. *Cronaca di Fra Benedetto da Mantova* (ASDF, SCS, b. 3/22, cc. 10r e 13r).

72. Secondo Lowe, *Nuns' Chronicles*, pp. 320-321 i materiali un tempo appartenuti ai conventi italiani «che hanno avuto maggiore difficoltà a conservarsi sono prodotti tessili [...] e manufatti decorativi di minore importanza, come piccoli oggetti d'argento che si trovavano nelle sagrestie dei conventi».

73. Cfr. Herzig, *Savonarola's Women*, pp. 101-105.

cercarono di portare avanti l'idea che il duca Ercole aveva di questa comunità di terziarie, ma i loro tentativi in tal senso risultarono vani.[74]

Non possiamo in alcun modo constatare come Mastro Ercole vedesse questi cambiamenti. Ma anche se avesse condiviso l'opinione negativa di Ziliolo, l'ebreo battezzato si sarebbe astenuto dall'esprimere il suo parere. Al tempo stesso, non abbiamo indicazioni su cosa provasse Caterina / Suor Teodora una volta costretta a diventare monaca domenicana. Va detto, però, che a differenza di varie terziarie entrate nel convento di Santa Caterina da Siena nei primi anni della sua storia, la figlia di Mastro Ercole non cercò di lasciare la comunità quando questa venne trasformata – a tutti gli effetti – in una sede del secondo ordine domenicano.[75] Come riferito dalla cronaca del convento, Suor Teodora ricevette il velo nero delle monache domenicane direttamente dal maestro generale dell'ordine – Vincenzo Bandelli (o Bandello) di Castelnuovo (1435-1506) – il giorno 8 giugno 1505.[76] Bandelli fece sosta a Ferrara sulla via del ritorno dal capitolo generale dell'ordine, tenutosi a Milano; allertato dalle rimostranze manifestatesi all'interno dell'istituzione stessa, aveva deciso di presiedere alla cerimonia con cui le terziarie avrebbero nuovamente professato i voti, questa volta per diventare monache.[77]

Una volta che le terziarie ebbero fatto nuovamente la professione religiosa, i loro superiori decisero di eliminare tutti i casi di omonimia all'interno del convento.[78] Fra le due suore chiamate Teodora quella a cui toccò cambiare nome fu la Melegini.[79] La figlia di Mastro Ercole aveva fatto la sua professione poco prima di lei e risultava quindi più anziana secondo il capitolo del convento.[80] Tuttavia, il fatto che fra le due "Suor Teodore" quella a ricevere un nuovo nome fosse la Melegini invece dell'ex ebrea era probabilmente dovuto anche alla condizione privilegiata che il padre di quest'ultima continuava ad avere, pur dopo la morte del duca Ercole, in quanto orafo preferito dalla duchessa Lucrezia Borgia, la quale – nei primi mesi del 1506 – lo aveva aiutato a trovare un marito per Anna, la figlia più giovane.[81]

La duchessa Lucrezia sostenne la trasformazione della sede di Santa Caterina da Siena in un monastero di monache domenicane e nel 1506 il vicario generale della Congregazione Lombarda di quest'ordine le diede il permesso di visitare re-

74. Cfr. *Cronaca di Fra Benedetto da Mantova* (ASDF, SCS, b. 3/22, c. 19r).

75. Sulle terziarie che si rifiutavano di prendere i voti come monache cfr. Herzig, *Savonarola's Women*, pp. 140-142.

76. Cfr. *Cronaca di Fra Benedetto da Mantova* (ASDF, SCS, b. 3/22, c. 4v).

77. Cfr. Herzig, *Savonarola's Women*, pp. 138-139.

78. Cfr. *Cronaca di Fra Benedetto da Mantova* (ASDF, SCS, b. 3/22, c. 22r).

79. Il 28 dicembre 1505 Suor Teodora Melegini cambiò il proprio nome in Suor Diana; si veda ivi, c. 9v.

80. Circa la data in cui si erano presi i voti come criterio in base al quale determinare l'anzianità di una suora all'interno del relativo capitolo conventuale cfr. Strocchia, *Naming a Nun*, p. 16. Si tenga inoltre presente che la figlia di Mastro Ercole aveva tredici anni in più della Melegini.

81. Cfr. Maria Bellonci, *Lucrezia Borgia*, Milano, Mondadori, 1989 (ristampa dell'edizione 1939), p. 539.

golarmente l'edificio, potendo così aggirare – lei sola – la regola di clausura che vi era vigente.[82] Essendo un'importante patrona della comunità di Santa Caterina da Siena, la duchessa si trovava in una posizione privilegiata per avanzare richieste a quelle religiose.[83] Pertanto, non sarebbe stato difficile per Lucrezia evitare che il nome della figlia del suo orafo – già cambiato nel 1491 al momento del battesimo e poi di nuovo nel 1501, per la vestizione – venisse mutato una terza volta. La condizione delle suore all'interno delle comunità religiose nell'Italia del Rinascimento rispecchiava fedelmente la condizione delle rispettive famiglie nella società civile dell'epoca; non vi è dubbio che il ruolo di Mastro Ercole quale orafo al servizio della duchessa di Ferrara contribuisse a salvaguardare gli interessi della figlia.[84] Suor Teodora Melegini, il cui padre si era ucciso annegandosi nel 1496,[85] non poteva contare su una simile rete di relazioni a suo favore al di fuori del monastero.

Una nota manoscritta sul margine della pagina in cui si ricorda la cerimonia di vestizione di Caterina / Suor Teodora e quando prese i voti riferisce che morì l'ultimo giorno di giugno del 1506.[86] All'epoca aveva solo ventisette anni. La nota relativa alla sua morte non ne indica la causa, sebbene un decesso a ventisette anni fosse prematuro per una suora in un monastero di clausura, ossia in un ambiente protetto dalle insidie delle malattie infettive e che doveva difendere le religiose dai maggiori pericoli che affliggevano le donne fra i venti e i trent'anni, cioè quelli connessi alle gravidanze e ai parti.[87]

La maggior parte di coloro che entrarono nel convento di Santa Caterina da Siena all'incirca nello stesso periodo in cui Suor Teodora si fece suora vi restò per vari decenni e morì dopo i cinquanta o anche i sessant'anni.[88] È tuttavia interessante notare che Suor Beatrice – compagna di Suor Teodora sia alla cerimonia di vestizione sia a quella per la professione dei voti – passò a miglior vita a soli diciott'anni, ossia quattro anni dopo la sua entrata nel convento di Santa Caterina da Siena. Stando alle informazioni riportate sui margini della cronaca di quell'istituto, Suor Beatrice fu la prima religiosa della comunità a morirvi (il 26 novembre 1505), seguita – sette mesi dopo – da Suor Teodora.[89]

82. Cfr. Herzig, *Savonarola's Women*, pp. 138-139.

83. Più tardi tre damigelle di Lucrezia entrarono nel convento di Santa Caterina da Siena e la duchessa pagò per le loro doti relative alla monacazione; cfr. Zarri, *La religione di Lucrezia Borgia*, pp. 129 e 304.

84. Malgrado la pressione esercitata dalla Chiesa per sciogliere i legami tra le professe e le famiglie in cui erano nate, nel XVI secolo le suore continuarono a ricevere favori e protezione da parte di parenti (soprattutto i loro padri e i fratelli) ben inseriti nel contesto sociale; cfr. Lowe, *Nuns' Chronicles*, p. 55.

85. Come riferito in Pardi, *Diario ferrarese dall'anno 1409 sino al 1502 di autori incerti*, p. 174.

86. Cfr. *Cronaca di Fra Benedetto da Mantova* (ASDF, SCS, b. 3/22, c. 4v). Suor Teodora era già morta quando le figlie di Bonaventura de' Mosto e Antonio Costabili – i quali avevano interrogato suo padre – entrarono nel convento di Santa Caterina da Siena, rispettivamente nel 1513 e 1514; si veda ivi, c. 25v.

87. Cfr. Brown, *Everyday Life, Longevity, and Nuns*, pp. 124-133.

88. Cfr. *Cronaca di Fra Benedetto da Mantova* (ASDF, SCS, b. 3/22, cc. 2r, 3v e 5v).

89. Ivi, c. 4v.

Non sappiamo nulla della vita trascorsa da Suor Teodora in quella struttura intitolata a Santa Caterina da Siena dall'agosto 1501 alla fine di giugno 1506. Forse riuscì a ritagliarsi un'esistenza accettabile – se non addirittura appagante – come donna votata a Dio, alla pari di altre religiose che avevano preso il velo per reagire a difficoltà di tipo socioeconomico o a pressioni da parte delle loro famiglie.[90] Bisogna notare, in proposito, che non soltanto Lucia Brocadelli ma anche alcune delle suore che erano entrate nel convento di Santa Caterina da Siena all'incirca nello stesso periodo di Suor Teodora vedevano di buon occhio la monacazione di ex ebree.

La cronaca di questo istituto domenicano indica che negli anni Trenta e Quaranta del XVI secolo tre suore di origine ebraica vi presero il velo: Suor Caterina Maria (1517-1563) nel 1532, Suor Renata Margherita (1525-1546) nel 1541 e Suor Domicilla (1531-1598) nel 1542.[91] Esse si unirono alla comunità di Santa Caterina da Siena durante una fase di transizione dell'istituto, quando a dirigerlo vi era Suor Girolama Savonarola, cui successero in quel ruolo altre devote della Brocadelli.[92] La menzione di quattro religiose di origine ebraica nella cronaca del convento ferrarese ribadisce quanto fossero vari i profili delle religiose che ne facevano parte nella prima metà del Cinquecento. Altre comunità religiose femminili ispirate al magistero savonaroliano – ad esempio, Le Murate a Firenze – avevano adottato una simile strategia di apertura nei confronti delle ebree battezzate, cosa non certo comune fra le istituzioni monastiche della penisola italiana.[93]

Suor Caterina Maria, Suor Renata Margherita e Suor Domicilla si unirono alla comunità di Santa Caterina da Siena a Ferrara quando il processo che avrebbe portato alla riabilitazione di Lucia Brocadelli quale figura di santa era da tempo iniziato.[94] Le religiose più anziane nel capitolo del monastero – cui erano affidati i ruoli chiave all'interno della comunità in quegli anni – erano devote ammiratrici della Brocadelli e alcune di loro (in particolare la nipote di Fra Girolamo) mostravano evidenti tendenze savonaroliane. Accogliendo fra le loro fila ragazze nate e cresciute in famiglie ebree, queste sorelle non solo manifestavano la propria adesione all'ideologia di Savonarola ma seguivano le orme della stessa Brocadelli, la quale aveva presieduto alla vestizione e alla professione solenne dei voti da parte della figlia di Mastro Ercole. Considerando quella che sarebbe poi stata la loro condotta, sembra quanto mai plausibile che già nei primi anni trascorsi nella comunità religiosa di Santa Caterina da Siena le seguaci della Brocadelli abbiano compiuto notevoli sforzi per aiutare la neofita Suor Teodora ad adattarsi a una vita di clausura da condursi fra quelle mura.

90. Si vedano Evangelisti, *Nuns*, pp. 19-23 e Monson, *Nuns Behaving Badly*, pp. 17-18.

91. Si veda la *Cronaca di Fra Benedetto da Mantova* (ASDF, SCS, b. 3/22, cc. 29v e 31r).

92. In proposito cfr. *Repertorio generalissimo* (ASDF, SCS, b. 6 / 2, alla voce *Priore*). Per i cambiamenti che avvennero nel convento durante quegli anni cfr. Herzig, *Savonarola's Women*, pp. 179-180.

93. Cfr. Lowe, *Nuns' Chronicles*, pp. 157-159.

94. Cfr. Herzig, *Savonarola's Women*, pp. 178-183.

15. La bottega di famiglia: Mastro Ercole e i suoi figli

Mentre la figlia si faceva monaca, Mastro Ercole era più impegnato che mai. Il suo maggiore mecenate – Ercole d'Este – continuava a ordinargli opere a carattere religioso di grandi dimensioni. Prima dell'8 novembre 1501 l'orafo aveva consegnato al duca uno dei tabernacoli d'argento da lui dorati, smaltati e cesellati, mettendosi subito al lavoro per realizzargli uno splendido cofanetto in argento.[1] Un anno dopo, Simone Serafino da Milano – il funzionario estense incaricato di reperire il legname – fornì a Mastro Ercole trentasette «travi».[2] Solitamente i funzionari ferraresi procuravano queste "travi" ai falegnami (che le usavano per costruire impalcature o strutture temporanee) non agli orafi. Mastro Ercole deve averle ottenute come una forma di pagamento in natura.[3] I salariati della corte ducale ricevevano regolarmente questo genere di compenso, il quale costituiva una parte considerevole della loro paga e poteva raddoppiare (o addirittura triplicare) il valore monetario dello stipendio da loro percepito.[4]

Il 5 maggio 1503 l'ufficio delle «munizioni e fabbriche» – cui spettava coordinare le attività delle botteghe e dei cantieri a Ferrara – ordinò che si facesse un pagamento a Simone Serafino per le travi da lui consegnate a «Maestro Hercule oreveso già hebreio».[5] Che nei registri ufficiali dell'amministrazione ferrarese il mastro orafo venisse ancora indicato – più di un decennio dopo aver ricevuto il battesimo – come ex ebreo dimostra quanti fossero gli ostacoli da superare prima che un convertito adulto venisse assimilato alla società cristiana. Una precisa-

1. In proposito cfr. ASMo, CD, AC, *Guardaroba*, num. 121 (*Libro de recordi de guardaroba*, 1495-1509), cc. 8r e 65v.

2. Simone Serafino da Milano, solitamente indicato solo come Simone da Milano, iniziò a svolgere il ruolo di *officiale al lignaro* (o *sopra la legnaia*) nel 1502, In proposito si veda Guerzoni, *Este courtiers, 1457-1628*, disponibile al seguente sito Internet: www.academia.edu /2925252/Este_Courtiers_1457-1628.

3. Ringrazio il dott. Alessio Assonitis per avermi suggerito questa ipotesi. In merito al vario uso che poteva essere fatto delle travi – come si evince dalla lettura dei registri relativi al ducato ferrarese per i secoli XV e XVI – cfr. Tuohy, *Herculean Ferrara*, pp. 253 nota 104, 263 nota 162, 327 nota 140, 335 nota 195 e 481-482.

4. Cfr. Guerzoni, *The Italian Renaissance Courts' Demand for the Arts*, p. 64.

5. Cito da ASMo, CD, AC, *Munizioni e fabbriche,* no. 42, cc. 2v-4r (in particolare c. 4r per la formula «Maestro Hercule oreveso già hebreio»). Circa l'ufficio delle "munizioni e fabbriche" cfr. Guerzoni, *Apollo and Vulcan*, pp. 83-85.

zione del genere aveva una sua ragion d'essere, ad esempio, nella cronaca del convento di Santa Caterina da Siena; in quel caso serviva a porre in rilievo – con una certa enfasi celebrativa – la monacazione della figlia di Mastro Ercole, a sua volta ebrea e poi battezzata. Ma per i registri della tesoreria ducale una simile spiegazione non può sussistere. Piuttosto, il riferimento al suo passato ebreo in atti di natura fiscale dimostra che né i tabernacoli da reliquie che aveva realizzato né i voti con cui la figlia aveva consacrato la propria vita a Gesù bastavano a mettere l'orafo sullo stesso piano di chi da sempre era cristiano.

Al tempo stesso, appariva chiaro come vari personaggi della famiglia d'Este continuassero ad apprezzare il suo talento artistico; altrettanto ovvio è che l'orafo accettò un numero di ordinazioni superiore alle proprie forze.[6] Nel gennaio 1504 Isabella d'Este gli commissionò delle *maniglie* (una sorta di bracciali) ma dovette attendere più di un anno e mezzo prima che lui le finisse.[7] Era frequente che gli artisti accettassero più lavori di quanti potessero realizzarne entro un determinato periodo di tempo; tutto ciò sfociava poi in scadenze non rispettate e tensioni con i committenti.[8] Fatto sta che l'ampia documentazione conservata nell'archivio Gonzaga a Mantova ci permette di ricostruire la lenta produzione di queste *maniglie*, le quali – una volta finito il lavoro – furono lodate come un'opera sublime, straordinaria anche nei minimi dettagli.

Figlia di due raffinati cultori delle arti quali Ercole d'Este ed Eleonora d'Aragona, Isabella aveva sviluppato sin da giovane un senso critico esigente in fatto di estetica; essa desiderava intensamente crearsi l'immagine di un'abile donna di potere attraverso il mecenatismo delle arti. La penuria di mezzi propri, tuttavia, limitò la sua capacità di intraprendere progetti architettonici che potessero manifestare a tutti la virtù della magnificenza. Isabella cercò quindi di promuovere il suo prestigio personale sfoggiando ricchezza, buoni costumi e competenze artistiche attraverso gioielli alla moda.[9] Era famosa per la tendenza a sottolineare il complesso significato dei suoi lussuosi accessori prediligendo forme originali; i gioielli avevano un ruolo importante negli sforzi da lei profusi per rafforzare la sua gestione del potere insieme a Francesco Gonzaga in un modo che risultasse proficuo alla dinastia.[10]

6. In quanto orafo di corte il suo ritmo di lavoro dipendeva dalle richieste del suo principale committente ma gli restava la possibilità di lavorare anche per altri soggetti che si rivolgessero a lui per i suoi servizi. In proposito cfr. Taylor, *Silver and Gold*, p. 172.

7. Cfr. Luzio e Renier, *Il lusso di Isabella d'Este*, pp. 44-45. Si veda ivi, nota 5 a p. 44 per una definizione del termine *maniglie.*

8. A questo riguardo si veda Welch, *Art and Society in Italy, 1350-1500*, pp. 112 e 119.

9. Cfr. Alison Cole, *Art of the Italian Renaissance Courts: Virtue and Magnificence*, London, Everyman Art Library, 1995, pp. 160-161. Sul contributo offerto dagli orafi alle dinamiche rinascimentali attraverso cui veniva ostentata la ricchezza cfr. Stuard, *Gilding the Market*, pp. 180-181.

10. In proposito si vedano Cockram, *Isabella d'Este and Francesco Gonzaga*, p. 5; Syson e Thornton, *Objects of Virtue*, p. 137 e Welch, *Art on the Edge*, pp. 244-261. Per l'uso straordinario di gioielli nell'Europa rinascimentale rispetto alle epoche precedenti (dovuto in massima parte alle nuove scoperte geografiche e al diffondersi di un mercato globale relativo ad argento, oro e pietre preziose) cfr. Rublack, *Dressing Up*, pp. 20-21.

Durante un'epoca in cui la bellezza fisica era ritenuta indice di virtù, la luce emanata dai corpi dei prìncipi italiani e delle loro consorti serviva a veicolare messaggi che parlavano di sovranità e condizione sociale. All'interno di questa semiotica abbagliante finalizzata a esaltare la nobiltà, spiccavano – per i costi particolarmente elevati – le pesanti collane d'oro indossate dagli uomini di rango aristocratico (come quella che Salomone/Ercole aveva prodotto per Francesco Gonzaga nel 1491), le smaglianti armature e armi come le spade da lui realizzate per Ercole d'Este e Cesare Borgia dopo il battesimo.[11] Nonostante ciò, anche oggetti di gioielleria meno costosi e più piccoli – seppur a loro volta brillanti, come i braccialetti – assunsero un'importanza mai avuta prima nel processo di autorappresentazione di nobildonne quali Isabella d'Este.

Dopo il matrimonio e il trasferimento a Mantova, Isabella prese a visitare regolarmente Ferrara e rimase in stretto contatto coi membri di quella corte, i quali la aiutavano ad acquistare le opere prodotte da artisti e artigiani della sua città natale. Sebbene non si trattasse di un rapporto di lavoro in senso stretto e gli intermediari di Isabella non richiedessero mai alcun compenso per i servizi forniti, fu proprio grazie a loro che ella poté – seppur a distanza – ordinare oggetti di lusso. Si trattava di una procedura complessa, che prevedeva lo scambio di missive (inclusi disegni), per far sì che i desideri del committente venissero soddisfatti appieno.[12] Girolamo Ziliolo – uno dei più importanti agenti di Isabella a Ferrara – aveva anche il compito di negoziare le ordinazioni dei braccialetti fatte a Mastro Ercole e fornirgli l'oro necessario a tal fine.

Il 18 maggio 1504 Ziliolo informò Isabella che, secondo l'orafo, la somma da lei pattuita per pagare le *maniglie* non sarebbe bastata a realizzare un'opera degna del suo prestigio.[13] L'accenno alla reputazione di Isabella era senza dubbio opportuno in tale contesto, poiché la marchesa non faceva segreto del suo desiderio di ottenere oggetti di qualità insuperabile.[14] Abituato agli alti livelli richiesti dalla nobildonna di cui era al servizio, Ziliolo accettò di pagare l'ulteriore somma necessaria in sua vece.

Il cortigiano ferrarese – il quale, nel 1491, aveva fatto avere a Isabella la legatura dorata prodotta da Mastro Ercole – fu più tardi coinvolto nella supervisione dei decori che abbellivano la sede delle terziarie a cui si era unita Suor Teodora, la figlia dell'orafo. Grazie a una sua parente (nota come "la Ziliola"), che figurava tra le damigelle di Lucrezia Borgia, Ziliolo aveva familiarità anche con Anna, la figlia più giovane dell'orafo.[15] Nel 1504, quando stava negoziando col celebre orafo la produzione di quelle *maniglie*, egli conosceva ormai bene Salomone/

11. Cfr. Cole, *Art of the Italian Renaissance Courts*, pp. 162-163 e McCall, *Brilliant Bodies*, pp. 445-450.

12. Cfr. Welch, *Shopping in the Renaissance*, pp. 258-267.

13. Mi riferisco alla lettera di Girolamo Ziliolo a Isabella d'Este datata 18 maggio 1504 (ASMn, AG, b. 1890, c. 189).

14. Cfr. Welch, *Shopping in the Renaissance*, pp. 250-251.

15. Come riferito da Bernardino de' Prosperi nella sua lettera a Isabella d'Este datata 8 gennaio 1502 (ASMn, AG, b. 1238, c. 241) e in quella del 7 settembre 1507 (ASMn, AG, b. 1241, c. 450).

Ercole; in tale circostanza osservò che l'artista era notoriamente lento nel portare a termine le opere commissionategli. Il 27 maggio di quell'anno Ziliolo promise che avrebbe fatto tutto il possibile per garantire una rapida produzione dei bracciali richiesti, ma il 15 giugno si vide costretto a informare Isabella che Mastro Ercole era impegnato con dei lavori commissionati dal fratello di lei, il cardinale Ippolito d'Este (1479-1520).[16]

Seppur uomo di Chiesa, il cardinale Ippolito – uno fra i più ricchi prelati della penisola italiana – nutriva particolare interesse per le armi e le armature; inoltre, era noto il suo coinvolgimento nelle vicende militari relative alle Guerre d'Italia.[17] Nel 1499 suo padre lo rimproverò per aver ordinato spade di fattura particolare di cui intendeva servirsi lui stesso.[18] Non sorprende, quindi, che il cardinale ammirasse le opere di Mastro Ercole, il celebre artista che aveva forgiato la "Regina delle spade" di Cesare Borgia.[19]

Nel dispaccio da lui spedito il 15 giugno Ziliolo suggerì che si desse a Mastro Ercole un'ulteriore scadenza di dieci giorni, dopo la quale – se non avesse consegnato il lavoro promesso – Isabella lo avrebbe fatto arrestare dal padre. In quella circostanza Ziliolo si scusò per non essere riuscito a far realizzare più in fretta le *maniglie*, spiegando che il motivo consisteva nel suo dover trattare «cum huomo che mai non dice il vero».[20] Queste parole riportano alla mente l'opinione espressa dal marito di Isabella quasi un decennio prima, quando ordinò che Mastro Ercole venisse bandito dal suo territorio a causa delle accuse – apparentemente mendaci – da lui mosse contro gli ebrei mantovani.

In data 8 luglio l'ansiosa marchesa si rivolse direttamente al fratello Ippolito. Lamentandosi, ella faceva notare come fossero ormai trascorsi quattro mesi da quando Mastro Ercole aveva accettato di fare quei bracciali eppure non era nemmeno chiaro se avesse o no cominciato a lavorarci.[21] Isabella si diceva sicura che

16. Si vedano le lettere di Girolamo Ziliolo a Isabella d'Este del 27 maggio e del 15 giugno 1504 (ASMn, AG, b. 1890, cc. 190 e 191). Sul lungo servizio prestato da Ziliolo quale agente di Isabella a Ferrara cfr. Luzio e Renier, *Il lusso di Isabella d'Este*, pp. 38, 45, 46, 73, 74, 86-87 e 105.

17. A riguardo si vedano Enrica Guerra, *L'educazione militare del cardinale Ippolito I d'Este*, in *Formare alle professioni: La cultura militare tra passato e presente*, a cura di Monica Ferrari e Filippo Ledda, Milano, FrancoAngeli, 2010, pp. 101-115 e Lewis Lockwood, *Adrian Willaert and Cardinal Ippolito I d'Este: New Light on Willaert's Early Career in Italy, 1515-21*, in «Early Music History» , 5 (1985): pp. 85-112, in particolare pp. 87, 92 e 95.

18. Si veda la lettera di Ercole d'Este al cardinale Ippolito d'Este del 19 agosto 1499 (ASMo, ASE, Casa e Stato, b. 69).

19. Sugli artisti impiegati da Ippolito e dai successivi cardinali estensi cfr. Guido Guerzoni, *Between Rome and Ferrara: The Courtiers of the Este Cardinals in the Cinquecento*, in *Art and Identity in Early Modern Rome*, a cura di Jill Burke e Michael Bury, Burlington (VT), Ashgate, 2008, pp. 59-77.

20. Cito dalla lettera di Girolamo Ziliolo a Isabella d'Este datata 15 giugno 1504 (ASMn, AG, b. 1890, c. 191), in cui il brano in questione così recita: «Sia certo la Signoria Vostra che de solicitudine non mancho ma io ho a fare cum homo che mai non dice il vero».

21. Si veda la lettera di Isabella d'Este al cardinale Ippolito I d'Este datata 8 luglio 1504 in *Alcune lettere di principesse di casa Gonzaga cavate per la maggior parte dall'Archivio Storico in Mantova*, a cura di Pietro Ferrato, Imola, Ignazio Galeati e figlio, 1879, p. 3. Due settimane

il fratello avrebbe compreso quale desiderio lei provasse; da tipico prelato del Rinascimento qual era (e che, quindi, nutriva grande stima per il talento dell'orafo) Ippolito comprendeva senz'altro.[22] La marchesa chiese al cardinale di contattare Mastro Ercole di persona e dirgli chiaramente che le *maniglie* andavano finite subito. Aggiunse poi, in merito ai bracciali: «Se io non li porto adesso, ch'è estate, e che le bracie se portano scoperte, quasi che poi non me ne curarò».[23]

La stagione d'oro della moda rinascimentale era l'inverno, quando si indossavano diversi strati di vesti, gioielli pesanti e cinture. In estate, al contrario, erano poche le possibilità di sfoggiare abbellimenti che non procurassero notevole fastidio a causa del caldo.[24] Una fra queste poche opportunità era appunto costituita dai braccialetti indossati dalle nobildonne sulle braccia scoperte; si capisce, quindi, perché Isabella si sforzasse così tanto di ottenere delle *maniglie* che garantissero il maggior effetto possibile.

Riconosciuta sin dal 1494 come "la primadonna del mondo", Isabella era ammirata dalle signore di tutta l'aristocrazia europea quale fonte insuperabile di informazioni sull'ultima moda, sempre alla ricerca di accessori, tessuti e gioielli.[25] Come notato da Evelyn Welch, l'intenso impegno con cui Isabella si sforzava di promuovere e mantenere la propria reputazione di originalità per quel che concerneva le acconciature e la moda procurò vari, indubitabili vantaggi politici in un'epoca come quella delle Guerre d'Italia, segnata da una notevole attività militare e continui mutamenti dei confini territoriali.[26] Quel che la marchesa desiderava sfoggiare sulle sue braccia nude erano *maniglie* create da un artista di genio.

Il cardinale Ippolito fece come richiesto e poi riferì alla sorella, la quale il 13 luglio gli scrisse di insistere con l'orafo.[27] Il 22 agosto Mastro Ercole aveva iniziato a lavorare alle maniglie; quando furono mostrate a Ziliolo questi le descrisse come le più belle ed eleganti che avesse mai visto, per quanto ancora lungi dall'essere terminate. A riguardo, Ziliolo aggiunse che aveva rimproverato Mastro Ercole alla presenza di Lucrezia Borgia per il troppo tempo speso a completare il lavoro.[28]

prima Girolamo Ziliolo aveva ribadito la promessa di continuare a fare tutto il possibile per ottenere le *maniglie*: si veda la sua lettera a Isabella d'Este datata 21 giugno 1504 (ASMn, AG, b. 1890, c. 192).

22. Sugli interessi mondani del cardinale Ippolito cfr. Herzig, *"Christ Transformed into a Virgin Woman"*, pp. 172-173.

23. Cito dalla lettera di Isabella d'Este a Ippolito d'Este datata 8 luglio 1504 secondo l'edizione offertane da Ferrato in *Alcune lettere di principesse di casa Gonzaga*, p. 3.

24. Cfr. Stuard, *Gilding the Market*, p. 230.

25. In proposito si vedano Stephen Kolsky, *Images of Isabella d'Este*, in «Italian Studies», 39 (1984), pp. 47-62, soprattutto p. 54, e Welch, *Shopping in the Renaissance*, pp. 250-253.

26. Cito da Welch, *Art on the Edge*, p. 254.

27. Pochi giorni dopo Isabella ringraziò nuovamente il fratello per gli sforzi da lui compiuti in tal senso. Le sue lettere del 13 e 19 luglio 1504 al cardinale Ippolito si leggono in ASMo, ASE, Cancelleria marchionale poi ducale Estense, Carteggio di Principi e signorie, Italia, Mantova, b. 1196, cc. 260 e 261.

28. Si veda la lettera di Girolamo Ziliolo a Isabella d'Este datata 22 agosto 1504 (ASMn, AG, b. 1890, c. 194).

Figlia di Alessandro VI, il cosiddetto "papa delle gemme", Lucrezia – come Isabella d'Este – aveva un gusto raffinato per le pietre e i metalli preziosi.[29] A prescindere dal fatto che l'Alfonso (o Alonso) al suo seguito e incaricato di custodirne i gioielli nel viaggio da Roma fosse davvero il figlio primogenito di Mastro Ercole oppure no, poco dopo il suo arrivo a Ferrara ella iniziò a commissionare opere all'autore di quella "Regina delle spade" posseduta dal fratello Cesare. Tuttavia, malgrado la comune stima per Salomone/Ercole nutrita da Lucrezia e da sua cognata, i gelidi rapporti fra le due donne fecero sì che Isabella preferisse non rivolgersi a lei direttamente.

La relazione della marchesa di Mantova con la seconda moglie di suo fratello fu segnata da una rivalità che non riguardava solo il mecenatismo artistico, musicale e letterario ma si estendeva anche ai capi d'abbigliamento e agli accessori di lusso.[30] Figlia del duca di Ferrara e nipote del re di Napoli, ella guardava dall'alto in basso Lucrezia, discendente di una famiglia della piccola aristocrazia spagnola e nata da una relazione extraconiugale.[31] Siccome la marchesa non voleva affidarsi a Lucrezia, Isabella faceva in modo che fosse Ziliolo (assai apprezzato da entrambe le donne) a discutere dei ritardi di Mastro Ercole con sua cognata.[32]

Ziliolo riferì quindi a Lucrezia che non lavorando alle *maniglie* Mastro Ercole stava – di fatto – dimostrandosi irrispettoso nei confronti della regnante casa d'Este, di cui Isabella era figlia. Pertanto, l'orafo meritava di essere gettato «nel fondo di una torre», ossia in una delle prigioni situate nelle umide fondamenta di tre delle quattro torri del Castel Vecchio a Ferrara: Torre Marchesana, Torre San Michele e Torre San Paolo.[33] Ziliolo, tuttavia, aggiungeva che il ritardo non era dovuto solo a Mastro Ercole; altri suoi clienti, infatti, lo costringevano a lavorare contemporaneamente ai bracciali e ad altre ordinazioni. L'artista assicurò quindi a Ziliolo che avrebbe terminato le *maniglie* entro venti giorni; dopo di che, il 28 agosto, il cortigiano ferrarese inviò un'altra lettera a Isabella, ribadendo che stava

29. Cfr. Bellonci, *Lucrezia Borgia*, pp. 538-542.

30. Si vedano William F. Prizer, *Isabella d'Este and Lucrezia Borgia as Patrons of Music: The Frottola at Mantua and Ferrara*, in «Journal of the American Musicological Society», 38, fasc. 1, primavera 1985, pp. 1-33, soprattutto pp. 4-8, e Welch, *Shopping in the Renaissance*, p. 259.

31. Cfr. Luzio e Renier, *Il lusso di Isabella d'Este*, p. 45 e Alessandro Luzio, *Isabella d'Este e i Borgia*, in «Archivio storico lombardo», 41, s. V, fasc. 1, 1914, pp. 673-753. Si veda anche Allyson Burgess Williams, *Rewriting Lucrezia Borgia: Propriety, Magnificence, and Piety in Portraits of a Renaissance Duchess*, in *Wives, Widows, Mistresses, and Nuns in Early Modern Italy: Making the Invisible Visible through Art and Patronage*, a cura di Katherine A. McIver, Aldershot, Ashgate, 2012, pp. 77-98, in particolare pp. 79-80.

32. Sul rapporto fra Lucrezia e Ziliolo cfr. Bradford, *Lucrezia Borgia*, pp. 234 e 362-363.

33. Cito dalla lettera di Girolamo Ziliolo a Isabella d'Este datata 22 agosto 1504 (ASMn, AG, b. 1890, c. 194), il cui brano in questione così recita: «ala presentia de la Duchessa mi turbai talmente cum questo Maestro che certo poco mancò per respecto di Vostra Signoria non lo facesse ponere nel fondo di una torre». Sulle carceri che si trovavano presso le fondamenta delle torri di Castel Vecchio a Ferrara si vedano Luigi Napoleone Cittadella, *Il Castello di Ferrara: Descrizione storico-artistica*, Ferrara, Tipografia Bona, 1875; ristampa anastatica Ferrara: Arnaldo Forni, 1981, pp. 27-28 e Tuohy, *Herculean Ferrara*, p. 97.

facendo di tutto per mettere pressione a Mastro Ercole.[34] Malgrado ciò, la scadenza dei venti giorni trascorse e l'orafo ancora non aveva consegnato i bracciali.

Il 22 settembre Ziliolo era pronto a farlo arrestare ma la straordinaria bellezza delle *maniglie* – seppur non ancora finite – lo convinse a desistere dal suo iniziale proposito. Dopo una visita alla bottega di Mastro Ercole, Ziliolo così scrisse a Isabella:

> Circa le Maniglie de prefata Signoria Vostra hormai me vergogno scriverni più cosa alcuna, che non mancho di questo tristo busardo ne ho erubescentia. Nondimeno adciò quella habbia notitia in qual termino se ritrovamo gli significo come sonto [sic] andato a casa di Hercule a ritrovarlo in persona, perché mandandoli non se ritrovava, et cum proposito lì andai de farlo condure in pregione [...] et giontoli sopra improvisto lo ritrovai cum lavori de la Duchessa [Lucrezia Borgia],[35] et del Reverendissimo Cardinale [Ippolito d'Este] molto occupato, et se bene cum grande colera li dixi parole assai iracunde, e minatorie, nondimeno compreso la iusta causa di la tardità sua [...] mitigai alquanto la mia iracundia. Et visto in che termini erano dicte maniglie, che erano proxime al fine, et etiam considerata la ellegantia de quelle, me remessi, et de novo volsi promissione certa da lui quando me dovea darle perfecte. La quale promissione non ha potuto esser prima che al fine del sequente proximo mese. Se bene mi ha parso ardua questa dilatione, & ch'io li sia condesceso contra mia voglia; nondimeno visto la singularità del opera non mi è parso per alcun modo levargela di mano, ma più presto exhortare Vostra Excellentia a patientia.[36]

In questa lettera trovano sfogo vari sentimenti: imbarazzo, vergogna, collera e rabbia. All'epoca, ossia all'inizio del XVI secolo, tutti questi sentimenti erano considerati reazioni legittime a quel processo – spesso snervante – finalizzato a procurarsi un'opera d'arte. La formula usata nella missiva per indicare l'autore delle maniglie (vale a dire "Ercole", senza il titolo onorifico di "Mastro") può forse indicare ulteriormente la frustrazione provata da Ziliolo nel suo interagire con quest'orafo in ritardo sulle consegne. Tuttavia, riflettendo i rapporti di potere in gioco, le fonti dell'archivio Gonzaga rivelano soprattutto l'ansia che attanagliava il funzionario al servizio di Isabella; il protagonista della nostra storia – l'artista oberato di lavoro a cui Ziliolo rivolge le sue minacce – dice poco o nulla. Soltanto le azioni di Salomone/Ercole vengono registrate, dai suoi iniziali tentativi di evitare lo scontro con l'inviato di Isabella (ignorando le sue richieste) ai successivi sforzi per placarne la rabbia impressionandolo con la bellezza dell'oggetto su cui stava lavorando. In base a questi documenti e considerando il periodo da lui trascorso nelle carceri ferraresi è lecito supporre che Mastro Ercole fosse terrorizzato dalle minacce dell'influente cortigiano.

34. Si vedano le lettere di Girolamo Ziliolo a Isabella d'Este datate 22 e 28 agosto 1504 (ASMn, AG, b. 1890, cc. 194 e 196).

35. Siccome la consorte di Ercole d'Este – Eleonora d'Aragona – era deceduta, Lucrezia veniva comunemente detta "la duchessa di Ferrara" anche prima che suo marito Alfonso salisse al trono ducale nel gennaio 1505.

36. Cito dalla lettera di Girolamo Ziliolo a Isabella d'Este datata 22 settembre 1504 (ASMn, AG, b. 1890, c. 197). Malgrado alcune minime discrepanze nella trascrizione, la forma di questo testo da me offerta concorda con quella di Giancarlo Malacarne, *Fruscianti vestimenti e scintillanti gioie: La moda a corte nell'età gonzaghesca*, Verona, Linea Quattro, 2012, p. 160.

Lo stesso Ziliolo ammetteva che Salomone/Ercole stava lavorando notte e giorno per soddisfare le ordinazioni ricevute dai vari nobili che si rivolgevano a lui. Le scuse avanzate dall'orafo – notava Ziliolo – erano, quindi, fondate e appunto per tale motivo si asteneva dall'imprigionarlo. Malgrado ciò e l'eccezionale eleganza delle *maniglie*, palese anche nella loro incompletezza, Ziliolo ribadì l'opinione da lui già espressa il 15 giugno, ossia che il celebre artista fosse un inguaribile bugiardo.[37]

Nel succitato dispaccio Ziliolo inserì cautamente un accenno al fatto che anche Lucrezia Borgia risultava tra coloro che impedivano a Mastro Ercole di dedicarsi alle *maniglie*. Come il corrispondente di Isabella ben sapeva, una volta giunta a Ferrara Lucrezia aveva assunto alcuni degli ex stipendiati della marchesa, suscitando così il risentimento di quest'ultima.[38] Appena letto il resoconto di Ziliolo, Isabella comprese che dovendo confrontarsi con l'ormai anziano padre – il duca Ercole (poco incline a veder gettato in carcere il suo amato convertito per un ritardo nella consegna di gioielli a lui commissionati) – quel funzionario aveva ben poche possibilità di far accelerare la consegna dell'ordinazione.[39] Si rivolse quindi a Girolamo Magnanino, stretto collaboratore di suo fratello Alfonso, sperando che intervenisse in maniera più drastica per risolvere la questione.[40]

Magnanino – cui si deve uno dei resoconti del battesimo di Salomone da Sessa nel 1491 – conosceva l'orafo da ormai più di un decennio.[41] Come Ziliolo, egli sapeva del compromettente passato di Mastro Ercole ed era al tempo stesso conscio dell'ammirazione nutrita da vari membri della corte ferrarese per la sua abilità artistica. Magnanino informò la marchesa che l'orafo e suo figlio erano stati malati per circa dodici giorni ma, non appena possibile, avevano entrambi ripreso a lavorare alle sue *maniglie*.[42] Il messaggio di Magnanino rivela che nel 1504 Alfonso – il cui destino coincideva con quello del padre sin da quando si erano fatti battezzare insieme – lavorava già accanto a Mastro Ercole come orafo qualificato.

Alfonso deve essersi ammalato insieme al padre, restando poi a letto per lo stesso numero di giorni. Gli ulteriori accenni alle frequenti malattie di Mastro Ercole contenuti nelle lettere dei corrispondenti di Isabella inducono a pensare

37. Mi riferisco alla lettera di Girolamo Ziliolo a Isabella d'Este datata 15 giugno 1504 (ASMn, AG, b. 1890, c. 191).

38. In proposito si vedano Prizer, *Isabella d'Este and Lucrezia Borgia*, pp. 6-7; il saggio introduttivo di Nelson e Zeckhauser a *The Patron's Payoff*, p. 4 e Welch, *Shopping in the Renaissance*, pp. 250-251.

39. Isabella rispose a Girolamo Ziliolo esprimendo la propria soddisfazione per le splendide maniglie nella sua lettera del 25 settembre 1504 (ASMn, AG, b. 2994, lib. 17, c. 36v).

40. Sullo stretto rapporto fra Magnanino e Alfonso d'Este, che in seguito lo avrebbe scelto come proprio segretario ducale, cfr. Ughi, *Dizionario storico degli uomini illustri ferraresi*, pp. 45-46. D'atro canto, Isabella si affidava a Magnanino per far pervenire le proprie richieste ad Alfonso e ottenere informazioni sul fratello; cfr. Isabella d'Este, *Selected Letters*, p. 114.

41. Si veda la lettera di Girolamo Magnanino a Isabella d'Este datata 10 ottobre 1491 (ASMn, AG, b. 1232, c. 167).

42. Si veda la lettera di Girolamo Magnanino a Isabella d'Este, priva di data ma risalente al 1504, in ASMn, AG, b. 1890, c. 180.

che i problemi di salute da cui lui e il figlio erano afflitti già nell'autunno del 1504 derivassero dai rischi connessi al loro mestiere.[43] Nell'Europa del Rinascimento le autorità mediche sapevano bene che le condizioni in cui lavoravano gli orafi potevano produrre effetti negativi sulla loro salute. Sul finire del Quattrocento, il medico tedesco Ulrich Ellenbog (1440-1499) scrisse un testo appunto con l'intento di segnalare come i fumi esalati nelle botteghe degli artigiani che lavoravano i metalli fossero la causa delle loro malattie. Ellenbog – fra i pazienti del quale pare figurassero anche degli orafi – suggeriva a chi lavorava i metalli di ventilare gli ambienti tenendo aperte le finestre e coprirsi la bocca con un panno, in modo da ridurre al minimo l'esposizione al piombo, al mercurio e altre sostanze tossiche.[44]

A Isabella d'Este, tuttavia, non importava quali malanni impedissero a Mastro Ercole e al figlio di lavorare ai suoi bracciali. Il 7 ottobre decise quindi di scrivere direttamente al fratello Alfonso, il quale – ricevuta la lettera – chiamò subito a sé l'artista in ritardo con le consegne.[45] Sebbene il duca Ercole proseguisse fino all'ultimo a occuparsi delle questioni diplomatiche, nel 1504 molti affari di Stato erano ormai delegati al suo primogenito.[46] Don Alfonso non era solo il secondo uomo più potente a Ferrara ma anche il padrino del figlio di Mastro Ercole, a sua volta battezzato col nome di Alfonso, il quale collaborava alla creazione delle *maniglie*. Sin da quando Graziadio aveva mutato, col battesimo, il proprio nome in Alfonso egli si trovava unito al futuro duca da un legame spirituale. Ciò rendeva l'obbligo suo e del padre nei confronti di Alfonso d'Este assai più forte di quanto non fosse verso le richieste di Lucrezia Borgia, il cardinale Ippolito e persino la stessa marchesa Isabella, poiché nessuno di loro aveva partecipato alla sua cerimonia battesimale.[47]

Il futuro duca di Ferrara era quanto mai conscio dell'autorità che esercitava sul padre del suo figlioccio. Il 10 ottobre cercò di placare la sorella informandola che aveva detto esplicitamente a Mastro Ercole di interrompere tutti gli altri lavori per dedicarsi solo alle *maniglie*. Adesso che l'ordine proveniva da lui in persona, l'orafo avrebbe fatto meglio a obbedire, come Don Alfonso aveva detto a Mastro Ercole. Se si fosse scoperto che – invece di finire i bracciali di Isabella – stava

43. In proposito si vedano *infra* i capitoli 17-19.

44. A questo riguardo si vedano Henry E. Sigerist, *Historical Background of Industrial and Occupational Diseases*, in «Bulletin of the New York Academy of Medicine», 12 (1936), pp. 597-609, soprattutto pp. 600-601; Michael Gochfeld, *Chronologic History of Occupational Medicine*, in «Journal of Occupational and Environmental Medicine», 47, 2 (2005), pp. 96-114, soprattutto p. 101, e Michele Augusto Riva, Alessandra Lafranconi, Marco Italo D'Orso, Giancarlo Cesana, *Lead Poisoning: Historical Aspects of a Paradigmatic Occupational and Environmental Disease*, in «Safety and Health at Work », 3 (2012), pp. 11-16, soprattutto p. 12.

45. Come riferisce lo stesso Alfonso d'Este nella sua lettera a Isabella d'Este datata 10 ottobre 1504 (ASMn, AG, b. 1890, c. 182).

46. Cfr. Lockwood, *Music in Renaissance Ferrara*, pp. 142 e 218.

47. Per il comportamento che si riteneva opportuno tenere nei confronti dei propri padrini cfr. Alfani, *Fathers and Godfathers*, pp. 53-61. Più in particolare, circa gli ebrei battezzati e il loro rapporto coi padrini nell'Italia dell'epoca si vedano Pullan, *The Jews of Europe and the Inquisition of Venice*, pp. 266-267; Caffiero, *Battesimi forzati*, pp. 272-281 e Segre, *Il mondo ebraico nel carteggio di Carlo Borromeo*, pp. 196-198 e 225.

ancora lavorando ad altri gioielli questi ultimi sarebbero stati distrutti a martellate per ordine dell'erede al ducato. Mastro Ercole promise allora che avrebbe consegnato le *maniglie* a metà novembre; a sua volta Don Alfonso assicurò Isabella che avrebbe tenuto d'occhio l'orafo.[48] Su questo incontro abbiamo solo la versione fornita da Alfonso, che vi fa sfoggio dell'autorità connessa alla sua posizione, grazie alla quale può scagliare contro i sudditi del ducato estense spaventose minacce. Non è però difficile immaginare cosa abbia provato l'orafo una volta sentito che i suoi capolavori rischiavano di essere distrutti per ordine di Don Alfonso.

Per accelerare la creazione delle *maniglie* Don Alfonso accettò di fornire a Mastro Ercole del *rosichiero* parigino.[49] Parigi era allora la capitale europea degli smalti e l'erede al trono ducale aveva poco prima approfittato di una sua visita alla città francese per procurarsi alcuni colori per smalti che avrebbero prodotto dei gradevoli contrasti con i metalli preziosi ai quali potevano essere abbinati.[50] Rosso, costoso e trasparente, il *rosichiero* era ritenuto il più bello fra tutti gli smalti. Sebbene in uso nelle città del nord Italia almeno sin dai primi del Quattrocento, esso non era prodotto in grandi quantità nella penisola italiana.[51] Mastro Ercole – che usava questo prezioso smalto per dare gli ultimi ritocchi alle opere in oro che lo avevano reso celebre – cercava sempre di procurarsi del *rosichiero* di ottima qualità, come attestano tre delle sue cinque lettere a noi note inviate a Isabella d'Este nei primi anni del Cinquecento.[52]

Non fidandosi della sola parola dell'orafo, quattro giorni dopo la loro conversazione il futuro duca intimò a Girolamo Magnanino di fare una visita a sorpresa nella bottega di Mastro Ercole, collocata all'interno della sua residenza.[53] Nell'Italia del Rinascimento soltanto un ristretto numero fra gli orafi abbienti poteva permettersi di abitare in quartieri più eleganti di quelli dove si trovavano le loro botteghe.[54] Nella stragrande maggioranza dei casi, gli orafi lavoravano a casa propria; la bottega occupava il piano terra e dava sulla strada.[55] Una simile sistemazione all'interno della casa di famiglia rendeva più semplice per l'orafo

48. Si veda la lettera di Alfonso d'Este a Isabella d'Este datata 10 ottobre 1504 (ASMn, AG, b. 1890, c. 182).

49. Come riferito da Girolamo Magnanino – che era stato presente alla conversazione fra Alfonso d'Este e Mastro Ercole – nella sua lettera a Isabella d'Este datata 10 ottobre 1504 (ASMn, AG, b. 1890, c. 181).

50. Cfr. Cherry, *Medieval Craftsmen*, pp. 31-32 e Stuard, *Gilding the Market*, pp. 159-161. Sul viaggio di Don Alfonso in Francia si veda Gardner, *Dukes and Poets*, pp. 450-452.

51. Per il termine *rosichiero* (o *roggio*, noto come *rouge clair* in francese e *rosaclerum* in latino), cfr. *Dizionario della lingua italiana*, Padova, Tipografia della Minerva, 1829, vol. VI, col. 365. Nel Cinquecento il Cellini lodava la bellezza del *rosichiero*, spiegando che il suo miglior impiego era per smaltare l'oro; cfr. *Due trattati di Benvenuto Cellini scultore Fiorentino uno dell'oreficeria e l'altro della scultura*, Firenze, Tartini e Franchi, 1731, p. 33.

52. Si vedano le lettere di Mastro Ercole a Isabella d'Este datate 14 ottobre 1504 (ASMn, AG, b. 1890, c. 187), 15 luglio e 10 agosto 1506 (ASMn, AG, b. 1241, cc. 301 e 302).

53. Come riferisce Girolamo Magnanino nella sua lettera a Isabella d'Este del 15 ottobre 1504 (ASMn, AG, b. 1890, c. 183).

54. Cfr. Pini, *Oreficeria e potere a Bologna*, pp. 28-29 e Venturelli, *Gioielli e gioiellieri milanesi*, p. 16.

55. Cfr. Frick, *Dressing Renaissance Florence*, p. 50.

avvalersi del lavoro non retribuito di moglie e figli, i quali fornivano vari tipi di aiuto non specializzato.[56] Siccome il numero di assistenti che gli orafi potevano impiegare era limitato dalle norme della loro corporazione, l'aiuto informale fornito da una moglie o dai figli poteva contribuire notevolmente ad aumentare la produttività.[57]

Come riferito da Magnanino nella lettera a Isabella del 15 ottobre, non appena messo piede nella bottega di Mastro Ercole la sera prima, «ritrovai che non solamente lui, ma soi figlioli, lavorariano per Vostra Signoria».[58] Il nobile ferrarese usa il termine collettivo *figlioli*, utile a indicare giovani di entrambi i sessi.[59] Nel 1504 Alfonso – il figlio maggiore di Mastro Ercole – aveva ventidue anni e il fratello più piccolo, ossia Ferrante (nato fra il 1485 e il 1489), era adolescente. Quanto alle figlie dell'orafo, Caterina / Suor Teodora si trovava nel convento di Santa Caterina da Siena mentre la sorella Anna era già stata affidata alle cure di Lucrezia Borgia; le altre tre figlie più giovani di Mastro Ercole vivevano ancora a casa e almeno una di loro poteva aiutare in bottega, svolgendo qualcuno dei compiti meno importanti.

Sia prima sia dopo il battesimo, Salomone/Ercole tenne alle sue dipendenze tre assistenti (tutti di sesso maschile), ma questo numero non poteva bastare per le ordinazioni sempre più frequenti che egli riceveva nei primi anni del XVI secolo. Viste le difficoltà da lui incontrate nel realizzare la gran quantità di braccialetti, spade e altri oggetti di lusso commissionatigli dai suoi aristocratici clienti è probabile che anche le figlie – come quelle di altri orafi – fossero chiamate a svolgere semplici mansioni, ad esempio battere le lamine di foglia d'oro, versare il liquido nelle matrici o trasferirlo da una all'altra.[60] I suoi due figli maschi, invece, avevano il compito – assai difficile – di forgiare i bracciali. Era

56. Questo era vero, in generale, per quanto riguardava gli artisti e gli artigiani del nord Italia sia cristiani sia ebrei. In proposito si vedano Howard E. Adelman, *The Educational and Literary Activities of Jewish Women in Italy during the Renaissance and the Catholic Restoration*, in *Shlomo Simonsohn Jubilee Volume*, pp. 9-23, soprattutto pp. 16-17, e Paul H.D. Kaplan, *Jewish Artists and Images of Black Africans in Renaissance Italy*, in *Multicultural Europe and Cultural Exchange in the Middle Ages and Renaissance*, a cura di James P. Helfers, Turnhout, Brepols, 2005, pp. 67-90, soprattutto pp. 67-75.

57. Cfr. Pini, *Oreficeria e potere a Bologna*, pp. 31-34; Cherry, *Medieval Craftsmen*, p. 60 e Simonsohn, *Between Scylla and Charybdis*, p. 427. Limitare il numero di apprendisti e assistenti in bottega serviva a fornire un avviamento professionale di buon livello ed evitare che troppi giovani artisti accedessero contemporaneamente al mercato.

58. Cito dalla lettera di Girolamo Magnanino a Isabella d'Este del 15 ottobre 1504 (ASMn, AG, b. 1890, c. 183), il cui brano in questione recita come segue: «Heri sera fui a Casa de Maestro Hercule per vedere le maniglie de Vostra Signoria, gli andai al improviso, & ritrovai che non solamente lui, ma soi figlioli, lavorariano per Vostra Signoria».

59. Cfr. Kaplan, *Jewish Artist*s, pp. 72-73. Merita notare che a Bologna gli statuti della corporazione degli orafi imponevano che le loro mogli, figlie e sorelle fossero le sole donne ammesse ad aiutarli; cfr. Pini, *Oreficeria e potere a Bologna*, pp. 32-33. Sulle donne, invece, che lavoravano nelle botteghe degli orafi fiorentini si veda Frick, *Dressing Renaissance Florence*, p. 189.

60. Su questi compiti di minor rilievo cfr. Stuard, *Gilding the Market*, pp. 156-165 e Taylor, *Silver and Gold*, pp. 160-161. I lavori di vario genere che venivano realizzati nella bottega di Mastro Ercole sono indicati in Luzio, Renier, *Il lusso di Isabella d'Este*, pp. 44-46.

senza dubbio a loro che Magnanino si riferiva descrivendo Mastro Ercole al lavoro aiutato dai suoi figli, ciascuno dei quali *fabricava* una parte degli otto pezzi che formavano le *maniglie*. Al pari di Ziliolo, Magnanino sapeva bene come Isabella volesse procurarsi solo oggetti di straordinaria eleganza; pertanto, egli sottolineò che doveva aspettarsi «molto più bella opera» di quanto potesse mai immaginarsi.[61]

Sebbene le *maniglie* non fossero ancora finite, Magnanino affermava di averne visto uno schizzo sorprendente e lodava l'ingegnosa abilità di Mastro Ercole nell'arte del disegno.[62] Quest'ultimo era un termine fondamentale nel dibattito artistico dell'Italia rinascimentale e saper primeggiare in tale dote costituiva uno dei requisiti per diventare un *virtuoso* nelle arti figurative.[63] Con *disegno* si intendeva una vasta gamma di significati, dal piano generale dell'opera che un artista concepiva fino al tratteggiarne uno schizzo (procedimenti, questi, che erano ritenuti strettamente connessi). Una volta finiti, i prodotti di celebri orafi come Mastro Ercole testimoniavano la loro capacità di immaginarsi un progetto originale e poi realizzarlo usando materie considerate preziose, difficili da lavorare e di gran pregio.[64] Come altri committenti dell'epoca (incluso suo padre), Isabella ricercava orafi abili nel *disegno*, in modo da poter esprimere la propria raffinatezza intellettuale attraverso le loro opere.[65] Il fatto che sopportasse la lentezza con cui Mastro Ercole lavorava – pur essendone sempre più irritata – dimostra quanta stima lei avesse della sua abilità nel *disegno*.

Alfonso d'Este ormai pretendeva di essere costantemente informato su come procedeva la realizzazione delle *maniglie* e il 14 ottobre poté constatarlo di persona.[66] In aggiunta, Magnanino riuscì a ottenere una lettera dell'ebreo battezzato che, il giorno successivo, egli inviò alla marchesa insieme a una propria missiva. L'orafo firmò questa lettera (la prima a noi nota dopo la sua apostasia) con la formula «Hercules aurifex Illustrissimi domini ducis ferrarie»,[67] simile al suo precedente dispaccio – datato 16 agosto 1491 – il cui mittente risultava

61. Cito dalla lettera di Girolamo Magnanino a Isabella d'Este datata 15 ottobre 1504 (ASMn, AG, b. 1890, c. 183), in cui il brano in questione legge come segue: «Veramente Vostra Signoria ha ad expectare molto più bella opera al parere mio che quella non pensa».

62. Si veda ancora la lettera di Girolamo Magnanino Isabella d'Este datata 15 ottobre 1504 (ASMn, AG, b. 1890, c. 183).

63. Cfr. Jacobs, *Defining the Renaissance "Virtuosa"*, pp. 21 e 37-38.

64. La notevole abilità nel disegno era considerato un talento peculiare degli orafi; molti pittori e scultori scelsero di servire come apprendisti in botteghe di oreficeria appunto perché gli orafi erano ritenuti in grado di fornire la migliore formazione per quel che concerneva il disegno. Saper disegnare perfettamente era visto come un prerequisito indispensabile per eccellere poi nelle altre arti. In proposito si vedano Reilly, *Artists' Workshops*, pp. 91-94 e Smith, *In a Sixteenth-Century Goldsmith's Workshop*, pp. 40-41.

65. Cfr. Syson, Thornton, *Objects of Virtue*, pp. 135-162.

66. Come riferisce Magnanino nella sua lettera a Isabella d'Este in data 15 ottobre 1504 (ASMn, AG, b. 1890, c. 183).

67. Così si firma Mastro Ercole nella sua lettera a Isabella d'Este datata 14 ottobre 1504 (ASMn, AG, b. 1890, c. 187). Sull'importanza dei nomi usati dagli artisti rinascimentali cfr. Welch, *Art and Society in Italy 1350-1500*, p. 87.

essere «Salamon Aurifex Illustrissime Domine Ducisse Ferrarie».[68] Come già notato, benché altri continuassero a sottolineare le sue origini ebree ancora nei primi anni del Cinquecento,[69] nelle lettere da lui scritte sia prima sia dopo il battesimo l'orafo si premurò di indicare soltanto la sua professione; si tratta di un aspetto identitario che rimase immutato e del quale, evidentemente, andava orgoglioso. Mettendo in rilievo la sua posizione come orafo di corte nella formula con cui firmava i dispacci Salomone/Ercole si presentava – prima di ogni altra cosa – nelle vesti di artista, assunto al servizio dei signori di Ferrara grazie alla straordinaria abilità tecnica di cui era dotato. Tale fiducia nelle proprie capacità professionali risalta anche nel messaggio da lui spedito a Isabella, che vale la pena citare:

> Vostra Excellentia ali dì pasati me comesse ch'io dovesse forgiare quilli lavoreri, li quali io subito li comenciai et gli ho lavorato bene desiderando grandemente di satisfare a Vostra Excellentia et fare cosa bella che fusse al piacere a quella et non ho cosa più ala mente mia che epsi lavoreri. Ma perché io fu' stato ocupato in certe altre facende che me è stato necessario a fare in modo che io non ho potuto fornire le vostre, de che ne è informatissimo Messer Hieronymo Ziliolo et Barone [Carlo Bonvesin][70] si ché dio scia che el defecto non è stato mio ma è stato che ho convenuto servire chi me pole comandare, ma una volta farò intendere a Vostra Excellentia a bocha come è pasata la cosa. Sciapia Vostra Excellentia ch'io non ho potuto fare tanto perché io non ho sono doe mani et mio figlio [Alfonso] doe altre che non havemo potuto fare tanto et non semo ache stati indarno. Tamen sia certa Vostra Excellentia che io non li abandonarò dì e nocte che quella serà fornita. Priego ancora Vostra Signoria che me voglia mandare uno pocho di Rosachiero che me impromese pure che el sia bono perché el tristo io ne ho asai et subito che lo haverò lo spromentarò. Ferrante mio figliolo io lo ho messo a lavorare come me dixe Vostra Signoria, immodo che io credo che non me farà vergogna et seguitarà le mie vestigie. A Vostra Signoria me aricomando de la quale sempre fui servidore et sempre serò.[71]

È questa la prima volta che ascoltiamo il parere di Mastro Ercole in merito al ritardo nella realizzazione delle *maniglie*. Notevole è il fatto che, a differenza del precedente dispaccio di Ziliolo, l'orafo non dica nulla circa i sentimenti che hanno suscitato in lui i rapporti con gli emissari di Isabella. Alludendo ai contatti con Ziliolo e Carlo Bonvesin (detto anche "il Barone"), ai quali aveva spiegato i motivi del ritardo nel lavoro, Mastro Ercole si guarda bene dal descrivere l'angoscia causata dai funzionari della marchesa sia a lui sia ai figli, i quali erano presenti ad almeno una delle visite a sorpresa fatte nella sua bottega.

68. Lettera di Salomone da Sessa a Pietro Gentile da Camerino datata 16 agosto 1491 (ASMn, AG, b. 1232, c. 233).

69. Ad esempio in ASMo, CD, AC, *Munizione e fabbriche,* no. 42, c. 4r (documento del marzo 1503), dove viene indicato come «Maestro Hercule oreveso già hebreio».

70. Il cortigiano estense Carlo Bonvensin (nome attestato anche nelle forme Bonvicino, Bonvexino e Bonvesino) delle Carte – a cui Ercole d'Este conferì sia un titolo nobiliare sia privilegi fiscali nel 1504 – era noto come "il Barone"; su di lui si vedano Guerzoni, *'Familia', 'corte', 'casa'*, p. 521 e Bellonci, *Lucrezia Borgia*, p. 597. Sulla sua corrispondenza con Isabella d'Este cfr. Cockram, *Isabella d'Este and Francesco Gonzaga*, p. 43 e relativa nota 57.

71. Cito dalla lettera di Mastro Ercole a Isabella d'Este datata 14 ottobre 1504 (ASMn, AG, b. 1890, c. 187).

Mentre Ziliolo, Magnanino e Alfonso d'Este mettono in luce gli sforzi profusi affinché l'orafo – terrorizzato dalle loro inaspettate visite in casa a tarda sera, facendogli balenare lo spauracchio di gettarlo in carcere e minacciare di distruggere le altre sue opere – finisca le *maniglie*, Mastro Ercole tace su tutto ciò. Egli, invece, fa in modo di manifestare la propria sincera fedeltà alla marchesa come il solo motivo per cui ha ripreso a lavorare duramente alla realizzazione dei bracciali, dedicandosi a quest'opera «dì e nocte».[72] Pertanto, se da un lato le parole dell'orafo non rivelano l'effetto psicologico causato dalle minacce degli emissari, dall'altro esse dimostrano come egli tentò di motivare le proprie azioni.

Malgrado i rapporti di forza tra l'orafo e la sua committente di rango nobiliare (nonché con i suoi altolocati emissari) questa lettera ci lascia intravedere Mastro Ercole come personaggio storico che si sforza di spiegare i motivi per cui ha agito in un determinato modo.[73] Tuttavia, se da un lato la descrizione del proprio esasperato stato d'animo fornita da Ziliolo nella lettera a questa precedente era – con ogni probabilità – esagerata, dall'altro le cause riferite da Mastro Ercole nel dispaccio succitato non esponevano esattamente le sue più intime motivazioni. Entrambe queste lettere risultano ben ponderate; si tratta di testi il cui scopo principale è proiettare una precisa immagine, tale da impressionare favorevolmente la potente marchesa cui erano rivolte. Ziliolo mette in risalto fino a che punto un'eventuale offesa recata all'onore di Isabella lo sconvolgerebbe, così da dimostrarle la sua affidabilità nelle vesti di agente, ossia un individuo disposto a fare tutto il possibile per portare a compimento le richieste della nobildonna.[74] Quanto a Mastro Ercole, questi evita di accennare all'effetto che le intimidazioni degli inviati della marchesa hanno avuto su di lui, in modo da convincerla che egli rispetta le richieste di Isabella e soltanto la sua devozione per lei lo ha spinto a riprendere il lavoro sulle *maniglie*.[75]

72. Come riferisce Girolamo Magnanino nella sua lettera a Isabella d'Este datata 15 ottobre 1504 (ASMn, AG, b. 1890, c. 183).

73. Per citare le parole di Steven Ozment, *Three Behaim Boys: Growing Up in Early Modern Germany*, New Haven, Yale University Press, 1990, p. xi: «Le fonti storiche ci dicono molto su quello che facevano un tempo le persone comuni; talvolta anche le parole di alcuni individui ci sono note perché citate o riassunte dai signori e dai padroni che esercitavano su di loro la propria autorità. Purtroppo quello che non abbiamo sono le voci delle masse quando non si trovano su un palcoscenico predisposto dai loro superiori o non vengono interrogate secondo un copione scritto da quegli stessi superiori. [...] Per quanto le azioni delle masse valgano più di quel che dicono, esse rimangono prive di una spiegazione. [...] È facile capire come aver a che fare con testi senza parole e azioni senza cause risulti frustrante per gli storici». Nella lettera da lui inviata a una donna di potere il giudeo battezzato fornisce, di fatto, una spiegazione circa il suo agire. Tuttavia, come discuterò più approfonditamente in seguito, la spiegazione da lui fornita non ci rivela i suoi intimi pensieri; non meno reticenti – da questo punto di vista – si dimostrano i fedeli funzionari della sua aristocratica committente nelle epistole che le inviano.

74. Si veda la lettera di Girolamo Ziliolo a Isabella d'Este del 22 settembre 1504 (ASMn, AG, b. 1890, c. 197).

75. Si veda la lettera di Mastro Ercole a Isabella d'Este del 14 ottobre 1504 (ASMn, AG, b. 1890, c. 187).

È interessante notare che mentre Girolamo Magnanino menziona la malattia che per quasi due settimane aveva impedito all'orafo di lavorare,[76] quest'ultimo – nel suo messaggio – non accenni ai problemi di salute di cui ha sofferto. Per spiegare come mai non aveva fatto significativi progressi prima di metà ottobre egli addita lo stesso motivo già citato da Ziliolo, attribuendo la responsabilità di quanto avvenuto ai suoi potenti mecenati ferraresi. Forse conscio della reputazione di disonestà che si era attirato, l'orafo chiamò Dio a testimone della sua buona fede. Anche se non fece il nome dei suoi altri mecenati, Isabella deve aver lo stesso capito che egli si riferiva alla sua rivale – Lucrezia Borgia – e al cardinale Ippolito.[77]

Mastro Ercole aggiunge poi che ha solo due mani con cui lavorare. Si tratta di un'affermazione apparentemente ovvia ma il cui vero intento non è fornire un'ulteriore scusa per la mancata realizzazione delle *maniglie* entro la scadenza prevista. Di fatto, egli intende dire che nemmeno con l'aiuto del figlio Alfonso le loro quattro mani – seppur abili – riuscivano a produrre gli oggetti di lusso che con sempre maggiore frequenza erano richiesti alla bottega di Mastro Ercole. Ponendo così l'enfasi sulle proprie mani, grazie alle quali egli creava quelle opere così ammirate, l'orafo rafforza l'immagine di sé come artista impareggiabile, i cui capolavori erano richiesti da chi apparteneva alle "alte sfere".[78] In modo per certi versi simile, un altro artista dell'epoca al servizio dei signori di Ferrara, il celebre pittore Ercole de' Roberti (1450 ca. – 1496) in una delle sue missive dichiara che gli unici beni di cui dispone sono il suo braccio e il talento che Dio gli ha donato.[79]

Oltre a quanto appena detto, il messaggio di Salomone/Ercole a Isabella d'Este testimonia sino a che punto egli fosse soddisfatto degli insegnamenti da lui impartiti con successo al figlio più piccolo, Ferrante, il quale – ormai prossimo a uscire dall'adolescenza – si apprestava a diventare un orafo affermato. Nelle parole di Mastro Ercole su Ferrante («credo non me farà vergogna et seguitarà le mie vestigie») si nota l'orgoglio di un orafo autodidatta, discendente di prestatori ebrei, il quale riconosce nel proprio figlio i chiari segni del talento artistico.[80] Come abbiamo già sottolineato, lo stesso Mastro Ercole ricalca il profilo preva-

76. Mi riferisco alla lettera – senza data ma risalente al 1504 – spedita da Girolamo Magnanino a Isabella d'Este in ASMn, AG, b. 1890, c. 180.

77. Secondo Maria Bellonci, *Lucrezia Borgia*, p. 539 Mastro Ercole attribuì il motivo per cui egli tardò a finire le *maniglie* ai troppi incarichi ricevuti da Lucrezia. In realtà, la sua lettera rivela chiaramente come egli non ritenesse responsabile la sola Lucrezia. Scrivendo a Isabella d'Este il 22 settembre 1504 (ASMn, AG, b. 1890, c. 197) Girolamo Ziliolo precisò – come già notato – che furono le richieste pervenutegli sia da Lucrezia sia dal cardinale Ippolito a impedire che Mastro Ercole si dedicasse esclusivamente alla realizzazione delle *maniglie.*

78. Si veda la lettera di Mastro Ercole a Isabella d'Este datata 14 ottobre 1504 (ASMn, AG, b. 1890, c. 187).

79. Cfr. Syson e Thornton, *Objects of Virtue*, p. 136.

80. La frase «Ferrante mio figliolo [...] credo che non me farà vergogna et seguitarà le mie vestigie» si riscontra nella lettera di Mastro Ercole a Isabella d'Este datata 14 ottobre 1504 (ASMn, AG, b. 1890, c. 187). Come indicato in Reilly, *Artists' Workshops*, p. 88 i ragazzi avevano di solito intorno ai tredici anni quando iniziavano a servire come apprendisti in bottega; l'apprendistato, poi, durava vari anni. Possiamo quindi desumere che sul finire della

lente fra i più importanti innovatori rinascimentali nell'ambito delle arti visive, ossia un soggetto che ha portato un notevole contributo allo sviluppo di nuove tendenze artistiche anche se (o forse proprio perché) nato ai margini, sia dal punto di vista sociale sia geografico.[81] Tanto il padre quanto il nonno prestavano denaro a interesse; egli fu il primo nella sua famiglia a imparare come si lavorano i metalli. Incline all'arte orafa per un suo naturale impulso creativo – in virtù del quale abbandonò la tradizionale vocazione familiare – una volta acquisita notevole fama egli sentì il desiderio di fondare una dinastia di artisti, istruendo prima Alfonso e poi Ferrante, affinché seguissero le sue orme.

Mantenere il lavoro all'interno della famiglia presentava ovvi vantaggi; infatti, il limite imposto al numero di apprendisti non riguardava i figli di un mastro orafo. Inoltre, le norme della corporazione riducevano e talvolta addirittura cancellavano le tasse di immatricolazione per i figli, i nipoti e i fratelli di un mastro orafo.[82] Una volta concluso l'apprendistato, i figli di un orafo continuavano a lavorare nella bottega come soci, senza doversi preoccupare dell'acquisto di costosi strumenti o procurarsi una clientela per avviare l'attività. Nel caso di un figlio unico ci si aspettava che alla morte del padre avrebbe rilevato la bottega; se a specializzarsi nell'arte paterna erano stati vari figli, non uno solo, essi potevano costituire una società in comune oppure spartirsi gli strumenti della bottega.[83]

Se, quindi, Mastro Ercole senza dubbio desiderava trasmettere a Ferrante il proprio sapere, come prima aveva fatto con Alfonso, il suo accenno all'incoraggiamento di Isabella d'Este in questo frangente pone in risalto l'obbligo che – nel XVI secolo – i padri avevano di garantire ai loro figli una formazione professionale. In sintonia con la crescente importanza attribuita al diritto romano, che privilegiava le prerogative dei padri nei confronti dei figli, i trattati umanistici sottolineavano la responsabilità paterna non solo in merito all'educazione che essi avrebbero dovuto impartire alla prole ma anche per quanto riguardava l'aiuto da fornire ai propri nati affinché si facessero strada nella vita. Simili aspettative non erano limitate alle classi abbienti; si riteneva, infatti, che anche gli artisti e gli artigiani del Rinascimento dovessero fare in modo che i loro figli si garantissero un'occupazione. Se un padre era un artista di successo, si tendeva a pensare che avrebbe voluto trasmettere ai figli il proprio sapere, così da garantire una certa continuità al nome e alla reputazione della famiglia.[84] La risposta di Isabella a Mastro Ercole, in data 18 ottobre, testimonia questa aspettativa diffusa nella società del tempo:

sua adolescenza Ferrante dovesse aver appena terminato l'avviamento alla professione sotto la guida del padre o fosse in procinto di farlo.

81. Su questo tipo di personalità artistica cfr. Burke, *The Italian Renaissance*, pp. 50-51.

82. Cfr. Pini, *Oreficeria e potere a Bologna*, pp. 30-36 e Stuard, *Gilding the Market*, pp. 165-166.

83. Cfr. Toffanello, *Le arti a Ferrara nel Quattrocento,* pp. 380-381. Si vedano anche Burke, *The Italian Renaissance*, pp. 46-49 e Reilly, *Artists' Workshops*, pp. 87-88.

84. Cfr. Sandra Cavallo, *Fatherhood and the Non-propertied Classes in Renaissance and Early Modern Italian Towns*, in «History of the Family», 17, 3 (2012), pp. 309-325, soprattutto pp. 309-316. Amadio Riva – il più celebre orafo attivo a Ferrara nei decenni precedenti l'arrivo di Salomone/Ercole – insegnò l'oreficeria a tre dei suoi figli; cfr. Toffanello, *Le arti a Ferrara nel Quattrocento*, pp. 380-387.

Maestro Hercule, per lettera de Messer Hieronimo Magnanino e per la vostra havemo inteso el bon termine in che se ritrovano le nostre magnilie che ni fa sperare di haverle al tempo promesso al signore Don Alphonso, benché a dir il vero prima dubitavamo non ce intervenesse quello che altre volte è intervenuto cum vuy. Se attendereti la promissa admeteremo la scusa nostra, perché niuno vi potrà più comandare a cui dobiate haver magior rispecto ch'a el signore Don Alphonso. Piacene che Ferrante vostro figliolo habi principiato el lavorare, non dubitamo vi farà honore. Mandamovi del rosachgiero bono secundo n'è dicto como ve prometessimo. Perseverareti al lavorare, che ultra il pagamento ne fareti cosa grata.[85]

Come si può notare, la marchesa ricorda a Mastro Ercole che il fratello Alfonso gli aveva ordinato di attribuire la massima importanza ai suoi bracciali.[86] La posizione di Don Alfonso era seconda solo a quella dell'anziano duca Ercole, la cui salute aveva iniziato a declinare nel settembre 1504.[87] Come Isabella aveva accennato nella sua lettera all'artista inadempiente, Don Alfonso sarebbe presto succeduto a Ercole d'Este in qualità di signore di Ferrara; la sua autorità, pertanto, risultava superiore a quella degli altri mecenati di Mastro Ercole nel ferrarese, vale a dire Lucrezia Borgia e il cardinale Ippolito.

Pur non sforzandosi affatto di nascondere la propria delusione per i continui ritardi nella consegna delle *maniglie* da lei richieste, il linguaggio impiegato da Isabella lascia trapelare l'ansia con cui ella attendeva di ricevere il lavoro ultimato e, al tempo stesso, l'alta stima che continuava a provare per il talento artistico dell'orafo. Inoltre, la sua replica testimonia la fiducia da lei riposta nelle abilità artistiche del figlio Ferrante. Se Mastro Ercole si era umilmente limitato ad affermare di nutrire la speranza che l'opera di Ferrante non gli avrebbe procurato vergogna, Isabella asserisce invece con sicurezza che la carriera del figlio recherà onore al padre. A riguardo, vale la pena rammentare che nell'Italia del Rinascimento i successi dei figli erano ritenuti prova della bontà dell'educazione paterna da loro ricevuta e servivano a innalzare il prestigio sociale dei padri stessi.[88]

Autorità indiscussa in questioni d'arte e oggetti di lusso, la marchesa previde correttamente il futuro di Ferrante. Come il fratello Alfonso, Ferrante continuò a lavorare nella bottega paterna e collaborare con lui per i successivi quindici anni. Sin dal secondo decennio del Cinquecento si hanno documenti che attestano la reputazione non solo di Alfonso ma anche del fratello più giovane quali abili orafi, autori di opere notevoli. I due fratelli lavorarono col padre almeno fino al 1521; in seguito Ferrante proseguì l'attività di orafo per vari decenni. Nel 1552, ormai ultrasessantenne, il mastro orafo Ferrante «del fu Ercole [de'] Fedeli di Ferrara»

85. Cito dalla lettera di Isabella d'Este a Mastro Ercole del 18 ottobre 1504 (ASMn, AG, b. 2994, lib. 17, c. 41r).

86. In una lettera spedita a Girolamo Magnanino il giorno successivo (19 ottobre 1504) Isabella d'Este lo ringrazia per il servizio resole, affermando che aveva riposto tutte le sue speranze in un intervento da parte di Don Alfonso; altrimenti, secondo lei, sarebbe stato impossibile ricevere da Mastro Ercole le sue *maniglie* finite; cfr. ASMn, AG, b. 2994, lib. 17, c. 41v.

87. Cfr. Gardner, *Dukes and Poets*, p. 453.

88. Cfr. Cavallo, *Fatherhood and the Non-propertied Classes*, p. 311.

servì da testimone per il contratto stipulato da un altro orafo a Ferrara.[89] Quasi mezzo secolo dopo che Isabella d'Este aveva assicurato a Mastro Ercole che il suo figlio più piccolo gli avrebbe fatto onore, Ferrante de' Fedeli teneva vivo il nome del padre, aggiungendo lustro alla fama di Mastro Ercole quale celebre orafo.

Le vicissitudini di Mastro Ercole, delle sue due figlie e degli altrettanti figli dopo la loro conversione – ricostruita in questi ultimi capitoli – ci forniscono molti dati circa i vantaggi sociali che non solo i neofiti adulti ma anche i loro figli battezzati in giovane età potevano trarre dalla rinuncia al giudaismo. Una volta convertitosi, Salomone/Ercole riuscì a piazzare una delle sue figlie come damigella alla corte della futura duchessa di Ferrara e far entrare l'altra in un convento; entrambe erano posizioni riservate solo a ragazze cattoliche. Al tempo stesso, i mecenati cristiani di questo convertito gli commissionarono un numero crescente di opere e lo incoraggiarono a dedicarsi alla formazione professionale dei suoi figli affinché favorisse la loro completa integrazione nella società cristiana. Benché agli ebrei fosse consentito praticare l'oreficeria nelle città italiane dove avevano sede le corti – quali, ad esempio, Ferrara e Mantova – e i figli potessero svolgere l'apprendistato presso i loro padri, le attività professionali cui essi avevano accesso risultavano assai ridotte.[90] Le limitazioni imposte sulla loro produzione artistica e la precarietà tipica della vita degli ebrei nei secoli XV e XVI precludevano agli orafi ancora legati alla religione ebraica la possibilità di fondare dinastie di artisti come quella a cui Mastro Ercole riuscì a dar vita una volta divenuto cattolico.[91]

89. Cito da Cittadella, *Notizie relative a Ferrara*, p. 694, in cui si legge: «[...] presente M.° Ferdinando del fu Ercole Fedeli di Ferrara, pure orefice». "Ferdinando" era un'altra forma comune del nome Ferrante, come notato anche da Angelucci, *Catalogo della armeria reale*, p. 308).

90. Si vedano Liscia Bemporad, *Jewish Ceremonial Art*, pp. 120-121 e Chilese, *I mestieri e la città*, p. 103 nota 132.

91. Sulla costante incertezza in cui si trovavano a vivere gli ebrei italiani dei secoli XV-XVI cfr. Bonfil, *Jewish Life in Renaissance Italy.*

IV

Fra cristiani ed ebrei

16. Di nuovo in prigione

La risposta di Isabella d'Este alla lettera di scuse inviatale da Mastro Ercole sembrò, all'inizio, aver raggiunto il suo scopo, inducendolo a concentrarsi sulla realizzazione delle *maniglie*. Il 4 novembre 1504 Girolamo Magnanino scrisse alla marchesa dopo un'altra sua vista a sorpresa alla bottega:

> Vostra Signoria mi racorda il solicitare [a Mastro Ercole] le sue maniglie, e io già non me l'ho scordato, imperòche hogi sum stato a vedere quello che se faceva in ipse. Et retrovando lo uscio aperto de Maestro Hercule, senza battere ni far altro signo andai sino al Camerino dove il lavora, e ritrovai che lui e suo figliolo il grande gli lavoravano, e veramente non è lavoro da impaciente, tanto è minuto. E creda Vostra Signoria ch'l porta uno grande tempo per quanto cognosco, ma bella cosa sarà, anzi bellissima, a iudicio mio. Non mancarò de solicitarlo, adciò che il lavoro presto se termini.[1]

Una settimana dopo Magnanino tornò a spiare l'orafo per vedere quali progressi stesse facendo con questo lavoro e subito riferì a Isabella che i bracciali erano «opera tanto subtile, difficile et laboriosa» da richiedere ancora un po' di tempo. Essendo ormai chiaro che la scadenza fissata da Don Alfonso per la consegna dell'opera non poteva essere rispettata, Magnanino chiese a Mastro Ercole di ultimare il lavoro entro un'altra data da lui stesso suggerita.[2] L'artista, tuttavia, preferì non farlo, adducendo come motivazione che «non voria dire busia». Già accusato da Girolamo Ziliolo – alcuni mesi prima – di essere un bugiardo, Salomone/Ercole non voleva fare promesse che sarebbe per lui risultato impossibile mantenere. Diede, comunque, a Magnanino la sua parola che lui e il figlio si sarebbero dedicati a lavorare alle *maniglie* non solo di giorno ma anche «parte de la nocte». Pur richiedendo un'enorme quantità di tempo, Magnanino sottolineò che alla fine la marchesa avrebbe ricevuto «cosa bene facta e digna di Lei». Stesse pur certa che lui avrebbe continuato a sollecitare

1. Cito dalla lettera di Girolamo Magnanino a Isabella d'Este del 4 novembre 1504 (ASMn, AG, b. 1890, c. 184).

2. Mastro Ercole aveva promesso a Don Alfonso che avrebbe terminato il lavoro a metà novembre, come da quest'ultimo riferito in una lettera a Isabella d'Este datata 10 ottobre 1504 (ASMn, AG, b. 1890, c. 182).

così tanto la consegna di questi bracciali che a un certo punto l'orafo lo avrebbe voluto accoltellare![3]

I dettagliati resoconti di Magnanino a Isabella ci forniscono insoliti squarci sulla vita quotidiana degli orafi nelle città di corte del nord Italia. Con le botteghe situate nelle loro stesse abitazioni, gli orafi del Rinascimento svolgevano lunghi turni di lavoro aiutati dai familiari. Benché produrre raffinati oggetti di lusso richiedesse molta luce naturale,[4] pare evidente che – in caso di necessità – gli orafi trascorressero parecchie ore davanti alla fornace anche dopo il tramonto, lavorando a lume di candela. Inoltre, malgrado il grande rispetto suscitato dalle loro abilità artistiche, essi non solo subivano visite improvvise da parte di funzionari dei loro eminenti mecenati ma tali emissari non sembravano rispettare nemmeno le minime norme di cortesia, cominciando dal voler accedere agli spazi privati altrui. Si ammetteva che uomini come Magnanino ricorressero a ogni mezzo possibile pur di soddisfare le richieste dei loro aristocratici signori, incluso rendere la vita talmente impossibile agli orafi con cui interagivano così insistentemente che questi ultimi sarebbero stati disposti a far loro del male.[5]

Nella "voce" su Salomone/Ercole redatta nel 1993 da Roberta Bianco per il *Dizionario Biografico degli Italiani* si legge: «Dopo il 1504 i documenti non danno ulteriori notizie su Ercole».[6] Eppure il nome dell'artista compare in numerose lettere, registri e fonti d'altro genere che risalgono ai sedici anni successivi. Nel 1505, i primi documenti noti che lo menzionano sono le due distinte missive che – il 13 gennaio – Isabella inviò a Magnanino e a Girolamo Ziliolo. Quest'ultimo era il funzionario che aveva consegnato l'oro all'orafo. Nella lettera al primo dei due la marchesa afferma che, non sapendo «più che dire ne fare circa le manilie nostre», voleva averle una volta per tutte oppure «recuperare l'oro che

3. Mi riferisco alla seguente lettera di Girolamo Magnanino a Isabella d'Este datata 11 novembre 1504 (ASMn, AG, b. 1890, c. 185): «Li notifico come sono stato ad vederle novamente, et ho ritrovato che se vi lavora molto bene a iudicio mio [...] il lavoro et opera è tanto subtile, difficile et laboriosa, che il porta uno mondo de tempo, una cosa può tenere Vostra Signoria per certa, che altra opera non si facesse. [...] Et volendo stringere Maestro Hercule, che mi volesse dire certo quando possa dimandare nontiatura a quella che l'opera sia finita, mi ha risposto ch'io non il voglia strengere a die determinato perché non voria dire busia, ma che il non mancarià ni die ne parte de la nocte che lui et figlio non lavori per fare cosa grata a Vostra Signoria, la quale se serà stata tardi ad haverle haverà almanco cosa bene facta e digna di Lei. Non mancarò fino ad opera finita, solicitarli, se bene credo ch'io venirò in tanto fastidio a questo Maestro Hercule che non mi vorà male da cortello».

4. Cfr. Reilly, *Artists' Workshops*, p. 87. Sull'importanza della luce naturale al fine di valutare gli oggetti prodotti nelle botteghe di oreficeria si veda anche Patrick Wallis, *Consumption, Retailing, and Medicine in Early-Modern London*, in «Economic History Review», 61, 1 (2008), pp. 26-53, in particolare p. 47.

5. In quelle stesse settimane Girolamo Ziliolo ricominciò a mettere sotto pressione Mastro Ercole. In una lettera a Isabella d'Este datata 24 novembre 1504 (ASMn, AG, b. 1890, c. 198), Ziliolo assicurò alla marchesa che Don Alfonso – suo fratello – si stava impegnando a far sì che quel lavoro venisse completato.

6. Cito da Bianco, *Ercole dei Fedeli*, p. 132. La stessa affermazione si legge in Diotallevi, *Arte e armi per Cesare*, p. 438.

li dessimo».[7] Ordinò quindi a Magnanino di contattare Ziliolo, il quale sapeva l'esatta quantità d'oro che andava ripresa dall'indisponente orafo, e assicurarsi che suo fratello Alfonso facesse in modo di portare la cosa a compimento.[8]

Per giustificare il proprio ritardo l'artista accampò «le sollite excusationi di questi signori», ossia il molto lavoro da fare per il cardinale Ippolito e Lucrezia Borgia, ma la pazienza di Don Alfonso era ormai giunta al limite e si diceva d'accordo sul far imprigionare Mastro Ercole. Ziliolo riteneva che, «per la tristicia sua», sarebbe stato comunque assai difficile ottenere da lui il lavoro finito. Ad ogni modo, si augurava che una misura così dura avrebbe se non altro permesso di recuperare l'oro dato da Isabella.[9]

I ripetuti accenni di Ziliolo alla bassezza e all'inaffidabilità di Mastro Ercole meritano ulteriore attenzione poiché sono termini raramente usati nei testi dell'epoca relativi al modo in cui di solito gli artisti lavoravano. Di fatto, una delle prove attestanti la cosiddetta fortuna degli artisti nel Rinascimento era il diffondersi dell'opinione – sia fra i mecenati sia fra i loro agenti – che l'artista *virtuoso* fosse un uomo di genio, il quale si trovava ad essere più impegnato proprio quando sembrava lavorare meno del solito, giacché – come avrebbe più tardi affermato, nello stesso XVI secolo, Giorgio Vasari (1511-1574) – stava allora pensando ai suoi disegni. L'idea che non ci si potesse aspettare da un grande artista la consegna delle opere commissionategli entro la data prestabilita era già stata espressa sul finire del Quattrocento da mecenati d'alto rango nell'Italia settentrionale.[10] Ad esempio, nel 1480 il padre di Francesco Gonzaga – il marchese Federico I (1441-1484) – spiegò alla duchessa di Milano che il suo pittore di corte (Andrea Mantegna) non aveva terminato una certa opera in tempo per il semplice motivo che artisti del suo calibro erano spesso volubili e non ci si poteva fare un granché.[11]

Sebbene Isabella apprezzasse Mastro Ercole in qualità di orafo *virtuoso*, il suo agente Ziliolo non seguiva l'abitudine allora comune di considerarne il comportamento alla luce del suo ingegno artistico. Al contrario, Ziliolo abbinava sempre l'inaffidabilità di Salomone/Ercole a caratteristiche personali negative. Pur non accennando in modo esplicito alle sue origini ebraiche, egli – così profonda-

7. Cito dalla lettera di Isabella d'Este a Girolamo Magnanino datata 13 gennaio 1505 (ASMn, AG, b. 2994, lib. 17, c. 60v.

8. Si vedano la lettera di Isabella d'Este a Girolamo Magnanino datata 13 gennaio 1505 (ASMn, AG, b. 2994, lib. 17, c. 60v) e le istruzioni fornite da Isabella a Girolamo Ziliolo il 13 gennaio 1505 (ASMn, AG, b. 2994, lib. 17, c. 61r).

9. Cito dalla lettera di Girolamo Ziliolo a Isabella d'Este datata 19 gennaio 1505 (ASMn, AG, b. 1240, c. 355). Il passo in questione legge: «Maestro Hercule [...] sotto le sollite excusationi di questi signori mi ha tenuto in parole. Hora habiamo stabilito il prefato signore Don Alfonso et me che lo mandi a chiamare & farli portare dicte Manilie, & farlo ponere in pregione, perché se crede che cum grandissima difficultà se poterà cavare, o quello, o lo oro di mano, per la tristicia sua, pur se spiera cum lo adiuto del prefato Signore cavarli di mano quel ha de Vostra Signoria».

10. Cfr. Burke, *The Italian Renaissance*, pp. 82-87.

11. Alludo alla lettera di Federico Gonzaga a Bona di Savoia del 20 giugno 1480 citata in *Patrons and Artists in the Italian Renaissance*, a cura di David S. Chambers, London, Palgrave Macmillan, 1970, pp. 120-121.

mente coinvolto nelle vicende di quello stesso convento di terziarie domenicane dove viveva Caterina / Suor Teodora – sapeva senza dubbio quali eventi avessero indotto al battesimo il padre della giovane. Al pari di Francesco Gonzaga, era chiaro come Ziliolo ritenesse Mastro Ercole un soggetto di cui non fidarsi; la slealtà da lui dimostrata verso quelli che un tempo erano stati i suoi correligionari non aveva fatto altro che anticipare le frodi di cui si sarebbe macchiato in seguito.

A differenza di Ziliolo, l'altro corrispondente di Isabella – Girolamo Magnanino – si astiene dal giudicare il carattere di Mastro Ercole. Nel 1491 Magnanino aveva descritto in tono encomiastico la cerimonia battesimale dell'orafo, sottolineando i favori riservatigli dalla duchessa Eleonora. Nelle successive lettere scambiate con la figlia di Eleonora egli lodò il livello straordinario delle opere di questo artista, mettendo in rapporto l'eccezionalità del suo *disegno* con l'incapacità di consegnare i bracciali a tempo debito,[12] non diversamente da come Federico Gonzaga aveva giustificato il ritardo di Mantegna nella produzione di un'opera a lui commissionata.

Bisogna ricordare il fatto che, a differenza di Bernardino de' Prosperi e Francesco da Bagnacavallo, Magnanino non accenna mai alle vie traverse attraverso cui Salomone da Sessa era alla fine diventato cristiano. Egli preferisce invece dipingere il battesimo di questo ebreo come prova inconfutabile del trionfo della fede cattolica.[13] Tredici anni dopo, mentre incalzava l'orafo affinché lavorasse più alacremente, ancora una volta Magnanino evitò di insistere sui vecchi peccati di Salomone/Ercole. Mentre per Ziliolo ciò che animava Mastro Ercole era pura e semplice disonestà, Magnanino preferì – al contrario – interpretare il rifiuto di fornire una data precisa per la consegna delle *maniglie* come indice di virtù: «non voria dire busia» è quanto si legge nel suo dispaccio datato 11 novembre 1504 e poi, ancora, in quello del 19 gennaio 1505.[14]

Magnanino, insomma, si guardò bene dal tacciare di disonestà – anche solo velatamente – un ebreo che, qualunque fosse il motivo, aveva scelto di abbracciare il cattolicesimo, contribuendo in tal modo alla diffusione della fede. Nel caso di Ziliolo, invece, ci si può chiedere se il suo disprezzo per Salomone/Ercole fosse soprattutto dovuto alla frustrazione causatagli dal comportamento dell'orafo oppure se anch'esso vada visto tenendo a mente i dubbi che sempre aleggiavano sulla sincerità dei convertiti e che da così tanto tempo ormai erano tipici dell'atteggiamento verso gli ebrei allontanatisi dalla loro religione. Se da un lato il battesimo portava indubbi vantaggi economici e professionali, chi aveva abbandonato la religione dei propri avi era percepito – almeno da un certo numero di contem-

12. Si vedano le lettere di Girolamo Magnanino a Isabella d'Este datate 15 ottobre e 4 novembre 1504 (ASMn, AG, b. 1890, rispettivamente cc. 183 e 184).

13. Si vedano la lettera di Girolamo Magnanino a Isabella d'Este datata 10 ottobre 1491 (ASMn, AG, b. 1232, c. 167) e quelle di Bernardino de' Prosperi e Francesco da Bagnacavallo a Isabella inviate lo stesso giorno (ivi, cc. 40 e 93).

14. Cito dalla lettera di Girolamo Magnanino a Isabella d'Este datata 11 novembre 1504 (ASMn, AG, b. 1890, c. 185), dove egli usa, appunto, l'espressione «Perché non voria dire busia», ripetuta nella successiva lettera alla stessa destinataria in data 19 gennaio 1505 (ASMn, AG, b. 1240, c. 367).

poranei – come inaffidabile (se non del tutto fraudolento) e le loro origini ebraiche continuavano a separarli dai loro pari grado cristiani.[15]

Il 19 gennaio, dopo varie altre visite alla bottega di Mastro Ercole, Magnanino informò Isabella che l'orafo – una volta saputo dell'intenzione di Isabella di riavere il suo oro qualora non avesse consegnato in tempo i bracciali – si era detto d'accordo, ossia disposto a restituire l'oro consegnando il lavoro non finito. Magnanino, tuttavia, era convinto che ciò non costituisse il miglior interesse per la marchesa, considerando quanto erano meravigliose quelle *maniglie* seppur non ancora terminate. Pertanto, egli informò Isabella che si era dato da fare con l'orafo per «inanimarlo a compirle» e, per spaventarlo, Alfonso d'Este aveva ordinato che fosse messo «in castello», cioè in prigione, «dove li starà hogi e dimane, che non si lavora, poi se liberarà cum qualche bona promissa che l'habia ad servire presto Vostra Signoria».[16]

Sebbene, in epoca rinascimentale, gli artisti e gli artigiani venissero talvolta imprigionati se non rispettavano i termini dei contratti da loro stipulati con clienti di rango principesco, entrambe le parti in causa capivano che un arresto si sarebbe rivelato controproducente, poiché – una volta in carcere – non si poteva certo lavorare sulle opere già in ritardo.[17] Alfonso d'Este, che aveva ordinato l'incarcerazione di Mastro Ercole, sapeva quanto ardentemente sua sorella desiderasse le *maniglie*; pertanto, non intendeva tenere a lungo l'orafo dietro le sbarre. La detenzione di due giorni nel castello mirava solo a «farli paura», come era abitudine di Don Alfonso con quanti – al servizio di membri della famiglia estense – suscitassero la sua ira nel periodo in cui si accingeva a prendere ufficialmente possesso del trono ducale.[18]

Pur fungendo da residenza di Eleonora d'Aragona – e, in seguito, apprezzato anche da suo figlio Alfonso – il Castel Vecchio di Ferrara era un luogo abbastanza inospitale, nonché fornito di una stanza per le torture, un'altra per decapitare i condannati e una serie di celle presso le fondamenta delle torri.[19] Don Alfonso, che conosceva bene quelle prigioni, prevedeva senza dubbio l'orribile effetto che avrebbe sortito in Mastro Ercole una seppur breve permanenza nelle celle situate alla base delle torri del castello. Quando egli emanò l'ordine di imprigionare il convertito suo padre era ormai in precarie condizioni di salute e non poteva, quindi, intervenire a difesa del suo talentuoso protetto.[20] L'erede al trono ducale e sua sorella, i quali avevano conoscenza diretta delle vicissitudini occorse all'orafo nel 1491, si ricordavano senz'altro della sua precedente prigionia, sfociata poi nella conversione. Anche Girolamo Magnanino se la ricordava. Sapevano anche che passare

15. Si vedano Stow, *A Tale of Uncertainties*, pp. 258-259 e Pullan, *The Jews of Europe and the Inquisition of Venice*, pp. 244-245.

16. Cito dalla lettera di Girolamo Magnanino a Isabella d'Este datata 19 gennaio 1505 (ASMn, AG, b. 1240, c. 367).

17. Si vedano Taylor, *Silver and Gold*, pp. 182-183 e Campbell, *The Cabinet of Eros*, pp. 61-62.

18. Cfr. Gardner, *Dukes and Poets*, pp. 495-496.

19. Cfr. Tuohy, *Herculean Ferrara*, pp. 97-104.

20. Sugli ultimi mesi di vita del duca cfr. Gardner, *Dukes and Poets*, pp. 454-456.

del tempo in un carcere umido e freddo, in pieno inverno, costituiva un'esperienza particolarmente sgradevole.[21] Considerando le dure condizioni imposte da una prigionia durante quel periodo dell'anno e il trauma della sua prima incarcerazione, tutt'e tre speravano che mettere Mastro Ercole in gattabuia per giusto un paio di giorni lo avrebbe spaventato abbastanza da convincerlo che finire quei bracciali doveva diventare il suo obiettivo più importante.

Il 24 gennaio Isabella manifestò il proprio compiacimento nel sentire della «speronata» che il fratello aveva dato a Mastro Ercole e ordinò a Magnanino di rammentargli, quanto più possibile, «de questa paura che gli ha facto el Signore nostro fratello», così da non rallentare il ritmo di lavoro.[22] Il giorno dopo, ad ogni modo, il duca Ercole morì e per i mesi seguenti Don Alfonso, succedutogli al trono, si dovette occupare di cose più importanti dei gioielli di sua sorella.[23] Isabella, invece, non perse occasione per incoraggiare la conclusione del lavoro da lei commissionato; durante una visita a Ferrara all'inizio della primavera incontrò di persona Salomone/Ercole e gli strappò un'ulteriore promessa circa l'imminente consegna dei gioielli.[24] Fatto sta che arrivò l'estate ma i bracciali no; così lei iniziò a temere che avrebbe perso l'occasione di mostrarli sulle braccia nude durante la stagione calda.

Evidentemente la paura di un'altra prigionia provata da Mastro Ercole a gennaio, in quel breve periodo trascorso in carcere, si era andata stemperando nei mesi successivi. Ziliolo, il quale si era messo al servizio del nuovo duca dopo la morte di Ercole d'Este, dovette confessare che i suoi tentativi di indurre l'orafo a terminare il lavoro non avevano avuto successo. Pertanto, suggerì a Isabella di scrivere a suo fratello e chiedergli di costringere «questo tristo e ribaldo maestro a finire le maniglie una volta per tutte».[25]

Isabella seguì il consiglio di Ziliolo e il 7 giugno si rivolse al duca Alfonso, scusandosi di disturbarlo per una questione di così poca importanza, ma il motivo era – come ella scriveva – «la necessità che ho de li manili».[26] Ricordando il suo incontro con Mastro Ercole a Ferrara alcune settimane prima, nel corso del quale

21. Nel 1491 Isabella minacciò il pittore Giovanni Luca Liombeni di rinchiuderlo nella prigione annessa al ponte di Mantova per tutto l'inverno se non fosse andato avanti col lavoro iniziato per lei. Aggiunse poi che forse gli avrebbe fatto piacere trascorrere una notte là, giusto per vedere se la stanza era di suo gradimento; dopo avrebbe probabilmente ripreso a lavorare con maggior lena. Cfr. Isabella d'Este, *Selected Letters*, pp. 46-47.

22. Cito dalla lettera di Isabella d'Este a Girolamo Magnanino datata 24 gennaio 1505 (ASMn, AG, b. 2994, lib. 17, c. 64v). Il passo in questione legge: «[...] per la speronata che l'ha havuta [...] tanto ch'el sentirà de questa paura che gli ha facto el Signore nostro fratello».

23. Sull'instabilità che caratterizzò il primo anno del ducato di Alfonso e l'ansia di Isabella dovuta alle questioni politiche ferraresi nel 1505 si vedano Julia Cartwright, *Isabella d'Este, Marchioness of Mantua, 1474-1539: A Study of the Renaissance*, New York, Dutton, 1905, vol. I, pp. 264-266 e James, *An Insatiable Appetite for News*, pp. 382-383.

24. L'incontro è menzionato nella lettera di Isabella d'Este ad Alfonso d'Este datata 7 giugno 1505 (ASMn, AG, b. 2994, lib. 18, cc. 8v-9r).

25. Cito dalla lettera di Girolamo Ziliolo a Isabella d'Este datata 29 maggio 1505 (ASMn, AG, b. 1240, c. 357). Sui servizi resi da Ziliolo al duca Alfonso cfr. Colantuono, *Estense Patronage*, p. 223.

26. Nella sua lettera ad Alfonso d'Este datata 7 giugno 1505 (ASMn, AG, b. 2994, lib. 18, cc. 8v-9r) Isabella accenna a quella che lei definisce «la necessità che ho de li manilii».

lui le aveva promesso una rapida conclusione del lavoro, la marchesa implorava il fratello di costringerlo a consegnarle i bracciali, sottolineando inoltre che ignorare gli ordini già una volta impartiti da Alfonso equivaleva, da parte dell'impudente artista, a mancare di rispetto all'attuale duca.[27] Quest'ultimo prese una decisione intelligente: invece di imprigionare l'orafo nel castello, mandò in carcere il figlio maggiore. In tal modo Mastro Ercole poteva continuare a dedicarsi alle *maniglie* mentre suo figlio sarebbe uscito di prigione una volta terminato il lavoro.[28]

L'ordine impartito da Alfonso, in base al quale veniva imprigionato il figlio di Mastro Ercole invece di quest'ultimo, ci ricorda come il giovane – Graziadio/Alfonso, il quale aveva ventitré anni nel 1505 – non fosse ancora legalmente emancipato. Secondo le norme del diritto romano, nell'Italia del XVI secolo un figlio rimaneva soggetto all'autorità paterna (la *patria potestas*) fino a quando non otteneva, col consenso del padre, un attestato di emancipazione.[29] I figli di artisti impiegati nelle botteghe dirette dai rispettivi padri spesso rimanevano sotto la loro potestà anche una volta sposati; solo alla morte del padre essi iniziavano ad operare autonomamente come maestri nella loro arte.[30] Se non ancora emancipati, ai figli era interdetto stipulare contratti con valore legale senza il diretto coinvolgimento del padre; quest'ultimo, inoltre, poteva accampare diritti sui loro guadagni e in alcune circostanze i figli venivano puniti per i reati paterni.[31]

L'arresto di Graziadio/Alfonso, pertanto, ci aiuta a comprendere l'altro aspetto della crescente importanza attribuita ai rapporti padre-figlio nell'Italia dell'epoca. Se, da un lato, Mastro Ercole era considerato responsabile della formazione professionale dei figli e doveva trasmettere loro le sue competenze artistiche, in modo che anch'essi potessero diventare orafi affermati, dall'altro il figlio non ancora emancipato veniva ritenuto colpevole per gli errori commessi dal padre. Con l'arresto di Graziadio/Alfonso il duca intendeva mettere sotto pressione il padre, al quale sarebbero venuti meno i vantaggi derivanti dall'attività del figlio. Né il duca di Ferrara né gli agenti di Isabella ritenevano Graziadio/Alfonso un soggetto autonomo e adulto; ai loro occhi egli non era altro che un sostituto del padre.

27. Si vedano la lettera di Isabella d'Este ad Alfonso d'Este del 7 giugno 1505 (ASMn, AG, b. 2994, lib. 18, cc. 8v-9r) e quella che lei inviò a Girolamo Ziliolo il 29 maggio 1505 (ASMn, AG, b. 1240, c. 9r).

28. Come scrive Girolamo Ziliolo nella sua lettera a Isabella d'Este il 12 giugno 1505 (ASMn, AG, b. 1240, c. 358). Isabella lodò questa decisione nella sua missiva a Ziliolo il 26 giugno 1505 (ASMn, AG, b. 2994, lib. 18, cc. 16v-17r). Il nome del figlio allora in carcere non viene menzionato esplicitamente in queste lettere, ma è ovvio che ci si riferisce ad Alfonso; si veda *infra*, capitolo 17.

29. In proposito si veda Sandra Cavallo, *Bachelorhood and Masculinity in Renaissance and Early Modern Italy*, in «European History Quarterly», 38, 3 (2008), pp. 375-397, in particolare pp. 380-381, e Ead. *Fatherhood and the Non-propertied Classes*, pp. 309-314.

30. Si vedano Welch, *Art and Society in Italy*, p. 93 e Silvio Leydi, *A History of the Negroli Family*, in *Heroic Armor of the Italian Renaissance: Filippo Negroli and His Contemporaries*, a cura di Stuart W. Pyhrr e José-A. Godoy, New York, Metropolitan Museum of Art, 1998, pp. 37-60, in particolare p. 42.

31. Al riguardo si veda Thomas Kuehn, *Family and Gender in Renaissance Italy, 1300-1600*, Cambridge, Cambridge University Press, 2017, pp. 74-102.

Le fonti a nostra disposizione non ci dicono nulla circa i sentimenti della vittima e cosa egli provasse a essere incarcerato; sappiamo, però, di sicuro che tutto questo causò profonda preoccupazione nel padre. Secondo Ziliolo, la prigionia del figlio «amaricava assai» Mastro Ercole.[32] Costretto in prima persona, appena qualche mese innanzi, a ricordarsi di quanto fosse sgradevole la prigionia nel carcere di Ferrara, Salomone/Ercole desiderava senza dubbio, con tutte le proprie forze, vedere di nuovo libero il figlio. Eppure, malgrado la pressione che gli mettevano addosso ogni giorno gli emissari di Isabella, due settimane dopo quel lavoro non era ancora finito.

Durante l'assenza del figlio a Mastro Ercole non rimase che servirsi delle sue sole mani, senza poter contare su quelle di un altro esperto orafo come Graziadio/Alfonso. Alla fine il duca Alfonso decise che il solo modo di assicurarsi che quei bracciali venissero finiti era mettere in carcere sia il padre sia il figlio, in modo che terminassero l'opera lavorando – insieme – nel castello. Diede così ordine che si arrestasse Mastro Ercole e dichiarò che non sarebbe stato rimesso in libertà prima della fine di quel compito. Il 26 giugno Ziliolo comunicò a Isabella la notizia, scrivendo come segue: «Lo maestro dele maniglie pur è in prigione & gi lavora; non è per uscirne infino non siano perfette, che credo li siamo proximi».[33]

A Ferrara, tanto l'armeria quanto la fucina con l'occorrente per produrre l'artiglieria si trovavano nel castello;[34] è forse nel secondo dei due luoghi appena menzionati che Mastro Ercole e suo figlio dovettero riprendere – insieme e sotto la stretta sorveglianza del duca – il lavoro interrotto. Alfonso d'Este veniva a controllare come procedevano i lavori e ordinò anche a entrambi di non spendere altro tempo a smaltare alcune parti delle *maniglie*. Malgrado tutto ciò, ci vollero altri due mesi prima che gli orafi riuscissero a completare i bracciali. Finalmente, il 17 agosto, li consegnarono a Ziliolo.[35]

Quest'ultimo portò subito le *maniglie* a Belriguardo, la residenza estense di campagna, dove si trovavano allora i signori di Ferrara, e le mostrò al duca, il quale fu molto soddisfatto del risultato e diede ordine che le si mandassero alla sorella.[36] Un messo a cavallo consegnò quindi alla marchesa i bracciali e le fornì un preciso resoconto di quanto, nel complesso, era venuto a costare produrli. Il 21 agosto Isabella espresse la propria profonda soddisfazione per il risultato finale.[37] Sebbene le *maniglie* non si siano conservate – come altri oggetti di lusso, infatti,

32. Cito dalla lettera di Girolamo Ziliolo a Isabella d'Este datata 17 agosto 1505 (ASMn, AG, b. 1240, c. 360), in cui si legge: «Maestro Hercule, al quale amaricava assai la carceratione del figliollo [...]».

33. Cito dalla lettera di Girolamo Ziliolo a Isabella d'Este datata 26 giugno 1505 (ASMn, AG, b. 1240, c. 359).

34. Cfr. Colantuono, *Estense Patronage*, pp. 209-210.

35. Come riferito nella lettera di Mastro Ercole a Isabella d'Este datata 17 agosto 1505 (ASMn, AG, b. 1240, c. 334).

36. Si veda la lettera di Girolamo Ziliolo a Isabella d'Este datata 17 agosto 1505 (ASMn, AG, b. 1240, c. 360). Su Palazzo Belriguardo cfr. Tuohy, *Herculean Ferrara*, pp. 352-358.

37. Come si legge in Antonio Bertolotti, *Artisti in relazione coi Gonzaga signori di Mantova. Ricerche e studi negli archivi mantovani*, Modena, Vincenzi, 1885, p. 90.

vennero fuse e l'oro riutilizzato o venduto dopo la morte della proprietaria[38] –non c'è dubbio che alla marchesa piacessero moltissimo; le indossò così spesso che fu necessario ripararle più volte.[39]

Ziliolo fece accompagnare la consegna di quest'opera di Mastro Ercole, finalmente conclusa, da una propria lettera, aperta da questa esclamazione: «Pure ad honore de Dio sono finite le maniglie de Vostra Signoria». Il cortigiano ferrarese sottolineò come fosse risultata emotivamente probante la lenta creazione di questi bracciali, ribadendo inoltre che ben sapeva quanto la marchesa desiderasse vedere l'opera finita, il cui ritardo – imputabile solo all'orafo – aveva infastidito tanto lui quanto Isabella. Ad ogni modo, egli sperava che il risultato fosse di suo gradimento, cosa che gli avrebbe recato «consolazione grandissima», dopo tutti gli sforzi fatti per ottenere quei gioielli. Pur sapendo che tale obiettivo non sarebbe stato raggiunto se non si fosse presa la dura decisione di imprigionare Mastro Ercole e suo figlio, Ziliolo aggiungeva che il grave ritardo risultava compensato dall'eccezionale bellezza di quell'opera. Egli non esitava, anzi, a scrivere: «[...] voglio dire questo ch'io non credo mai in questa cità fusse facta così gentile et elegante cosa».[40]

Si tratta di un'affermazione notevole, considerando che Ferrara era unanimemente ritenuta uno dei centri più importanti per la produzione di opere d'arte nell'Italia dei secoli XV e XVI.[41] Solo pochi soggetti a Ferrara si trovavano nella condizione di poter esprimere un parere con la sicurezza qui dimostrata da Ziliolo, il quale per molti anni si era occupato dei beni più importanti di Ercole d'Este, oltre a procurare oggetti di lusso per Eleonora d'Aragona, Anna Sforza e Isabella d'Este.[42] Le lodi di Ziliolo esprimono l'incondizionata ammirazione che il genio artistico di Salomone/Ercole sapeva suscitare, persino in chi non era certo affine ai suoi modi o al suo carattere.

Anche l'orafo inviò una missiva a Isabella dopo aver completato l'ordine da lei commissionatogli. Mentre la corrispondenza precedente – scambiata fra la marchesa, i suoi agenti e il fratello – descriveva le mosse fatte per spaventare Mastro

38. Si vedano Syson e Thornton, *Objects of Virtue*, pp. 138-140; Toffanello, *Le arti a Ferrara nel Quattrocento*, p. 381 e Stuard, *Gilding the Market*, pp. 32-33 e 176.

39. A tal fine Isabella fece recapitare le maniglie una prima volta a Mastro Ercole e al figlio nel 1506, come si legge in Luzio e Renier, *Il lusso di Isabella d'Este*, pp. 44-45.

40. Cito dalla lettera di Girolamo Ziliolo a Isabella d'Este datata 17 agosto 1505 (ASMn, AG, b. 1240, c. 360), il cui brano in questione legge come segue: «Pure ad honore de Dio sono finite le Maniglie de Vostra Signoria. [...] Maestro Hercule [...] ha differito la cosa tanto in longo che non che a Vostra Signoria laquale scio era assai desiderosa vederle perfecte, ma a me etiam oltra modo mi fastidiva la tardità sua. Tutavia la longeza del Maestro s'è compensata ne la elegantia del opera, che voglio dire questo ch'io non credo mai in questa cità fusse facta così gentile et elegante cosa. [...] Se l'opera gli piacerà ne receverò consolatione grandissima circa la quale Vostra Signoria po credere ch'io non gli sum manchato de ogni diligentia a me possibile».

41. In proposito si veda Gruyer, *L'art ferrarais*, vol. 1; Gundersheimer, *Ferrara*, pp. 229-271; Bentini e Agostini, *Un Rinascimento singolare*; Stephen Campbell, *Cosmè Tura of Ferrara: Style, Politics, and the Renaissance City, 1450-1495*, New Haven, Yale University Press, 1997 e Colantuono, *Estense Patronage*, pp. 196-243.

42. Cfr. Welch, *Shopping in the Renaissance*, pp. 250-251 e Tuohy, *Herculean Ferrara*, pp. 132 e 228.

Ercole e costringerlo così a completare i bracciali, è solo dopo la sua scarcerazione che possiamo sentire cosa egli pensasse di questi tentativi mirati a impaurirlo. Scritte il 17 agosto 1505, al termine di quello che deve essere stato per lui il periodo più difficile dopo la conversione al cattolicesimo nel 1491, le parole di Mastro Ercole contengono solo un velato accenno a cosa egli provasse come reazione al severo trattamento impostogli per non aver soddisfatto le aspettative della sua mecenate di rango principesco. A riguardo, l'orafo si limita ad affermare quanto segue:

> Illustrissima Madama Mia, per Polidoro corero overo cavalaro mando a Vostra Excellentia le maniglie. Et se ho tardato tropo Vostra Signoria me perdoni, perché chi sta cum altri conviene stare a obedientia. Faticha e afano asai habiamo receuti or dio ne sii laudato del tuto. Dio la lassi bene goldere a Vostra Signoria.[43]

«Faticha e afano asai», in breve, riassumono quanto provato da Mastro Ercole a trascorrere in prigione un paio di giorni in pieno inverno, vedere il figlio incarcerato a primavera e poi stare oltre due mesi con lui – entrambi dietro le sbarre – nel castello di Ferrara. Scrivendo a chi era stata la causa di tutte quelle traversie, l'orafo sapeva bene che non sarebbe valso a nulla lamentarsi di quanto fosse difficile la prigionia o come risultasse ingiusto aver messo in carcere anche il figlio. Visto il rapporto di potere fra artista e committente, non c'erano da aspettarsi scuse per le difficoltà a cui era stato costretto. Ritenne quindi una strategia più vantaggiosa chiedere perdono alla marchesa per aver tardato tanto a finire il lavoro richiestogli.

In proposito, Salomone/Ercole giustifica il ritardo nella consegna dei bracciali esattamente come aveva fatto nella missiva dell'ottobre 1504, ossia rammentando i suoi impegni con altri importanti mecenati ferraresi.[44] Isabella aveva già respinto tale scusa, giudicandola inammissibile, nella sua risposta a Mastro Ercole datata 18 ottobre 1504; in quella circostanza essa gli ricordò come la precedenza dovesse da lui essere accordata agli ordini di Alfonso d'Este e quest'ultimo voleva, appunto, che prima di tutto venisse la produzione dei bracciali di Isabella.[45] Sin dall'estate del 1505, dopo il suo arresto ordinato dal duca Alfonso, l'orafo aveva compreso senza ombra di dubbio che per Isabella gli impegni da lui presi con Lucrezia Borgia e il cardinale Ippolito d'Este erano una scusa poco convincente. Sorge quindi spontaneo chiedersi perché l'abbia ripetuta; probabilmente, non aveva niente di meglio da dire a propria discolpa.

Dopo l'esplicito accenno alle sofferenze patite, l'orafo aggiunge: «Or Dio ne sii laudato del tuto». Come abbiamo visto, Ziliolo aveva usato parole simili – invocando Dio – nell'esprimere la propria gioia per la realizzazione delle *maniglie*.[46] Se, da un lato, l'agente di Isabella sembrava grato di non dover più dare

43. Cito dalla lettera di Mastro Ercole a Isabella d'Este del 17 agosto 1505 (ASMn, AG, b. 1240, c. 334).

44. Come si legge nella lettera di Mastro Ercole a Isabella d'Este datata 14 ottobre 1504 (ASMn, AG, b. 1890, c. 187).

45. Cfr. la lettera di Isabella d'Este a Mastro Ercole datata 18 ottobre 1504 (ASMn, AG, b. 2994, lib. 17, c. 41r).

46. Si veda la lettera di Girolamo Ziliolo a Isabella d'Este datata 17 agosto 1505 (ASMn, AG, b. 1240, c. 360).

la caccia all'artista, Mastro Ercole, dall'altro, si sentiva ovviamente sollevato ora che si trovava di nuovo a casa dopo quasi due mesi trascorsi in prigione. A ciò aggiunge, nella sua lettera, la speranza che Dio permetta alla committente di indossare i bracciali a suo piacere.

L'orafo aveva già invocato l'Altissimo nella missiva inviata a Isabella nell'ottobre 1504. Tuttavia, in questo breve dispaccio alla marchesa scritto nell'agosto 1505 egli menziona Dio non una ma due volte. Una simile manifestazione di religiosità, della quale non si trova traccia nelle sue lettere successive, potrebbe rivelare una più intensa fede da parte sua, dopo la paura causata dalla prigionia del figlio e il trauma di subire egli stesso il carcere. Forse Mastro Ercole pregò Dio di liberarlo da quella sventura, sentendo così di dover rendere grazie a Lui dopo la scarcerazione sua e del figlio. Col menzionare Dio non solo in riferimento alla «faticha e afano asai» da lui patiti ma anche nell'augurarsi che Isabella traesse piacere dall'opera d'arte appena realizzata, forse l'orafo voleva dimostrare che uno solo – e identico – era il Dio suo e di Isabella. Risulta, tuttavia, significativo come egli eviti qualsiasi allusione cattolica a Gesù, alla Vergine Maria e ai santi. L'accenno a Dio – e Dio soltanto – da parte del convertito potrebbe essere ritenuto un segno della sua persistente ambivalenza in ambito religioso; dopo tutto, una simile invocazione, in un contesto del genere, poteva benissimo essere pronunciata anche da un ebreo.

La duplice allusione al Creatore nella missiva di Ercole/Salomone può anche essere dovuta al senso di insicurezza che provava nell'estate del 1505. Dopo la morte, nel gennaio di quell'anno, di colui che per lungo tempo era stato il suo protettore (ossia il duca Ercole d'Este), per la prima volta da quando era entrato a servizio presso Eleonora d'Aragona nel 1487 Mastro Ercole aveva perso il suo impiego come orafo di corte. Si coglie un segno di questa sua sopravvenuta vulnerabilità nel fatto che egli firmò la lettera dell'agosto 1505 con un semplice «Hercules orevexe»;[47] in nessun'altra sua missiva a noi nota egli si firma menzionando solo la professione da lui svolta, senza accennare al suo più importante mecenate di rango principesco.

Salomone/Ercole si era dapprima (1491) presentato come «Aurifex Illustrissime Domine Ducisse Ferrarie» e poi (1504) «Aurifex Illustrissimi Domini Ducis Ferrarie».[48] In due successivi dispacci (datati rispettivamente 14 maggio e 15 luglio 1506) egli si definisce «Aurifex Illustrissime Ducisse Ferrarie», alludendo così a Lucrezia Borgia.[49] L'ultima sua missiva giunta sino a noi, indirizzata a Isabella d'Este, la menziona come «domin*a* me*a* unic*a*» ed egli vi appone la seguente firma:

47. Lettera di Mastro Ercole a Isabella d'Este datata 17 agosto 1505 (ASMn, AG, b. 1240, c. 334).

48. Si vedano, rispettivamente, la lettera di Salomone da Sessa a Pietro Gentile da Camerino datata 16 agosto 1491 (ASMn, AG, b. 1232, c. 233) e quella di Mastro Ercole a Isabella d'Este datata 14 ottobre 1504 (ASMn, AG, b. 1890, c. 187).

49. La lettera di Mastro Ercole a Isabella d'Este datata 14 maggio 1506 (ASMn, AG, b. 1241, c. 300) reca la seguente firma: «Hercules Aurifex Illustrissime Ducisse Ferrarie». In quella da lui inviata a Isabella d'Este il 15 luglio 1506 (ASMn, AG, b. 1241, c. 301) la firma è «Hercules auriffice della duchessa».

«Hercules aurifice de Vostra Signoria».[50] In evidente contrasto, quindi, con tutte le altre lettere da lui inviate, nel dispaccio del 17 agosto 1505 Salomone/Ercole non si presenta come l'orafo al servizio di un qualche membro dell'allargata famiglia estense.[51] È chiaro che, in seguito alla sua incarcerazione per ordine del duca allora regnante, non poteva fregiarsi del ruolo di orafo del duca Alfonso o della moglie. Per ovvi motivi, non poteva nemmeno presentarsi come orafo di Isabella, cosa che invece avrebbe fatto un anno dopo, una volta opportunamente ristabilita la sua relazione con la marchesa, grazie all'avvenuta consegna delle *maniglie*.[52]

Sembra quasi che il copista che trascrisse la lettera del 17 agosto 1505, forse su richiesta di Salomone/Ercole, volesse inizialmente segnalare il suo precedente ruolo come orafo di corte del duca Ercole, poiché in un primo momento inserì l'avverbio *olim* (ossia, *un tempo*) dopo la formula «Hercules orevexe». In seguito, tuttavia, o lo scrivano o l'orafo stesso cambiò idea. Ciò diede luogo a una firma abbastanza strana e incompleta al termine del dispaccio, ossia: «Ill. D.V. Servitor Hercules orevexe, olim … ».[53]

Mentre, da un lato, l'esitazione a firmare le proprie missive conferma le precarie circostanze in cui Mastro Ercole si trovava nell'estate del 1505, dall'altro è certo che l'orafo non perse fiducia in se stesso. Una volta scusatosi per il ritardo nella consegna delle *maniglie*, egli espresse la speranza che Isabella avrebbe gradito il prodotto finale e messo da parte ogni rancore fra loro due. Conscio dell'ammirazione che i bracciali avevano suscitato in chi li aveva visti prima di lei (Ziliolo e il duca Alfonso), Salomone/Ercole si aspettava la medesima risposta da Isabella. Sembrerebbe che con la stessa fiducia egli le abbia chiesto di mostrare le maniglie ad Andrea Mantegna, il più rinomato artista attivo in nord Italia tra la fine del XV e l'inizio del XVI secolo.[54]

50. La lettera di Mastro Ercole a Isabella d'Este del 10 agosto 1506 (ASMn, AG, b. 1241), reca la firma «Hercules aurifice de Vostra Signoria» a c. 302r ed è inviata alla «Illustrissime et excellentissime Domine Domine Isabelle Marchionesse Mantue domine mee unice» (c. 302v).

51. Si veda la lettera di Mastro Ercole a Isabella d'Este datata 17 agosto 1505 (ASMn, AG, b. 1240, c. 334).

52. Mentre nelle prime quattro lettere di Mastro Ercole a Isabella egli ricorre ai consueti titoli onorifici quali «domine mie observandissime» e «domine colendissime» nel rivolgersi a lei, nella missiva del 10 agosto 1506 la chiama la sua unica mecenate e si definisce il suo orafo; cfr. ASMn, AG, b. 1890, c. 187v; b. 1240, c. 334v; b. 1241, cc. 300v, 301v, 302r.

53. Cito dalla lettera di Mastro Ercole a Isabella d'Este datata 17 agosto 1505 (ASMn, AG, b. 1240, c. 334). Nell'atto notarile del 20 marzo 1497 (ASFe, Archivio Notarile Antico di Ferrara, Notaio Bartolomeo Codegori, matr. 283, pacco 4, prot. 1497, cc. 76v-77r) l'orafo compariva indicato come «Magister Hercules de Sesso filius quondam Mellis aurifex illustrissimi domini nostri Ducis olim hebreus». È tuttavia improbabile che la forma "olim" nella lettera di Mastro Ercole dell'agosto1505 alluda alla sua origine ebraica, aspetto che egli sempre omette nelle missive. Circa questo tratto della sua personalità nulla mutò nel corso del 1505: non vi era quindi motivo di presentarsi in modo diverso rispetto a prima. Invece, per quel che concerneva il suo impiego presso un mecenate di rango aristocratico – che egli aveva sottolineato nei dispacci precedenti – un drastico cambiamento era di fatto avvenuto nel 1505.

54. Così scrive Mastro Ercole a Isabella d'Este in data 17 agosto 1505 (ASMn, AG, b. 1240, c. 334): «Se io ho servito bene Vostra Signoria […] prego quella che ponga da canto ogni cruzo. […] Etiam prego Vostra Signoria se digni mostrarli a Maestro Andrea Mantiegno».

Quando Mastro Ercole mise per iscritto questo desiderio Mantegna aveva già trascorso quarantasei anni al servizio di tre generazioni di signori al potere nella città di Mantova, guadagnandosi una fama e una condizione sociale superiori a quelle di ogni altro artista della sua epoca.[55] Isabella, che non faceva mistero della propria ammirazione per la straordinaria conoscenza della storia di Roma antica che Mantegna poteva vantare, si affidava ai suoi suggerimenti per acquistare oggetti antichi. Nei primi anni del Cinquecento al pittore era anche affidato in larga parte il programma decorativo del famoso studiolo della marchesa.[56]

Pertanto, l'accenno a Mantegna nel dispaccio di Mastro Ercole a Isabella rivela quanto egli fosse aggiornato sui rapporti che dominavano allora la scena artistica mantovana. Pur non avendo più messo piede in quella città da ormai dieci anni, ossia da quando (nel 1495) era stato bandito dalle terre dei Gonzaga, l'orafo ovviamente sapeva di come Isabella avesse incaricato l'anziano pittore di organizzare la decorazione del suo studiolo. Inoltre, pur avendo trascorso varie settimane in carcere e non potendo contare su un impiego fisso a corte, Salomone/Ercole era ancora così sicuro delle proprie doti artistiche da ritenere le *maniglie* appena realizzate degne dell'attenzione del più celebre artista vivente. A prescindere dal fatto se il suo invocare l'Altissimo nell'agosto 1505 rifletta la fede nel Dio cristiano o, al contrario, una persistente ambivalenza religiosa, non v'è dubbio che Mastro Ercole continuò a fidarsi soprattutto del proprio talento artistico.

55. In proposito cfr. Campbell, *Antico and Mantegna*, pp. 27-28 e Keith Christiansen, *Andrea Mantegna: Padua and Mantua*, New York, George Braziller, 1994, p. 7. Si vedano anche le pagine dedicate a Mantegna in Martin Warnke, *The Court Artist: On the Ancestry of the Modern Artist,* trad. inglese di D. McLintock, Cambridge, Cambridge University Press, 1993, pp. 57-62, 124-125, 148-150, 156-158 e 255-256. Per un aggiornamento bibliografico sulle opere di Mantegna cfr. Bourne, *The Art of Diplomacy*, pp. 188-189 e relative note 56-70.

56. A riguardo si vedano i seguenti studi: Campbell, *The Cabinet of Eros*, pp. 117-168, 205-206; Phyllis Williams Lehmann, *The Sources and Meanings of Mantegna's "Parnassus"*, in Phyllis Williams Lehmann e Karl Lehmann, *Samothracian Reflections: Aspects of the Revival of the Antique*, Princeton, Princeton University Press, 1973, pp. 59-178, soprattutto pp. 59-61; Roger Jones, *Mantegna and Materials*, in «I Tatti Studies in the Italian Renaissance», 2 (1987), pp. 71-90, soprattutto pp. 86-88; Clark, *Collecting, Exchange, and Sociability*, p. 181; San Juan, *The Court Lady's Dilemma*, p. 73 e Clifford M. Brown, *Isabella d'Este e il mondo greco-romano*, in *Isabella d'Este. La primadonna del Rinascimento*, pp. 109-127, soprattutto pp. 116-117.

17. Peste e malaria

Abituata com'era ad affidare i pensieri alla carta, la marchesa non delude nemmeno in questa circostanza, esprimendo il proprio apprezzamento per la straordinaria bellezza delle *maniglie* nella seguente missiva, spedita a Girolamo Ziliolo il 21 agosto 1505:

Spettabile Amico nostro carissimo, havemo receuto la lettera vostra insieme cum le manilie, le quale sono tanto belle, et excelente che excusano la longeza et tardità dil aurifice. Laudiamo Maestro Hercule et lo figliolo de cossì elegante opera, et vuy dela diligentia haveti usata. Allo Illustrissimo nostro fratello rendeti da parte nostra infinite gratie [...] perché se non fusse stato l'autorità sua, et lo partito preso de ponerlo [Mastro Ercole] in castello credemo non li haveria finite in vita sua. Dil pretio dela manifatura ch'el dimanda ni pare che veramente non meriti uno bolognino mancho de li vinticinque ducati. Ma perché sono più anni che nui gli dessimo venticinque ducati perché el ni facesse botoni d'oro, quali mai ce ha fatto, gli potreti dire che compensaremo l'uno in l'altro. Et aciòche che'l conoscha che stimamo el lavorere, et virtù sua gli donareti dece ducati, et dui li dareti per il conto de l'oro che figurati resta havere.[1]

Sebbene Isabella fosse evidentemente soddisfatta delle *maniglie* e non nascondesse la sua costante ammirazione per le virtù artistiche di Mastro Ercole, non accennava in alcun modo alla richiesta avanzata dall'orafo affinché ella mostrasse il suo lavoro a Mantegna. Se anche mise in pratica quanto richiesto dall'orafo, non si degnò mai di riferirgli la reazione di Mantegna. Resta il fatto che era suo desiderio procurarsi altri accessori realizzati da Salomone/Ercole, come si evince dalla seguente nota da lei inviatagli il 21 agosto:

Maestro Hercule, le manilie sono belle, et elegante, de le quale restamo in optima satisfactione, et compensamo la beleza in la tardità. Circa il pagamento de la manifatura et del oro che restati havere ni remettemo a Hieronimo Zeliolo. Se credessimo che havesti ad essere più presto in servirni, che non seti stato per il passato, cessata che fusse la peste vi mandaresimo il modo de farne diece o dodeci botoni d'oro da portar al brazo. Perhò se deliberareti di mutare natura, et nelo avisati quando Ferrara serà fora de pericolo vi mandaremo i denari da farli.[2]

1. Cito dalla lettera di Isabella d'Este a Girolamo Ziliolo datata 21 agosto 1505 (ASMn, AG, b. 2994, lib. 18, cc. 28v-29r).
2. Cito dalla lettera di Isabella d'Este a Mastro Ercole datata 21 agosto 1505 (ASMn, AG, b. 2994, lib. 18, c. 29).

Al pari degli altri signori al potere in nord Italia, Isabella prestava molta attenzione a come si diffondeva il contagio della peste, la cui frequente comparsa costituiva – nel XVI secolo – non solo un rischio per la salute ma anche una minaccia per l'economia.[3] L'estate del 1505 risultò particolarmente nefasta per i ferraresi, a causa del nuovo manifestarsi della peste a inizio maggio. Due mesi dopo, Bernardino de' Prosperi informò Isabella che il panico stava dilagando in città: chiunque poteva era andato via e le vittime ammontavano in media a settanta ogni giorno. Quando la marchesa inviò la propria missiva a Mastro Ercole si contavano ormai 1.500 morti di peste a Ferrara. Tra loro figuravano alcuni noti membri della corte estense, come il compositore Jacob Obrecht (scomparso, appunto, nel 1505), nonché lo schiavo africano preferito dal duca Alfonso.[4]

Pur conscia di queste straordinarie circostanze, la marchesa di Mantova ribadì chiaramente il proprio desiderio di voler riprendere il rapporto di mecenatismo che la legava a Mastro Ercole non appena l'epidemia avesse iniziato a regredire. La sua intenzione di commissionare opere a un artista appena scarcerato non era inconsueta; appena alcuni anni prima, suo padre aveva assunto come pittore di corte Boccaccio Boccaccino, il quale era da pochissimo uscito dal carcere di Milano.[5]

La replica di Isabella a Mastro Ercole si concentra sui bottoni d'oro che voleva lui le forgiasse. A quell'epoca la moda delle classi più agiate aveva iniziato a fare un uso sempre maggiore e stravagante dei bottoni d'oro.[6] Disposti in fila, essi donavano una linea attillata che metteva in risalto le diverse forme femminili e maschili. Il loro impiego, tuttavia, non era utile solo a unire le due parti di un vestito; lo scopo era anche quello di sottolineare l'elevata condizione sociale degli aristocratici che sfoggiavano questo accessorio. Decorando la superficie visibile delle vesti, i bottoni erano spesso considerati alla stregua di utili e piccoli gioielli. In quanto ben visibili, era anche facile che si usurassero, fossero rubati oppure andassero persi; tutti questi fattori ne tenevano alta la richiesta di produzione.[7] Pertanto, sin dal tardo Duecento realizzare bottoni divenne l'attività primaria degli orafi italiani; le loro botteghe si davano da fare per produrre sfilze di attraenti bottoni, forniti di pietre semipreziose nonché sottoposti a operazioni quali l'incisione, la filigranatura, la smaltatura e la doratura.[8]

3. Cfr. Isabella d'Este, *Selected Letters*, pp. 55 nota 97, 113, 142, 227, 229-233, 263-264, 266, 272, 335-336, 474, 489-490, 520.

4. Si vedano Zarri, *La religione di Lucrezia Borgia*, pp. 296-297; Lockwood, *Music in Renaissance Ferrara*, pp. 231-232 e Bradford, *Lucrezia Borgia*, pp. 236-238.

5. Boccaccino fu liberato grazie all'intervento di Antonio Costabili, ambasciatore ferrarese a Milano: cfr. Colantuono, *Estense Patronage*, p. 202. Al pari di Mastro Ercole, il pittore dovette affrontare altri guai dopo la sua scarcerazione; cfr. Edmund G. Gardner, *The Painters of the School of Ferrara*, London, Ballantyne, 1911, pp. 171-172.

6. In proposito si veda Judith C. Brown, *Economies*, in *The Cambridge Companion to the Italian Renaissance*, pp. 320-337, in particolare p. 329.

7. Cfr. Barbara Bettoni, *Usefulness, Ornamental Function and Novelty: Debates on Quality in Button and Buckle Manufacturing in Northern Italy (Eighteenth to Nineteenth Centuries)*, in *Concepts of Value in European Material Culture, 1500-1900*, a cura di Bert de Munck e Dries Lyba, London, Routledge, 2015, pp. 171-206, soprattutto pp. 179-181.

8. Cfr. Muzzarelli, *Gli inganni delle apparenze*, pp. 63-64 e Stuard, *Gilding the Market*, pp. 24-25, 52, 163.

Ricevuta, da parte di Isabella, la richiesta di forgiare i bottoni, Mastro Ercole non ebbe più sue notizie per un po' di tempo. Nel novembre 1505 la marchesa diede alla luce il suo secondo figlio, il futuro cardinale Ercole Gonzaga (1505-1563).[9] All'inizio del 1506 la peste aveva raggiunto Mantova e lei si vedeva costretta a fronteggiarne le conseguenze.[10] A Ferrara, invece, sul finire del 1505 la peste era già regredita[11] e Mastro Ercole riprese il lavoro commissionatogli da Lucrezia Borgia.[12]

Ormai ufficialmente duchessa di Ferrara, nel 1506 Lucrezia scelse «Maestro Hercule da Seso orevexe» come uno dei suoi due orafi di corte, da lei stessa retribuiti.[13] Mastro Ercole ricevette un salario fisso di 15 lire marchesane al mese, oltre ai compensi per i singoli lavori da lui prodotti su richiesta di Lucrezia.[14] Si trattava di una cifra rispettabile per un individuo non di nobili origini impiegato alla corte ferrarese.[15] Ammontando a un totale di 180 lire marchesane all'anno, gli introiti di Mastro Ercole risultavano superiori a quelli che molti funzionari e notai del duca Alfonso d'Este – compreso il suo tesoriere di corte – ricevevano nei primi anni del Cinquecento. Di fatto, sebbene alla corte di Lucrezia il poeta e il pittore ufficiali fossero meglio retribuiti del celebre artista, fra i musicisti ivi impiegati solo uno vantava un salario superiore al suo.[16]

9. In proposito cfr. Isabella d'Este, *Selected Letters*, p. 142.

10. Si vedano Cockram, *Isabella d'Este and Francesco Gonzaga*, p. 160 e David S. Chambers, *The Gonzaga "Signoria", Communal Institutions and 'the Honour of the City': Mixed Ideas in Quattrocento Mantua*, in *Communes and Despots in Medieval and Renaissance Italy*, a cura di John E. Law e Bernadette Paton, Burlington (VT), Ashgate, 2010, pp. 105-118, in particolare p. 108.

11. Cfr. Gardner, *Dukes and Poets*, p. 502.

12. Si veda ASMo, CD, AC, *Guardaroba*, no. 121 (*Libro de recordi de guardaroba*, 1495-1509), c. 73v, in cui si menziona «Maestro Hercule da Seso horevese». I successivi accenni nei libri di conti di Lucrezia lo indicano solo come Mastro Ercole orafo, omettendo così il toponimo. Tuttavia, dato che diversi di quei riferimenti riguardano un tal Mastro Ercole e suo figlio Alfonso – come, ad esempio, ASMo, CD, AP, no. 1131 (*Memoriale di Lucrezia Borgia*, 1507 [gennaio 1509]), cc. 137v e 141r – l'orafo in questione è senza dubbio l'ebreo convertito Ercole da Sessa. Sulle libertà che si era soliti prendersi all'epoca coi nomi degli artisti cfr. Welch, *Art and Society in Italy*, p. 87.

13. Guerzoni, *Apollo and Vulcan*, p. 49 così scrive: «Se dal 1506 al 1508 il duca Alfonso I aveva solo un orafo e un pittore sul proprio libro paga, la duchessa Lucrezia Borgia, invece, dava lavoro a due orafi e dodici pittori. Era lei a pagarli, di tasca propria, ed è anche assai probabile che sia stata lei stessa a sceglierli».

14. Cfr. ASMo, CD, AP, no. 1130 (*Memoriale di Lucrezia Borgia*, 1506), cc. 18v, 25r, 26r, 28r. Il salario mensile di Mastro Ercole è indicato a c. 94r nella lista dei salariati di Lucrezia per l'anno 1506, dove si legge quanto segue: «per havere servito mixi dodexe in ragione de L. 15 dato el mexe – L. 180». Su questa lista cfr. Prizer, *Isabella d'Este and Lucrezia Borgia*, pp. 7 (con relative note 20-21) e 31.

15. Cfr. Toffanello, *Le arti a Ferrara nel Quattrocento*, pp. 34-36. Si veda anche Gundersheimer, *Ferrara*, pp. 290-296 per i salari minimi e massimi pagati ai membri della corte ferrarese.

16. Sui salari annuali pagati agli altri membri della corte in servizio permanente, cfr. Guerzoni, *The Italian Renaissance Courts' Demand for the Arts*, p. 66 e Prizer, *Isabella d'Este and Lucrezia Borgia*, pp. 7-12.

Se, da un lato, la ricca corrispondenza di Isabella d'Este ci permette di ricostruire le varie fasi della complicata relazione da lei intrattenuta con il *virtuoso* orafo, al quale commissionava le opere che desiderava veder realizzate, non possediamo fonti del genere per quanto concerne il rapporto di Mastro Ercole con Lucrezia Borgia. Non si è finora scoperta nessuna lettera da parte della marchesa di Ferrara in cui vengano menzionati l'artista o i suoi familiari, così come non si hanno missive, da parte di questi ultimi, dirette alla figlia di Alessandro VI. La cosa, a dire il vero, non stupisce: sia la duchessa sia il suo orafo di corte vivevano a Ferrara; non avevano, quindi, bisogno di discutere per iscritto i dettagli relativi alle opere richieste, come invece avveniva nel caso di Isabella, costretta a fornire istruzioni ai suoi agenti su come procedere nelle negoziazioni con Mastro Ercole. Inoltre, solo poche delle lettere spedite o ricevute da Lucrezia quando abitava a Ferrara sono giunte sino a noi; il loro numero complessivo è ben poca cosa in confronto alle 16.000 lettere che si pensa Isabella d'Este abbia scritto e le 9.000 circa a lei inviate, di cui si conserva copia nell'Archivio di Stato di Mantova, raggiungendo una stima complessiva ben maggiore rispetto agli epistolari noti di qualsiasi altra donna della sua epoca.[17]

Ulteriori gravi lacune – dovute alla perdita delle fonti archivistiche ferraresi del XV secolo e dell'inizio del XVI, avvenuta in periodi storici successivi – rendono ancor più complicato il tentativo di ricostruire i rapporti fra Lucrezia e Salomone/Ercole. Ad esempio, i registri contabili per otto dei suoi quattordici anni come duchessa di Ferrara sono andati persi.[18] Pertanto, se – da un lato – i registri contabili di Lucrezia per il periodo 1506-1508 rivelano che in quegli anni lei si servì stabilmente di Mastro Ercole, è difficile – dall'altro – accertare con precisione quali rapporti lavorativi siano intercorsi fra i due dopo il 1509.[19] Malgrado ciò, l'inventario relativo ai gioielli di Lucrezia – redatto dal suo tesoriere negli anni 1516-1519 – conferma il ruolo privilegiato della bottega di Mastro Ercole, dalla quale essa acquistò una quantità particolarmente considerevole di oggetti di lusso (e a cui spedì anche gioielli e accessori per farli riparare) fino alla sua morte, avvenuta nel giugno 1519.[20]

Sebbene la duchessa di Ferrara sia rimasta il suo principale datore di lavoro dal 1506 al 1519, Salomone/Ercole continuò ad accettare commissioni da altri membri delle corti degli Este e dei Gonzaga, così come aveva fatto mentre era al servizio (in qualità di orafo di corte) della precedente duchessa – Eleonora d'Aragona – e nei molti anni in cui lavorò per il duca Ercole. Dopo Lucrezia, dal

17. In proposito si vedano Cockram, *Isabella d'Este and Francesco Gonzaga*, pp. 29-30 e il saggio introduttivo di Deanna Shemek a Isabella d'Este, *Selected Letters*, p. 18. Quest'ultimo volume fornisce una raccolta di oltre ottocento lettere scritte dalla marchesa.

18. Cfr. Diane Ghirardo, *Lucrezia Borgia as Entrepreneur*, in «Renaissance Quarterly», 61, 1 (2008), pp. 53-91, soprattutto p. 63.

19. A riguardo si vedano le seguenti fonti: ASMo, CD, AP, no. 1130 (*Memoriale di Lucrezia Borgia*, 1506), cc. 18v, 25r, 26r, 28r, 45v, 53v, 54r, 70v, 86r, 94r e ASMo, CD, AP, no. 1131 (*Memoriale di Lucrezia Borgia*, 1507 [gennaio 1509]), cc. 71r, 77r, 84 v, 86v, 89r, 91r, 108r, 112v, 114v, 115v, 123v, 125, 137v, 141v, 145r, 166v, 181v, 186r.

20. Cfr. Bonatti, *Prima carta dell'inventario delle gioie di Lucrezia Borgia*, p. 192 e Bellonci, *Lucrezia Borgia*, p. 539.

1506 al 1519 il suo maggior committente fu Isabella d'Este. Una volta ricevuti, a tempo debito, i bottoni d'oro che aveva richiesto a Mastro Ercole,[21] la marchesa diede a Girolamo Ziliolo il compito di convincere l'orafo ad andare a Mantova per discutere i dettagli relativi a un'altra opera che intendeva commissionargli, di più grandi dimensioni: un *votto* (o *vuoto*), ossia un contenitore d'oro decorato. Il 20 aprile 1506 Ziliolo riferì che l'orafo stava male ed era quindi impossibilitato a viaggiare. Non volendo rinunciare a un cospicuo ordinativo da parte di Isabella, l'artista propose che al suo posto fosse il figlio Alfonso a recarsi a Mantova.[22] Come già avvenuto, Ziliolo non precisò di quale disturbo soffrisse Mastro Ercole, il che induce ancora una volta a sospettare trattarsi di una malattia professionale, dovuta alla continua esposizione ai fumi tossici, com'era tipico di chi lavorava i metalli.[23]

I registri contabili di Lucrezia Borgia lasciano intendere che Mastro Ercole ebbe problemi di salute e che questi ne ridussero la produttività durante la primavera del 1506.[24] È probabile, tuttavia, che anche altre considerazioni lo abbiano spinto ad assegnare al figlio maggiore il compito di intraprendere il viaggio fino a Mantova. Sebbene fossero ormai trascorsi undici anni da quando il consorte di Isabella lo aveva bandito dal territorio dei Gonzaga, egli non aveva certo dimenticato l'avvertimento del marchese Francesco affinché non mettesse più piede a Mantova.[25]

Alfonso si diresse quindi alla volta di Mantova, dove negoziò con la marchesa i termini di quella commissione. Dopo il ritorno a Ferrara, il figlio di Mastro Ercole andò da Bernardino de' Prosperi – l'assiduo corrispondente di Isabella – e gli consegnò una lettera da parte della marchesa.[26] Non diversamente da Girolamo Magnanino, che nel 1504-1505 ebbe contatti con l'orafo e i suoi figli, Bernardino de' Prosperi li conosceva almeno sin da quando si erano convertiti al cristianesimo.[27] Il 27 aprile 1506 – quasi quindici anni dopo aver descritto il battesimo di Graziadio/Alfonso, allora un bambino di nove anni, in un dispaccio a Isabella – Bernardino riferì del suo incontro con questo convertito in un'altra missiva

21. In seguito Isabella ordinò altri bottoni dalla bottega di Mastro Ercole a Ferrara e risultarono di suo gradimento, come si legge nell'epistola da lei inviata a Girolamo Ziliolo il 22 marzo 1519 (ASMn, AG, b. 2997, lib. 36, c. 40).

22. Si veda la lettera di Girolamo Ziliolo a Isabella d'Este datata 20 aprile 1506 (ASMn, AG, b. 1241, c. 277). Sul *votto* (o *voto*) cfr. Bertolotti, *Artisti in relazione coi Gonzaga*, p. 90.

23. Si veda *supra*, capitolo 15.

24. I registri contabili di Lucrezia annotano ordini relativi a Mastro Ercole per marzo e aprile 1506, ma il suo nome non compare per maggio e giugno; ciò suggerisce che durante quei mesi egli non abbia né ricevuto materiale né consegnato alcun lavoro. In proposito cfr. ASMo, CD, AP, no. 1130 (*Memoriale di Lucrezia Borgia*, 1506), cc. 18v, 25r, 26r, 28r. Il nome di «Maestro Erchule orevexe» ricompare nei registri contabili solo in data 6 luglio 1506: si veda ivi, c. 45v.

25. Si vedano gli ordini che Francesco Gonzaga diede a Mastro Ercole il 18 febbraio 1495 in ASMn, AG, 2906, lib. 150, c. 72v.

26. In proposito si veda la lettera di Bernardino de' Prosperi a Isabella d'Este datata 27 aprile 1506 (ASMn, AG, b. 1241, c. 29).

27. Cfr. la lettera di Bernardino de' Prosperi a Isabella d'Este datata 10 ottobre 1491 (ASMn, AG, b. 1232, c. 40).

indirizzata alla marchesa. Fra le altre cose, Bernardino informò Isabella di come Lucrezia Borgia avesse organizzato le nozze di alcune sue *donzelle*, inclusa Anna, sorella di Alfonso.[28]

La marchesa di Mantova nutriva grande interesse per l'impegno che la cognata, a Ferrara, metteva nel favorire i matrimoni altrui; pertanto, dal 1506 al 1508 Bernardino le fornì dettagliati resoconti sui mariti che Lucrezia procacciava alle sue damigelle, spesso aggiungendo i propri commenti sulle coppie così venutesi a creare.[29] Le figlie di rispettabili famiglie ferraresi che avevano iniziato a servire Lucrezia nel 1502 insieme ad Anna trovarono facoltosi mariti appartenenti alla loro stessa classe sociale. Si trattava di parenti di cortigiani estensi o di altri funzionari ferraresi; Bernardino riferiva i loro nomi e quelli dei parenti più famosi, talvolta facendo anche sapere che – di primo acchito – non avevano reagito bene alla scelta delle future spose che la duchessa aveva fatto per loro.[30]

Anna e Violante (l'altra damigella di Lucrezia un tempo ebrea) furono tra le prime ragazze che la duchessa cercò si accasare all'inizio del 1506; altre, invece, dovettero attendere sino alla fine del 1507 o addirittura la metà del 1508 prima di sposarsi. È vero che le due convertite non potevano nutrire grandi aspettative a riguardo e sperare di fidanzarsi con i rampolli della migliore società ferrarese; tuttavia, Bernardino informò Isabella anche sul matrimonio di queste due *donzelle*. Non ritenne, tuttavia, importante specificare i nomi dei mariti scelti per loro né riferì quali erano state le reazioni dei loro futuri sposi al fidanzamento, giacché questi ultimi non appartenevano a famiglie tali da destare l'interesse della marchesa. Il 6 gennaio 1506, quindi, Bernardino si limitò ad annotare che Violante venne promessa in sposa a un pittore[31] e il 27 aprile aggiunse che la notte prima si era trasferita nella casa dell'uomo con cui si era appena unita in matrimonio. In questa seconda lettera Bernardino riferisce anche che Anna, figlia di Mastro Ercole, «fo facta sposa»; nel suo caso non si preoccupa nemmeno di specificare quale lavoro facesse il marito.[32]

Per Violante, è probabile che la duchessa abbia dovuto procurare l'intera dote, poiché i documenti giunti sino a noi non menzionano alcun suo parente di

28. Cfr. la lettera di Bernardino de' Prosperi a Isabella d'Este datata 27 aprile 1506 (ASMn, AG, b. 1241, c. 29).

29. Si veda Bradford, *Lucrezia Borgia*, pp. 251-252 (il quale, tuttavia, si basa su un numero ristretto di resoconti forniti da Bernardino de' Prosperi sulle coppie venutesi a creare grazie all'intervento di Lucrezia).

30. Si vedano le seguenti lettere di Bernardino de' Prosperi a Isabella d'Este risalenti al 1507: 6 gennaio, 13 gennaio, 8 febbraio, 27 aprile e 13 settembre (ASMn, AG, b. 1241, cc. 3, 5, 11, 29 e 59). Si vedano anche le lettere che lui le inviò in data 6 agosto e 7 settembre 1507 (ivi, cc. 435 e 450) e ancora il 16 giugno 1508 (ASMn, AG, b. 1242, c. 140).

31. Nella sua lettera a Isabella d'Este del 6 gennaio 1506 (ASMn, AG, b. 1241, c. 3) Bernardino de' Prosperi scrive: «la Violante già ebrea se è promessa ad uno depinctor».

32. Si veda la lettera di Bernardino de' Prosperi a Isabella d'Este in data 27 aprile 1506 (ASMn, AG, b. 1241, c. 29), in cui egli scrive: «La Nicola hersira se ne andete a casa di suo marito e a questo dì fo mandato anche Violante già hebrea a casa del suo. [...] Anna di Maestro Hercule fo facta sposa». Bradford, *Lucrezia Borgia*, pp. 168, 251 e 300 accenna al matrimonio che Lucrezia aveva procurato a Violante ma non a quello di Anna, figlia di Mastro Ercole.

sesso maschile. Quanto ad Anna, a Mastro Ercole fu forse chiesto di assumersi l'onere di almeno una parte della dote. Comunque sia, l'aiuto di Lucrezia risultò fondamentale per combinare il fidanzamento della ragazza, il cui padre – condannato per sodomia e altri gravi reati nel 1491 – era da poco uscito per la seconda volta di prigione. Considerando il suo passato da ebrea e gli scheletri che il padre aveva nell'armadio, le prospettive matrimoniali di Anna – anche nel caso di un cristiano non appartenente agli strati più alti della società ferrarese – apparivano abbastanza scarse. Il silenzio di Bernardino circa la professione del marito (in contrasto col suo esplicito accenno al pittore che aveva sposato Violante) lascia supporre che, pur essendo figlia di un noto orafo e sorella di altri due, Anna non abbia contratto matrimonio con un artista.

Accadeva spesso, nell'Italia del Rinascimento, che gli artisti e gli artigiani sposassero figlie i cui padri praticavano il loro stesso mestiere.[33] Malgrado ciò, il prestigio professionale del padre di Anna non riusciva, evidentemente, a fugare i dubbi che ancora aleggiavano sul suo criticabile passato e rendere la figlia una futura sposa ambita agli occhi di un giovane orafo dalle buone prospettive di carriera o per qualsiasi altro artista ferrarese. Per renderla desiderabile agli occhi di un eventuale marito – anche appartenente alla classe degli artigiani – ci voleva una sostanziosa dote, il cui reperimento era possibile solo col sostegno della duchessa Lucrezia; quest'ultima non solo si riprometteva di aiutare le damigelle al suo servizio ma ammirava le doti artistiche del padre di Anna.

L'accenno di Bernardino de' Prosperi al matrimonio di Anna nell'aprile 1506 è l'ultima notizia fornitaci in merito alla seconda figlia di Mastro Ercole, l'unica delle sue cinque che – stando alle notizie a nostra disposizione – abbia contratto matrimonio.[34] Alcune delle ragazze di più alto lignaggio che, insieme ad Anna, servivano in qualità di damigelle – più precisamente le figlie di Nicolò Dalaro e Sigismondo Trotti, la sorella di Alberto Cantino e una parente di Girolamo Ziliolo – sono citate nella successiva corrispondenza di Bernardino come presenti a cerimonie di corte dopo il matrimonio procurato loro da Lucrezia. Al contrario, la figlia di Mastro Ercole non lasciò più alcuna traccia di sé una volta sposata.[35]

Dopo aver trascorso quattro anni nel palazzo di Lucrezia Borgia, circondata da nobildonne e membri della corte, dal 1506 la *donzella* promessa sposa a un uomo senza alcun prestigio sociale o fama artistica non lasciò più memoria di sé nelle fonti scritte. I suoi due fratelli, invece, continuarono a comparire in vari documenti per i quindici anni successivi (e anche oltre, nel caso di Ferrante).

33. A questo riguardo si vedano Reilly, *Artists' Workshops*, p. 87; Burke, *The Italian Renaissance*, pp. 63-64 e Welch, *Art and Society in Italy*, p. 93.

34. Sulla quasi totale assenza di dati relativi alle dame di compagnia nelle fonti dell'epoca cfr. il già citato saggio introduttivo di Houben e Akkerman, *The Politics of Female Households*, pp. 5-6 e 20-21.

35. Anna non risulta, pertanto, menzionata nella lettera di Bernardino de' Prosperi a Isabella d'Este del 13 marzo 1508 (ASMn, AG, b. 1242, c. 129) in cui si accenna ad alcune delle ex damigelle di Lucrezia che avevano partecipato alle feste di carnevale organizzate a corte, tornandosene poi alle proprie case, mentre altre erano rimaste a trascorrere la notte lì.

Come già notato, la conversione al cristianesimo da parte di Salomone/Ercole da Sessa ebbe effetti duraturi sulla vita di tutti i suoi figli, sia maschi sia femmine, fornendo loro occasioni per integrarsi nella società cristiana. Tuttavia, se da un lato il corso della vita adulta di Anna e di sua sorella Caterina / Suor Teodora fu segnato dal battesimo non meno di quello dei loro fratelli, dall'altro l'essere maschio oppure femmina ebbe un ruolo determinante per la visibilità che le fonti storiche accordarono ai figli di Mastro Ercole. Come la maggior parte delle donne sposate appartenenti alla classe degli artigiani e a quella medio-bassa nell'Italia del XVI secolo, dopo il matrimonio Anna si trovò costretta a svolgere solo compiti ausiliari in ambito domestico e, forse, anche nella bottega diretta dal marito. Si tratta di un genere di lavoro che non lasciava traccia di sé nei libri paga della corte ducale ferrarese o nella corrispondenza della marchesa, dove – al contrario – i fratelli di Anna (Alfonso e Ferrante) continuarono per molti anni a essere menzionati, in quanto orafi che intrattenevano rapporti di lavoro con clienti di rango principesco.[36]

Pertanto, alcune lettere conservate presso l'Archivio di Stato di Mantova ci informano che durante la visita fatta in quella città nel 1506 Alfonso ricevette da Isabella d'Este istruzioni relative al *votto* che avrebbe dovuto realizzare per lei insieme al padre. Dopo il ritorno di Alfonso a Ferrara, Mastro Ercole ne costruì un modello in base alle indicazioni della marchesa.[37] Alfonso, inoltre, portò con sé anche le famose *maniglie* e nella bottega del padre i due si misero al lavoro per apportare alcune piccole riparazioni a quei bracciali che, evidentemente, Isabella aveva indossato spesso e volentieri.[38]

Aggiustare le *maniglie* era un compito assai più facile che produrle; in tale circostanza, quindi, il desiderio di Isabella fu soddisfatto senza alcun indugio. Il 14 maggio Salomone/Ercole la informò che aveva consegnato le *maniglie* al suo messo a Ferrara, aggiungendo che aveva dovuto usare alcune «bande di ferro» per rafforzare il «coverchio» che chiudeva i bracciali. Sebbene quelle piccole lamine non si vedessero, l'orafo si premurò di riferire che aveva mostrato questa modifica al cardinale Ippolito d'Este – «Reverendissimo Monsignore nostro» – e giudicò

36. Sulle donne appartenenti alla classe degli artigiani nell'Europa prima del Concilio di Trento e la difficoltà a reperire notizie biografiche su di loro cfr. Jones, *Public and Private Space*, pp. 248-255 e Kathryn Reyerson, *Urban Economies*, in *The Oxford Handbook of Women and Gender*, pp. 295-310, soprattutto pp. 303-304. Per la maggiore varietà di fonti disponibili in merito alla partecipazione alla vita urbana da parte delle donne di estrazione popolare nell'Italia post-tridentina cfr. Monica Chojnacka, *Working Women of Early Modern Venice*, Baltimore, Johns Hopkins University Press, 2001, pp. xviii–xx.

37. Si veda la lettera di Mastro Ercole a Isabella d'Este datata 14 maggio 1506 (ASMn, AG, b. 1241, c. 300). Non è possibile che l'incontro di Alfonso con Isabella nel 1506 sia avvenuto il 2 aprile (come invece sostiene Bertolotti, *Le arti minori*, p. 63) poiché il 20 aprile di quell'anno Ziliolo menzionò la disponibilità, da parte di Mastro Ercole, a inviare a Mantova il figlio in sua vece, essendo impossibilitato al viaggio: cfr. ASMn, AG, b. 1241, c. 277.

38. In una lettera non datata a Girolamo Ziliolo – trascritta nel copialettere di Isabella d'Este insieme a missive da lei dettate il 9 maggio 1506 (ASMn, AG, b. 2994, lib. 18, cc. 88v-89r) – la marchesa ordinò al proprio funzionario di tenere d'occhio Mastro Ercole e suo figlio per costringerli a terminare in breve tempo il lavoro che avevano iniziato.

importante dirlo anche alla marchesa, «perché se mai se apressono non se possa dire haverli dato ferro in cambio d'oro».[39]

Nel Rinascimento gli orafi usavano spesso metalli meno preziosi, talvolta fusi con l'argento, per realizzare componenti di rinforzo e parti meccaniche come fibbie, assi e cardini.[40] Forse Mastro Ercole sentì l'esigenza di menzionare l'uso, da parte sua, di quelle piccole lamine di ferro perché conscio della cattiva reputazione che si era guadagnato con le dubbie vicende relative alla sua apostasia dal giudaismo. Come abbiamo già visto, quando l'orafo fu sottoposto ad arresto nel 1491 Francesco Gonzaga asserì che lo aveva frodato nel realizzare una collana d'oro da lui commissionatagli; nel 1495, poi, il marchese lo accusò nuovamente di essere un bugiardo. I frequenti accenni alla natura infida di Salomone/Ercole nelle lettere di Girolamo Ziliolo a Isabella dieci anni dopo dimostrano come il marito della marchesa non fosse l'unico tra i suoi conoscenti a nutrire sospetti sul celebre artista. Considerando la sua ambigua reputazione, non stupisce che nel 1506 Mastro Ercole ponesse tanta cura nell'avvertire Isabella che non intendeva certo frodarla se usava delle piccole lamine di ferro.

La quarta missiva di Salomone/Ercole, pertanto, ci consente di osservare l'impegno con cui egli cercò di presentarsi nelle vesti di fedele servitore di Isabella. Nel suo tentativo di costruire di sé l'immagine di un artista capace e affidabile, in questo suo dispaccio l'orafo decise di concentrarsi solo su aspetti relativi alle opere commissionategli da Isabella, senza menzionare – ad esempio – il recente matrimonio della figlia Anna. Una volta accennato alla riparazione delle *maniglie*, passa quindi a discutere del *votto* che realizzerà.

In merito a un modello del *votto* da lui spedito insieme alla lettera, Mastro Ercole fa notare che la marchesa non aveva specificato quali dimensioni quest'opera dovesse avere; chiede quindi di riferirgli se le misure fossero errate e aggiunge che, in tal caso, preparerebbe un altro modello.[41] Quel progetto, comunque sia, piacque a Isabella, abituata a scambiare disegni e modelli nel corso delle trattative condotte per acquistare oggetti di lusso a distanza.[42] Poco dopo averlo ricevuto ordinò all'orafo cremonese Giovanni Francesco della Grana (noto anche come Giovanni Francesco de' Roberti, particolarmente attivo fra il 1490 e il 1520) di recarsi a Ferrara, affidandogli ulteriori istruzioni in merito a come realizzare il *votto*. Giunto a Ferrara, tuttavia, Della Grana trovò Mastro Ercole seriamente malato; questa volta la diagnosi della malattia fu facile, trattandosi di febbre quartana.[43]

39. Cito dalla lettera di Mastro Ercole a Isabella d'Este del 14 maggio 1506 (ASMn, AG, b. 1241, c. 300), in cui egli afferma: «Mi è accaduto di metterli dentro certe bande di ferro apresso al'oro dove possa il coverchio, et questo l'ho monstrato al Reverendissimo Monsignore nostro, et al presente portatore. Et de questo mi è paruto darne adviso a Vostra Signoria perché se mai se apressono non se possa dire haverli dato ferro in cambio d'oro».

40. Cfr. Stuard, *Gilding the Market*, p. 165.

41. Si veda la lettera di Mastro Ercole a Isabella d'Este datata 14 maggio 1506 (ASMn, AG, b. 1241, c. 300). Sia questa sia le missive alla marchesa del 15 luglio e 10 agosto 1506 sono brevemente menzionate da Angelucci, *Catalogo della armeria reale*, p. 306.

42. Sull'uso di modelli da parte della marchesa cfr. Isabella d'Este, *Selected Letters*, p. 339.

43. Questa informazione si desume dalla lettera di Mastro Ercole a Isabella d'Este datata 15 luglio 1506 (ASMn, AG, b. 1241, c. 301). Su Della Grana, che per molti anni fu impiegato

Mentre gli altri ricorrenti problemi di salute che angustiarono l'orafo durante i primi due decenni possono aver avuto come causa le condizioni in cui si trovavano a operare, all'epoca, quanti lavoravano i metalli, la febbre quartana colpiva uomini e donne di ogni ceto sociale e occupazione in nord Italia. Le caratteristiche ambientali del delta del Po facevano sì che gli abitanti di Ferrara, Mantova e delle zone limitrofe (inclusi i membri delle case regnanti d'Este e Gonzaga) si ammalassero spesso di febbri malariche nei caldi mesi estivi.[44] La febbre quartana, di cui soffriva Mastro Ercole, presentava saltuari aumenti della temperatura corporea, il che gli impediva di incontrare Della Grana.[45] Toccò, quindi, al figlio Alfonso discutere della realizzazione del *votto* con l'inviato di Isabella; in quella circostanza Alfonso gliene mostrò anche un modellino di cera.[46]

Non molto tempo dopo, esattamente l'ultimo giorno del mese di giugno di quello stesso 1506, Alfonso e suo padre ricevettero la notizia che Suor Teodora era morta nel convento di Santa Caterina da Siena.[47] Il 15 luglio Mastro Ercole spedì a Isabella un altro messaggio in cui accennò alla febbre che aveva minato la sua capacità di lavorare, aggiungendo che durante la malattia Alfonso lo aveva sostituito alla bottega. In tutta la lettera non si trova alcun riferimento alla morte della figlia maggiore.[48]

presso la zecca mantovana come controllore della qualità dei metalli e talvolta ebbe da Isabella l'incarico di supervisionare l'andamento di opere da lei commissionate in altre città, cfr. Malacarne, *Fruscianti vestimenti e scintillanti gioie*, p. 157; Bertolotti, *Artisti in relazione coi Gonzaga*, pp. 91-92; Luzio e Renier, *Il lusso di Isabella d'Este*, pp. 42, 56-57 e 81. Si veda, infine, il volume curato da Clifford M. Brown in collaborazione con Anna Maria Lorenzoni, *Isabella d'Este and Lorenzo da Pavia: Documents for the History of Art and Culture in Renaissance Mantua*, Genève, Droz, 1982, pp. 68-70 e 186.

44. In proposito si vedano Christopher F. Black, *Early Modern Italy: A Social History*, London, Routledge, 2001, pp. 9, 18 e 25; James, *What's Love Got to Do with It?*, pp. 538-539; Isabella d'Este, *Selected Letters*, nota 67 a p. 45 e le pp. 351 e 482.

45. Le autorità mediche delle'epoca associavano la febbre quartana all'accumulo di bile nera nella milza; diversi erbari – tra i quali uno scritto da un medico ferrarese – fornivano suggerimenti su come alleviarne i sintomi. In proposito si vedano i seguenti studi: Iain M. Lonie, *Fever Pathology in the Sixteenth Century: Tradition and Innovation*, in «Medical History», suppl. 1 (1981), pp. 19-44; Michael Adams, Wandana Alther, Michael Kessler, Martin Kluger e Matthias Hamburger, *Malaria in the Renaissance: Remedies from European Herbals from the Sixteenth and Seventeenth Century*, in «Journal of Ethnopharmacology», 133 (2011), pp. 278-288 e Chiara Beatrice Vicentini, Stefano Manfredini, Donatella Mares, Silvia Lupi, Enrica Guidi, Carlo Contini, *La malaria in aree ad elevata endemia del nord Italia e nel contesto italiano: Rimedi e succedanei nella pratica medica dell'Ottocento*, in «Le Infezioni in Medicina», 2 (2014), pp. 156-177, soprattutto pp. 156-157.

46. Come riferito da Mastro Ercole nella sua lettera a Isabella d'Este del 15 luglio 1506 (ASMn, AG, b. 1241, c. 301).

47. Il decesso di Suor Teodora è menzionato nel margine della stessa pagina in cui si accenna alla sua cerimonia di vestizione: cfr. *Cronaca di Fra Benedetto da Mantova,* ASDF, SCS, b. 3/22, fol. 4v.

48. Si veda la lettera di Mastro Ercole a Isabella d'Este datata 15 luglio 1506 (ASMn, AG, b. 1241, c. 301). Sebbene la durata media della vita fosse breve nell'Europa dell'epoca, la scomparsa di una persona fra i venti e i trent'anni era ritenuta prematura e, come tale, da

Riferendo solo notizie legate al suo lavoro, lo scambio epistolare di Salomone/Ercole con Isabella menziona le attività professionali svolte da lui e dai suoi figli – i quali lo aiutavano in bottega – senza alludere mai all'esistenza delle figlie. Egli non espresse gioia per il matrimonio di Anna nella nota del 14 maggio, né dolore per la prematura scomparsa di Suor Teodora nel dispaccio del 15 luglio. Rivolte al committente di rango principesco che gli forniva lavoro, le missive dell'artista a Isabella sono dettate solo da considerazioni di ordine professionale. Pertanto, il destino delle sue figlie – impossibilitate a intraprendere una carriera nell'ambito dell'oreficeria per il loro stesso essere donne – fu omesso da quelle fonti in cui a parlare in prima persona era lo stesso Mastro Ercole.

Sebbene il silenzio dell'orafo circa la morte della figlia non debba essere ritenuto indice di scarso affetto da parte sua, esso ci lascia all'oscuro in merito alle conseguenze che quella scomparsa ebbe sulla famiglia. Il breve accenno alla sua morte nella cronaca del convento di Santa Caterina da Siena non ne riporta la causa. Non possiamo, quindi, sapere se Suor Teodora si sia improvvisamente ammalata a giugno, forse a causa della febbre malarica,[49] oppure se – come molte altre suore vissute nella penisola italiana in epoca rinascimentale – era sempre stata cagionevole di salute o soffriva di una qualche malattia congenita.[50]

Risulta ugualmente impossibile sapere se i suoi genitori o i fratelli ebbero occasione di vedere la suora un'ultima volta prima che passasse a miglior vita. Nel giugno 1506 il convento domenicano di Santa Caterina da Siena era sottoposto a una stretta clausura, ma Lucrezia Borgia avrebbe avuto la possibilità di intervenire in favore del suo orafo di corte, concedendo a lui e ai suoi familiari il permesso di visitare Suor Teodora al capezzale.[51] Ad ogni modo, in quanto parenti di una *sorella da officio*, a Mastro Ercole, alla moglie e ai loro figli sarebbe stato concesso partecipare al funerale di Suor Teodora.[52]

Come le cerimonie della vestizione e della professione dei voti, i funerali costituivano eventi importanti all'interno delle comunità religiose femminili. In quanto spose di Cristo, le suore dovevano trascorrere la loro vita nel chiostro, preparandosi al momento in cui avrebbero abbandonato la dimensione corporale

compiangersi. In proposito cfr. Shulamith Shahar, *Growing Old in the Middle Ages: "Winter Clothes Us in Shadow and Pain"*, trad. inglese di Yael Lotan, London, Routledge, 1997, p. 22.

49. Nella prima età moderna le morti nei conventi italiani avvenivano solitamente nei freddi mesi invernali, spesso a causa di malattie polmonari, come indicato in Brown, *Everyday Life, Longevity, and Nuns*, pp. 127-128. Se, da un lato, il decesso di Suor Teodora nel mese di giugno può far supporre che la morte fosse dovuta a una febbre malarica, dall'altro il suo essere l'unica all'interno del convento di Santa Caterina da Siena a morire nell'estate di quell'anno induce a pensare che la ventilazione in quell'edificio da poco terminato non esponesse i residenti a un alto rischio di contrarre una simile malattia, come invece accadeva in altre strutture per religiose. Su quest'ultimo aspetto cfr. Strocchia, *Nuns and Nunneries*, p. 106.

50. Sull'alta presenza – nei conventi – di ragazze dalla salute cagionevole cfr. Sharon Strocchia, *Women on the Edge: Madness, Possession, and Suicide in Early Modern Convents*, in «Journal of Medieval and Early Modern Studies», 45, 1 (2015), pp. 53-77, soprattutto p. 66; Ead., *Nuns and Nunneries*, p. 2 ed Evangelisti, *Nuns*, p. 21.

51. Cfr. Herzig, *Savonarola's Women*, pp. 133-136.

52. Cfr. Strocchia, *Nuns and Nunneries*, p. 168.

per unirsi al loro consorte in paradiso. Pertanto, i funerali svolti in convento, attraverso i quali si sanciva il passaggio di una suora alla vita eterna, rappresentavano cerimonie dal notevole significato, in cui era previsto che si cantassero i salmi, si recitassero preghiere e si celebrasse una messa.[53] I genitori – un tempo ebrei – di Suor Teodora parteciparono a questo rito funebre cattolico, officiato da un prete domenicano della vicina comunità dei frati di Santa Maria degli Angeli e concluso con l'inumazione del corpo della loro figlia all'interno dello stesso convento dove aveva vissuto.[54]

È lecito supporre che quindici anni dopo essersi convertiti al cattolicesimo Salomone/Ercole e sua moglie Eleonora nutrissero la stessa convinzione delle consorelle di Suor Teodora, ossia che la morte fisica della figlia sancisse la sua felice unione con lo sposo celeste? Siccome l'orafo non lascia trapelare segni di lutto nella lettera da lui scritta due settimane dopo e nessun'altra fonte giunta sino a noi documenta la sua reazione – o quella della moglie – alla morte di Suor Teodora, non abbiamo modo di appurarlo. Sappiamo, invece, che pochi giorni dopo il funerale della figlia entrambi i genitori ripresero le loro consuete attività. Mastro Ercole, debilitato dagli strascichi della febbre quartana, tornò alla sua bottega, dove fece tutto il possibile per soddisfare le incessanti richieste di oggetti di lusso che lui e i figli continuavano a ricevere.

53. Cfr. Glixon, *Mirrors of Heaven*, pp. 168-171.

54. Sui funerali riservati alle monache del livello di Suor Teodora cfr. Evangelisti, *Nuns*, p. 32. Sui frati di Santa Maria degli Angeli – a cui erano affidati tutti i compiti sacerdotali nel convento di Santa Caterina da Siena – cfr. Herzig, *Savonarola's Women*, pp. 88, 129, e 138-139.

18. Ferrara in guerra

Le febbre quartana costrinse Mastro Ercole a restare a Ferrara. Troppo malato per intraprendere viaggi d'affari in altre città, non poteva acquistare i raffinati materiali necessari per il suo lavoro, in particolare il *rosichiero* che usava per smaltare. Il 15 luglio 1506 chiese a Isabella d'Este di fare in modo che Francesco della Grana gli procurasse un po' di *rosichiero* per terminare i lavori che stava preparando per lei; in quel frangente spiegò anche che la cattiva salute gli impediva di recarsi a Milano per acquistarlo da sé.[1] Tuttavia, quando ricevette la sua richiesta Isabella era occupata a fronteggiare la crisi generale causata dal diffondersi della peste a Mantova e non diede risposta. Quindi, durante quello stesso mese di luglio, mentre la peste continuava a imperversare nel territorio dei Gonzaga, decise finalmente di lasciare Mantova insieme ai bambini e si ritirò nella villa di Sacchetta, in campagna, per evitare il contagio.[2]

Mastro Ercole, che forse non si rendeva conto di quanto fosse grave la situazione a Mantova, temeva che la marchesa avesse altri motivi per non considerare la richiesta da lui avanzata. Nella sua sesta lettera (l'ultima giunta fino a noi), risalente al 10 agosto 1506, cercò di convincere Isabella che il motivo per cui doveva ancora terminare i lavori da lei commissionatigli era la febbre quartana e non l'aver dato priorità alle ordinazioni ricevute da Lucrezia Borgia. A riguardo, è interessante notare che mentre nei dispacci del 14 maggio e del 15 luglio 1506 Salomone/Ercole si definiva orafo della duchessa di Ferrara,[3] la sua missiva del 10 agosto reca la firma «Mastro Ercole orafo di Vostra Signoria» e la destinataria, ossia Isabella, vi è detta «mia unica signora».[4] Si rimane stupiti da questa indicazione se consideriamo che il mittente aveva, di fatto, un impiego come orafo

1. Si veda la lettera di Mastro Ercole a Isabella d'Este datata 15 luglio 1506 (ASMn, AG, b. 1241, c. 301).

2. Cfr. James, *An Insatiable Appetite for News*, pp. 381 e 384; Cockram, *Isabella d'Este and Francesco Gonzaga*, p. 160 nota 2 e Campbell, *The Cabinet of Eros*, p. 205. Si veda anche Luzio e Renier, *Il lusso di Isabella d'Este*, p. 56.

3. Si vedano le lettere di Mastro Ercole a Isabella d'Este datate 14 maggio e 15 luglio 1506 (ASMn, AG, b. 1241, cc. 300, 301).

4. Mastro Ercole firma così la sua lettera a Isabella d'Este datata 10 agosto 1506 (ASMn, AG, b. 1241, c. 302v): «Illustrissime et excellentissime Domine Domine Isabelle Marchionesse Mantue domine mee unice».

di corte presso la duchessa di Ferrara (Lucrezia Borgia) per tutto il 1506 con un salario mensile di quindici lire marchesane.[5]

In qualità di orafo salariato della duchessa di Ferrara gli era consentito di svolgere lavori per gli altri membri – sia naturali sia acquisiti – della famiglia estense.[6] Tuttavia, ci si aspettava che egli considerasse Lucrezia la sua principale committente, così come in precedenza si era identificato quale orafo di Eleonora d'Aragona e poi di Ercole d'Este. Di certo non gli era consentito ritenersi, innanzituto, alle dipendenze della marchesa di Mantova. Considerato l'ambiguo atteggiamento da lui tenuto verso i suoi aristocratici committenti viene da pensare che l'orafo sia ricorso a simili mezzi poco chiari in un ennesimo tentativo di aumentare gli introiti oppure anche solo per ottenere quel *rosichiero* che desiderava così tanto. Fatto sta che in quella lettera Mastro Ercole supplica una volta ancora Isabella di procurargli del *rosichiero* di ottima qualità.

Accennando, poi, al suo precedente invito di recarsi a Mantova per discutere i dettagli relativi al *votto* da realizzare, l'orafo promette a Isabella di farlo, non appena sarà fisicamente in grado di riprendere a viaggiare.[7] Una volta riacquistate le forze, Salomone/Ercole riprese i suoi viaggi d'affari in località ben oltre i confini del ducato ferrarese, ma non tornò mai più a Mantova.[8] Malgrado la promessa fatta alla marchesa, egli era ovviamente restio a rimettere piede nelle terre dei Gonzaga, dove l'inimicizia della locale comunità ebraica aveva scatenato quella serie di eventi che portò al suo battesimo nel 1491 e, infine, all'allontanamento da Mantova nel 1495.

Fatto sta che negli ultimi mesi del 1506 e nel 1507 Mastro Ercole rimase a Ferrara, continuando a lavorare per Lucrezia Borgia.[9] Il salario annuale che egli ricevette dalla duchessa per il lavoro svolto nel 1507 ammontò ad appena 133 lire marchesane, un soldo e sei denari,[10] ossia una cifra di gran lunga inferiore al compenso di 180 lire marchesane da lui ricevuto nel 1506 per l'intero anno e che Lucrezia gli avrebbe pagato nuovamente, per i lavori svolti, nel 1508.[11] I registri contabili della corte estense erano soliti indicare il credito complessivo dei salariati per ciascun anno, annotando il valore di ogni stipendio mensile moltiplicato per

5. Il 26 dicembre 1506 il nome di Mastro Ercole fu incluso nella lista dei salariati a corte cui si doveva corrispondere uno stipendio: cfr. ASMo, CD, AP, no. 1130 (*Memoriale di Lucrezia Borgia*, 1506), cc. 92v-94v, precisamente c. 94r.

6. Cfr. Taylor, *Silver and Gold*, p. 172.

7. Si veda la lettera di Mastro Ercole a Isabella d'Este datata 10 agosto 1506 (ASMn, AG, b. 1241, c. 302r).

8. Cfr. Bertolotti, *Le arti minori*, p. 238.

9. I lavori che Lucrezia Borgia commissionò a Mastro Ercole sono menzionati nei suoi registri contabili per i mesi di luglio, agosto e ottobre del 1506: cfr. ASMo, CD, AP, no. 1130 (*Memoriale di Lucrezia Borgia*, 1506), cc. 45v, 53v, 54r, 70v, 86r.

10. Così si legge in ASMo, CD, AP, no. 1131 (*Memoriale di Lucrezia Borgia*, 1507 [gennaio 1509]), c. 86v: «Maestro Erchule orevexe per haver servito questo ano 1507 [...] L. 133. S. 1. D. 6».

11. Nel 1508 il salario annuale di Mastro Ercole ammontava a 180 lire marchesane, come si legge in ASMo, CD, AP, no. 1131 (*Memoriale di Lucrezia Borgia*, 1507[gennaio 1509]), c. 181v.

il numero di mensilità che sarebbero poi state effettivamente compensate.[12] Tuttavia, nella sezione relativa al pagamento annuale di Mastro Ercole per il 1507 non troviamo registrati né il compenso mensile né il numero dei mesi. Manca, inoltre, anche l'indicazione relativa al semplice fatto che l'orafo fosse – per quell'intero anno – un salariato alle dipendenze di Lucrezia, come invece specificano i registri del 1506 e del 1508, oltre le voci del 1507 relative ai versamenti annuali a favore degli altri salariati al servizio di Lucrezia in forma permanente.[13] È difficile dire quali possano essere state le cause di queste omissioni ma riteniamo plausibile che la riduzione di salario subita da Salomone/Ercole nel 1507 vada connessa al sostegno precedentemente fornito da Lucrezia per la dote di sua figlia Anna nel 1506.

Comunque sia, resta il fatto che l'ammirazione suscitata dalle opere dell'orafo non venne meno nel 1507; quando Isabella d'Este si recò a Ferrara quell'anno notò con invidia i fermagli di fili d'oro intrecciati che lui aveva realizzato per sua cognata Lucrezia.[14] Il 22 settembre la marchesa scrisse a Girolamo Ziliolo di ordinarne per lei quaranta pezzi simili a quelli, a meno che egli non avesse l'impressione che il lavoro non potesse essere ultimato in tempi ragionevoli; nel qual caso, ella preferiva evitare un'altra estenuante trattativa con Salomone/Ercole.[15] Il 30 settembre Ziliolo confermò di aver fornito l'oro necessario al figlio di Mastro Ercole, ossia Alfonso, il quale aveva promesso che l'opera richiesta sarebbe stata completata in breve tempo.[16] Questa volta gli sforzi furono coronati da successo, poiché – «quando Dio ha voluto» – nell'arco di un mese i gioielli furono realizzati. Il 1 novembre Ziliolo li spedì a Mantova, insieme a un resoconto dettagliato del compenso dovuto a Mastro Ercole per il lavoro eseguito.[17]

La corrispondenza di Ziliolo con Isabella fornisce indicazioni anche sul rapporto di subordine esistente tra un figlio non ancora emancipato e il padre a capo della bottega in cui egli lavorava. Alfonso, che nel 1505 era finito in prigione appunto perché figlio di un tale padre, continuò a sostituirlo ogni qual volta quest'ultimo fosse ammalato o fuori città. Talvolta Alfonso riceveva l'oro destinato a rea-

12. Cfr. Guerzoni, *'Familia,' 'corte', 'casa'*, p. 526.

13. Così si legge in ASMo, CD, AP, no. 1131 (*Memoriale di Lucrezia Borgia*, 1507[–gennaio 1509]), c. 86v. Si veda anche c. 181v: «Maestro Erchule orevexe per haver servito da dì primo zenaro per tuto dicto ano in ragione de L. quindexe el mexe». Infine, in ASMo, CD, AP, no. 1130 (*Memoriale di Lucrezia Borgia*, 1506) a c. 94r si legge: «per havere servito mixi dodexe in ragione de L. 15 dato el mexe».

14. Si vedano Luzio e Renier, *Il lusso di Isabella d'Este*, p. 45 e Malacarne, *Fruscianti vestimenti e scintillanti gioie*, p. 162.

15. Si veda la lettera di Isabella d'Este a Girolamo Ziliolo datata 22 settembre 1507 (ASMn, AG, b. 2994, lib. 20, c. 69v). Accadeva spesso che la marchesa si lamentasse coi suoi funzionari di non poterne più della lentezza con cui lavoravano gli artisti; si veda, ad esempio, Isabella d'Este, *Selected Letters*, pp. 198, 208, 253-254 e 339.

16. Si veda la lettera di Girolamo Ziliolo a Isabella d'Este datata 30 settembre 1507 (ASMn, AG, b. 1241, c. 546).

17. Così scrive Girolamo Ziliolo a Isabella d'Este in data 1 novembre 1507 (ASMn, AG, b. 1241, c. 547): «Quando dio ha voluto io ho pure facto compire li feriti a Maestro Hercule cussì li mando». Un'annotazione nei registri contabili di Lucrezia Borgia rivela che Mastro Ercole doveva dell'oro a Ziliolo; quest'ultimo lo ricevette dall'orafo solo il 29 novembre 1507, come si evince da ASMo, CD, AP, no. 1131 (Memoriale di Lucrezia Borgia, 1507[gennaio 1509]), c. 166v.

lizzare gli oggetti di lusso oppure discuteva i dettagli relativi a un'ordinazione con i committenti o i loro emissari; malgrado ciò, Mastro Ercole era pur sempre la persona ritenuta responsabile del lavoro e a lui veniva pagata la cifra pattuita quando gli oggetti – ormai finiti – uscivano dalla bottega.[18] A sua volta, il registro contabile di Lucrezia indica che per tutto il 1508 Mastro Ercole e suo figlio lavorarono insieme alla realizzazione di vari gioielli per lei, ma il ventiseienne Alfonso non ricevette nessun compenso separatamente dal padre per il lavoro svolto.[19]

Mentre Alfonso non aveva diritto a un salario fisso pagato dalla duchessa, i servizi resi dal padre come suo orafo di corte nel 1508 gli procurarono, ancora una volta, un totale di 180 lire marchesane, cioè la stessa somma del 1506. Tuttavia, i debiti accumulati da Mastro Ercole nei confronti della tesoreria ducale risultarono – per il 1508 – assai superiori rispetto al 1506 e al 1507.[20] I registri contabili di Lucrezia annotavano i debiti complessivi che gli stipendiati dalla corte contraevano nel corso di ogni anno, specialmente per quanto concerneva il pagamento di spese doganali o tasse, cui si aggiungeva l'acquisto di cibo o altre merci dagli uffici ducali.[21] Nel 1508, i debiti dell'orafo nei confronti della tesoreria ducale ammontarono a 144 lire marchesane, vale a dire l'ottanta per cento del suo salario nell'intero anno.[22] Non stupisce, quindi, il fatto che continuasse ad accettare lavori richiestigli da altri committenti oltre a Lucrezia.

Nel 1508-1509 Mastro Ercole realizzò due spade, ora conservate al Kunsthistorisches Museum di Vienna (catalogate rispettivamente A 453 e A 454). Le spade furono donate da Giulio II (sul soglio pontificio dal 1503 al 1513) al sacro romano imperatore Massimiliano I (regnante dal 1493 al 1519) per sancirne l'entrata, insieme al nipote (e, dal 1519 al 1556, futuro imperatore Carlo V), nell'ordine dei Cavalieri di San Pietro.[23] Si è ipotizzato che Salomone/Ercole avesse trovato dei clienti a Roma, i quali gli ordinarono poi queste spade, grazie all'influenza che Lucrezia Borgia continuava a esercitare nella Città Eterna e agli sforzi da lei fatti per promuovere il suo orafo preferito nei circoli romani.[24] La fama di Mastro

18. Sugli artisti ancora sottoposti a tutela paterna – i cui padri, pertanto, firmavano i loro contratti di lavoro e ricevevano i relativi compensi – cfr. Leydi, *A History of the Negroli Family*, p. 42 e Welch, *Art and Society in Italy*, p. 93. Si veda anche Cavallo, *Fatherhood and the Non-propertied Classes*, pp. 314 e 318.

19. Cfr. ASMo, CD, AP, num. 1131 (*Memoriale di Lucrezia Borgia*, 1507[gennaio 1509]), cc. 137v e 141r.

20. Il debito contratto da Mastro Ercole nei confronti della tesoreria ducale ammontava a 95 lire marchesane per il 1506 e 64 lire marchesane per il 1507: cfr., rispettivamente, ASMo, CD, AP, no. 1130 (*Memoriale di Lucrezia Borgia*, 1506), c. 94r e ASMo, CD, AP, no. 1131 (*Memoriale di Lucrezia Borgia*, 1507[gennaio 1509]), c. 86v.

21. Cfr. Guerzoni, *'Familia,' 'corte', 'casa'*, p. 526.

22. Come si legge in ASMo, CD, AP, no. 1131 (*Memoriale di Lucrezia Borgia*, 1507[gennaio 1509]), c. 181v.

23. In proposito si vedano Boccia e Coelho, *Armi bianche italiane*, pp. 361-362 e la descrizione fornita dalla bancadati digitale del Kunsthistorisches Museum: www.khm.at/objektdb/detail/510794/.

24. Cfr. Gregori, *In the Light of Apollo*, p. 402. L'attribuzione di queste spade si basa su un'analisi esclusivamente stilistica.

Ercole si diffuse così ben oltre le corti cittadine di Ferrara e Mantova, varcando i confini della penisola italiana e rafforzando la sua reputazione fra i più grandi incisori di spade dell'Europa rinascimentale.[25]

Tuttavia, poco tempo dopo che le spade furono consegnate, le nuove alleanze politiche indussero Giulio II – noto come "il papa guerriero" – a scomunicare il marito di Lucrezia (il duca Alfonso), il quale insisteva nel mantenere la tradizionale alleanza estense con la Francia. Giulio II colpì con l'interdetto pontificio la capitale del ducato retto da Alfonso e mosse guerra al suo Stato con l'intenzione di togliergli il potere. Le milizie papali occuparono le città di Modena e Reggio; contemporaneamente, l'intero ducato estense cadde in una profonda crisi economica.[26] Sia il duca sia la duchessa di Ferrara si videro costretti a ridurre il numero dei loro salariati a corte in modo da poter pagare i soldati al servizio di Alfonso. Molti pezzi dell'argenteria estense vennero fusi e Lucrezia fu costretta a impegnare buona parte dei propri gioielli per sostenere lo sforzo bellico.[27]

La temporanea diminuzione della quantità di gioielli da lei posseduta ebbe come ovvio effetto di ridurre le commissioni per quello che era il più importante orafo al servizio di Lucrezia, il quale spesso riparava o modificava i suoi oggetti di lusso.[28] Gli alti costi della guerra fecero inoltre diminuire le finanze di cui la duchessa poteva disporre su base annua, limitando così le sue possibilità di ordinare nuovi gioielli.[29] Tutto questo indusse Mastro Ercole ad accettare più ordinazioni dalla cognata di lei.

Va detto che anche Isabella ebbe a soffrire per le vicissitudini delle Guerre d'Italia. Di fatto, il biennio 1509-1510 si rivelò particolarmente difficile per lei: Francesco Gonzaga fu catturato dai veneziani e lo Stato di Mantova patì una carestia di grano dovuta agli scontri militari che si susseguirono nelle campagne. Tuttavia, la marchesa riuscì con intelligenza a superare questa crisi e, a quel punto, suo marito si trovò di nuovo ufficialmente alleato con Venezia e il papa.[30] Mantova era ormai libera dalle minacce della guerra e Isabella era felice di poter offrire lavoro agli impiegati di Lucrezia Borgia mentre Ferrara si dibatteva ancora tra le difficoltà economiche causate dal protrarsi del conflitto militare.[31]

25. Si vedano Bianco, *Ercole dei Fedeli*, p. 131; *Le armi degli Estensi: La collezione di Konopiště*, pp. xxvi e xxviii e Nonato, *Ercole dei Fedeli*, pp. 74-78.

26. In proposito cfr. Cockram, *Isabella d'Este and Francesco Gonzaga*, pp. 172-180; Isabella d'Este, *Selected Letters*, pp. 307-308 e Colantuono, *Estense Patronage*, pp. 230-231.

27. Si veda Luzio e Renier, *Il lusso di Isabella d'Este*, p. 53. Nelle sue lettere a Isabella d'Este datate 17 dicembre 1509 e 8 giugno 1510 (ASMn, AG, b. 1242, cc. 389 e 590) Bernardino de' Prosperi lamenta la dispersione dei gioielli un tempo proprietà di Lucrezia, i quali erano stati necessariamente dati in pegno a causa della guerra.

28. Cfr. *infra*, capitolo 19.

29. In proposito si vedano i seguenti saggi di Diane Ghirardo: *Lucrezia Borgia as Entrepreneur*, pp. 54 e 60-62 e *Lucrezia Borgia's Palace in Renaissance Ferrara*, in «Journal of the Society of Architectural Historians», 64, 4 (2005), pp. 474-497, in particolare pp. 474-478.

30. Cfr. Isabella d'Este, *Selected Letters*, pp. 314-330 e James, *Women and Diplomacy in Renaissance Italy*, pp. 21-22..

31. Cfr. Prizer, *Isabella d'Este and Lucrezia Borgia*, pp. 4-8.

Nel marzo 1511 la marchesa commissionò a Mastro Ercole la riparazione di cinque "tondi" fatti da un altro orafo come accessori per abbellire la testa.[32] Nella fattispecie, i tondi erano medaglioni – assai di moda a inizio Cinquecento – che si appuntavano sui cappelli maschili.[33] Essi ricordavano molto le medaglie in stile classico sia per come venivano prodotti sia per il loro aspetto, essendo decorati con figure, detti o scene tratte dall'antichità classica. Talvolta Isabella ordinava vari tipi di decorazioni del genere da indossare sulla testa con dei "tondi" in oro recanti motivi classici e li donava al figlio Federico Gonzaga (1500-1540) o ad altri parenti di sesso maschile.[34]

La marchesa fece spedire i "tondi" da riparare alla suora clarissa Laura Boiardi, la quale doveva a sua volta darli a Bernardino de' Prosperi con l'ordine di recapitarli a Mastro Ercole, affinché li aggiustasse.[35] Suor Laura era sorella carnale di Alda Boiardi, damigella – dal 1504 al 1513 – presso la corte di Isabella d'Este; figlia del conte Giulio Boiardi di Scandiano, essa era anche cugina di primo grado del celebre umanista e poeta Matteo Maria Boiardi (o Boiardo, 1441-1494).[36] Assai rispettata in virtù della cultura e della devozione religiosa che la contraddistinguevano, Suor Laura funse da badessa del prestigioso convento del Corpus Domini fino al 1510, quando si trasferì a San Bernardino, la nuova sede delle clarisse fondata da Lucrezia Borgia, di cui divenne badessa. Oltre a svolgere un ruolo fondamentale nel far sì che i progetti di Lucrezia si realizzassero nella comunità di San Bernardino, Suor Laura si premurò di mantenere un'assidua corrispondenza con Isabella d'Este.[37] La marchesa di Mantova aveva riposto la sua fiducia nella badessa delle clarisse e non esitava persino

32. Il numero preciso di 'tondi' da riparare è riferito da Bernardino de' Prosperi nella sua lettera a Isabella d'Este datata 14 maggio 1511 (ASMn, AG, b. 1243, c. 128).

33. Bernardino de' Prosperi li chiama semplicemente «tondi» nella maggior parte delle lettere scambiate con Isabella d'Este, ma in quella del 13 aprile 1511 (ASMn, AG, b. 1243, c. 110) egli specifica che si tratta di «tondi da scoffioto», ossia del tipo che andava appuntato su un cappello. Per questo uso del termine "scoffioto" si veda la voce "Scoffioto, scofioto, scofiotto" curata da Trenti in *Voci di terre Estensi*, p. 504.

34. Cfr. Luzio e Renier, *Il lusso di Isabella d'Este*, pp. 66-68.

35. Come riferisce Bernardino de' Prosperi nella sua lettera a Isabella d'Este datata 26 marzo 1511 (ASMn, AG, b. 1243, c. 99).

36. Essendo la più famosa suora ferrarese a chiamarsi così, Isabella d'Este e i suoi corrispondenti si riferivano alla Boiardi semplicemente come "Suor Laura". Su sua sorella Alda si veda la seconda parte del saggio di Alessandro Luzio e Rodolfo Renier, *La coltura e le relazioni letterarie d'Isabella d'Este ed Elisabetta Gonzaga*, in «Giornale storico della letteratura italiana», 35 (1900), pp. 193-257, soprattutto pp. 226-228. Cfr. anche Cockram, *Isabella d'Este and Francesco Gonzaga*, pp. 99, 108 e 179 con relativa nota 92 e Isabella d'Este, *Selected Letters*, pp. 400-401, 474 e 488-489.

37. In proposito si vedano Zarri, *La religione di Lucrezia Borgia*, pp. 55, 71-73, 107-114, 130-132; Hickson, *Women, Art, and Architecture in Renaissance Mantua*, pp. 45-84 e 161-162 e Basora, *Tra le carte della Marchesa*, p. 228. Per il vivo interesse di Lucrezia nel convento di San Bernardino cfr. Ghirardo, *Lucrezia Borgia's Palace*, pp. 481-482; Arvi Wattel, *Seeing the Body of Christ: Garofalo's Painting of the "Crucifixion" for the Poor Clares of San Bernardino in Ferrara*, in «Rivista d'Arte», 5ª serie, 3 (2013), pp. 77-107, in particolare pp. 88-90.

a chiederle aiuto per far giungere messaggi importanti alla cognata, in quel di Ferrara.[38]

In quanto religiosa di nobili natali a capo di un convento d'alto profilo nell'Italia pre-tridentina, Suor Laura doveva – fra le altre cose – coltivare una rete di utili relazioni al di fuori della sua comunità affinché quest'ultima prosperasse.[39] Si incontrava, quindi, regolarmente coi membri della corte ferrarese; tra costoro figurava Bernardino de' Prosperi, il quale le forniva informazioni da parte di Isabella d'Este e a sua volta ne riceveva da lei.[40] Nel marzo 1511 Prosperi fece visita alla badessa e questa gli consegnò i vecchi "tondi" ricevuti dalla marchesa – forse tramite sua sorella Alda – insieme a una precisa serie di istruzioni su come Mastro Ercole dovesse ripararli. Il 26 marzo Prosperi riferì quanto segue a Isabella:

> Maestro Hercule orevexe me ha monstrò li tondi che ha mandato Vostra Signoria a Sor Laura perché se concino dove bisogna, e dice che lui non intende lo andare de quelli filli per essere cosa trista e fatta senza ragione, e s'el pare a quella, che'l ge ne farà de belissima forza, e che ge piacciano assai più di questi. Et perché Sor Laura mi haveva commesso ch'io lo solicitasse a conciarli, l'ho pregato a farlo, ma non ge vuole fare altro finché quella non mi da risposta di questo sia gene adviso. Lui dice anche che sono troppo deboli.[41]

Il testo di Prosperi risulta, per vari motivi, interessante. Sebbene non sia redatto dall'orafo in persona esso riferisce quanto detto da Mastro Ercole, il quale ancora una volta si dimostra assai sicuro di sé. Il nostro "eroe" – che riteneva le proprie opere degne di essere mostrate ad Andrea Mantegna[42] – non esita a criticare apertamente il lavoro di un altro orafo. Celebre per la sua abilità nel *disegno*, egli si rifiuta di riparare medaglioni che giudica mal concepiti e realizzati in modo tecnicamente imperfetto.

Muovendo i primi passi nell'arte orafa, Salomone/Ercole aveva collaborato con Ermes Flavio de' Bonis, famoso per il gusto classicheggiante delle sue medaglie. Una volta battezzato, Mastro Ercole diede prova delle sue eccelse doti di disegnatore incidendo magnifiche spade, in alcuni casi decorate con figure di medaglioni d'oro su cui spiccavano motivi allegorici o figure tratte dalla storia di Roma antica.[43] Nel 1511 era normale che l'orafo desiderasse produrre dei "tondi" che presentassero caratteristiche simili, ispirati all'antichità classica.

38. Da notare, a riguardo, che Isabella chiese a Suor Laura di esprimere le sue condoglianze a Lucrezia per la morte del figlio Rodrigo: si veda la seconda parte del succitato saggio di Luzio e Renier, *La coltura e le relazioni letterarie d'Isabella d'Este ed Elisabetta Gonzaga*, p. 228 nota 2.

39. Sui rapporti sociali coltivati dalle badesse italiane cfr. Kate Lowe, *Elections of Abbesses and Notions of Identity in Fifteenth- and Sixteenth-Century Italy, with Special Reference to Venice*, in «Renaissance Quarterly», 54, 2 (2001), pp. 389-429, soprattutto pp. 389-395.

40. Cfr. Bradford, *Lucrezia Borgia*, pp. 319-320.

41. Cito dalla lettera di Bernardino de' Prosperi a Isabella d'Este datata 26 marzo 1511 (ASMn, AG, b. 1243, c. 99).

42. Si veda la già citata lettera di Mastro Ercole a Isabella d'Este del 17 agosto 1505 (ASMn, AG, b. 1240, c. 334).

43. Cfr. Rossi, *I medaglisti del Rinascimento alla corte di Mantova*, p. 26; Boccia e Coelho, *Armi bianche italiane*, p. 362; *Le armi degli Estensi. La collezione di Konopiště*, p. 3, corrispondente all'oggetto numero II (D 242) all'interno del catalogo.

Conoscendo la grande stima che Isabella nutriva per la sua abilità artistica, egli era disposto a perdere l'incarico assegnatogli di riparare quel che aveva ricevuto, insistendo invece per ricevere un compito diverso. Benché la marchesa fosse nota per il suo buon gusto nel valutare le qualità estetiche degli oggetti di lusso, era solitamente disposta a seguire la maggior competenza che gli artisti possedevano in quello che era il loro ambito.[44] Fu così che, come Mastro Ercole sperava, ella seguì il consiglio di produrre dei "tondi" nuovi invece di riparare quelli vecchi.[45]

È inoltre rivelatrice l'allusione fatta da Prosperi al ruolo svolto dalla suora clarissa nelle opere che Isabella d'Este ordinava all'orafo di realizzare. Appare significativo che Propseri menzioni Suor Laura in un'altra missiva, questa volta spedita insieme ai medaglioni, appena ultimati, meno di due mesi dopo.[46] Le sue due lettere indicano quale ruolo le religiose di alto rango potessero avere in quelle dinamiche fra committente e artista (pur non essendo né l'uno né l'altro) che perlopiù avvenivano al di là delle mura dei loro conventi.[47] Tale partecipazione delle suore ai rapporti di mecenatismo affiora di rado nei documenti storici e viene spesso negletta negli studi dedicati agli interessi culturali delle religiose.[48] Di fatto, sebbene Suor Laura Boiardi sia da tempo nota agli studiosi per il trattatello spirituale dedicatole dal frate francescano Giovanni Francesco da Sarzana e in quanto destinataria di un'epistola sulla morte della beata domenicana Osanna Andreasi (1449-1505),[49] nessuno aveva prima d'ora notato il suo

44. In proposito si veda Ames-Lewis, *Isabella and Leonardo*, pp. 19-34.

45. Come informa la lettera di Bernardino de' Prosperi a Isabella d'Este datata 7 aprile 1511 (ASMn, AG, b. 1243, c. 105).

46. La lettera di Bernardino de' Prosperi a Isabella d'Este datata 14 maggio 1511 (ASMn, AG, b. 1243, c. 128) fornisce dettagliatamente le varie voci di spesa per il costo complessivo di quest'opera, a parte il valore dell'oro usato per produrre la prima volta i *tondi*.

47. Per il coinvolgimento delle religiose nel mecenatismo artistico e architettonico relativo ai loro stessi conventi cfr. Lowe, *Nuns' Chronicles*, pp. 383-394 e Sheila Barker, *Painting and Humanism in Early Modern Florentine Convents*, in «Memorie domenicane», 46 (2015), pp. 105-139. Sul ruolo fondamentale svolto da badesse e priore nel commissionare opere d'arte finalizzate ad accrescere il prestigio dei propri conventi cfr. Ann M. Roberts, *Chiara Gambacorta of Pisa as Patroness of the Arts*, in *Creative Women in Medieval and Early Modern Italy: A Religious and Artistic Renaissance*, a cura di E. Ann Matter e John Coakley, Philadelphia, University of Pennsylvania Press, 1994, pp. 120-154 e Lowe, *Elections of Abbesses and Notions of Identity*, pp. 411-426. Per il contesto, su più ampia scala, del mecenatismo artistico praticato dalle badesse cfr. Sharon T. Strocchia, *Abbess Piera de' Medici and Her Kin: Gender, Gifts, and Patronage in Renaissance Florence*, in «Renaissance Studies», 28, 5 (2014), pp. 695-713.

48. Sulle difficoltà che si incontrano quando si tenta di ricostruire, per l'epoca rinascimentale, il coinvolgimento delle donne nelle varie fasi attraverso cui – di solito – si commissionava una qualsiasi opera d'arte cfr. Roger J. Crum, *Controlling Women or Women Controlled? Suggestions for Gender Roles and Visual Culture in the Italian Renaissance Palace*, in *Beyond Isabella: Secular Women Patrons of Art in Renaissance Italy*, a cura di Sheryl Reiss e David J. Wilkins, Kirksville (MO), Truman State University Press, 2001, pp. 37-47.

49. In proposito si vedano Angela Ghirardi, *Osanna Andreasi e Isabella d'Este: Tracce artistiche di un'amicizia*, in *Osanna Andreasi da Mantova, 1449-1505: L'immagine di una mistica del Rinascimento*, a cura di Renata Casarin, Mantova, Casandreasi, 2005, pp. 65-77, soprattutto pp. 76-77; Gabriella Zarri, *Tra monache e confessori. La corte di Lucrezia Borgia*,

coinvolgimento in richieste finalizzate alla produzione di oggetti preziosi per uso secolare.

Il ruolo di Suor Laura nel trasmettere ordini da parte di Isabella d'Este e nel consegnare i suoi "tondi" d'oro assomiglia a quello degli agenti (di sesso maschile) di cui la marchesa si serviva regolarmente per diramare le sue istruzioni e fornire ad artisti o artigiani in zone lontane i materiali su cui lavorare.[50] Ciò che rende unico il caso della Boiardi è il suo status di religiosa. In quanto badessa di un convento di clausura non poteva seguire attentamente il lavoro commissionato a Mastro Ercole o costringerlo a dedicarsi ai "tondi" di Isabella facendo all'improvviso irruzione nella sua bottega; ella doveva, invece, delegare tutti questi compiti al cortigiano ferrarese Bernardino de' Prosperi.

In data 11 aprile quest'ultimo assicurò Isabella che Mastro Ercole aveva già iniziato a preparare i nuovi "tondi",[51] ma due giorni dopo si vide costretto ad ammettere che probabilmente l'orafo non sarebbe stato in grado di consegnarli prima di Pasqua «per certi lavori d'oro quali bisogna fare ala Signora Duchessa».[52] Lucrezia Borgia si trovava ancora a corto di denaro ma nella primavera del 1511 lei e il marito stavano cercando di rendere omaggio come meglio potevano ai capitani delle truppe francesi – alleati del duca Alfonso contro il papa – organizzando banchetti in loro onore.[53] Desiderosa di fare buona impressione sugli ospiti stranieri non meno che sugli aristocratici del luogo durante queste occasioni di festa, la duchessa di Ferrara riprese a commissionare gioielli di gran pregio a Salomone/Ercole.

Il 28 aprile Prosperi si recò da lui per controllare come procedeva il lavoro. Significativamente, lui che era stato fra il pubblico presente al battesimo dell'artista vent'anni prima fece visita alla sua bottega un sabato e lo trovò indaffaratissimo proprio con i "tondi" di Isabella.[54] Osservare lo Shabbat astenendosi dal lavorare era uno dei principali segni distintivi dell'identità ebraica nell'Italia del Rinascimento; in quel giorno per loro sacro le autorità civili esentavano gli ebrei da qualsiasi obbligo lavorativo e dal dover comparire in giudizio. Una volta rinunciato al giudasimo, tuttavia, Mastro Ercole si dovette adattare al calendario cattolico per non incorrere nel sospetto di aver riabbracciato la sua religione originaria.[55] Le fonti a nostra disposizione riferiscono solo il comportamento dell'orafo. Non abbiamo quindi modo di sapere come si sentisse a seguire la condotta che da lui si aspettava la società

in *L'età di Alfonso I e la pittura del Dosso*, Atti del Convegno internazionale di studi (Ferrara, Palazzina di Marisa d'Este, 9-12 dicembre 1998), a cura di Angela Ghinato, Modena, Panini, 2004, pp. 103-118.

50. Sugli agenti di cui si serviva Isabella cfr. Welch, *Shopping in the Renaissance*, pp. 262-273.

51. Si veda la lettera di Bernardino de' Prosperi a Isabella d'Este datata 11 aprile 1511 (ASMn, AG, b. 1243, c. 108).

52. Cito dalla lettera di Bernardino de' Prosperi a Isabella d'Este datata 13 aprile 1511 (ASMn, AG, b. 1243, c. 110).

53. Cfr. Bradford, *Lucrezia Borgia*, pp. 307-309.

54. Si veda la lettera di Bernardino de' Prosperi a Isabella d'Este datata 28 aprile 1511 (ASMn, AG, b. 1243, c. 112).

55. Sul diverso calendario lavorativo seguito da ebrei e cristiani cfr. Welch, *Shopping in the Renaissance*, p. 110.

cristiana o se l'adottare lo stile lavorativo dei colleghi cattolici (il che comportava infrangere spesso la legge ebraica dello Shabbat) creasse conflitti interiori a un uomo indotto a convertirsi per il timore di perdere la propria vita.

Comunque stessero le cose, Salomone/Ercole fu ancora una volta «impedito da lavoreri de la Signora Duchessa», che non gli consentirono di terminare subito i "tondi"; il 12 maggio, tuttavia, li stava smaltando e due giorni dopo Prosperi fece in modo che venissero consegnati a Isabella.[56] È possibile che questi medaglioni fossero gli stessi poi spediti dalla marchesa al figlio Federico, il quale trascorse due anni e mezzo come ostaggio presso la curia pontificia. Assolvendo da lontano ai propri compiti di madre, Isabella fornì a Federico abiti e accessori da lei ritenuti degni della sofisticata curia romana.[57] Le lettere che inviò a suo figlio nel 1512 accennano a un "tondo" d'oro a lui spedito con una scena di Alessando Magno nell'atto di tagliare il nodo gordiano e un altro recante il motto «TUTA QUIES» e Cupido addormentato in un boschetto di frassini. Come Isabella spiegò a Federico, secondo gli autori classici i frassini avevano il potere di allontanare le creature immonde, tra cui i serpenti.[58] Si trattava di un'iconografia allegorica certamente in sintonia con le scene classiche incise a scopo decorativo sulla "Regina delle Spade" di Cesare Borgia. Tuttavia, siccome i "tondi" in questione non sono giunti sino a noi, risulta impossibile paragonarne lo stile con quello delle varie spade *cinquedea* attribuite a Mastro Ercole.[59]

È invece certo che Isabella fu soddisfatta delle nuove medaglie da mettere sui cappelli, tanto che nel 1512 commissionò un altro lavoro a Salomone/Ercole: questa volta si trattava di un coperchietto dorato per il suo pomandro, ossia un porta profumi.[60] Ritenuti utili per proteggere dalla peste, i pomandri rivestiti in oro divennero – come tutti gli altri gioielli abbinati ai profumi – molto più comuni nel settentrione della penisola all'epoca delle Guerre d'Italia. Isabella, che allevava animali dai quali si ricava il muschio e amava mandare doni profumati alle donne di corte di tutta Europa, possedeva diversi pomandri di quel tipo, tutti elegantemente intarsiati e decorati con pietre preziose.[61]

56. In proposito si vedano le lettere di Bernardino de' Prosperi a Isabella d'Este datate 30 aprile e 7, 12, 14 e 16 maggio 1511 (ASMn, AG, b. 1243, cc. 114, 119, 125v, 128, 130v). Nella missiva che Prosperi spedì a Isabella in data 8 maggio 1511 (ivi, c. 66) egli affermò: «Dubito di non potere havere li tondi da Maestro Hercule per esser sta impedito da lavoreri de la Signora Duchessa».

57. A riguardo si veda Isabella d'Este, *Selected Letters*, pp. 307-308, 343, 346-348 e 361.

58. Cfr. Luzio e Renier, *Il lusso di Isabella d'Este*, pp. 67-68. Come suggerisce Campbell, *The Cabinet of Eros*, p. 103, la spiegazione del significato allegorico del tondo offerta da Isabella dimostra la sua tendenza – tipica degli anni in cui suo figlio dovette vivere a Roma – a «vedere la curia pontifica come una fucina di vizi e una minaccia politica».

59. Sull'iconografia della "Regina delle Spade" si vedano Diotallevi, *Arte e armi per Cesare*, pp. 437-442; Carbonelli Buades, *Cèsar Borja i l'art*, pp. 331-332 e Bemis, *Crossing the Rubicon in Renaissance Fashion*, pp. 41-45.

60. Per la commissione di quest'opera cfr. Bertolotti, *Le arti minori*, p. 63 e Taylor, *Silver and Gold*, p. 189.

61. In proposito si vedano i seguenti studi: Malacarne, *Fruscianti vestimenti e scintillanti gioie*, pp. 171-205; Zaffanella, *Isabella d'Este e la moda del suo tempo*, p. 218; Welch, *Scented*

Il 20 maggio 1512 la marchesa mandò a Girolamo Ziliolo un porta profumi che questo doveva consegnare a Mastro Ercole, «cum ordine che gli facia una coperta d'oro sopra ben lavorata a suo modo». Come al solito, ella pregò Ziliolo affinché mettesse pressione all'orafo, «si che l'habiamo presto».[62] Tuttavia, malgrado gli sforzi di Ziliolo, Salomone/Ercole fece ancora una volta aspettare Isabella; ci vollero più di quattro anni prima che le consegnasse il coperchio dorato.[63] Nel frattempo lei continuò a ordinare opere da lui, tra le quali un piccolo amuleto d'oro a forma di corno, che fu ultimato nel gennaio del 1513.[64]

Un mese dopo morì Giulio II e il suo successore – il mediceo Leone X (papa dal 1513 al 1521) – revocò l'interdetto pontificio sullo Stato di Alfonso d'Este. A Ferrara, pertanto, la tensione finalmente si allentò ma due terzi del territorio estense (comprese le città di Modena e Reggio) rimasero occupati da forze straniere fino al 1530.[65] Rafforzata la propria posizione alla corte ferrarese dopo aver dato alla luce due figli maschi al duca Alfonso, una volta assurto Leone X al soglio pontificio Lucrezia Borgia inaugurò un'ambiziosa campagna di mecenatismo.[66] La duchessa riassunse gli impiegati che era stata costretta a mandare via e tenne impegnati sia l'orafo di corte sia i suoi figli – Alfonso e Ferrante – facendogli realizzare, riparare e modificare tanto gioielli quanto accessori di moda.[67]

Impegnato in queste numerose ordinazioni giuntegli da Lucrezia, Mastro Ercole mise da parte il coperchio per il pomandro richiesto da Isabella d'Este. Nel gennaio 1514, più di diciotto mesi dopo aver accettato quella commissione, la marchesa chiese a Ziliolo di riportarle l'oro consegnato all'orafo.[68] Recatosi da Salomone/Ercole, Ziliolo ritenne tuttavia più opportuno lasciargli l'oro. Trascorso un altro anno e mezzo, Isabella ordinò a Ziliolo di trovare un modo per costringere

Buttons and Perfumed Gloves, pp. 13-39; Welch, *Art on the Edge*, p. 261; Welch, *Shopping in the Renaissance*, p. 252 e Venturelli, *Gioielli e gioiellieri milanesi*, pp. 128-139.

62. Cito dalla lettera di Isabella d'Este a Girolamo Ziliolo del 20 maggio 1512 (ASMn, AG, b. 2996, lib. 30, c. 17r), in cui si legge: «Mandiamovi una ballotta de composition de odori a ciò che la diati a Maestro Hercule, cum ordine che gli facia una coperta d'oro sopra ben lavorata a suo modo. [...] Fatilo tenere solicitato, si che l'habiamo presto».

63. Cfr. Luzio, Renier, *Il lusso di Isabella d'Este*, pp. 104-105 e Malacarne, *Fruscianti vestimenti e scintillanti gioie*, pp. 184-185.

64. Si veda la lettera di Bernardino de' Prosperi a Isabella d'Este datata 7 gennaio 1513 (ASMn, AG, b. 1245, c. 63). Una volta consegnato il lavoro, un sabato sera, Mastro Ercole affermò che avrebbe voluto fare un altro «corneto» di questo tipo per la marchesa, come riferito da Bernardino de' Prosperi nella sua lettera a Isabella d'Este datata 17 gennaio 1513 (c. 66). Sulla produzione di amuleti da parte degli orafi cfr. John Cherry, *Healing through Faith: The Continuation of Medieval Attitudes to Jewellery into the Renaissance*, in «Renaissance Studies», 15, 2 (2001), pp. 154-171, soprattutto pp. 154-155.

65. Cfr. Colantuono, *Estense Patronage*, p. 231; Guerzoni, *Apollo and Vulcan*, p. 186 nota 72 e Zarri, *La religione di Lucrezia Borgia*, pp. 63-65.

66. In proposito cfr. Ghirardo, *Lucrezia Borgia's Palace*, pp. 474-478.

67. Si vedano Bellonci, *Lucrezia Borgia*, pp. 529-542 e Prizer, *Isabella d'Este and Lucrezia Borgia*, p. 9.

68. Si veda la lettera di Isabella d'Este a Girolamo Ziliolo datata 15 gennaio 1514 (ASMn, AG, b. 2996, lib. 30a, c. 70v).

l'orafo a consegnare il lavoro finito.[69] Zililolo andò nuovamente a far visita alla bottega ferrarese di «Maestro Hercule», ma il 17 dicembre 1515 si vide costretto a scrivere quanto segue a Isabella:

> In exequutione de quanto la Signoria Vostra mi ha scritto sum stato a casa de Maestro Hercule orefice, et facto instantia de havere [indietro, ossia riavere] la Balota sua de odori cum lo oro ch'io gli detti. Dove ho ritrovato il lavoro suo principiato ma imperfecto, si per la infirmita de dicto Maestro Hercule, che è stato longa e grave, si etiam per la occupatione de alcuni lavori de la Illustrissima Duchessa. Per la qual cosa havendo ritrovata principiata l'opera et cum promissione de finirla senza altra intermissione, mosso da pietà de la povertà sua, che in verità è grandissima, non ho proceduto contra di lui ad quel ch'el meritarià [...] zoè di farlo stare in uno fondo de torre per qualche mese, ma pur ho acceptato la bona intentione et promissione mi ha facto de expedire dicta sua opera, et cum quella più celerità possibile. Così prego prefata Signoria Vostra ad farli anchora questo termine.[70]

Nato fra il 1452 e il 1457, nel dicembre 1515 Mastro Ercole aveva almeno cinquantotto anni e, più probabilmente, aveva già superato la sessantina.[71] Secondo i parametri del XVI secolo – quando la durata della vita media era intorno ai trent'anni e anche quanti raggiungevano l'età adulta di rado vivevano oltre i cinquanta – egli era da considerarsi un uomo anziano.[72] In oltre tre decenni di lavoro alla fornace l'orafo aveva inalato le pericolose esalazioni sviluppate dall'acido nitrico, dal carbone e da metalli di vario genere.[73] Dorare usando amalgame contenenti l'oro lo esponeva a problemi di salute derivanti dal maneggiare il mercurio; inoltre, l'impiego frequente del piombo poteva causargli forme di avvelenamento.

Gli orafi anziani spesso soffrivano degli effetti a lungo termine dovuti a queste loro attività professionali.[74] Due secoli dopo, l'italiano Bernardino Ramazzini (1633-1714) si sarebbe spinto fino ad affermare che se gli orafi non muoiono giovani la loro salute risulta tuttavia così terribilmente minata che essi si augurano la morte.[75] I ricorrenti accenni ai problemi di salute di Mastro Ercole nella

69. Come scritto da Isabella d'Este a Girolamo Ziliolo nella lettera del 12 dicembre 1515 (ASMn, AG, b. 2996, lib. 32, c. 62r); per una traduzione inglese cfr. Isabella d'Este, *Selected Letters*, pp. 403-404.

70. Cito dalla lettera di Girolamo Ziliolo a Isabella d'Este datata 17 dicembre 1515 (ASMn, AG, b. 1245, c. 573).

71. Cfr. Borgolotto, *Mele di Salomone da Sessa*, p. 150.

72. A questo proposito si veda Mikołaj Szołtysek, *Households and Family Systems*, in *The Oxford Handbook of Early Modern European History*, vol. I, pp. 313-341, soprattutto; esp. 314. Si veda anche Shahar, *Growing Old in the Middle Ages*, pp. 22-24.

73. A riguardo si veda Sigerist, *Historical Background of Industrial and Occupational Diseases*, p. 601.

74. Cfr. Gochfeld, *Chronologic History of Occupational Medicine*, p. 101 e Riva et alii, *Lead Poisoning*, p. 12. Per l'uso del piombo da parte degli orafi nel Rinascimento cfr. Stuard, *Gilding the Market*, pp. 160 e 164-165. Sui rischi per la salute connessi alla lavorazione dei metalli nella prima età moderna cfr. Emily Cockayne, *Hubbub: Filth, Noise, and Stench in England, 1600-1770*, New Haven, Yale University Press, 2007, pp. 61, 135 e 207.

75. Citato in F. William Sunderman, *Perils of Mercury*, in «Annals of Clinical and Laboratory Science», 18, 2 (1988), pp. 89-101, soprattutto p. 92. Si veda anche Daniel Schäfer, *Old Age and Disease in Early Modern Medicine*, trad. inglese di Patrick Baker, London, Routledge, 2011, p. 239 e relativa nota 156.

corrispondenza relativa alle opere commissionate da Isabella d'Este nei primi due decenni del Cinquecento lasciano intuire che anche la sua salute deve aver subito gli effetti negativi causati dai molti anni di intenso lavoro nell'oreficeria. È probabile che le condizioni malsane in cui versavano le umide carceri ferraresi, dove egli era stato per un certo periodo sia nel 1491 sia nel 1505, abbiano ulteriormente danneggiato la sua già cagionevole salute, rendendolo così ancor più propenso ad ammalarsi dopo quella esperienza.[76] Girolamo Ziliolo non descrive i sintomi della malattia che costrinse Salomone/Ercole a letto nel 1515, ma ne sottolinea la notevole durata e la gravità.

Come abbiamo visto prima, discutendo la lunga trattativa circa le *maniglie* di Isabella nel biennio 1504-1505, Ziliolo non condivideva lo spirito compassionevole di Girolamo Magnanino nei confronti di Mastro Ercole, da lui spesso definito un individuo meschino e disonesto che meritava il carcere per non aver rispettato i tempi di consegna del lavoro commissionatogli dalla marchesa.[77] Nel 1515, però, Ziliolo si astenne dal criticare il carattere dell'artista e fu disposto ad accettare quella che definisce la sua «bona intentione» senza metterne in dubbio la sincerità (pregando, anzi, Isabella di fare lo stesso). In precedenza, nel 1504, Ziliolo aveva manifestato sentimenti negativi di vario tipo nei confronti di Mastro Ercole (tra cui vergogna, imbarazzo e rabbia), sentimenti placati solo dalla straordinaria qualità delle *maniglie*, evidente prima ancora che fossero completate.[78] Eppure undici anni dopo l'unico sentimento suscitato in Ziliolo dall'incontro con il talentuoso artista fu la «pietà», ossia la compassione per il suo miserevole stato.

Se, pertanto, nel 1504 Ziliolo poteva criticare Salomone/Ercole per la precedenza da lui accordata agli ordini che riceveva da Lucrezia Borgia, si guardò bene dal farlo nel 1515. La posizione di Lucrezia come duchessa di Ferrara era all'epoca ormai saldamente confermata e in quanto suo orafo di corte la preferenza che Mastro Ercole le dimostrava non poteva essere messa in discussione. Ziliolo si limitò quindi a informare Isabella che l'orafo aveva assiduamente lavorato alle opere richieste da sua cognata, il che – oltre alla grave e prolungata malattia di cui soffriva – gli rendeva impossibile dedicarsi al pomandro della marchesa.

Va inoltre notato che se i lavori di Mastro Ercole per Lucrezia e i suoi problemi di salute erano stati già varie volte menzionati per spiegare il ritardo nella consegna di gioelli attesi da Isabella, prima del 1515 né gli agenti di lei né lo stesso orafo avevano mai accennato alla sua difficile situazione economica. Di fatto la missiva di Ziliolo del dicembre 1515 costituisce la prima di tre lettere che dimostrano la mancanza di denaro che assillava l'orafo. Una volta notata la miseria in cui versava Mastro Ercole, il cortigiano ferrarese spiegò che non intendeva procedere nei confronti dell'artista in ritardo con la consegna del lavoro perché

76. Cfr. *infra*, capitolo 19.

77. Si vedano le lettere di Girolamo Ziliolo a Isabella d'Este datate 22 agosto e 22 settembre 1504 (ASMn, AG, b. 1890, cc. 194 e 197) e, per il 1505, quelle datate 19 gennaio e 29 maggio (ASMn, AG, b. 1240, cc. 355 e 357).

78. Si veda la lettera di Girolamo Ziliolo a Isabella d'Este datata 22 settembre 1504 (ASMn, AG, b. 1890, c. 197).

la visita a casa sua gli aveva fatto capire che si trattava di una penuria «in verità [...] grandissima».[79]

Il celebre orafo – come si ricorderà – aveva già contratto notevoli debiti agli inizi della sua carriera artistica. Inoltre, malgrado gli sforzi successivamente profusi per assicurare una dote a ciascuna delle proprie cinque figlie, l'unica che riuscì a sposarsi lo dovette all'aiuto di Lucrezia Borgia, mentre un'altra entrò in convento grazie al sostegno offerto da Ercole d'Este; le restanti tre figlie rimasero nubili, senza dubbio a causa della mancanza di fondi necessari per fornirle di doti rispettabili. Possiamo così vedere che se, da un lato, la conversione al cristianesimo aprì nuove opportunità lavorative (impossibili per lui se fosse rimasto ebreo) e gli procurò notevoli favori da parte della dinastia a capo del ducato di Ferrara, dall'altro tutto questo non si tradusse in un miglioramento sociale per la famiglia di Salomone/Ercole. Mentre altri artisti e artigiani al servizio degli estensi nel XVI secolo riuscirono ad ammassare somme considerevoli,[80] le cose per il protagonista della nostra storia andarono diversamente.

Sebbene nel Rinascimento gli orafi potessero diventare abbastanza ricchi, il talento naturale non bastava ad assicurare la fortuna economica di chi si dedicava all'oreficeria. Per quel tipo di successo un artista ben avviato doveva anche produrre oggetti di qualità tenendo d'occhio i costi, negoziare in modo intelligente con venditori e committenti e investire saggiamente i profitti.[81] Quella che sembra la palese incapacità da parte di Mastro Ercole di migliorare le condizioni economiche della sua famiglia risulta in netto contrasto con l'ammirazione suscitata in lungo e in largo – per oltre venticinque anni – dagli oggetti di lusso prodotti dalla sua bottega. Dovremmo forse imputare questa notevole differenza alla sua mancanza di doti amministrative e manageriali, nettamente inferiori al genio artistico che gli era proprio? Oppure il motivo per cui sua madre aveva deciso di non designarlo erede universale nel 1485 (ossia la cospicua mole di debiti da lei pagati al posto suo) era lo stesso per cui egli non riuscì mai ad acquisire una stabilità economica?[82]

Le fonti a nostra disposizione ci permettono di gettare un rapido sguardo sull'orafo intento al lavoro all'interno della sua bottega ma non troviamo traccia utile a ricostruire come egli spendesse il denaro faticosamente guadagnato. Tuttavia, il suo saltuario indulgere in poco chiare attività lascia sospettare che almeno una parte dei profitti fosse da lui persa scommettendo o in altri modi inopportuni. Comunque sia, risulta evidente che non riuscì a mettere da parte somme sufficienti per essere poi utili in situazioni di difficoltà, come dimostra il comprovato peggioramento economico della sua famiglia durante il periodo di crisi dovuto al protrarsi della guerra nel ducato di Ferrara.

79. Cito dalla lettera di Girolamo Ziliolo a Isabella d'Este datata 17 dicembre 1515 (ASMn, AG, b. 1245, c. 573), in cui si riscontrano queste parole: «la povertà sua, che in verità è grandissima».

80. Cfr. Guerzoni, *Apollo and Vulcan*, pp. 87-89.

81. Si vedano Reilly, *Artists' Workshops*, pp. 84 e 96 e Smith, *In a Sixteenth-Century Goldsmith's Workshop*, p. 44.

82. Cfr. *supra*, capitolo 2.

Sappiamo che Mastro Ercole provò a pianificare col necessario anticipo e attuare una strategia economica a vantaggio della sua famiglia. Seguendo l'esempio di artisti affermati della sua stessa epoca, egli trasmise ai figli quanto aveva appreso circa l'oreficeria – allora ritenuto un mercato elitario – facendo in modo che ricevessero una formazione professionale servendo come assistenti di bottega. Ciò avrebbe dovuto sortire notevoli benefici economici per tutti loro tre, permettendo al padre di giovarsi dell'aiuto dei figli mentre imparavano il lavoro e di aumentare così la produttività della bottega, senza doversi privare di nessun apprendista. Inoltre, sarebbe così stato possibile ai figli immatricolarsi come "mastri orafi" a un prezzo inferiore al normale ed evitare loro di dover acquistare tutti i costosi attrezzi necessari a metter su bottega in proprio.[83] Lo scoppio della guerra, tuttavia, trasformò questo progetto teoricamente vantaggioso in un disastro economico a causa del crollo della richiesta di oggetti di lusso.[84] Questo netto calo incise direttamente non solo sul padre ma anche sui due suoi figli ormai adulti, i quali a loro volta traevano i propri guadagni dalla realizzazzione di accessori assai costosi.

Gli introiti di Mastro Ercole erano diminuiti a causa della ridotta disponibilità economica di Lucrezia Borgia durante la guerra. Tuttavia, quando la duchessa riprese a pagare regolarmente il salario ai propri impiegati di corte egli si trovò in una situazione più difficile rispetto a prima del 1509. Ciò era dovuto al fatto che le ripercussioni economiche del conflitto militare a lungo protrattosi avevano reso difficile per i clienti della zona – fatta eccezione per la duchessa – spendere cospicue somme di denaro in oggetti di lusso. Al tempo stesso, il numero di persone che andava sfamata coi profitti della bottega di famiglia continuava a crescere, poiché sul finire del 1515 Graziadio/Alfonso era già diventato padre e sia la moglie sia i figli vivevano grazie ai guadagni derivanti dall'oreficeria.[85]

Come dimostra il graduale declino di Mastro Ercole in una condizione di povertà, nella prima età moderna progettare per tempo e perfino adottare una strategia familiare mirata a garantire la continuazione della discendenza paterna non metteva un padre di famiglia al sicuro dalle conseguenze catastrofiche della guerra. Non avendo investito i profitti in modo prudente quando le cose andavano bene, forse a causa del suo debole per il gioco d'azzardo, l'età ormai avanzata e una cagionevole salute – combinate con una famiglia che andava crescendo – resero sempre più difficile per l'orafo tenere testa alle prolungate crisi dovute alle Guerre d'Italia. Il contesto bellico, le malattie e la necessità di provvedere a molti

83. In proposito si vedano Toffanello, *Le arti a Ferrara nel Quattrocento*, pp. 380-387; Pini, *Oreficeria e potere a Bologna*, pp. 30-36; Stuard, *Gilding the Market*, pp. 165-166; Burke, *The Italian Renaissance*, pp. 46-49; Reilly, *Artists' Workshops*, pp. 87-88.

84. Circa gli effetti devastanti sulle popolazioni del nord e centro Italia causati dal protrarsi della guerra a inizio Cinquecento cfr. Black, *Early Modern Italy*, pp. 8-10. Si dovette attendere la metà del secolo per una ripresa dell'economia dopo la crisi dovuta alle Guerre d'Italia; in proposito cfr. John A. Marino, *Economic Structures and Transformations*, in *Early Modern Italy, 1550-1796*, a cura di John A. Marino, Oxford, Oxford University Press, 2010, pp. 51-68, soprattutto pp. 62-63.

85. Sappiamo che nel marzo 1521 Alfonso aveva sei figli, come indicato da Angelucci, *Catalogo della armeria reale*, p. 308. Pertanto, nel dicembre 1515 doveva già esser padre di almeno un figlio e – probabilmente – di due, se non più.

familiari costituivano altrettante possibili cause di declino nella gerarchia sociale delle città europee – sia grandi sia piccole – nella prima età moderna.[86] Nel caso di Salomone/Ercole, la somma di questi fattori ebbe effetti disastrosi. La compassione di cui Ziliolo fa oggetto l'orafo malaticcio ridotto in povertà nel dicembre 1515 annuncia l'inizio dell'ultimo e triste periodo che pose fine alla vita di questo artista dal grande talento.

86. Al riguardo si veda Houston, *Towns and Urbanization*, p. 489.

19. Splendori e dolori

Girolamo Ziliolo convinse Isabella d'Este a concedere ancora un po'di tempo a Mastro Ercole per finire il coperchio d'oro del suo porta profumi. Ma il 9 marzo 1516, la marchesa gli scrisse di mettere pressione all'orafo affinché si affrettasse.[1] Il fido agente fece, quindi, di nuovo visita alla bottega ed ecco quel che tre giorni dopo ne riferì per lettera:

> In exequutione de le lettere de Vostra Signoria, sum stato novamente cum Maestro Hercule aurifice, et factogli intendere che per non haver mai fato fine a la Balota sua de odori, che serà necessario pur farlo incarcerare, et certo che l'haria facto se non che vedo ne succederia la ruina de la famiglia sua, et forsi anche de la sua vita, che per esser stato longamente infermo il non è anche bene ratificato, et ogni poca giostra lo baterià a terra. Pur ho voluto vedere dicta Balotta cum quel oro [per il coperchio] che se gli ritrova, et ho visto la cosa in assai bon termini [ossia ben avviata] et forsi più che meglio facta, et certo che l'opera serà ellegante come la sia finita, et non cessarò che tanto lo tenerò excitato che gli darà expedictione. Non mi è parso [giusto] pigliare la cosa così imperfecta [...] ma [...] se pur ad quella gli pare ch'io me la facia restituire come la ritrova, et ge la mandi, lo farò molto voluntieri.[2]

Quattro mesi dopo aver per la prima volta informato Isabella che Mastro Ercole stava guarendo da una prolungata e seria malattia, Ziliolo si trovò così a dover riferire che l'orafo stava in realtà ancora male. Come avvenuto nel dicembre 1515, anche in questo caso il cortigiano ferrarese non specifica da quale malattia l'orafo facesse tanta fatica a guarire. Egli nota, tuttavia, che un periodo trascorso in prigione avrebbe potuto far morire Mastro Ercole prima del previsto; si tratta di un'affermazione che testimonia sia quanto fossero dure le condizioni in cui si trovavano i carcerati a Ferrara nel Cinquecento sia fino a che punto le persone dell'epoca fossero coscienti degli effetti negativi che una prigiona poteva avere sulla salute dei detenuti. Pertanto, sebbene il ritardo nella consegna del pomandro costituisse una violazione della prororoga già concessa all'artista (col parere positivo dello stesso Ziliolo) e, in quanto tale, potesse giustificarne l'arre-

1. Si veda la lettera di Isabella d'Este a Girolamo Ziliolo datata 9 marzo 1516 (ASMn, AG, b. 2996, lib. 32, c. 92v).

2. Cito dalla lettera di Girolamo Ziliolo a Isabella d'Este datata 12 marzo 1516 (ASMn, AG, b. 1246, c. 187).

sto come mezzo per costringerlo a terminare il lavoro, l'inviato di Isabella decise di soprassedere.[3]

Anche qualora un periodo in carcere non avesse procurato la morte dell'orafo, Ziliolo ritenne che avrebbe determinato la totale rovina economica della sua famiglia, come si arguisce dall'accenno – nella lettera – alla povertà che la attanagliava. Nel 1516 non solo Eleonora (moglie di Mastro Ercole) e Ferrante (il figlio più giovane) ma anche le tre figlie non maritate che abitavano con loro dipendevano dai proventi della bottega. Lo stesso valeva per il figlio maggiore della coppia (Alfonso), sua moglie Sapientia[4] e i loro figlioletti, che erano almeno due ma probabilmente di più.[5]

Benché sia Alfonso sia Ferrante lavorassero insieme al padre nella bottega di famiglia, dal commento di Ziliolo sembra di dover arguire che Mastro Ercole svolgesse ancora un ruolo fondamentale per la sopravvivenza di tutti i familiari sopra citati. I suoi continui problemi di salute avevano già reso assai precarie le condizioni economiche della famiglia. Un'eventuale prigionia che, pur senza farlo morire, ne peggiorasse la salute (oltre a tenerlo lontano dalla bottega) avrebbe procurato la rovina di tutti quanti dipendevano dai suoi proventi.

Nella lettera Ziliolo informa Isabella di aver paventato a Mastro Ercole di farlo condurre in carcere ma egli non dice quale sia stata la reazione dell'orafo, ancora alle prese con la sua malattia. Possiamo solo immaginarci come si sentisse all'idea di trascorrere un altro periodo in prigione; comunque sia, una simile prospettiva deve averlo indotto a lavorare con maggior lena al pomandro di Isabella, visto che lo ultimò pochi mesi dopo.[6] Come in tutte le precedenti circostanze, anche questa volta la marchesa fu molto soddisfatta del lavoro da lui svolto. In

3. Cfr. Malacarne, *Fruscianti vestimenti e scintillanti gioie*, pp. 185-186. Se, da un lato, Antonio Bertolotti non rileva l'accenno alla ancora precaria salute dell'orafo, dall'altro egli sottolinea il fatto che Ziliolo era pronto ad arrestarlo: cfr. Bertolotti, *Artisti in relazione coi Gonzaga*, pp. 90-91e Id., *Le arti minori*, p. 63. A sua volta Gruyer, *L'art ferrarais*, vol. I, p. 575 omette di indicare che Ziliolo aveva fatto cenno ai problemi di salute dell'orafo.

4. La moglie di Alfonso e le sue sorelle ancora nubili sono menzionate nella supplica rivolta a Isabella d'Este da parte di «Eleonora madre, e Sapientia mogliere de Alfonso de Maestro Hercule de Fedeli orevexe e sei figliolini inutili de detto Alfonso, e anche tre sorelle de detto Alfonso da maridare» in data 2 marzo 1521 (ASMn, AG, b. 1247, fasc. XVII [*Ferrara. Diversi*], c. 395). A mio avviso il nome della moglie di Alfonso che si legge in questo testo è "Sapientia", mentre secondo Angelucci sarebbe "Sapuncia"; cfr. Angelucci, *Catalogo della armeria reale*, p. 308, seguito da Yriarte, *Autour des Borgia*, p. 209 e Gruyer, *L'art ferrarais*, vol. I, p. 577. Non mi risulta che "Sapuncia" fosse un nome femminile allora usato in Italia, mentre "Sapientia" – seppur non molto comune – figura nei registri battesimali dell'epoca; si veda, ad esempio, la presenza di questo nome nei registri della parrocchia di San Sebastiano a Reggio Calabria, disponibili su Internet al seguente indirizzo: //www.benvanrijswijk.com / indici/reggiossebastianobattesimi1618-1641.htm

5. Cfr. *supra*, nota 85 al capitolo 18.

6. Scrivendo a Girolamo Ziliolo in data 11 agosto 1516 (ASMn, AG, b. 2996, lib. 33, c. 42r) Isabella d'Este si dice stupita della consegna del pomandro, di cui si era ormai dimenticata dopo così tanto tempo. Secondo Bertolotti, *Le arti minori*, p. 63, questa lettera risale al 16 agosto 1516 ma il testo della misiva conservato nel copialettere di Isabella indica chiaramente che fu scritta in data 11 agosto. In proposito si vedano anche Luzio e Renier, *Il lusso di Isabella*

una lettera datata 11 agosto 1516 lodò la sua abilità. In seguito gli commissionò un'altra legatura in oro per un libro.

Ormai anziano, l'artista riuscì tuttavia a rimettersi in forze un poco alla volta; fu così che nel 1517 riprese a lavorare assiduamente per Lucrezia Brogia, la quale aveva inziato un'articolata campagna volta a recuperare tutti gli oggetti preziosi che era stata costretta a dare in pegno durante gli anni della guerra di Ferrara col papato.[7] Mastro Ercole dovette quindi modificare e aggiustare per lei una catena d'oro e diversi anelli, oltre a produrre – e poi smaltare – molti nuovi accessori d'oro, tra i quali ventagli e oggetti preziosi da indossare sul capo, cinture, collane e braccialetti.[8] Egli realizzò anche decorazioni per abbellire la pelliccia di zibellino di Lucrezia, un accessorio alla moda allora assai apprezzato nelle corti del nord Italia. La pelliccia comprendeva anche le zampe e la testa dell'animale ed era arricchita d'oro e pietre preziose.[9]

L'inventario dei gioielli di Lucrezia Borgia rivela che nel 1517 ella diede lavoro anche al figlio maggiore di Mastro Ercole, Alfonso. L'indicazione di quest'ultimo come «Maestro Alphonso orevexe» senza aggiungere il suo rapporto col padre – come invece era avvenuto in tutti i precedenti registri in cui si menzionavano le opere da lui fatte per la duchessa[10] – dimostra che il trentacinquenne Alfonso risultava finalmente emancipato dal punto di vista legale.[11] Quell'anno egli realizzò dei cinti e un paio di *maniglie* per la duchessa, la quale poi le donò a uno spagnolo su cui voleva fare impressione. Inoltre Mastro Alfonso forgiò per lei delle serie di bottoni d'oro che la duchessa fece avere a quello che era stato il suo padrino, ossia il duca Alfonso d'Este.[12]

Anche il figlio minore di Ercole, Ferrante, risulta citato nell'inventario di Lucrezia, dove il suo nome si accompagna al titolo di "Mastro", seppur comparendo una volta sola; ciò avviene in merito a un lavoro da lui svolto insieme al padre, ossia la sostituzione del manico d'oro per uno dei piccoli ventagli di Lucrezia che Mastro Ercole aveva smontato.[13] Utili – per motivi igienici – dal punto di vista

d'Este, p. 105; Malacarne, *Fruscianti vestimenti e scintillanti gioie*, pp. 188 e 202 con relativa nota 95 e Taylor, *Silver and Gold*, p. 189.

7. Si vedano Ghirardo, *Lucrezia Borgia as Entrepreneur*, p. 62 e Bonatti, *Prima carta dell'inventario delle gioie di Lucrezia Borgia*, p. 192.

8. In proposito cfr. ASMo, CD, AP, num. 1139 (*Inventario delle gioie e di altre robe di Lucrezia Borgia*, 1516-1519), *passim*, soprattutto cc. 40v, 41r-v, 42v e 49r.

9. Cfr. ASMo, CD, AP, num. 1139 (*Inventario delle gioie e di altre robe di Lucrezia Borgia*, 1516-1519), c. 49r. Sulla crescente richiesta di pellicce di zibellino decorate con pietre preziose tra la fine del XV secolo e l'inizio del successivo cfr. Venturelli, *Gioielli e gioiellieri milanesi*, pp. 190-191.

10. Cfr. ASMo, CD, AP, num. 1131 (*Memoriale di Lucrezia Borgia*, 1507[–gennaio 1509]), cc. 137v e 141r.

11. Cfr. ASMo, CD, AP, num. 1139 (*Inventario delle gioie e di altre robe di Lucrezia Borgia*, 1516-1519) dove a c. 40r si accenna a «Maestro Alphonso orevexe».

12. Come si legge in ASMo, CD, AP, num. 1139 (*Inventario delle gioie e di altre robe di Lucrezia Borgia*, 1516-1519), cc. 40r, 41r, 42r.

13. Cfr. ASMo, CD, AP, num. 1139 (*Inventario delle gioie e di altre robe di Lucrezia Borgia*, 1516-1519), c. 42v.

pratico oltre che conformi all'idea di "decoro" allora prevalente, questi piccoli ventagli erano assai di moda all'inizio del XVI secolo; Lucrezia ne faceva talvolta dono ai membri della sua cerchia.[14]

La duchessa si preoccupava inoltre di aiutare le sue damigelle a procurarsi splendidi gioielli che completassero il loro corredo nuziale. E così, più di un decennio dopo aver aiutato a far maritare Anna (figlia di Mastro Ercole, al suo servizio come donzella per quattro anni), Lucrezia si affidò alle abili doti dell'orafo affinché Angela Valla, una delle sue damigelle d'alto rango, facesse una magnifica figura in abito da sposa.[15] Il matrimonio di Angela era previsto per il febbraio del 1518, durante le feste di Carnevale che la duchessa organizzava ogni anno; appunto a Mastro Ercole fu dato l'incarico di realizzare i gioielli per la futura sposa.[16]

Fra le opere che Lucrezia fece allora produrre a Mastro Ercole ve ne erano alcune destinate ai suoi amati familiari, in particolare alla figlia Eleonora d'Este (1515-1575) e a Giovanni Borgia (1498-1548), noto anche come "L'infante romano" e – probabilmente – suo figlio illegittimo.[17] Nel secondo decennio del Cinquecento, mentre viveva a Ferrara come un giovane di casa Borgia dall'incerta origine, Giovanni fu oggetto di particolare attenzione da parte della duchessa, che gli faceva regali costosi; tra questi figurava anche una medaglia d'oro realizzata da Mastro Ercole per la "berretta" di Giovanni, ossia il suo cappello a tronco di cono.[18]

L'orafo di Lucrezia si dimostrò riluttante – probabilmente a causa del molto lavoro – quando Girolamo Ziliolo gli manifestò, da parte di Isabella d'Este, la richiesta di realizzarle un nuovo paio di braccialetti.[19] Per convincerlo ad accettare questa commissione, la marchesa di Mantova disse al suo agente di non insistere sull'eventuale data di consegna. In maniera inconsueta, inoltre, ella suggerì a Ziliolo di astenersi dal mettere Mastro Ercole sotto pressione. Malgrado tutti questi accorgimenti, nei mesi successivi l'orafo continuò a ricevere

14. Cfr. Welch, *Art on the Edge*, pp. 263-268. Su questo tipo di piccoli ventagli, che le donne aristocratiche si agganciavano alla cintura, cfr. Venturelli, *Gioielli e gioiellieri milanesi*, pp. 191-192; Luzio e Renier, *Il lusso di Isabella d'Este*, pp. 111-112 e Zaffanella, *Isabella d'Este e la moda del suo tempo*, pp. 217-218.

15. Angela era la figlia di Giovanni Valla, che aveva servito Ercole d'Este come ambasciatore a Milano e si era impegnato a procurargli opere d'arte; cfr. Colantuono, *Estense Patronage*, p. 207.

16. In proposito cfr. ASMo, CD, AP, num. 1139 (*Inventario delle gioie e di altre robe di Lucrezia Borgia*, 1516-1519), cc. 10r e 42r. Lucrezia fece in modo che Angela andasse in sposa a Ippolito da li Banchi, come notato in Bradford, *Lucrezia Borgia*, p. 336.

17. Cfr. ASMo, CD, AP, num. 1139 (*Inventario delle gioie e di altre robe di Lucrezia Borgia*, 1516-1519), cc. 41v e 42r-v. Sugli oggetti di lusso che Lucrezia ordinò per la propria figlia cfr. Ghirardo, *Lucrezia Borgia as Entrepreneur*, p. 83 e relativa nota 105. Sull'incertezza circa i genitori di Giovanni Borgia, cfr. ivi, pp. 79 e 88; Ghirardo, *Lucrezia Borgia's Palace*, pp. 489 e 496 nota 78; Zarri, *La religione di Lucrezia Borgia*, pp. 18-20.

18. Cfr. ASMo, CD, AP, num. 1139 (*Inventario delle gioie e di altre robe di Lucrezia Borgia*, 1516-1519), c. 42v. Sull'importanza della *beretta* per la moda nelle corti del Cinquecento cfr. Colantuono, *Estense Patronage*, p. 223.

19. Cfr. Malacarne, *Fruscianti vestimenti e scintillanti gioie*, pp. 163-164.

richieste da parte di Lucrezia, tanto da poter dedicare ben poco tempo all'ordinazione di Isabella.[20]

Basti dire che Mastro Ercole fu l'unico orafo i cui lavori per la duchessa di Ferrara nel 1518 raggiunsero un numero così cospicuo da venire menzionati a parte, in un gruppo a sé stante, nell'inventario delle gioie di Lucrezia.[21] Fra gli oggetti che egli realizzò per lei in quell'anno figurano degli accessori d'oro, alcuni dei quali in uno stile considerato orientaleggiante; altri, invece, furono dati a sarti e ricamatori per inserirli negli abiti di Lucrezia e di sua figlia Eleonora.[22] Riconoscendo la notevole dimestichezza che Mastro Ercole poteva vantare con l'arte di Roma antica e, soprattutto, con le iscrizioni funerarie, la duchessa gli chiese inoltre di prepararle un manico da ventaglio fornito di una decorazione «in forma d'epitaphio».[23]

Quanto a Mastro Alfonso, anche nel 1518 Lucrezia continuò a procuragli lavoro, facendogli ad esempio riparare la catena attaccata alla testa della sua pelliccia di zibellino arricchita di pietre preziose.[24] Sia il padre sia il figlio furono poi incaricati di realizzare un paio di *maniglie* provviste di una serie di «bottoni grandi d'oro [...] smaltati de biancho e rosso», ossia i colori di casa d'Este, recanti l'iscrizione «AMEN».[25] Ancora una volta troviamo Mastro Ercole impegnato a produrre opere che attestano la devozione dei suoi committenti ducali; più di dieci anni prima, infatti, egli aveva realizzato – su richiesta del duca Ercole d'Este – tabernacoli per reliquie e un portaincenso. Le *maniglie* prodotte dal convertito e da suo figlio entrarono così a far parte dei gioielli a carattere religioso che Lucrezia stessa indossava ma che era anche solita offrire in dono, per dimostrare al tempo stesso ricchezza, buon gusto e una profonda fede cristiana.[26]

20. Come scrive Isabella d'Este nella sua lettera a Girolamo Ziliolo del 18 aprile 1519, in quella data le *maniglie* non erano ancora ultimate; cfr. ASMn, AG, b. 2997, lib. 36, cc. 49v-50r.

21. L'elenco indica la quantità d'oro che Mastro Ercole ricevette il 15 dicembre 1517, specificando per quali opere lo dovesse usare. Cfr. ASMo, CD, AP, no. 1139 (*Inventario delle gioie e di altre robe di Lucrezia Borgia*, 1516-1519), c. 49r.

22. Cfr. ASMo, CD, AP, num. 1139 (*Inventario delle gioie e di altre robe di Lucrezia Borgia*, 1516-1519), cc. 26r, 43r e 49r.

23. La formula «in forma d'epitaphio» si legge in ASMo, CD, AP, no. 1139 (*Inventario delle gioie e di altre robe di Lucrezia Borgia*, 1516–1519), c. 43v. Per l'influenza delle antiche epigrafi romane sulla decorazione della *cinquedea* che Mastro Ercole realizzò per Cesare Borgia cfr. Yriarte, *Autour des Borgia*, p. 207.

24. Cfr. ASMo, CD, AP, num. 1139 (*Inventario delle gioie e di altre robe di Lucrezia Borgia*, 1516-1519), c. 44v. Sulla grande richiesta di pellicce di zibellino (fornite anche della testa dell'animale) cfr. Isabella d'Este, *Selected Letters*, pp. 401-402 e relative nota 265.

25. Cfr. ASMo, CD, AP, num. 1139 (*Inventario delle gioie e di altre robe di Lucrezia Borgia*, 1516-1519), c. 26r, in cui si legge: «Sei bottoni grandi d'oro lavorati de fila per metterli compositione smaltati de biancho e rosso cum littere ad amen da uno latto fatti per fare manile novamente per la mano de Maestro Hercule et Maestro Alfonso orevexi». Sull'uso di lettere dell'alfabeto dorate e smaltate per abbellire gli abiti delle signore e i loro accessori alla moda cfr. Stuard, *Gilding the Market*, pp. 98-100. I colori estensi erano bianco, rosso, verde e turchese; pertanto, essi erano i più usati per smaltare i gioielli di Lucrezia. In proposito si veda Bonatti, *Prima carta dell'inventario delle gioie di Lucrezia Borgia*, p. 192.

26. Diane Ghirardo ha sottolineato questo aspetto in un relazione – dal titolo *Lucrezia Borgia's Sacred Jewelry* – presentata al convegno annuale della Renaissance Society of

Dovendo dedicarsi a così tanti lavori per la duchessa, Salomone/Ercole procedeva assai lentamente con i nuovi braccialetti che aveva accettato di realizzare per Isabella. Il 19 aprile Ziliolo rammentò alla marchesa che aveva concesso a Mastro Ercole di prendersi tutto il tempo necessario per quell'ordinazione; in tale circostanza egli aggiunse che lo stato di povertà in cui versava l'orafo era in parte il motivo di quel ritardo.[27] Dal dicembre 1515 questa era la terza volta che Ziliolo menzionava le difficoltà economiche dell'artista, indicando così come Mastro Ercole non fosse mai riuscito a recuperare dopo i dissesti finanziari subiti sia a causa della guerra svoltasi nel ducato estense sia per il sempre crescente numero di familiari il cui mantenimento dipendeva dai profitti della sua bottega. I ripetuti e compassionevoli accenni al suo stato di indigenza testimoniano chiaramente come il prolungato impiego di Mastro Ercole – con Eleonora d'Aragona prima ed Ercole d'Este dopo – non fosse sufficiente ad assicurargli stabilità economica nei quattordici anni successivi alla sua rinuncia all'ebraismo; al tempo stesso, essi dimostrano anche come il servizio da lui costantemente prestato nei confronti di Lucrezia in qualità di orafo di corte non bastasse a impedire che la sua famiglia cadesse un poco alla volta in povertà nel secondo decennio del XVI secolo.

Malgrado il suo patrimonio continuasse ad assottigliarsi, le creazioni artistiche di Mastro Ercole non smettevano di impressionare quanti avessero occasione di vederle non solo a Ferrara e Mantova e nelle rispettive corti ma anche a nord delle Alpi. Nel novembre 1518 Alfonso d'Este si recò in Francia nel tentativo (poi rivelatosi vano) di ottenere la restituzione di Reggio e Modena al ducato estense tramite l'aiuto di re Francesco I (sovrano dal 1515 al 1547).[28] Giovanni Borgia doveva raggiungere il duca a Parigi, dove Lucrezia sperava che il marito lo avrebbe aiutato a ottenere un posto presso la corte francese.[29] In procinto di lasciare Ferrara, Giovanni ricevette da Lucrezia diverse opere in oro realizzate da Mastro Ercole e Mastro Alfonso, con l'incarico di donarle al re di Francia. Fra questi regali figuravano una catena d'oro smaltata (opera di Mastro Ercole), una «bottesella» – a sua volta in oro – «nuovamente fatta per Maestro Alfonso et

America svoltosi a Boston nell'aprile 2016. Ringrazio la Prof.ssa Ghirardo per avermi dato il permesso di citare questa sua relazione. Sull'ampio uso di gioielli per decorare oggetti sacri nel nord Italia a quell'epoca cfr. Venturelli, *Gioielli e gioiellieri milanesi*, pp. 138-140 e Zaffanella, *Isabella d'Este e la moda del suo tempo*, p. 216.

27. La lettera di Girolamo Ziliolo a Isabella d'Este datata 19 aprile 1518 si legge in ASMn, AG, b. 1246, c. 702. Quattro mesi dopo Ziliolo assicurò alla marchesa che aveva costantemente rammentato a Mastro Ercole di affrettarsi con quel lavoro. In seguito fornì altro oro all'artista e in procinto di partire per Milano lasciò istruzioni per far sì che terminasse l'opera; cfr. le lettere di Girolamo Ziliolo a Isabella d'Este datate 19 agosto e 2 settembre 1518 (ASMn, AG, b. 1246, cc. 724 e 729).

28. In proposito si veda la voce *Alfonso I d'Este, duca di Ferrara*, curata da Romolo Quazza per il *Dizionario Biografico degli Italiani*, vol. II, Roma, Istituto della Enciclopedia italiana, 1960, pp. 332-337. Le speranze in tal senso allora nutrite da Alfonso rimasero frustrate sino al 1530, quando l'imperatore Carlo V gli restituì i suoi diritti ducali su Modena e Reggio.

29. Si vedano la voce *Borgia, Giovanni, detto l'Infante romano*, a cura di Gaspare De Caro in *Dizionario Biografico degli Italiani*, vol. XII, Roma, Istituto della Enciclopedia italiana, 1971, pp. 719-721 e Ghirardo, *Lucrezia Borgia's Palace*, p. 489.

gli sei bottoni fatti per lui et per maestro Hercule suo patre».[30] Nell'Europa del Rinascimento i bottoni d'oro decorati in quel modo erano ritenuti piccoli gioielli e assai apprezzati come accessori di lusso.[31]

Presentare doni era considerato un aspetto importante della vita pubblica nella Francia del Cinquecento; tale prassi assumeva inoltre un ruolo fondamentale affinché il sovrano concedesse incarichi e favori.[32] Conscia di quanto ciò contasse per procurare alleanze e promozioni, la duchessa di Ferrara ripose le proprie speranze negli splendidi oggetti realizzati da Mastro Ercole e Mastro Alfonso, augurandosi che Giovanni sarebbe riuscito a impressionare il re francese con la loro straordinaria fattura. In realtà, gli sforzi profusi affinché Giovanni ottenesse un facile impiego risultarono vani,[33] ma è certo significativo che – tramite lui – Lucrezia volesse consegnare in dono al re di Francia opere realizzate dalla bottega di famiglia del suo orafo di corte, i cui magnifici prodotti erano già stati utilizzati all'epoca di Ercole d'Este per promuovere la politica filo-francese di Ferrara.[34]

Degno di nota è anche il fatto che mentre Mastro Ercole e Mastro Alfonso sono entrambi menzionati come gli orafi cui si devono le opere offerte in dono al re di Francia da parte di Giovanni Borgia, troviamo qui per la prima volta Ercole citato come padre di Alfonso, invece di indicare quest'ultimo in qualità di figlio.[35] Tale differenza dimostra il crescente rilievo che Mastro Alfonso stava allora assumendo come orafo. All'inizio del 1519 suo padre si allontanò da Ferrara per un certo periodo e Alfonso lo sostituì quale principale fornitore di oggetti di lusso per la duchessa.[36] Convertitosi al cristianesimo all'età di nove anni, egli si trovava ora a dover fornire a Lucrezia le decorazioni d'oro per un corporale da usarsi durante il rito eucaristico e i grani d'oro battuto da inserire in alcuni rosari.[37] Fatti con materiali preziosi, i grani di quel tipo erano solitamente

30. Si veda ASMo, CD, AP, num. 1139 (*Inventario delle gioie e di altre robe di Lucrezia Borgia*, 1516-1519), c. 44v, in cui si legge: «La bottesella novamente fatta per Maestro Alfonso, et gli sei bottoni fatti per lui et per Maestro Hercule suo patre [...] cum la catena et cinque botteselle [...] furno mandati per il signore don Jovanni Borgia a donare alla maestà del Re de Franza, piena de compositione questo dì 16 Novembre 1518».

31. A questo riguardo si veda Bettoni, *Usefulness, Ornamental Function and Novelty*, p. 180.

32. In proposito si veda lo studio di Natalie Zemon Davis, *The Gift in Sixteenth-Century France*, Madison, University of Wisconsin Press, 2000.

33. Come indicato in De Caro, *Borgia, Giovanni*. Sugli sforzi profusi da Alfonso per introdurre Giovanni al re di Francia cfr. Edmund G. Gardner, *The King of Court Poets: A Study of the Work, Life and Times of Lodovico Ariosto*, London, Constable, 1906, pp. 138-139; Bellonci, *Lucrezia Borgia*, pp. 555-556 e Bradford, *Lucrezia Borgia*, pp. 337-338.

34. Si veda *supra*, capitolo 12.

35. Cfr. ASMo, CD, AP, num. 1139 (*Inventario delle gioie e di altre robe di Lucrezia Borgia*, 1516-1519), c. 44v.

36. All'assenza da Ferrara di Mastro Ercole accenna Girolamo Ziliolo nella sua lettera a Isabella d'Este del 19 marzo 1519 (ASMn, AG, b. 1247, c. 158).

37. A riguardo si veda ASMo, CD, AP, num. 1139 (*Inventario delle gioie e di altre robe di Lucrezia Borgia*, 1516-1519), cc. 35v e 40r.

indossati intorno al collo oppure appesi alle cinture da ricche dame desiderose di mostrare in pubblico la loro devozione religiosa.[38]

L'oggetto più notevole realizzato da Mastro Alfonso, tuttavia, fu di carattere profano, ossia un piccolo ventaglio per la duchessa. Gli studiosi hanno sinora erroneamente attribuito l'oggetto a «un certo Alfonso Veronese».[39] Di fatto, però, esso viene chiaramente indicato come segue nell'inventario dei gioielli appartenuti a Lucrezia Borgia:

> Uno ventaglio picciolo novamente fatto per Maestro Alfonso orevexe, cioè tutto il corpo fatto d'oro batuto a fiori stampiti con uno quadreto da ogni canto <e> nel mezo lavorati di filo con pasta di compositione, et il manico pur de oro batuto, circondato de pene de struzo negre.[40]

Raggiunta l'età di trentasette anni, il figlio maggiore di Mastro Ercole sembrava quindi aver finalmente realizzato le speranze del padre, diventando a sua volta un esperto mastro orafo, tanto che Lucrezia era felice di commissionargli gioielli a carattere sia sacro sia profano. Una missiva scritta da Girolamo Ziliolo il 19 marzo 1519 mostra che in quella data anche l'agente di Isabella riteneva Alfonso un artista di livello pari – se non superiore – a suo padre. Accennando a un'altra serie di bottoni d'oro richiesti alla bottega ferrarese, Ziliolo così scrive alla marchesa:[41]

> Ho havuto la lettera de la excellentia vostra per il suo Cavallaro aposta con il bottone, et inteso quanto quella mi commette. Ho mandato per Alfonso figliuolo de Maestro Hercule orefice per non essere lui in la terra, et gli ho fatto intendere il desyderio di Vostra Illustrissima Signoria con darli la mostra del bottone, et con quella più destreza ch'io ho potuto l'ho exhortato anci astretto a fare quanto quella commanda, in modo che 'l mi ha promesso servire. [...] Et se bene lo è giovene, certifico la Excellentia Vostra che non manco bene lavora di esso suo padre, & forsi ancho che'l fa meglio.[42]

È possibile che nel sottolineare come le opere del giovane Alfonso non fossero inferiori a quelle di suo padre Ziliolo stesse in qualche modo alludendo anche all'età ormai avanzata di Mastro Ercole. Nelle relazioni precedentemente inviate a Isabella egli aveva già posto in risalto il fatto che la cagionevole salute del vecchio padre gli rendeva difficoltoso condurre a termine le opere da lei commis-

38. Cfr. Zaffanella, *Isabella d'Este e la moda del suo tempo*, p. 216.

39. Luzio e Renier, *Il lusso di Isabella d'Este*, p. 112 (e successivamente Welch, *Art on the Edge*, p. 263) attribuiscono erroneamente la realizzazione di questo ventaglio a un tal «Mastro Alfonso Veronese» sebbene l'orafo («orevexe») in questione sia detto essere, in modo esplicito, Mastro Alfonso, altrove indicato nell'inventario come il figlio di Mastro Ercole; si veda, ad esempio, ASMo, CD, AP, num. 1139 (*Inventario delle gioie e di altre robe di Lucrezia Borgia*, 1516-1519), c. 44v.

40. Cito da ASMo, CD, AP, num. 1139 (*Inventario delle gioie e di altre robe di Lucrezia Borgia*, 1516-1519), c. 35v.

41. Il primo accenno alla richiesta di questi bottoni d'oro si trova in una lettera di Isabella d'Este a Girolamo Ziliolo del 16 marzo 1519 (ASMn, AG, b. 2997, lib. 36, c. 39). In quella circostanza ella aggiunge anche che è abitudine di Mastro Ercole metterci molto tempo a realizzare le opere da lei commissionategli.

42. Cito dalla lettera di Girolamo Ziliolo a Isabella d'Este datata 19 marzo 1519 in ASMn, AG, b. 1247, c. 158.

sionategli; adesso, in aggiunta, Ziliolo lasciava intendere come Alfonso potesse rappresentare un'alternativa non meno affidabile, oltre ad essere assai più giovane e, probabilmente, di più robusta salute. Com'era noto a Ziliolo, la marchesa di Mantova conosceva Alfonso, il quale aveva contribuito – fra il 1504 e il 1505 – a realizzare le sue maniglie e nel 1506 si era recato a Mantova per discutere alcuni dettagli relativi a un'altra ordinazione da parte di lei. Negli anni successivi sia Ziliolo sia gli altri suoi corrispondenti la tennero al corrente su come si rapportavano con Alfonso tutte le volte che il padre di quest'ultimo era costretto a letto o lontano da Ferrara. Malgrado ciò, Isabella non aveva mai espresso la sua personale ammirazione per il talento artistico di Alfonso. È pur vero che nel 1505 lodò «Maestro Hercule et lo figliolo» per l'elegante lavoro realizzato,[43] ma altrettanto chiaro risulta il fatto che essa non considerasse Alfonso un orafo «nel mestere suo molto virtuoso et gentile»,[44] come invece aveva definito il padre nel 1491, quando egli aveva all'incirca la stessa età di Alfonso nel 1519.

Nella risposta da lei inviata a Ziliolo il 22 marzo Isabella si disse d'accordo nell'affidare la produzione dei bottoni al «figliolo di Maestro Hercule». È significativo che ella continuasse a indicare Alfonso solo come il figlio di suo padre, non menzionandolo per nome.[45] Fatto sta che quando Alfonso consegnò i bottoni entro la data prevista Ziliolo – rivolgendosi a Isabella – fu ancora una volta prodigo di lodi nei suoi confronti. Alludendo ad Alfonso con la formula «il Maestro», Ziliolo sottolineò che aveva lavorato giorno e notte «per servire Vostra Illustrissima Signoria con quella prestezza ch'ella desiderava».[46] Anche in questo caso si può notare il tentativo di porre in risalto il contrasto tra il figlio (efficiente e puntuale) da una parte e il padre (tristemente noto per i suoi ritardi) dall'altra.

Il 29 marzo 1519, il giorno stesso in cui Ziliolo inviò i bottoni di Mastro Alfonso a Mantova tramite un messo a cavallo, il marito di Isabella morì di sifilide, malattia da lui contratta vari anni prima. Nel testamento Francesco Gonzaga proclamò suo successore il figlio diciannovenne Federico ma nominò altresì Isabella reggente in sua vece fino a che il ragazzo non avesse compiuto ventidue anni.[47] Nei mesi che seguirono Isabella fu quindi assai impegnata a riorganizzare la cancelleria e la corte mantovane,[48] non trovando mai il tempo di confermare la consegna dei bottoni d'oro nelle proprie mani. Ziliolo si rese ben conto che la morte di Francesco era la

43. Come anche nella lettera di Isabella d'Este a Girolamo Ziliolo del 21 agosto 1505 (ASMn, AG, b. 2994, lib. 18, c. 28v) in cui si legge: «Laudiamo Maestro Hercule et lo figliolo de cossì elegante opera».

44. Cito dalla lettera di Isabella d'Este a Ludovico Sforza del 15 maggio 1491 (ASMn, AG, b. 2904, lib. 136, c. 94r), in cui ella definisce Mastro Ercole «nel mestere suo molto virtuoso et gentile».

45. Si veda, ad esempio, la lettera di Isabella d'Este a Girolamo Ziliolo datata 22 marzo 1519 (ASMn, AG, b. 2997, lib. 36, c. 40) in cui ella lo chiama «il figliolo di Maestro Hercule».

46. Cito dalla lettera di Girolamo Ziliolo a Isabella d'Este datata 29 marzo 1519 (ASMn, AG, b. 1247, c. 159), in cui si legge: «Ni il Maestro ha dormito, perché die e notte ha lavorato per servire Vostra Illustrissima Signoria con quella prestezza ch'ella desiderava».

47. In propopsito si veda Bourne, *Francesco II Gonzaga*, pp. 45 e 62 e Cockram, *Isabella d'Este and Francesco Gonzaga*, pp. 190-191.

48. Cfr. Isabella d'Este, *Selected Letters*, p. 309.

causa di tale prolungato silenzio ma a un certo punto – trascorse altre due settimane dalla sua ultima lettera – le scrisse nuovamente, chiedendo conferma che i bottoni fossero giunti a destinazione.[49] Il 18 aprile 1519, pertanto, Isabella assicurò Ziliolo che i bottoni erano di suo gradimento e aggiunse che desiderava ancora avere quelle *maniglie* richieste tempo addietro a Mastro Ercole. A riguardo, così scriveva: «Perché forsi potresti stare in dubio che ritrovandoni in questo habito viduale, non volessimo più le maniglie che ni faceti fare, ni pare certificarvi che non debbiati restar per questo di farli sollicitare, et finire più presto si possi».[50]

Al pari di altri fondamentali momenti di passaggio avvenuti già prima nella sua vita, neanche la perdita del marito, cui essa allude con la metafora dell'abito vedovile, indusse la marchesa a risparmiare sugli acquisti.[51] Isabella si era già fatta notare per gli abiti da lutto indossati in occasione della morte della madre nel 1493 e del padre nel 1505.[52] La scomparsa del consorte le forniva ora l'opportunità di rifarsi il guardaroba, comperando abiti adatti al suo nuovo stato di vedova. Non era intenzione di Isabella ritirarsi in convento, scelta fatta – invece – da altre donne aristocratiche del nord Italia una volta perso il marito. Al contrario, ella sperava di continuare a dettare legge sulla scena internazionale in fatto di abiti e accessori.[53] Ziliolo le promise quindi che si sarebbe adoperato affinché le *maniglie* venissero realizzate al più presto.[54]

Due mesi dopo, il 24 giugno, la cognata di Isabella – Lucrezia Borgia – morì all'età di trentanove anni per le complicazioni dovute a un parto.[55] Con la sua prematura scomparsa veniva meno il maggior committente di Mastro Ercole e, al contempo, il salario fisso da lui ricevuto quasi senza interruzione per trentadue

49. Si veda la lettera di Girolamo Ziliolo a Isabella d'Este datata 14 aprile 1519 (ASMn, AG, b. 1247, c. 179).

50. Cito dalla lettera di Isabella d'Este a Girolamo Ziliolo datata 18 aprile 1519 (ASMn, AG, b. 2997, lib. 36, cc. 49v-50r). Le *maniglie* erano state menzionate da Girolamo Ziliolo nelle sue lettere a Isabella d'Este sui bottoni datate 19 e 29 marzo 1519 (ASMn, AG, b. 1247, cc. 158 e 159) e nella lettera di Isabella allo stesso Ziliolo del 22 marzo 1519 (ASMn, AG, b. 2997, lib. 36, c. 40).

51. Sulle implicazioni legali e simboliche connesse al passaggio di una donna allo stato vedovile cfr. P. Renée Baernstein, *In Widow's Habit: Women between Convent and Family in Sixteenth-Century Milan*, in «Sixteenth Century Journal», 25, 4 (1994), pp. 787-807.

52. Cfr. Isabella d'Este, *Selected Letters*, pp. 79-80 e 257.

53. In proposito si vedano Zaffanella, *Isabella d'Este e la moda del suo tempo*, p. 216; Welch, *Shopping in the Renaissance*, p. 251 e il saggio introduttivo di Shemek a Isabella d'Este, *Selected Letters*, pp. 10-11.

54. Si veda la lettera di Girolamo Ziliolo a Isabella d'Este datata 19 aprile 1519 (ASMn, AG, b. 1247, c. 182). Secondo Deanna Shemek la cancelleria dei Gonzaga attraversò un periodo di «trasformazione, non privo di contrasti» per un anno e mezzo dopo la morte del marchese Francesco. I copialettere di Isabella d'Este per il 1519-1520 risultano «abbastanza disordinati» e le sue missive di quel periodo sono scritte in una grafia «più minuta e meno articolata che spesso comprime quattro o cinque lettere su una sola carta, rendendone difficile la lettura»; cito da Isabella d'Este, *Selected Letters*, p. 309 e p. 438 nota 360. Si hanno, quindi, meno notizie sulle ordinazioni di oggetti di lusso da parte di Isabella in questo periodo rispetto alle richieste da lei fatte per opere di oreficeria negli anni precedenti.

55. Cfr. Laureati, *Da Borgia a Este*, pp. 69-71.

anni in qualità di orafo di corte, servendo prima la duchessa Eleonora d'Aragona, quindi il duca Ercole d'Este e infine – appunto – la duchessa Lucrezia. Alla sua morte, il duca Alfonso – a differenza di quanto aveva fatto il padre – non prese sotto la propria ala protettiva l'orafo preferito dell'ormai defunta moglie.[56]

Nel 1519 le finanze del duca erano quasi esaurite a causa del suo lungo coinvolgimento nelle Guerre d'Italia; negli anni successivi alla scomparsa della consorte Alfonso d'Este si vide costretto a lasciare andare via un buon numero dei suoi impiegati.[57] I fattori economici, tuttavia, non bastano a spiegare le differenze fra il duca Ercole e suo figlio. Bisogna infatti aggiungere che – come risulta chiaro – il duca Alfonso non nutriva per le doti artistiche di Mastro Ercole la stessa grande ammirazione che aveva invece accomunato i suoi genitori, il fratello, la sorella e la seconda moglie. A differenza di questi membri della famiglia estense, Alfonso ordinò solo alcune opere a Mastro Ercole e ai suoi figli nel corso degli anni.[58]

Eppure, quanto appena detto non basta ancora a spiegare del tutto l'indifferenza del duca Alfonso nei confronti di Salomone/Ercole e dei suoi figli, per uno dei quali egli aveva servito da padrino. Va senza dubbio tenuto a mente che, in contrasto con le misure finalizzate alla conversione promosse dai suoi genitori (i quali avevano favorito il perdono di ebrei condannati a patto che si battezzassero, organizzato sontuose cerimonie battesimali per gli ebrei che fossero disposti a convertirsi e infine offerto, sia a loro sia ai figli, delle posizioni al servizio della casa estense) il duca Alfonso non manifestò mai alcun particolare interesse a rendere più semplice il processo di conversione dal giudaismo al cristianesimo.[59] Si aggiunga poi il fatto che pur avendo partecipato alla cerimonia battesimale orchestrata da sua madre nel 1491, Alfonso d'Este non fornì mai alcun sostegno né a quel Graziadio cui venne dato – come forma di omaggio – il suo stesso nome di battesimo né al padre di lui.

Anzi, il fatto che Alfonso d'Este fosse così pronto ad assecondare le richieste della sorella quando, nel 1504-1505, gli chiese di intimorire Salomone/Ercole minacciando di distruggere le sue opere di oreficeria e farlo imprigionare in pieno inverno sembra suggerire una certa antipatia nei confronti di quell'ebreo così ben voluto dai suoi genitori. A ulteriore sostegno di questa ipotesi si può annoverare il fatto che Alfonso, poco dopo essere diventato duca, fosse pronto a gettare in carcere per diverse settimane il proprio figlioccio e il padre di lui. Non c'è quindi da stupirsi se, alla morte di Lucrezia, egli non fece nulla per impedire che Mastro Ercole e Mastro Alfonso cadessero definitivamente in miseria, cosa che avrebbe invece potuto evitare scegliendoli come propri orafi alla corte estense.

56. Si veda *supra*, capitoli 10-11.

57. Cfr. Gardner, *The King of Court Poets*, pp. 147-159 e Guerzoni, *Apollo and Vulcan*, p. 186 e relativa nota 72.

58. In proposito si veda Guerzoni, *The Italian Renaissance Courts' Demand for the Arts*, pp. 63-65, 75 nota 2 e 77 nota 20.

59. Per la sua politica nei confronti degli ebrei cfr. Di Leone Leoni, *La nazione ebraica spagnola e portoghese di Ferrara*, vol. I, pp. 35-40 e Katz, *The Jew in the Art of the Italian Renaissance*, pp. 82-86. Sebbene Alfonso abbia autorizzato l'istituzione di un Monte di Pietà a Ferrara nel 1507, questo non favorì l'espulsione degli ebrei. Anzi, Alfonso permise agli ebrei sefarditi e askenaziti di trasferirsi nel suo ducato. Infine, non risulta che sia mai stato coinvolto in casi di conversioni dall'ebraismo al cristianesimo.

20. Oro dato in pegno agli ebrei

Il cardinale Ippolito d'Este, fratello del duca Alfonso, rientrò a Ferrara nel marzo 1520. Già da lungo tempo il cardinale aveva manifestato il suo apprezzamento per le doti artistiche di Mastro Ercole. Malgrado ciò, egli non assunse mai orafi in modo permanente a proprie spese; preferì invece pagarli solo per commissioni saltuarie e pattuite tramite specifici contratti a breve termine.[1] Probabilmente il suo rientro nella capitale del ducato estense fruttò a Mastro Ercole e Mastro Alfonso alcune ordinazioni di oggetti di lusso che vennero pagate al momento; ciò, tuttavia, non fu certo sufficiente a salvarli dalla catastrofe economica dovuta alla morte della duchessa Lucrezia.[2] I loro scarsi mezzi di sostentamento si assottigliarono ulteriormente quando, all'improvviso, lo stesso cardinale Ippolito morì il 3 settembre 1520, per il malore procuratogli da un'indigestione di gamberi alla griglia.[3]

A quel punto Isabella d'Este rimase la loro unica committente. Ancora in attesa che le *maniglie* venissero finite, fece in modo che Girolamo Ziliolo consegnasse a Salomone/Ercole un rubino balascio per decorarle e quarantotto ducati d'oro zecchino da fondere e poi riutilizzare per non meglio specificate opere, in aggiunta a un'altra serie di bottoni in oro per lei. L'anziano artista divise il prezioso metallo con i figli Alfonso e Ferrante, dopo di che si misero tutt'e tre al lavoro su queste ordinazioni. Prima di completarle, tuttavia, la situazione economica della famiglia divenne così grave da indurre il padre e i figli a un ultimo, disperato tentativo, i cui effetti si sarebbero rivelati disastrosi.

Con due terzi del ducato estense ancora occupati, la richiesta di oggetti di lusso a Ferrara e nel territorio circostante rimase molto bassa per tutti gli anni Venti del Cinquecento; i compensi che Mastro Ercole e i suoi figli ricevettero da Isabella – nella maggior parte dei casi per opere minori, come i bottoni d'oro – non

1. Cfr. Guerzoni, *Between Rome and Ferrara*, pp. 66-70.

2. L'accenno alla recente scomparsa del cardinale Ippolito nella supplica inviata a Isabella d'Este il 2 marzo 1521 dalla moglie e dalla nuora di Mastro Ercole (ASMn, AG, b. 1247, fasc. XVII [*Ferrara. Diversi*], c. 395) induce a pensare che egli avesse intrattenuto fino all'ultimo un rapporto di mecenatismo con l'orafo ebreo battezzato. Per opere da lui richieste a Salomone/Ercole tempo prima si veda *supra*, capitolo 15.

3. Sul ritorno del cardinale a Ferrara e la sua morte cfr. Lockwood, *Adrian Willaert and Cardinal Ippolito I d'Este*, p. 90.

bastavano a sfamare i quattrodici membri della loro famiglia. I tre orafi – che nel secondo decennio del XVI secolo avevano prodotto oggetti di gran lusso, quali pellicce di ermellino arricchite di gioielli e ventagli d'oro con piume di struzzo – nel 1521 non riuscivano a mettere insieme abbastanza per se stessi e per la moglie di Mastro Ercole, le loro tre figlie nubili, la nuora e i sei nipotini. Pressati da un urgente bisogno di contante, essi diedero in pegno a un banco gestito da ebrei le opere non ancora terminate richieste da Isabella e il suo rubino balascio. Fatto ciò, Mastro Ercole e Mastro Ferrante partirono alla ricerca di lavoro altrove, lasciando Mastro Alfonso a Ferrara a occuparsi della bottega.[4]

La stessa Isabella, una volta raggiunta l'età adulta, si era ripetutamente avvalsa dell'aiuto fornitole da ebrei che gestivano banchi di pegni. Esiste una cospicua documentazione che attesta come ella spesso impegnasse rubini balasci e altri oggetti di valore presso banchi gestiti da ebrei in diverse città – grandi e piccole – del nord Italia, al fine di ottenere prestiti per ingenti somme di denaro.[5] Fu facile per gli ebrei a capo di quel banco dei pegni intuire la provenienza di quelle opere non ancora completate che Salomone/Ercole gli aveva consegnato; del resto, era a tutti noto quanto spesso egli avesse realizzato lavori richiestigli da Isabella. Gli ex correligionari di Mastro Ercole (la cui identità non viene rivelata dalle fonti a nostra disposizione) compresero bene che quegli oggetti in oro semilavorati e il rubino balascio appartenevano alla marchesa di Mantova, la quale fu da loro doverosamente informata.

Sono noti alcuni casi di orafi al servizio di signori di rango principesco i quali, negli anni della crisi economica dovuta alle Guerre d'Italia, vennero accusati di appropriazione indebita.[6] Tuttavia, è difficile pensare a una circostanza puramente casuale quando si rifletta sul fatto che il reato commesso da Mastro Ercole e dai suoi figli fu scoperto dopo che si erano rivolti a un banco dei pegni gestito da ebrei. Evidentemente, trent'anni dopo che i suoi nemici ebrei lo avevano accusato di essere coinvolto in un grave crimine (tanto da indurlo a convertirsi insieme alla moglie e ai figli e suscitare una tale ostilità da venire allontanato da Mantova) l'inimicizia fra Salomone/Ercole e i suoi ex correligionari non si era ancora sopita

4. Come si legge nella già citata supplica spedita a Isabella d'Este il 2 marzo 1521 a nome della moglie (Eleonora) e della nuora (Sapientia) di Mastro Ercole: cfr. ASMn, AG, b. 1247, fasc. XVII (*Ferrara. Diversi*), c. 395. Nella supplica non si indica quale fosse l'uso che doveva esser fatto del rubino balascio ma sappiamo che appunto con quel tipo di rubini erano decorate le *maniglie* di Lucrezia Borgia; in proposito si veda ASMo, CD, AP, num. 1139 (*Inventario delle gioie e di altre robe di Lucrezia Borgia*, 1516-1519), c. 3. Siccome Mastro Ercole non aveva ancora consegnato i bracciali promessi a Isabella, è possibile che quella pietra preziosa dovesse essere usata per le *maniglie* che lei gli aveva commissionato. Sui rubini balasci posseduti da Isabella cfr. Malacarne, *Fruscianti vestimenti e scintillanti gioie*, p. 160 e Daniela Ferrari, *L'inventario delle gioie*, in *Commentario al codice Stivini*, pp. 13-33, soprattuto pp. 17 e 30.

5. Cfr. Luzio e Renier, *Il lusso di Isabella d'Este*, pp. 54-58; Malacarne, *Fruscianti vestimenti e scintillanti gioie*, pp. 147-156 e Isabella d'Este, *Selected Letters*, p. 21 e p. 315 nota 17.

6. Benvenuto Cellini, ad esempio, fu accusato di aver sottratto i gioielli incastonati negli oggetti preziosi di proprietà del papa che gli era stato richiesto di fondere durante il "sacco di Roma"; cfr. Rossi, *The Writer and the Man*, p. 168.

del tutto. Di fatto, nel 1521 essa spinse i gestori ebrei del banco dei pegni ai quali lui e i figli avevano affidato gli oggetti di valore appartenuti a Isabella a denunciare quella loro violazione.

Isabella non la prese bene. Siccome non si trovava traccia né di Mastro Ercole né di Mastro Ferrante tanto a Ferrara quanto a Mantova, ella insistette affinché suo fratello – il duca Alfonso – facesse mettere in prigione Mastro Alfonso. Questi, che era stato tenuto a battesimo proprio dal duca, venne arrestato verso la fine di gennaio del 1521 e trascorse tutto il mese successivo, al freddo e al gelo, in una cella del carcere ferrarese.[7]

In quella circostanza Alfonso non venne trattato come il sostituto di suo padre bensì come uno dei tre trasgressori, da punirsi in quanto rei di aver tradito la fiducia di Isabella dando in pegno i suoi preziosi. Egli doveva perciò restare in carcere fino a quando non avesse pagato la multa prevista per il reato commesso, ma non riuscì a racimolare tale somma, dato che la bottega di famiglia non produceva alcun introito fintanto che lui si trovava in prigione e sia il padre sia il fratello rimanevano lontani da Ferrara, probabilmente per sfuggire a loro volta all'arresto. Quando i carcerati non riuscivano a pagare le multe che gli erano state inflitte la prigionia poteva durare a lungo, protraendosi anche per vari anni.[8]

Alfonso si trovava in carcere ormai da alcune settimane ma né Mastro Ercole né Mastro Ferrante mandavano a casa del denaro che potesse facilitarne la liberazione. Non riuscendo a mettere insieme da sole la somma necessaria, la madre e la moglie di Alfonso – ridotte alla disperazione – decisero di inviare una supplica a Isabella d'Este.[9] All'epoca le suppliche erano lettere con cui si chiedevano favori, privilegi o altri tipi di concessioni da parte delle autorità ufficiali. Nell'Italia del centro e del nord venivano solitamente inviate da parenti, amici o persone che avevano a cuore il destino di soggetti condannati al carcere, per i quali chiedevano una riduzione della pena.[10]

Scoperta nel corso del XIX secolo, la supplica scritta in nome della madre di Alfonso (Eleonora) e di sua moglie (Sapientia) fu brevemente discussa nel catalogo dell'Armeria Reale di Torino curato da Angelo Angelucci nel 1890. Il docu-

7. In proposito si veda la già citata supplica inviata a Isabella d'Este il 2 marzo 1521 a nome di Eleonora e Sapientia in ASMn, AG, b. 1247, fasc. XVII (*Ferrara. Diversi*), c. 395. Isabella sapeva bene quanto fosse penoso trovarsi in carcere durante la stagione invernale; in proposito cfr. Isabella d'Este, *Selected Letters*, pp. 46-47.

8. A riguardo si vedano Chambers e Dean, *Clean Hands and Rough Justice*, p. 12 e Black, *Early Modern Italy*, pp. 196-197.

9. Com'era tipico dei potenti in epoca rinascimentale, Isabella riceveva regolarmente suppliche finalizzate a ottenere vari tipi di grazia e spesso le esaudiva; in proposito si vedano Carolyn James, *Marriage by Correspondence: Politics and Domesticity in the Letters of Isabella d'Este and Francesco Gonzaga, 1490-1519*, in «Renaissance Quarterly», 65, 2 (2012), pp. 321-352, soprattutto p. 335, e Cockram, *Isabella d'Este and Francesco Gonzaga*, pp. 61-62.

10. Si vedano Rossi, *The Writer and the Man*, pp. 173-174 e 180 e Cecilia Nubola, *Supplications between Politics and Justice: The Northern and Central Italian States in the Early Modern Age*, in *Petitions in Social History*, a cura di Lex Heerma van Voss, Cambridge, Cambridge University Press, 2002, pp. 35-56, in particolare pp. 35-36 e 47.

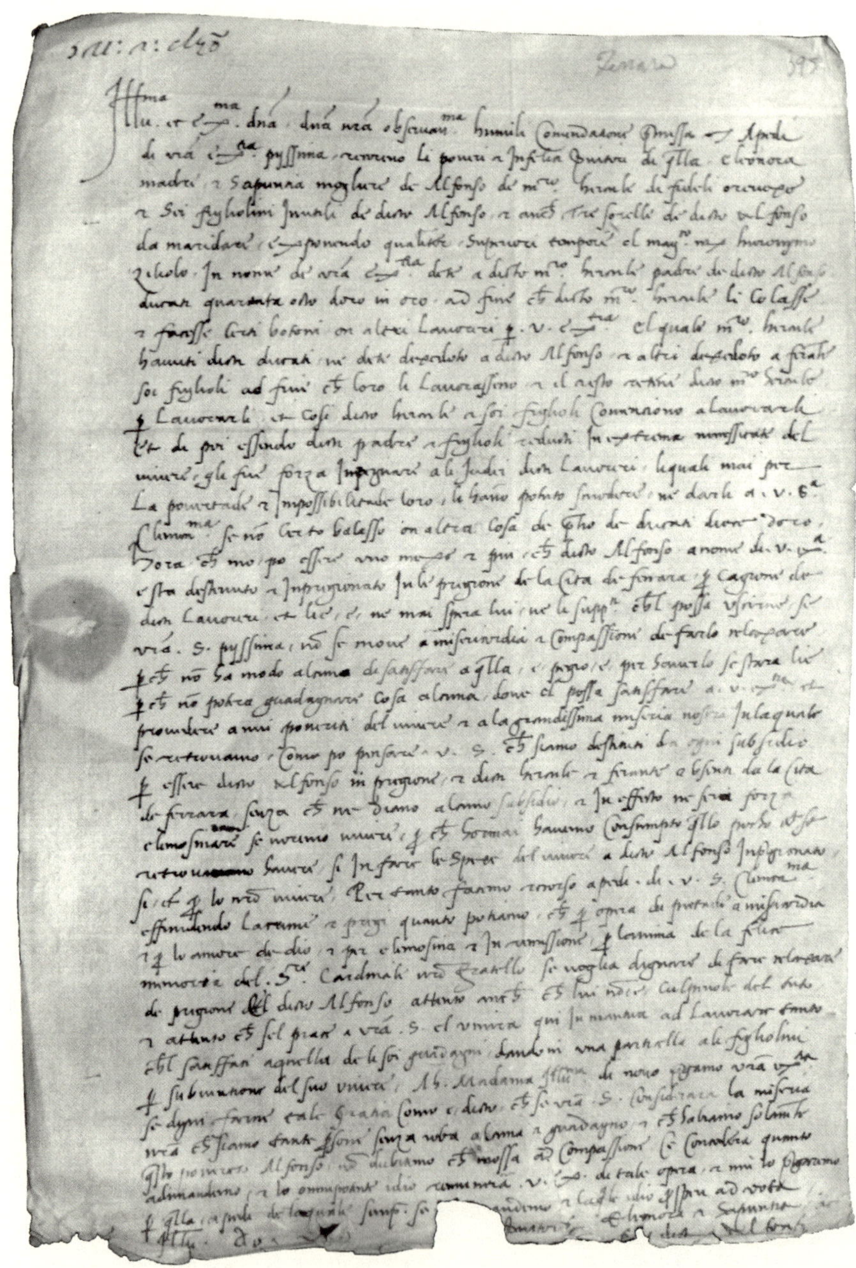

Fig. 9. Supplica inviata a nome della moglie di Salomone/Ercole (Eleonora) e di sua nuora (Sapientia) a Isabella d'Este il 2 marzo 1521. Foto dell'autrice (riproduzione autorizzata). ASMn, AG, b. 1247, fasc. XVII, c. 395.

mento risultò di interesse per Angelucci e gli storici dell'arte a lui successivi soprattutto perché vi compariva il padre di Alfonso, indicato quale «Mastro Hercule de' Fideli». Questo rese possibile identificare in Mastro Ercole l'incisore cui si devono sia una delle più celebri spade *cinquedea* (firmata, appunto, da «Hercules de' Fidelis») sia – di conseguenza – anche altre spade recanti la firma «Opus Herculis» e stilisticamente affini.[11]

Da allora gli studiosi si sono basati sui brani della supplica citati da Angelucci senza consultare il documento originale o le altre fonti d'archivio relative alle attività professionali di Mastro Ercole dal 1518 al 1521. Pertanto, è invalsa la convinzione che questo talentuoso artista fosse ormai morto nel marzo 1521; appunto per tale motivo la moglie e la nuora si vedevano costrette a scrivere una supplica in favore di Alfonso e sempre per il medesimo motivo quest'ultimo era stato messo in carcere, non il suo riprovevole padre.[12] Il testo della supplica, però, indica chiaramente come sia Mastro Ercole sia Mastro Ferrante fossero ancora in vita, seppur lontani. In quanto detenuto in carcere, Mastro Alfonso avrebbe potuto inviare da sé una supplica alla marchesa.[13] Tuttavia, è probabile che a una supplica spedita da Eleonora e Sapientia venissero attribuite maggiori possibilità di suscitare la compassione di Isabella, nota per i suoi interventi a sostegno di donne e bambini in circostanze difficili.[14]

Questa supplica risalente al 1521 è il primo (e per ora unico) documento giunto fino a noi che faccia esplicita menzione di Eleonora, la quale doveva allora avere poco più di sessant'anni.[15] A differenza del battesimo di suo marito e del figlio maggiore, la cerimonia battesimale di Eleonora non figura nei resoconti sulla conversione della sua famiglia redatti a Ferrara nel 1491. Né il suo nome appare citato in alcun documento successivo concernente la vita dei suoi figli, ad esempio – limitandosi alle femmine – la monacazione di Caterina nel 1501 oppure il matrimonio di Anna nel 1506.

11. Cfr. Angelucci, *Catalogo della armeria reale*, p. 308 e Yriarte, *Autour des Borgia*, pp. 202-203. Si vedano anche Bianco, *Ercole dei Fedeli*, p. 131 e Gregori, *In the Light of Apollo*, p. 402.

12. Questi errori hanno fatto la loro prima comparsa in Yriarte, *Autour des Borgia*, pp. 205 e 209, venendo poi ripetuti da Gruyer, *L'art ferrarais*, vol. I, p. 577; Bulgari, *Argentieri gemmari e orafi d'Italia*, parte IV, *Emilia*, pp. 350-351 e Bianco, *Ercole dei Fedeli*, pp. 131-132. Da notare l'eccezione costituita da Bertolotti, *Le arti minori*, p. 238, il quale segue Angelucci, *Catalogo della armeria reale*, pp. 307-308.

13. A questo riguardo si vedano Nubola, *Supplications between Politics and Justice*, pp. 47-48 e Rossi, *The Writer and the Man*, pp. 173-174.

14. In vari casi Isabella intervenne a sostegno di donne e bambini in difficoltà, facendo sì che loro familiari di sesso maschile – condannati a pene severe – ottennessero il perdono e opponendosi alla violazione dei loro diritti economici. Alcuni anni dopo diede persino in pegno i suoi gioielli per aiutare vedove bisognose e orfani durante un'epidemia di peste; in proposito si vedano Isabella d'Este, *Selected Letters*, pp. 22, 34, 116, 169, 195, 339, 444, 468 e Malacarne, *Fruscianti vestimenti e scintillanti gioie*, p. 156.

15. Eleonora era già sposata e incinta della sua prima figlia nel 1478. Se si sposò poco prima dei vent'anni – come altre figlie di ebrei che praticavano il prestito di denaro (cfr. Toaff, *Il vino e la carne*, p. 33 e Weinstein, *Marriage Rituals Italian Style*, pp. 57-67) – nel 1521 deve esser stata almeno sessantenne.

La supplica ci offre alcuni dati biografici su Eleonora, che andranno così ad aggiungersi a quelli forniti dalle fonti anteriori relative a suo marito e ai loro figli. Sappiamo così che quando si rivolse a Isabella d'Este per ottenerne la scarcerazione del figlio essa era stata sposata con Salomone/Ercole per almeno quarantatré anni. Unitasi a lui in matrimonio non molto prima del 1478, visse da ebrea con il marito prima a Bologna e poi a Ferrara, dandogli quattro figli (due maschi e altrettante femmine). Sul finire del 1491 venne indotta a convertirsi al cristianesimo per non perdere la custodia dei figli, ancora in minore età. Da battezzata, dopo aver preso il nome di "Eleonora" in omaggio all'omonima duchessa, ebbe altre tre figlie.

Negli oltre trent'anni trascorsi col marito a Ferrara ella dovette più volte accudirlo mentre era a lungo malato. Era normale per lei assumersi la completa responsabilità della famiglia quando il marito si trovava via per lavoro e durante i periodi da lui trascorsi in carcere nel 1491 e nel 1505. Come altre mogli di artigiani, Eleonora aiutava Mastro Ercole svolgendo alcuni di quei compiti necessari a portare avanti la bottega ma che non richiedevano competenze particolari;[16] si trattava di una forma di aiuto che non compare nei registri dei pagamenti, dove invece venivano menzionate le attività professionali svolte dal marito e dai figli. Inoltre, ella sapeva senza dubbio i nomi dei clienti che si rivolgevano alla bottega di famiglia per le ordinazioni, dato che la sua supplica accenna alla recente scomparsa del cardinale Ippolito d'Este, per lungo tempo uno dei suoi committenti. Va anche notato che la stima del rubino balascio inserita in questo documento del 1521 costituisce un'ulteriore prova di come sia Eleonora sia la nuora – a sua volta sposata a un orafo – sapessero valutare il costo dei materiali preziosi usati nella professione dei rispettivi mariti.[17]

Quanto a Sapientia e alla sua vita, ne sappiamo ancora meno. Tutte le informazioni giunte sino a noi, ossia il fatto che era sposata a Mastro Alfonso e madre di sei figli, ci vengono dalla supplica; non è nemmeno chiaro se anche lei fosse di origine ebraica. Comunque sia, dopo l'incarcerazione del marito, essa non lesinò sforzi insieme a Eleonora per sfamare la numerosa famiglia, incluso il carcerato.[18] Le loro precedenti istanze alle autorità ferraresi non furono accolte, dal momento che il duca Alfonso aveva asserito in modo inequivocabile che l'arresto del figlioccio era dovuto a un'offesa fatta nei confronti della propria sorella. Pertanto, il 2 marzo 1521 le due donne inviarono a Mantova la seguente supplica a Isabella:

> A pedi di Vostra Excellentia piissima, recureno li poveri e infelici servitori di quella, Eleonora madre e Sapientia, mogliere de Alfonso de Maestro Hercule de Fideli orevexe e sei figliolini inutili de dicto Alfonso, e anche tre sorelle de detto Alfonso da maridare,

16. Sull'aiuto che le mogli degli orafi prestavano ai loro mariti in bottega cfr. Pini, *Oreficeria e potere a Bologna*, pp. 32-33 e Cherry, *Medieval Craftsmen*, p. 60. Più in generale, per le mogli degli artigiani nel periodo storico qui trattato cfr. Jones, *Public and Private Space*, pp. 248-255 e Reyerson, *Urban Economies*, pp. 303-304.

17. Si veda la supplica inviata a Isabella d'Este a nome di Eleonora e Sapientia il 2 marzo 1521 (ASMn, AG, b. 1247, fasc. XVII [*Ferrara. Diversi*], c. 395).

18. Nell'Italia del Rinascimento i carcerati dovevano provvedere al proprio sostentamento; cfr. Chambers, Dean, *Clean Hands and Rough Justice*, p. 246; Rossi, *The Writer and the Man*, p. 174 e Black, *Early Modern Italy*, p. 197.

exponendo qualche superiori tempore el Magnifico Messer Hieronymo Ziliolo, in nome de vostra excellentia dese a dicto Maestro Hercule padre de dicto Alfonso ducati quaranta octo d'oro in oro, ad fine che dicto Maestro Hercule li colasse, e facesse certi botoni, o altri lavoreri per Vostra Excelentia, el quale Maestro Hercule havuti dicti ducati, ne dese dexedoto a dicto Alfonso e altri dexedoto a Ferante soi figlioli ad fine che loro li lavorasseno, e il resto retene dicto Maestro Hercule per lavorarli, et così detto Hercule e soi figlioli comencarono a lavorarli. Et di poi essendo dicti padre e figlioli reducti in extrema necessitate del vivere, gli fue forza impegnare a li Judei dicti lavoreri, li quali mai per la povertade e impossibilitade loro li hanno potuto smaltare ne darli a Vostra Signoria Clementissima, se non certo balasso on altra cosa de prezio de ducati diece d'oro.[19] Hora che mo po essere uno mexe et più che dicto Alfonso, a nome di Vostra Excellentia, è sta destenuto et inpregionato in le prigione de la Cità de Ferrara, per cagione de dicti lavoreri, et lìe è, ne mai spera lui ne li suppliche ch'l possa uscirne, se Vostra Signoria piissima non se move a misericordia e compassione de farlo relaxare, perché non ha modo alcuno de satisfare a quella, e pegio è, per haverlo se starà lìe perché non poterà guadagnare cosa alcuna, dove el possa satisfare a Vostra Excellentia et provedere a nui povereti del vivere e ala grandissima miseria nostra in la quale se retroviamo. Come po pensare Vostra Signoria che siamo destituti da ogni subsidio per essere dicto Alfonso in prigione, e dicti Hercule e Ferrante absenti da la cità de Ferrara, senza che ne diano alcuno subsidio, e in effetto ne serià forza elimosinare, se voremo vivere, perché hormai havemo consumpto quello pocho che se retrovamo havere si in fare le spexe del vivere a dicto Alfonso inprigionato, si etiam per lo nostro vivere. Per tanto facemo ricorso a pedi di Vostra Signoria Clementissima effundendo lacrime e pregi quanto potiamo, che per opera di pietade o misericordia e per lo amore de dio, e per elemosina e in rimessione per l'anima de la felice memoria del Signore Cardinale vostro fratello, se voglia dignare di fare relaxare de prigione el dicto Alfonso, attenso anche che lui non è culpevole del tuto e attenso che se'l piace a Vostra Signoria el venirà qui in Mantua ad lavorare tanto ch'l satisfasi a quella de li soi guadagni, dando in una particella ali figliolini per subventione del suo vivere. Ah, Madama Illustrissima, di novo pregamo Vostra Excellentia se digni farne tale grazie como è dicto, che se Vostra Signoria considerarà la miseria nostra che siamo tante persone senza roba alcuna e guadagno, e che habiamo solamente quello poveretto Alfonso, non dubitamo che mossa ad compassione ce conoberà quanto adimandamo, e lo omnipotente Idio remunererà Vostra Excellentia di tale opera, e nui lo pregheremo per quella.[20]

Come altre richieste di grazia inoltrate a sovrani del XVI secolo, le suppliche rivolte alle massime autorità degli Stati italiani rivelavano il coinvolgimento di più soggetti per ottenere il fine desiderato. Scritte da un notaio o da un avvocato, tali lettere tendevano a presentare le azioni commesse da un individuo allora in carcere secondo un'ottica che giustificasse la richiesta di perdono, uniformandosi – inoltre – ad alcune caratteristiche divenute ormai tradizionali. Ad ogni modo, i principali artefici di quei testi altamente strutturati rimanevano gli stessi promotori della supplica.[21] Pertanto, la supplica scritta a nome di Eleonora e Sapientia è

19. Il linguaggio qui usato fa supporre che Eleonora e Sapientia non sapessero esattamente quali gemme o metalli preziosi erano stati impegnati dai loro familiari ma ne conoscevano il valore stimato.

20. Così legge la supplica inviata a Isabella d'Este il 2 marzo 1521 a nome di Eleonora e Sapientia in ASMn, AG, b. 1247, fasc. XVII (*Ferrara. Diversi*), c. 395.

21. Come dimostra Natalie Zemon Davis nella sua analisi delle suppliche indirizzate al re di Francia all'interno del libro *Fiction in the Archives: Pardon Tales and Their Tellers in Sixteenth-Century France*, Stanford, Stanford University Press, 1987, in particolare alle pp.

l'unico documento che ci permette di ascoltare le voci di queste due donne dalla limitata formazione culturale.

Chiedendo perdono, piuttosto che giustizia, le suppliche ammettevano la colpevolezza del condannato; il loro scopo era solo ridurre o modificare la punizione inflitta.[22] In sintonia con le convenzioni relative a questo particolare genere, la madre e la moglie di Alfonso non osavano contestare la sentenza che lo aveva giudicato meritevole della prigione. Illustravano invece una serie di circostanze che potevano indurre a una pena più mite.[23] Innanzitutto, Eleonora e Sapientia sostenevano che Mastro Ercole e i suoi due figli erano stati spinti dalla povertà a commettere quel reato (ossia, dare in pegno gli oggetti preziosi di Isabella). Per tale motivo esse fanno presente alla marchesa che Alfonso «non è culpevole del tuto», vale a dire che non è stato il solo ad aver abusato della sua fiducia; ciò implica che un mese intero già trascorso in carcere costituisce una pena più che sufficiente per un reato commesso – sì – da Alfonso, ma insieme al padre e al fratello.

Le suppliche fornivano a quanti si rivolgessero alle massima autorità degli Stati italiani l'occasione di suggerire delle strategie utili a risolvere i problemi per i quali essi stessi o dei loro parenti erano finiti in prigione. Di solito gli autori della supplica promettevano di rendere dei servizi (spesso connessi alle loro capacità professionali) per la commutazione della pena. In particolare, gli artisti e gli artigiani imprigionati tendevano a porre in rilievo gli straordinari servizi di cui essi erano capaci quando, scrivendo a un regnante, chiedevano la propria scarcerazione.[24] A loro volta Eleonora e Sapientia sottolineano l'abilità di Alfonso nel campo dell'oreficeria per far sì che gli venga concesso un trattamento preferenziale. Se liberato di prigione, esse lasciano intendere, potrebbe recarsi a Mantova e lavorare in quella città. Risulta, cioè, implicito in questa proposta che Isabella avrebbe tratto vantaggio dalla presenza di Alfonso a Mantova, dove avrebbe potuto realizzare oggetti preziosi per lei e, con gran parte dei proventi, pagare la multa comminatagli. In tal caso, solo una piccola percentuale del compenso di Alfonso – come indicato dalla madre e dalla moglie – sarebbe andata a beneficio della famiglia che da lui dipendeva.

Mettendo in evidenza lo stuolo di bambini la cui sussistenza era strettamente connessa al lavoro di Alfonso, Eleonora e Sapientia facevano di nuovo ricorso

1-25. Nubola, *Supplications between Politics and Justice*, p. 52 fa notare che nella prima età moderna non esistevano procedure standardizzate per redigere suppliche alle autorità italiane; ciò era dovuto alle notevoli differenze in termini di tradizioni legali e prassi giuridiche fra i vari Stati nel centro-nord della penisola. Ad ogni modo, nell'Italia dell'epoca tutte le suppliche «dovevano rispettare e seguire determinate norme, sia simboliche sia di natura prettamente strategica e pratica» (ivi, p. 37).

22. Cfr. Rossi, *The Writer and the Man*, p. 173 nota 62 e Zemon Davis, *Fiction in the Archives*, p. 11.

23. Cfr. Nubola, *Supplications between Politics and Justice*, p. 51.

24. Si vedano Taylor, *Silver and Gold*, p. 183 e Nubola, *Supplications between Politics and Justice*, pp. 47-48. Più tardi, nel corso dello stesso secolo, Cellini fece inviare una supplica a Cosimo de' Medici in cui affermava che il tempo da lui passato in carcere sarebbe stato più proficuo se impiegato a scolpire un crocifisso di marmo per il duca; cfr. Rossi, *The Writer and the Man*, pp. 173-174.

a una tattica spesso usata nelle petizioni che, durante il XVI secolo, venivano rivolte alle massime autorità. Esse erano ben consce che sottolineare le terribili ristrettezze in cui versava la numerosa famiglia di Alfonso (in particolare i suoi innocenti figlioletti) poteva aumentare le probabilità di essere trattati con clemenza. Pertanto, affermavano di aver «consumpto» tutti i beni di famiglia e che presto, per sopravvivere, «ne serià forza elimosinare». L'accenno alle tre sorelle non maritate (i cui nomi si tacciono) del medesimo Alfonso mira a evidenziare ulteriormente le miserevoli condizioni familiari.[25]

Eleonora e Sapientia forniscono, quindi, un racconto che ben si adatta alle norme previste; anche il modo in cui ripercorrono la vicenda del reato commesso da Alfonso e la conseguente punizione tende a porre in risalto tutta una serie di circostanze che potevano indurre alla sua scarcerazione. Al di là di questo, restano pochi dubbi circa il fatto che nel marzo 1521 le donne e i bambini della famiglia di Alfonso non avessero di che nutrirsi. Già cinque anni prima Girolamo Ziliolo aveva previsto che un eventuale arresto di Mastro Ercole avrebbe comportato la rovina della sua famiglia, date le precarie condizioni economiche in cui questa versava.[26] Una volta che – nel 1519 – sia Mastro Ercole sia il figlio Alfonso furono privati della loro principale fonte di sostentamento la famiglia iniziò a patire una povertà mai prima conosciuta. Senza poter contare su nessun orafo esperto che mandasse avanti la bottega, le cinque donne e i sei bambini che da quegli introiti dipendevano si ritrovarono completamente in miseria. Per quanto artefatto possa apparire il testo della loro supplica, il tono disperato in cui si esprimono Eleonora e Sapientia era senza dubbio sincero.

Nella supplica le due donne alludono a come gli ebrei avessero tramato per incolpare Alfonso, anche se – considerando la brevità del testo – avrebbe avuto più senso limitarsi a menzionare l'estrema indigenza che aveva spinto lui, il fratello e il padre a dare in pegno gli oggetti preziosi di Isabella. L'indicazione dei proprietari del banco dei pegni quali ebrei risulta in intenzionale contrasto con quella degli autori della supplica, ossia la madre e la sorella di Alfonso, quest'ultimo indicato come figlio di Mastro Ercole "de' Fideli". Mentre nelle precedenti lettere a Isabella la scelta di Mastro Ercole era stata di designarsi con una firma che mettesse in risalto solo la sua identità professionale, adesso Eleonora e Sapientia ritenevano utile aggiungere il cognome da lui assunto dopo il battesimo ("de' Fideli") nella loro richiesta di perdono alla marchesa.

Inoltre, se Mastro Ercole aveva evitato l'uso di precise formule cattoliche, limitandosi a invocare genericamente Dio,[27] nel 1521 sua moglie e la nuora alludevano invece alla possibilità per i vivi di intercedere a favore dei familiari defunti, contribuendo al perdono dei loro peccati; si trattava, com'è noto, di una credenza tipicamente cattolica, che dal 1517 in poi venne contestata da Martin

25. Cfr. Zemon Davis, *Fiction in the Archives*, p. 16 e Nubola, *Supplications between Politics and Justice*, p. 51.

26. Si veda la lettera di Girolamo Ziliolo a Isabella d'Este datata 12 marzo 1516 (ASMn, AG, b. 1246, c. 187).

27. Cfr. *supra*, capitoli 15-16.

Lutero (1483-1546) e dai suoi seguaci.[28] Presentandosi quali devote cattoliche imploranti la grazia di una pia sovrana, le due supplici menzionano anche la recente scomparsa del cardinale Ippolito d'Este, fratello di Isabella. Sapientia ed Eleonora (quest'ultima a sua volta una ex ebrea) lasciano intendere che un gesto di clemenza come la scarcerazione di Alfonso favorirebbe l'ascesa dell'anima del cardinale dal purgatorio in paradiso.

Pur essendosi schierata – nel 1491 – accanto ai propri genitori nella loro richiesta di perdono per il parente di Salomone/Ercole dopo che questi si era convertito al cristianesimo, dalla morte del proprio padre (nel 1505) in poi Isabella non manifestò più alcun interesse per la sorte dell'orafo o di qualsiasi membro della sua famiglia. La stima che ella nutriva per il talento artistico di Mastro Ercole rimase intatta ma, al pari del duca Alfonso (suo fratello), Isabella non diede segno di prestare la minima attenzione alle conseguenze pratiche dell'apostasia dal giudaismo da parte dell'orafo, offrendo sostegno a lui o alla sua famiglia oppure soccorrendoli in momenti di difficoltà. Era quindi improbabile che le implicazioni religiose della supplica potessero suscitare un sentimento di compassione da parte di Isabella. Trent'anni dopo il battesimo di Salomone, della moglie e dei loro figli erano ormai spariti i vantaggi materiali connessi alla scelta di abbracciare la fede cristiana.

28. Secondo Kathryn A. Edwards, voce *Purgatory* in *Oxford Bibliographies in Renaissance and Reformation*, a cura di Margaret L. King [New York, Oxford University Press, 2015]: www.oxfordbibliographies.com/view/document/obo-9780195399301/obo-9780195399301008 3.xml?rskey=fGByCJ&result=1&q=purgatory#firstMatch, nell'Europa del Quattrocento «I meriti derivanti dalle buone azioni [...] potevano essere assegnati anche ad altri, vivi o morti che fossero. A inizio Cinquecento gli abusi in ambito teologico [...] diedero luogo ad alcuni fra i primi scritti 'protestanti', come [nel 1517] le Novantacinque Tesi. Presto quanti divennero protestanti si rifiutarono di credere al purgatorio o alla possibilità che un individuo potesse in qualche misura determinare la salvezza della propria anima. [...] Il purgatorio, con le sue basi a carattere dottrinale e le sue pratiche devozionali, divenne poi – nell'Europa della prima età moderna – uno dei criteri più importanti per distinguere i cattolici dai protestanti».

Epilogo. Uno dei fedeli?

La supplica avanzata da Eleonora e Sapientia de' Fedeli rappresenta l'ultimo documento finora noto relativo a Mastro Alfonso o a suo padre. Non abbiamo quindi elementi per asserire se le difficoltà in cui versavano le due donne oppure la disgrazia che affliggeva i loro figli (maschi e femmine) siano riuscite infine a suscitare compassione in Isabella e indurla a concedere il perdono ad Alfonso. Né si riscontra alcuna traccia nei documenti storici, dal marzo 1521 in poi, relativa alla moglie di Mastro Ercole e a sua nuora. Lo stesso vale per le tre figlie più giovani di Eleonora e Mastro Ercole, la cui esistenza ci è nota solo grazie all'accenno contenuto in quella supplica. L'unico membro della famiglia a ricomparire in tempi successivi a questi è il figlio maschio più piccolo della coppia, ossia Ferrante, detto anche Ferdinando.

Lasciata Ferrara insieme al padre sul finire del 1520 o all'inizio del 1521, Ferrante vi fece ritorno verso la metà degli anni Trenta del secolo, una volta concluso il lungo conflitto svoltosi in nord Italia. È significativo che il nome di Ferrante compaia solo in documenti ferraresi successivi alla morte di Alfonso d'Este, avvenuta nel 1534, ossia il duca che aveva incarcerato suo fratello. Poco dopo l'ascesa al trono ducale da parte del successore di Alfonso d'Este, vale a dire Ercole II (duca dal 1545 al 1559), Ferrante riprese a lavorare per la famiglia regnante nella città di Ferrara. Pertanto, nel 1535 lo stesso orafo che aveva realizzato – nel 1517 – un ventaglio d'oro per la madre del duca Ercole II, cioè Lucrezia Borgia, fornì oggetti preziosi alla corte ducale. Nel 1542 gli vennero commissionati dei piatti d'argento e altri pezzi dal duca Ercole II.[1] Un decennio dopo, «Mastro Ferdinando del fu Ercole Fedeli di Ferrara, pure orefice» servì da testimone per un contratto firmato da un suo collega ferrarese.[2]

1. Cfr. Bulgari, *Argentieri gemmari e orafi d'Italia*, parte IV, *Emilia*, p. 350 e Guido Guerzoni, *Fornitori della Guardadroba ducale, 1529-1534*, disponibile online all'indirizzo www.academia.edu/2937923/Suppliers_Wardrobe_Este_Dukes_1529-1534. Su questa "banca dati" si veda Guerzoni, *Apollo and Vulcan*, p. 64 e p. 185 con le relative note 51 e 55.

2. Citato in Cittadella, *Notizie relative a Ferrara,* p. 694, ove si legge appunto «M. Ferdinando del fu Ercole Fedeli di Ferrara, pure orefice». Si veda anche Angelucci, *Catalogo della armeria reale*, p. 308.

L'ultima circostanza in cui la presenza di Ferrante/Ferdinando risulta attestata a Ferrara risale al 1552, ossia molti anni dopo la morte del padre. Sebbene non si conoscano né la data né il luogo della sua morte, appare significativo che in un documento ferrarese Ferrante/Ferdinando venga menzionato come figlio di Ercole de' Fedeli. Questa formula indica come la dinastia artistica che Mastro Ercole si era impegnato a fondare esistesse ancora più di trent'anni dopo la sua ultima partenza da Ferrara di cui si abbia traccia; suo figlio minore riuscì quindi a far sopravvivere per molti anni, nel corso del XVI secolo, l'illustre nome di Ercole de' Fedeli.

Al di là del peso che si voglia attribuire a tale scelta onomastica, come uno dei fedeli ("de' Fedeli", appunto) è anche la forma con cui venne ricordato dalle future generazioni l'Ercole figlio di Ricca Finzi e Mele da Sessa.[3] Ma è poi vero che l'orafo diventò un fedele cattolico? Le fonti archivistiche discusse in questo libro rivelano le ambigue circostanze in cui maturò la sua conversione, frutto di considerazioni ben lontane dal problema della fede.[4] Consci di ciò, i membri della famiglia ducale che lo sostenevano insistettero affinché egli recitasse un'orazione in cui si ribadiva la sincerità della sua *conversio*; in seguito, essi cercarono di sfruttare ulteriori circostanze utili a proporre il suo battesimo come prova del sicuro trionfo della fede cristiana. Dal canto suo, Mastro Ercole non lesinò mai il proprio impegno per uniformarsi alle norme comportamentali richieste ai convertiti.

L'orafo fece il possibile per crearsi una nuova identità in veste cattolica; seguì il calendario cristiano lavorando il sabato e affidò la figlia a un convento retto da una suora domenicana con le stimmate alle mani e in odore di santità. I sontuosi oggetti di culto ecclesiastico da lui realizzati miravano a esaltare la magnificenza dei luoghi sacri, così come i gioielli a carattere devozionale intendevano porre in rilievo la pietà cattolica di chi li indossava. Non meno importante appare il cognome scelto da Mastro Ercole per firmare le spade abbellite da incisioni che lo resero celebre a livello internazionale, un cognome – cioè – teso a ribadire la sua fede cattolica. Rimane tuttavia incerto fino a qual punto egli davvero sostenesse quelle istanze del cattolicesimo che gli fu richiesto di esprimere a chiare lettere nell'orazione recitata il giorno del battesimo. Sembra, a riguardo, degno di nota che l'unica parte dell'orazione pubblica in cui l'orafo poté esimersi in modo evidente dal seguire i dettami dei suoi benefattori cattolici non ne manifesti le convinzioni religiose bensì il desiderio di pareggiare i conti con gli ebrei a lui

3. A questo proposito si vedano in particolare Picca, *Ercole de' Fedeli e la regina delle spade*; Bianco, *Ercole dei Fedeli*, pp. 131-132 e Nonato, *Ercole dei Fedeli*, pp. 74-78.

4. Salomone non fu certamente l'unico a cedere alle insistenze affinché si battezzasse, sebbene si registrino pure casi di ebrei che si opposero alla conversione anche quando il battesimo costituiva per loro la sola alternativa a una morte violenta. In proposito si vedano Prosperi, *La Chiesa e gli ebrei*, p. 178 e Ioly Zorattini, *Sephardic Settlement in Ferrara*, p. 8. Per questo fenomeno in altre parti del mondo durante la prima età moderna cfr. Myriam Bodian, *Dying in the Law of Moses: Crypto-Jewish Martyrdom in the Iberian World*, Bloomington, Indiana University Press, 2007. Per casi risalenti al medioevo cfr. ivi, pp. 1-22; Simha Goldin, *The Ways of Jewish Martyrdom*, Turnhout, Brepols, 2008 e il saggio – in ebraico – di Ram Ben-Shalom, *Jewish Martyrdom and Conversion in Sepharad and Ashkenaz in the Middle Ages: An Assessment of the Reassessment*, in «Tarbiz», 71 (2001), pp. 279-300.

ostili. Inoltre, a parte un fugace accenno a Dio come testimone della sua sincerità e una lettera in cui egli rende grazie all'Altissimo,[5] le sue missive non trattano mai aspetti concernenti la religione o la fede.

Ovviamente, per i cattolici della prima età moderna, così come per gli ebrei loro contemporanei, le credenze religiose erano connesse in modo assai stretto alle relative pratiche.[6] Nell'Italia del Rinascimento un cattolico praticante convertitosi dall'ebraismo poteva affermare di esser diventato "uno de' fedeli" soltanto comportandosi in modo conforme. Per quanto alcuni contemporanei di Mastro Ercole lo considerassero un soggetto che aveva tradito la religione dei suoi padri, egli non diede mai loro alcun motivo per accusarlo di essere un cattivo cristiano. A differenza di altri ex ebrei, l'orafo non fu mai sospettato di un ritorno nell'alveo della religione ebraica.[7] Sebbene i suoi problemi con la giustizia proseguissero dopo la conversione, essi non riguardarono mai accuse a carattere religioso, quali la blasfemia o il sacrilegio, ed egli non attirò in nessuna circostanza su di sé l'attenzione delle autorità ecclesiastiche.[8]

Quindi, se da un lato sappiamo bene che le speranze del neofita si fondavano sulla sua abilità professionale, dall'altro risulta impossibile sapere di preciso quali fossero le sue personali convinzioni.[9] In massima parte, la sfera intima della

5. Si vedano le lettere di Mastro Ercole a Isabella d'Este datate 14 ottobre 1504 (ASMn, AG, b. 1890, c. 187) e 17 agosto 1505 (ASMn, AG, b. 1240, c. 334).

6. Per il dibattito fra studiosi circa la precedenza da accordarsi alle credenze o alle pratiche religiose cfr. Moshe Sluhovsky, *Becoming a New Self: Practices of Belief in Early Modern Catholicism*, Chicago, University of Chicago Press, 2017, pp. 6-12.

7. Nell'Italia della prima età moderna i processi a convertiti accusati di aver riabbracciato il giudaismo furono abbastanza rari, soprattutto se messi a confronto con i molti che si celebrarono nella penisola iberica. Tuttavia, sembra che soprattutto nel decennio successivo al battesimo di Salomone/Ercole – ossia negli anni Novanta del XV secolo, dopo l'arrivo in Italia di ebrei esiliati dalla Spagna e di *marranos* portoghesi, i quali aumentarono i dubbi circa la sincerità delle conversioni coatte – gli inquisitori italiani si siano dimostrati particolarmente preoccupati che i neofiti potessero tornare al giudaismo. In proposito cfr. Anna Foa, *"Limpieza" versus Mission: Church, Religious Orders, and Conversion in the Sixteenth Century*, in *Friars and Jews in the Middle Ages and Renaissance*, a cura di Steven J. McMichael e Susan E. Myers, Leiden, Brill, 2004, pp. 299-311 e Michael Tavuzzi, *Renaissance Inquisitors: Dominican Inquisitors and Inquisitorial Districts in Northern Italy, 1474-1527*, Leiden, Brill, 2007, pp. 139-148.

8. Sugli ebrei convertiti che, nell'Italia della prima età moderna, erano sospettati di voler riabbracciare la loro religione originaria o di aver commesso altri reati contro la fede cristiana cfr. Adriano Prosperi, *Ebrei a Pisa. Dalle carte dell'Inquisizione Romana*, in *Gli ebrei di Pisa (secoli IX-XX)*, Atti del Convegno internazionale (Pisa, 3-4 Ottobre 1994), a cura di Michele Luzzati, Pisa, Pacini, 1998, pp. 117-157, in particolare pp. 151-153; Mazur, *Conversion to Catholicism in Early Modern Italy*, pp. 76-80; Stow, *A Tale of Uncertainties*, p. 260; i casi discussi in Ioly Zorattini, *Processi del S. Uffizio di Venezia contro ebrei e giudaizzanti*, vol. I e Pullan, *The Jews of Europe and the Inquisition of Venice*.

9. Come ci ricorda Margaret R. Hunt a p. 365 del suo articolo *Social Roles and Individual Identities*, in *The Oxford Handbook of Early Modern European History*, vol. I, pp. 342-368: «Probabilmente le persone hanno sempre avuto una vita intima e di sicuro si sono impegnate sia a realizzare sia a evitare le aspettative che la realtà di tutti i giorni ha riservato loro. Per sua stessa natura questo fenomeno complesso e talvolta segreto risulta difficile da studiare; tanto resta ancora da scoprire e tanto non si saprà mai».

sua vita rimane per noi avvolta nell'oscurità. Sebbene le sei lettere da lui scritte gettino un po' di luce sulle aspirazioni, i desideri e le motivazioni che lo animavano, esse non ci dicono nulla circa la religiosità o qualsiasi altro aspetto della sua visione del mondo. Malgrado ciò, la serie di documenti sul suo conto giunti fino a noi fornisce molte informazioni sui rapporti fra ebrei e cristiani così come sulle dinamiche e le implicazioni relative alle conversioni religiose in Italia prima del Concilio di Trento.

La vicenda di Salomone/Ercole dimostra l'intenzione, da parte dei governanti degli Stati italiani, di permettere agli ebrei sottoposti al loro controllo di contribuire alla vivace realtà culturale di quelle corti che li avevano resi tanto famosi. In alcune città gli ebrei dotati di talento artistico riuscirono a intraprendere carriere diverse dai percorsi lavorativi seguiti dai rispettivi genitori e nonni, senza tuttavia compromettere la loro identità ebraica. Essi furono in grado di assecondare la propria vocazione per l'oreficeria pur evitando le arti figurative. L'integrazione sociale e culturale concessa agli ebrei di talento non si tradusse, comunque, per loro in uno status pari a quello dei colleghi di nascita cristiana. Esclusi dalla possibilità di ricevere sostanziose commissioni per oggetti sacri di uso privato o liturgico, essi non potevano nemmeno fregiarsi del titolo onorifico di mastri artigiani.

Come molti altri celebri artisti dei secoli XV e XVI, gli ebrei che, grazie al loro estro inventivo, suscitavano l'ammirazione di ricchi committenti causavano spesso anche l'ostilità di invidiosi rivali o di apprendisti e assistenti rancorosi. Ciò poteva facilmente sfociare in delazioni, a loro volta seguite da accuse – vere o fittizie – che coinvolgevano quei soggetti in reati di vario tipo. Chiamati a giudizio, gli ebrei di alto profilo sottoposti a gravi accuse – come la sodomia – erano passibili di pene particolarmente severe e sottoposti a notevoli pressioni affinché si convertissero. Alcuni governanti e magistrati laici erano pronti a spingersi persino oltre rispetto a quanto facessero le autorità ecclesiastiche, offrendo il perdono in cambio del battesimo agli ebrei giudicati colpevoli dai tribunali.

Il modo in cui si convertì Salomone/Ercole, pertanto, rispecchia quel contesto discriminatorio e repressivo tipico dei rapporti fra ebrei e cristiani nell'Italia del Rinascimento. Al tempo stesso, però, esso ci invita a non considerare soltanto come vittime passive i membri di quella minoranza perseguitata. I documenti relativi all'orafo e al suo parente, Angelo di Vitale, dimostrano fino a che punto fossero coinvolti vari ebrei di primo piano nelle accuse mosse contro i loro correligionari; essi, inoltre, rivelano come gli ebrei fossero pronti ad agire per allontanare dalla propria comunità quei soggetti che – seppur a loro volta ebrei – percepivano come una minaccia per gli altri membri del gruppo cui appartenevano.

I capi delle comunità ebraiche non esitarono a rivolgersi alle autorità cristiane per denunciare il coinvolgimento di correligionari in reati passibili della pena capitale o che potevano concludersi con l'apostasia non solo degli individui accusati di una reprensibile condotta ma anche dei loro figli ancora minorenni e senza dubbio innocenti del reato ascritto ai genitori. Possiamo solo fare delle illazioni su quali siano state le cause di un così profondo rancore vero Salomone e Angelo. Qualunque esse fossero, la loro vicenda dimostra che a determinare le conversioni degli ebrei non vi erano solo – da un lato – le autorità cristiane (con le pressioni o le costrizioni di cui erano capaci) e – dall'altro – il desiderio proprio dei convertiti di sfruttare al massimo i vantaggi materiali resi possibili dal battesimo. Per quanto possa apparire paradossale, alcuni ebrei erano spinti alla conversione, insieme alle loro famiglie, dai loro stessi correligionari.

Gli aristocratici che favorivano e sostenevano gli ebrei convertiti manifestavano il proprio interesse per la diffusione del cristianesimo non solo promuovendo sontuose cerimonie battesimali ma anche aiutando i neofiti ad integrarsi nella società cristiana. Essi offrivano ai loro protetti opportunità di lavoro, contribuivano a creare la dote per le figlie e li difendevano dai rivali. Questo tipo di sostegno protratto nel tempo era utile a pubblicizzare lo zelo religioso dei singoli benefattori; per sua stessa natura, quindi, esso durava finché quei soggetti erano al potere. Fu così che se, da un lato, Eleonora d'Aragona e il duca suo marito si fecero in quattro per tenere Mastro Ercole lontano dai guai, l'orafo si trovò, dall'altro, nuovamente in prigione poco prima che Ercole d'Este morisse.

Se è lecito affermare che la duchessa Eleonora e il duca Ercole vedessero il sostegno riservato al neofita e alla sua famiglia come parte dei loro doveri religiosi, risulta difficile dire lo stesso per i figli di questa coppia regnante. Né la marchesa Isabella né il duca Alfonso si sentirono obbligati a conservare una simile politica a favore di quegli ebrei la cui conversione era stata ottenuta proprio grazie all'intervento dei loro genitori. Senza più l'appoggio di quei benefattori di rango principesco che si erano impegnati a farlo battezzare quattordici anni prima, dal 1505 in poi Mastro Ercole non poté più fare affidamento su eventuali vantaggi pratici derivanti dalla sua conversione. Come tanti altri padri di famiglia cristiani appartenenti alla sua stessa classe sociale, egli si trovava a dover affrontare da solo le tante difficoltà causate dalle Guerre d'Italia.

Gli ultimi sedici anni della carriera di Mastro Ercole, su cui restano fonti archivistiche, pongono in risalto la notevole distanza che separa – da un lato – la vita quotidiana degli uomini e delle donne le cui richieste stimolavano la splendida cultura materiale delle corti rinascimentali e – dall'altro – la realtà delle persone che tali oggetti realizzavano. Come rivelato dalle vicissitudini di Mastro Ercole, persino i massimi esponenti a livello internazionale di quella che veniva considerata una "nobile arte" avevano molto in comune con artigiani di ben più umile condizione. Gli orafi, inclusi quelli che producevano oggetti di lusso destinati a fare bella mostra indosso ai più grandi dignitari d'Europa, dovevano lavorare per molte ore al giorno – talvolta anche a lume di candela – per ultimare in breve tempo le ordinazioni ricevute. Maneggiando sostanze che emanavano fumi tossici, rischiavano seri problemi di salute causati dalla loro stessa professione; quanto alle famiglie, erano spesso vittime di angherie da parte degli emissari dei loro aristocratici committenti. Visite improvvise nelle abitazioni degli orafi, minacce e misure quali l'incarcerazione di un figlio erano tutte considerate lecite al fine di procurare a una donna alla moda – come Isabella d'Este – l'oggetto prezioso che tanto desiderava.

Saper realizzare gioielli di qualità straordinaria poteva garantire un posto a corte con un salario mensile; tuttavia, nemmeno questo bastava a proteggere del tutto dalle difficoltà economiche causate dall'avvento di una guerra. Al pari di altri artigiani più o meno abili, Mastro Ercole si impegnava molto a elaborare strategie finalizzate al benessere economico della sua famiglia. Dedicarsi al previsto dovere paterno di trasmettere le proprie competenze professionali ai figli per conservare all'interno della famiglia la conduzione della bottega sembrava una scelta che avrebbe portato buoni frutti; eppure, essa poteva risultare controproducente se la richiesta di certi beni era in netto calo. Mastro Ercole era solo uno dei tanti impiegati a corte che pativano le conseguenze della recessione prodotta dalle Guerre d'Italia; la graduale e ben documentata discesa della sua famiglia in stato di povertà risulta emblematica degli effetti che un prolungato conflitto militare poteva avere sulle famiglie italiane nel secondo decennio del XVI secolo.

Quando, alla fine, l'intera famiglia di Mastro Ercole si ritrovò indigente, i membri della dinastia al potere che avevano promosso la sua adesione al cristianesimo erano ormai defunti e i loro successori non vedevano alcun motivo per interessarsi al destino di quel neofita tanto apprezzato dai loro genitori. Erano trascorsi trent'anni da quando l'orafo e i suoi familiari avevano abbandonato il giudaismo e nessun pio cattolico prese l'iniziativa di soccorrerli, dimostrando così di essere favorevole alla conversione degli ebrei. Eppure, non tutti avevano dimenticato completamente il loro passaggio fra le schiere dei cattolici; di sicuro i loro ex correligionari se ne ricordavano.

La conversione al cristianesimo, dunque, offriva ai neofiti opportunità che erano precluse agli ebrei; alcune di queste erano di breve durata, mentre altre – come la creazione di dinastie professionali – si dimostravano più durature. Contrariamente a quanto sostenuto da vari teologi, tuttavia, il battesimo non trasformava i convertiti in soggetti del tutto diversi, ed eliminare ogni legame con il loro passato da ebrei si rivelava un obiettivo irraggiungibile.

Ringraziamenti

L'idea di scrivere questo libro prese spunto da un invito ricevuto nell'agosto 2013, quando Sheila Barker mi chiese di partecipare a un convegno sulla produzione artistica dei monasteri femminili. Sino ad allora non mi era mai capitato di lavorare su artiste appartenenti ad ordini religiosi, ma mentre leggevo le fotocopie che avevo fatto all'Archivio Storico Diocesano di Ferrara mi imbattei nelle fonti relative all'entrata in convento di una convertita di nome Caterina (poi divenuta Suor Teodora), figlia di Ercole, un orafo ebreo battezzato. Avevo appena iniziato il mio periodo come borsista a Villa I Tatti e la straordinaria Berenson Library possedeva tutte le risorse bibliografiche – in ambito sia storico che artistico – di cui avevo bisogno per identificare quell'orafo in Salomone da Sessa (noto anche come Ercole de' Fedeli), ossia uno fra i massimi artisti ebrei del Rinascimento italiano. Mentre andavo trovando sempre più informazioni sulla sua vita avventurosa, lo studio iniziato come una semplice relazione per un convegno finì con l'assumere le dimensioni di un libro.

Villa I Tatti era il luogo ideale per approfondire le mie ricerche sulla storia di questo convertito, fornendomi l'ambiente intellettuale adatto per esplorare nuovi ambiti di studi, ben lontani da quelli con cui mi ero cimentata sino ad allora. Ringrazio Lino Pertile per l'interesse da lui mostrato per la mia ricerca e alcune illuminanti conversazioni che abbiamo avuto sui documenti più difficili da interpretare fra quelli da me scoperti durante il mio anno ai Tatti. Desidero esprimere la mia gratitudine anche ad Allen J. Grieco, Jonathan Nelson e Michael Rocke per i loro utilissimi suggerimenti. Le stimolanti conversazioni avute con Davide Baldi, Kate Bentz, Angelo Cattaneo, Maria DePrano, Emily Michelson, Cecilia Muratori, Eugenio Refini e Daniel Stein-Kokin mi hanno incoraggiato a proseguire questo mio studio.

Un altro motivo di gioia durante l'anno trascorso a Firenze è stato conoscere il Medici Archive Project e le splendide persone che vi lavorano. I saggi consigli fornitimi da Alessio Assonitis mi hanno aiutato a sviluppare alcune fra le idee fondamentali di questo libro. Con Maurizio Arfaioli abbiamo parlato delle spade realizzate da Salomone/Ercole e grazie a lui ho contattato Marco Merlo, al quale sono debitrice per le dotte informazioni che mi ha fornito sulle armature nel Rinascimento. Matteo Duni, Shulamit Furstenberg Levi, Adelisa Malena e Carlo Pulsoni mi hanno a loro volta offerto utili ragguagli in momenti cruciali di questa ricerca.

Una volta rientrata a Tel Aviv, Benjamin Arbel, Naama Cohen-Hanegbi, Miriam Eliav-Feldon, David Katz, Aviad Kleinberg, Yossi Mali, Yael Sternhell e Inbar Strul-Dabull hanno avuto la pazienza di ascoltare per anni le mie incessanti elucubrazioni sul fenomeno della conversione religiosa e sui comportamenti sessuali ritenuti deviati, rispondendo – inoltre – a un'infinita sequela di domande su temi come i rischi e le malattie professionali prima dell'età moderna, i testamenti lasciati dalle donne, le varie opinioni teologiche sul battesimo e molto altro ancora. Sefy Hendler non si è mai stancato delle mie domande sull'oreficeria o su altri aspetti di questo mio studio concernenti la storia dell'arte. I meravigliosi studenti universitari iscritti al mio seminario dal titolo *L'epoca delle conversioni religiose* all'interno del corso di laurea magistrale hanno spesso stimolato discussioni ricche di spunti interessanti.

Ho inoltre messo a frutto i commenti di quanti hanno partecipato alle giornate di studi e ai convegni qui di seguito elencati: *Artiste nel chiostro: Produzione artistica nei monasteri femminili in età moderna* (Firenze), *The 18th Israeli Text and Context Workshop* (Zikhron Ya'akov), *The Renaissance of Letters* (Stanford Humanities Center), *Coming to Terms with Forced Conversion* (Consejos Superior de Investigaciones Cientificas, Madrid), *L'identità minacciata – La diversità minacciosa* (Centro Italo-Tedesco per l'Eccellenza Europea, Menaggio), *The Renaissance of Origins: Beginnings, Genesis, and Creation in the Art of the 15th-16th Centuries* (Institut national d'histoire de l'art, Parigi), *Renaissance Ferrara: New Directions and Interpretations* (The Warburg Institute, Londra), la *Sixteenth Century Studies Conference* svoltasi a New Orleans e gli incontri annuali della *Renaissance Society of America* che si sono tenuti a Boston e Chicago. In particolare vorrei qui esprimere la mia gratitudine per gli importanti consigli fornitimi da Ram Ben-Shalom, Molly Bourne, Giorgio Caravale, Bernard Cooperman, Paula Findlen, Mercedes García-Arenal Rodríguez, Yonatan Glazer-Eytan, Sarah F. Matthews Grieco, Isabelle Poutrin, Elchanan Reiner, Stefano Villani, Israel Yuval e Shai Zamir

Sono grata a Kenneth Stow per i numerosi spunti che mi ha dato sugli ebrei italiani così come a Elisabeth Borgolotto Zetland ed Elisabetta Traniello per aver condiviso con me le loro ricerche sulle famiglie Da Sessa e Finzi. Elizabeth Bemis è stata così generosa da spedirmi la sua inedita tesi di dottorato insieme a varie foto della "Regina delle spade" e ulteriori informazioni in merito. Massimo Carlo Giannini mi ha poi aiutato a procurarmi un recente studio relativo a questa spada.

Ringrazio il solerte personale di vari archivi e biblioteche, più precisamente l'Archivio di Stato di Ferrara, l'Archivio di Stato di Firenze, l'Archivio Storico Comunale di Ferrara, l'Archivio Storico Diocesano di Ferrara, la Biblioteca Apostolica Vaticana e la Biblioteca Nazionale Centrale di Firenze. Un ringraziamento particolare va a Mirna Bonazza e al personale della Biblioteca Comunale Ariostea di Ferrara, a Patrizia Cremonini e agli archivisti dell'Archivio di Stato di Modena così come a Giorgio Marcon dell'Archivio di Stato di Bologna, che si sono prodigati per aiutarmi nelle mie ricerche di documenti. Sarò sempre grata al personale dell'Archivio di Stato di Mantova, soprattutto all'ex direttrice Daniela Ferrari, all'attuale direttrice Luisa Onesta Tamassia e all'archivista Franca Maestrini per la calorosa accoglienza da loro ricevuta, per molti anni, in quello splendido archivio. Esprimo un "grazie di cuore" al mio amico ferrarese Guido Dall'Olio per il prezioso aiuto offertomi per tutto quel che riguarda la sua città, dall'accesso agli archivi alle foto scattate ai monumenti locali.

Diane Ghirardo mi ha fornito consigli utilissimi, condividendo innanzitutto con me la sua vasta conoscenza di Ferrara in epoca rinascimentale e poi leggendo e commentando l'intero libro prima della pubblicazione. I preziosissimi ragguagli di Moshe Sluhovsky sulla bozza iniziale del progetto mi hanno spinto a puntualizzare alcune delle mie tesi. I precisi resoconti dei due lettori anonimi scelti da Harvard University Press mi sono risultati di grandissimo aiuto in vista della stesura definitiva del testo.

Ringrazio Kate Lowe (direttrice della serie I Tatti Studies in Italian Renaissance History), Andrew Kinney, Olivia Woods e il personale della Harvard University Press per aver seguito – dall'inizio alla fine – l'intero processo di produzione del volume. Oltre alla Jean-François Malle Fellowship di Villa I Tatti, per svolgere la mia ricerca sulle conversioni dall'ebraismo e l'ingresso di ebree battezzate in ordini religiosi ho usufruito di una borsa di studio (num. 389/125) dalla Israel Science Foundation, alla quale esprimo la mia gratitudine. Ringrazio inoltre la Scuola di Studi Storici dell'Università di Tel Aviv per i fondi stanziati in mio favore al fine di svolgere ricerche e pubblicarle. Il finanziamento necessario alla traduzione del presente volume è stato concesso dal Kadar Family Award for Outstanding Research, per il quale sono grata alla Naomi Prawer Kadar Foundation.

L'edizione originale in lingua inglese di *A Convert's Tale* uscì nel dicembre 2019, appena un paio di settimane prima che iniziasse la crisi globale dovuta alla diffusione del Covid-19. Nel febbraio 2020, mentre preparavo le valigie per recarmi a Bologna e Roma in vista di eventi connessi a questo libro, tutti i voli per l'Italia furono cancellati a causa della pandemia. Sono grata a Cristiana Facchini e Vincenzo Lavenia dell'Università di Bologna per aver poi organizzato, in alternativa, un seminario online dedicato al mio libro.

Nel frattempo, copie in inglese di *A Convert's Tale* iniziavano ad arrivare in Italia fra un *lockdown* e l'altro e con gravi ritardi nelle spedizioni internazionali; desidero ringraziare Matteo Al-Kalak, Laura Graziani Secchieri e Michaela Valente per le recensioni che ne hanno fatto in riviste italiane.[1] I miei più sinceri ringraziamenti vanno a Serena Di Nepi della Sapienza Università di Roma – sia per la sua acuta disamina di *A Convert's Tale* sia per averne sostenuto la pubblicazione in lingua italiana – e a Cecilia Palombelli per aver accettato questo mio libro fra i volumi della prestigiosa casa editrice Viella. Collaborare con dei traduttori eccezionali come Stefano U. Baldassarri e Donatella Downey è stato un vero piacere e li ringrazio per l'attento, meticoloso e preciso lavoro che hanno realizzato.

1. Le recensioni di Matteo Al-Kalak, Laura Graziani Secchieri e Michaela Valente (quest'ultima nel saggio dal titolo *Prima e dopo la conversione: a proposito di Salomone-Ercole de' Fedeli, orafo nell'Italia del Rinascimento*) si leggono – rispettivamente – in «Rivista Storica Italiana», 133, 1 (2021), pp. 364-368; «Materia Giudaica», 25, 2020, pp. 616-619 e «Archivio Storico Italiano», 179, 3 (2021), pp. 587-596. Si veda anche Serena Di Nepi, *'Jews', 'Italy', 'Renaissance': parole antiche e nuovi paradigmi per una storiografia internazionale in movimento*, in «Studi e materiali di storia delle religioni», 87, 2 (2021), pp. 737-745.

Per la prima volta da oltre un ventennio mi sono trovata a mancare dall'Italia per più di due anni. In quest'epoca strana e incerta in cui viviamo l'amicizia e il sostegno dei miei colleghi italiani hanno costituito una vera fonte di conforto e incoraggiamento; non vedo l'ora di poterli incontrare di nuovo. Nel frattempo, è per me motivo di grande piacere vedere *A Convert's Tale* – un libro che così tanto deve ai miei amici in Italia – pubblicato oggi, a Roma, in edizione italiana.

Tel Aviv, 7 febbraio 2022

Indice dei nomi*

*A cura di Maria Giulia Mancuso Prizzitano. Il nome di Salomone/Ercole non è stato indicizzato.

Finito di stampare
nel mese di maggio 2023
da The Factory s.r.l.
Roma